プリント形式のリアル過去問で本番の臨場感！

愛知県

愛知啓成高等学校

2025年春受験用

解答集

本書は，実物をなるべくそのままに，プリント形式で年度ごとに収録しています。
問題用紙を教科別に分けて使うことができるので，本番さながらの演習ができます。

■　収録内容

・解答集（この冊子です）

書籍ＩＤ番号，この問題集の使い方，最新年度実物データ，リアル過去問の活用，解答例と解説，ご使用にあたってのお願い・ご注意，お問い合わせ

・2024（令和６）年度 ～ 2020（令和２）年度　学力検査問題

○は収録あり　年度	'24	'23	'22	'21	'20
■ 問題(一般入試)	○	○	○	○	○
■ 解答用紙	○	○	○	○	○
■ 配点	○	※1	○	○	○
■ 英語リスニング原稿※2	○	○	○	○	

全教科に解説があります

※1…2023年度の数学の配点は非公表
※2…英語リスニングの音声は全年度収録していません
注)国語問題文非掲載:2022年度の二

問題文の非掲載につきまして

著作権上の都合により，本書に収録している過去入試問題の本文の一部を掲載しておりません。ご不便をおかけし，誠に申し訳ございません。

本文の一部を掲載できなかったことによる国語の演習不足を補うため，論説文および小説文の演習問題のダウンロード付録があります。弊社ウェブサイトから書籍ＩＤ番号を入力してご利用ください。

なお，問題の量，形式，難易度などの傾向が，実際の入試問題と一致しない場合があります。

教英出版

■　書籍ＩＤ番号

入試に役立つダウンロード付録や学校情報などを随時更新して掲載しています。
教英出版ウェブサイトの「ご購入者様のページ」画面で，書籍ＩＤ番号を入力してご利用ください。

書籍ＩＤ番号　124321

（有効期限：2025年9月30日まで）

【入試に役立つダウンロード付録】
「ラストチェックテスト(標準／ハイレベル)」
「高校合格への道」

■　この問題集の使い方

年度ごとにプリント形式で収録しています。針を外して教科ごとに分けて使用します。①片側，②中央のどちらかでとじてありますので，下図を参考に，問題用紙と解答用紙に分けて準備をしましょう（解答用紙がない場合もあります)。

針を外すときは，けがをしないように十分注意してください。また，針を外すと紛失しやすくなりますので気をつけましょう。

① 片側でとじてあるもの

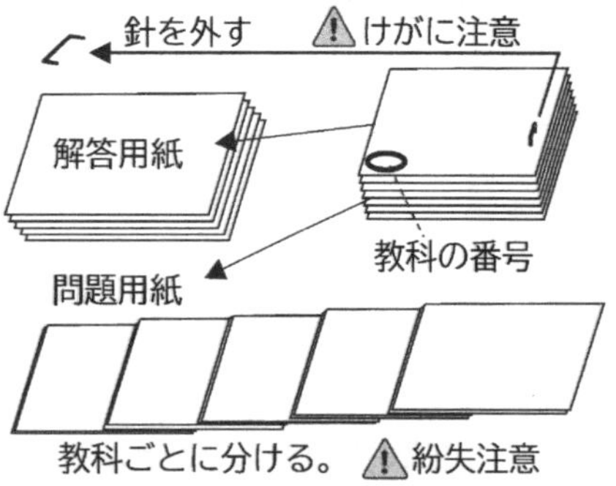

② 中央でとじてあるもの

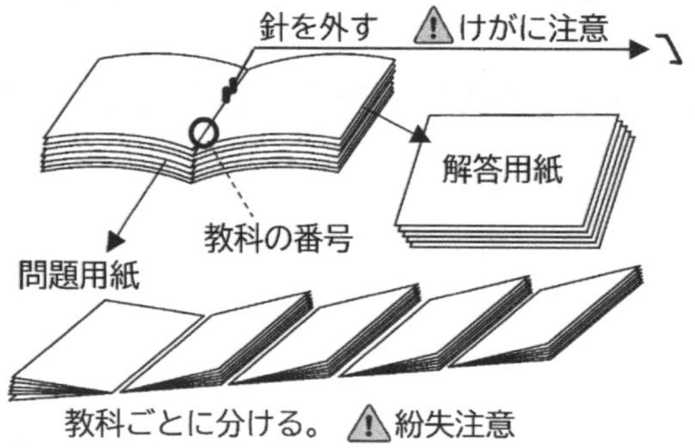

※教科数が上図と異なる場合があります。
　解答用紙がない場合や，問題と一体になっている場合があります。
　教科の番号は，教科ごとに分けるときの参考にしてください。

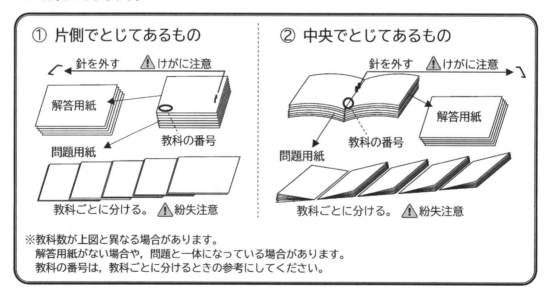

■　最新年度 実物データ

実物をなるべくそのままに編集していますが，収録の都合上，実際の試験問題とは異なる場合があります。実物のサイズ，様式は右表で確認してください。

問題用紙	Ｂ５冊子(二つ折り)
解答用紙	Ｂ４片面プリント

リアル過去問の活用

～リアル過去問なら入試本番で力を発揮することができる～

本番を体験しよう！

問題用紙の形式（縦向き / 横向き），問題の配置や余白など，実物に近い紙面構成なので本番の臨場感が味わえます。まずはパラパラとめくって眺めてみてください。「これが志望校の入試問題なんだ！」と思えば入試に向けて気持ちが高まることでしょう。

入試を知ろう！

同じ教科の過去数年分の問題紙面を並べて，見比べてみましょう。

① 問題の量

毎年同じ大問数か，年によって違うのか，また全体の問題量はどのくらいか知っておきましょう。どのくらいのスピードで解けば時間内に終わるのか，大問ひとつにかけられる時間を計算してみましょう。

② 出題分野

よく出題されている分野とそうでない分野を見つけましょう。同じような問題が過去にも出題されていることに気がつくはずです。

③ 出題順序

得意な分野が毎年同じ大問番号で出題されていると分かれば，本番で取りこぼさないように先回りして解答することができるでしょう。

④ 解答方法

記述式か選択式か（マークシートか），見ておきましょう。記述式なら，単位まで書く必要があるかどうか，文字数はどのくらいかなど，細かいところまでチェックしておきましょう。計算過程を書く必要があるかどうかも重要です。

⑤ 問題の難易度

必ず正解したい基本問題，条件や指示の読み間違いといったケアレスミスに気をつけたい問題，後回しにしたほうがいい問題などをチェックしておきましょう。

問題を解こう！

志望校の入試傾向をつかんだら，問題を何度も解いていきましょう。ほかにも問題文の独特な言いまわしや，その学校独自の答え方を発見できることもあるでしょう。オリンピックや環境問題など，話題になった出来事を毎年出題する学校だと分かれば，日頃のニュースの見かたも変わってきます。

こうして志望校の入試傾向を知り対策を立てることこそが，過去問を解く最大の理由なのです。

実力を知ろう！

過去問を解くにあたって，得点はそれほど重要ではありません。大切なのは，志望校の過去問演習を通して，苦手な教科，苦手な分野を知ることです。苦手な教科，分野が分かったら，教科書や参考書に戻って重点的に学習する時間をつくりましょう。今の自分の実力を知れば，入試本番までの勉強の道すじが見えてきます。

試験に慣れよう！

入試では時間配分も重要です。本番で時間が足りなくなってあわてないように，リアル過去問で実戦演習をして，時間配分や出題パターンに慣れておきましょう。教科ごとに気持ちを切り替える練習もしておきましょう。

心を整えよう！

入試は誰でも緊張するものです。入試前日になったら，演習をやり尽くしたリアル過去問の表紙を眺めてみましょう。問題の内容を見る必要はもうありません。どんな形式だったかな？受験番号や氏名はどこに書くのかな？…ほんの少し見ておくだけでも，志望校の入試に向けて心の準備が整うことでしょう。

そして入試本番では，見慣れた問題紙面が緊張した心を落ち着かせてくれるはずです。

※まれに入試形式を変更する学校もありますが，条件はほかの受験生も同じです。心を整えてあせらずに問題に取りかかりましょう。

2024 解答例
令和6年度

愛知啓成高等学校

《国　語》

一　問一．④　問二．A．②　B．④　問三．②　問四．③　問五．③　問六．④　問七．②

二　問一．a．④　b．①　c．③　d．①　e．②　問二．A．②　B．③　問三．③　問四．②
問五．①　問六．④　問七．③

三　問一．1．③　2．④　3．①　問二．①　問三．②　問四．②　問五．②　問六．①
問七．③　問八．④

四　(1)⑧　(2)②　(3)⑥　(4)⑤　(5)⑨

五　(1)⑤　(2)①　(3)③　(4)⑥　(5)⑨

《数　学》

1　(1)ア．①　イ．③　(2)ウ．⊖　エ．③　オ．④　カ．④　キ．⑤　(3)ク．⑤　ケ．⑥　コ．②
(4)サ．②　シ．③　ス．②　セ．③　(5)ソ．⑥　タ．⊖　チ．④　(6)ツ．③　テ．③　ト．③
(7)ナ．①　ニ．⑤　ヌ．②　(8)ネ．①　ノ．②　ハ．⓪

2　(1)ア．③　イ．⑨　ウ．⓪　(2)エ．②　オ．②　カ．⑤　(3)キ．④

3　(1)ア．②　イ．③　(2)ウ．①　エ．①　オ．①　カ．⑧　(3)キ．②　ク．③　ケ．③　コ．⑥

4　(1)ア．②　イ．②　ウ．②　(2)エ．④　オ．②　カ．④　(3)キ．③　ク．②　ケ．④

5　(1)ア．⊖　イ．①　ウ．③　(2)エ．⑥　オ．⑤　カ．②
(3)キ．②　ク．⑥　ケ．⑥　コ．⓪　サ．②　シ．⑦

《英　語》

1　Part1．No.1．③　No.2．②　No.3．③
Part2．No.1．④　No.2．①　No.3．②
Part3．(1)③　(2)④　(3)④　(4)③

2　(1)(ア)①　(イ)④　(ウ)③　(エ)①　(オ)④　(2)(ア)③　(イ)④　(ウ)(c)②　(d)⑤　(エ)①

3　(1)②　(2)①　(3)③　(4)①

4　(1)③　(2)④　(3)②

5　(ア)３番目…②　５番目…⑥　(イ)(b)②　(c)③　(ウ)③　(エ)③　(オ)①，⑤

6　(1)(a)⑦　(b)②　(c)④　(d)①　(2)②

7　(1)③　(2)②　(3)②　(4)④

8　[３番目／６番目]　(1)[②／⑧]　(2)[②／⑧]　(3)[⑧／④]　(4)[⑧／⑦]　(5)[①／⑤]

《理　科》

1　問1．⑴②　⑵⑤　⑶③　⑷③　問2．⑴①　⑵6．③　7．①　⑶②

2　問1．⑴②　⑵②　⑶⑥　⑷②　⑸④　問2．⑴①　⑵⑤

3　問1．⑴①，③　⑵2．②　3．⑤　⑶①，③　⑷①，⑤

問2．⑴⑥，⑦　⑵7．①　8．③　⑶③，⑦　⑷②　⑸③，④，⑥

4　問1．⑴②　⑵③　⑶③　⑷③　⑸③　問2．⑴④　⑵⑤　⑶③

《社　会》

1　問1．①　問2．③　問3．③　問4．②　問5．④

2　問1．⑴②　⑵②　問2．①　問3．③　問4．③

3　問1．①　問2．③　問3．④　問4．②　問5．⑴③　⑵②　問6．④　問7．⑴①　⑵②

問8．③

4　問1．⑤　問2．③　問3．④　問4．③　問5．②

《2024　国語　解説》

一　**問一**　「幻想」とは、現実にはないことをあるかのように想像すること。つまり、「勝手に夢を見ているだけ」と同じ意味。――線1の後で「『やりがい』～誰かからもらえるものだと信じている。どこかに既に用意されていて、探せば見つかるものだと考えている。そんな若者が、会社に入って～誰もくれないし～見つけられない～それは、『やりがい』がどこかに既に存在している、と勘違いしているからだ」と述べていることから、④のような意味だと読みとれる。

問三　――線2の直前の段落を参照。「自分が能力不足だったり、準備不足だったり、失敗をしてしまったり、計画が甘くて予定どおり進まなかったり、そんなことで苦労を強いられるからといって～『やりがいのある仕事』になった、とは言わない」のに、それを「やりがいのある仕事」だと勘違いする人がいる、という意味である。よって、②が適する。

問四　――線3の直前を参照。「やりがいとか楽しみ～他者から妨害される。周囲が許してくれない、みんなが嫌な顔をする～迷惑だと言われてしまう。でも、自分はそれがやりたくてしかたがない。このときに受ける（感じる）」ものなので、③が適する。

問五　自分にとって本当に楽しいものがあり、それを人に話す必要を感じない人と対照的なのが、「そうでない人」である。「そうでない人」は、「子供の写真を見せたり、仕事の話をしたり、買おうとしているマンションとか、旅行にいったときの話とか、そういうことを自分から言いたがる」とある。みんなが凄《すご》いと言ってくれそうなこと、みんなが羨《うらや》ましがりそうなこと、つまり、「人から『いいねぇ』と言って」もらえること、「人に自慢できたり、周りから褒《ほ》められたりするもの」に価値を置いている人だと言える。よって、③が適する。

問六　――線5の後で「本当に楽しいものは、人に話す必要なんてないのだ。人から『いいねぇ』と言ってもらう必要がないからだ。楽しさが、自分でよくわかるし～幸せなのだ～夢中になっていて、いつもそのことを考えている～それくらい『はまっている』もののことだ」と述べていることから、④のような理由が読みとれる。

問七　――線2の2～3行後で「本当に素晴らしい仕事～最初からコンスタントに作業を進め、余裕を持って終わる、そういう『手応えのない』手順で完成されるものである～仕上がりが良い、綺麗《きれい》な仕事になる」と述べていることに、②が適する。

二　**問三**　――線1の直前の段落に「パパのお母さん～離婚して出て行ってしまったのだと聞いていた。パパの実家関係の人たちは、パパも含めて誰もそのことに触れない。一度だけ、酔っ払ったお祖父《じい》ちゃんが『幼い子供を捨てていくなんて、なんて冷たい女だ』と言っていた」とある。そのような雰囲気から察して、「わたし」はお祖母《ばあ》ちゃんのことに触れてはいけないと思っていたのである。よって、③の「聞きづらい話題だと思った」が適する。

問四　――線2の直前のパパの発言に着目する。アメリカで宇宙飛行士を目指して訓練しているママのことを、パパは「応援している」が、「やっぱりオヤジの気持ちもわかってしまうんだよ」と言っている。「オヤジ（「わたし」のお祖父ちゃん）の気持ち」については、パパが「お祖父ちゃんにしてみれば、お祖母ちゃんさえ我慢していれば、ずっと家族一緒にいられたのにってことらしいな」と言っていたのを参照。応援したい気持ちと、家族で一緒にいたい気持ちの両方を抱えていることが読みとれるので、②が適する。

問五　――線3は、首を横に（左右に）振ったということ、つまり、不賛成の気持ちを示したということ。直前でお祖母ちゃんが自分のことを「ほんと、駄目な母親よね」と言ったのに対して、「わたし」が「駄目な母親などではない」と伝えているのである。お祖母ちゃんが言った「会えなかった時間が長すぎて……申し訳ないって気持ちも多すぎて～何を言ったらいいか、どうしたらいいか、わからなかった(から他の人たちも呼んで賑やかにした)」ということを、「わたし」は駄目だと思っていないということ。よって、①が適する。

問六　お祖母ちゃんに会う前のパパの心情は「今回の旅行中、いや、旅行のことを言いだした時から、パパは変にはしゃいだり、逆にユウウツそうにしたりしていた」「パパの緊張が、こっちにまで移ってくるようで」などから読みとれる。そのパパが、——線３の２行後では「来る前はあれだけユウウツそうだったパパが、心からリラックスしたように皆と笑いあっている」という様子である。この変化を説明している④が適する。

問七　おばあちゃんはお祖母ちゃんに「テレビであなた、インタビューされてて」と言っている。眼鏡のお姉さんも「あー、わたしもその番組、見ました」と言っている。「サングラス男もテレビを見て、と言っていた」とある。「パパも見たの、そのテレビ」と「わたし」が聞くと、パパは「曖昧にうなずいた」とある。「わたし」がそのテレビを見たという記述はなく、また、パパとのやりとりから、「わたし」はその番組を見ていないのだと読みとれる。よって、③が適する。

三　**問二**　——線１は「よろず」と読む。よって、①の「八《や》百《お》万《よろず》の神」が同じ読みを含む語。

問三　A.「勝負を好む人」は、自分が勝つことで満足する。　B. 相手を喜ばせるためにする、遊びの面白さが得られないことなので、自分が負けること。　よって、②が適する。

問五　「人に本意なく思はせて、わが心を慰まん事、徳に背けり」と同様に、「睦《むつま》しき中～人をはかりあざむきて、おのれが智のまさりたる事を興とす」も人の道に反していると言っている。よって、②の「礼にあらず」が入る。

問六・問七　【古文の内容】を参照。

問八　生徒D(④)の「勉強を頑張って～地位も利益も手に入る」は、筆者が「大きなる職をも辞し、利をも捨つるは、ただ、学問の力なり」と述べていることに反する。

【古文の内容】

他人と争わず、自分をおさえて人に従い、自分のことを後回しにして、人を優先するのにこしたことはない。

世にあまたある遊びにおいても、勝負を好む人は、勝って満足したいためである。自分の腕前が(相手より)勝っていることを喜ぶのだ。だから負けて満足を感じられないことも、またわかっていること(わかりきったこと)である。自分が負けて、相手を喜ばせようと考えれば、まったく遊びの面白さはないだろう。相手に残念に思わせて、自分の心を慰めるようなことは、人の道に背いている。親しい関係の中で遊ぶにしても、相手を計略をめぐらしてだまして、自分の知恵が勝っていることで満足する。これもまた、礼に反している。だから、最初は宴会の興に始まって、積年の恨みを心に残すような例が多い。これらはすべて、勝負の争いを好むことの弊害である。

他人に勝とうと思えば、ひたすら学問をして、その知恵において他人に勝ろうと思うのがよい。道を学ぶのは、善行を誇るようなことはせず、仲間と争ってはいけないということを知るためである。要職を辞退し、利益を捨てられるのは、ひとえに学問の力である。

四　(1)　「紺屋《こうや》の白袴《しろばかま》」は、他人のことに忙しくて自分のことに手が回らないというたとえ。

(2)　「待《ま》てば海路《かいろ》の日和《ひより》あり」は、焦らずに待っていれば、やがてよい機会が訪れるという意味。

(3)　「船頭多《せんどうおお》くして船山《ふねやま》にのぼる」は、指示する人間が多すぎると、統制がとれず見当違いの方向に物事が進んでしまうというたとえ。

(4)　「提灯《ちょうちん》に釣鐘《つりがね》」は、形は似ているが比べものにならないことから、つりあいがとれないことのたとえ。

(5)　「火中《かちゅう》の栗《くり》を拾《ひろ》う」は、他人のために(自分の利益にならないのに)危険をおかすことのたとえ。

《2024　数学　解説》

1

(1)　与式 $=5-16\div(-4)\times2=5-(-4)\times2=5+8=\mathbf{13}$

(2)　与式 $=(-27a^9b^3)\times a^3b^6\div36a^8b^4=(-27a^{12}b^9)\times\dfrac{1}{36a^8b^4}=\mathbf{-\dfrac{3}{4}a^4b^5}$

(3)　与式 $=2\sqrt{6}+\dfrac{\sqrt{6}}{3}+\dfrac{\sqrt{6}}{6}=\dfrac{12\sqrt{6}}{6}+\dfrac{2\sqrt{6}}{6}+\dfrac{\sqrt{6}}{6}=\dfrac{15\sqrt{6}}{6}=\mathbf{\dfrac{5\sqrt{6}}{2}}$

(4)　与式 $=(x+1)(2x-3)+(x+2)(2x-3)=(2x-3)\{(x+1)+(x+2)\}=\mathbf{(2x-3)(2x+3)}$

(5)　$0.3x+0.2y=1$ の両辺に10をかけて，$3x+2y=10$…①

$\dfrac{2x-3y}{6}=4$ の両辺に6をかけて，$2x-3y=24$…②

①×3＋②×2でyを消去すると，$9x+4x=30+48$　　$13x=78$　　$\mathbf{x=6}$

①に$x=6$を代入すると，$18+2y=10$　　$2y=-8$　　$\mathbf{y=-4}$

(6)　2次方程式の解の公式より，$x=\dfrac{-(-6)\pm\sqrt{(-6)^2-4\times3\times2}}{2\times3}=\dfrac{6\pm\sqrt{12}}{6}=\dfrac{6\pm2\sqrt{3}}{6}=\mathbf{\dfrac{3\pm\sqrt{3}}{3}}$

(7)　**【解き方】比例の式は$y=ax$と表せる。**

$y=ax$に$x=3$，$y=2$を代入すると，$2=3a$より，$a=\dfrac{2}{3}$　　$y=\dfrac{2}{3}x$に$y=5$を代入すると，$5=\dfrac{2}{3}x$より，$x=\mathbf{\dfrac{15}{2}}$

(8)　求める中心角を$x°$とすると，おうぎ形の面積について，$9^2\pi\times\dfrac{x}{360}=27\pi$　　これを解くと，$x=\mathbf{120}$

2

(1)　Aから発射された球は7秒後に $30\times7=210$(cm)進んでいる。6 m＝(6×100)cm＝600 cmだから，

求める距離は，$600-210=\mathbf{390}$(cm)

(2)　**【解き方】同時に発射したt秒後に2つの球がぶつかるものとして，tの方程式を立てる。**

Aから発射された球はt秒間で30t cm進む。Bから発射された球はt秒間で50t cm進む。この和が600 cmになるから，$30t+50t=600$　　これを解くと$t=\dfrac{15}{2}$となる。$\dfrac{15}{2}$秒間でAから発射された球は$30\times\dfrac{15}{2}=\mathbf{225}$(cm)進み，これが求める距離である。

(3)　**【解き方】AとBのちょうど真ん中の地点をMとすると，Aから発射された球とBから発射された球がMにたどり着くのが，それぞれ何秒後かを求める。**

$600\div2=300$(cm)だから，Aから発射された球は発射から$300\div30=10$(秒後)にMにたどり着く。Bから発射された球は発射から$300\div50=6$(秒後)にMにたどり着く。その時間の差は，$10-6=4$(秒)だから，Aから発射した**4**秒後にBから発射すると，Mで2つの球がぶつかる。

3

(1)　**【解き方】bの値は関係ないので，aの値が条件にあう確率を求める。Aの袋からの取り出し方は6通りある。**

$ax-2=0$より$x=\dfrac{2}{a}$だから，$a=-2，-1，1，2$のときxは整数になる。

よって，Aの袋からの条件にあう取り出し方は4通りだから，求める確率は，$\dfrac{4}{6}=\mathbf{\dfrac{2}{3}}$

(2)　**【解き方】$ax-b=0$より$x=\dfrac{b}{a}$だから，$\dfrac{b}{a}$が整数になる確率を求める。**

a，bの決まり方は全部で$6\times6=36$(通り)ある。そのうち条件にあうのは右表の○印の22通りだから，求める確率は，$\dfrac{22}{36}=\mathbf{\dfrac{11}{18}}$

		b					
		−2	−1	0	1	2	3
a	−3			○			○
	−2	○		○		○	
	−1	○	○	○	○	○	○
	1	○	○	○	○	○	○
	2	○		○		○	
	3			○			○

(3)　**【解き方】$y=ax$と$y=bx+6$を連立させてyを消去すると，$ax=bx+6$となり，整理すると$x=\dfrac{6}{a-b}$となる。したがって，2直線の交点のx座標は$\dfrac{6}{a-b}$と表せるから，$\dfrac{6}{a-b}$が整数となる確率を求める。**

a－bの値を表にまとめると右のようになる。条件にあうa，bの値は表で色をつけた23通りだから，求める確率は，$\mathbf{\dfrac{23}{36}}$

a－bの値

		b					
		−2	−1	0	1	2	3
a	−3	−1	−2	−3	−4	−5	−6
	−2	0	−1	−2	−3	−4	−5
	−1	1	0	−1	−2	−3	−4
	1	3	2	1	0	−1	−2
	2	4	3	2	1	0	−1
	3	5	4	3	2	1	0

4 (1) $AF=AC=2\sqrt{2}$だから，$DF=AF-AD=\mathbf{2\sqrt{2}-2}$

(2) **【解き方】△ＡＥＦ－△ＨＤＦで求める。正方形の内角は対角線によって２等分されるので，右図の○の角度は$\frac{90°}{2}=45°$である。したがって，△ＡＥＦと△ＨＤＦは直角二等辺三角形である。**

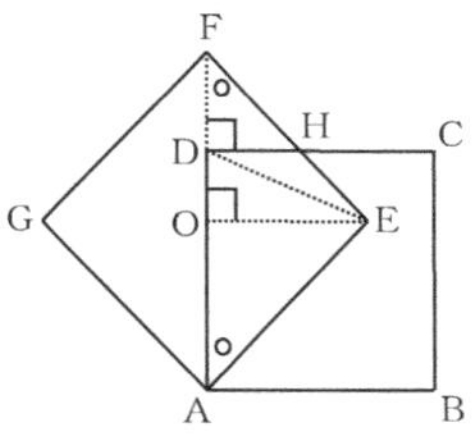

$\triangle AEF=\frac{1}{2}\times 2\times 2=2$　　$DH=DF=2\sqrt{2}-2$だから，

$\triangle HDF=\frac{1}{2}\times(2\sqrt{2}-2)\times(2\sqrt{2}-2)=6-4\sqrt{2}$

よって，四角形ＡＥＨＤの面積は，$\triangle AEF-\triangle HDF=2-(6-4\sqrt{2})=\mathbf{4\sqrt{2}-4}$

(3) **【解き方】(2)の図より，△ＤＥＨの底辺をＤＨとしたときの高さはＤＯである。**

ＯはＡＦの中点だから，$OF=\frac{1}{2}AF=\frac{1}{2}\times 2\sqrt{2}=\sqrt{2}$　　$DO=OF-DF=\sqrt{2}-(2\sqrt{2}-2)=-\sqrt{2}+2$

よって，$\triangle DEH=\frac{1}{2}\times(2\sqrt{2}-2)\times(-\sqrt{2}+2)=\mathbf{3\sqrt{2}-4}$

5 (1) **【解き方】Ａの座標とＡＢ＝９から，Ｂの座標を求め，$y=ax^2$に代入する。**

$y=\frac{2}{3}x^2$にＡのx座標の$x=3$を代入すると，$y=\frac{2}{3}\times 3^2=6$となるから，Ａ(３，６)である。

ＡＢ＝９より，Ｂのy座標は，(Ａのy座標)$-9=6-9=-3$なので，Ｂ(３，－３)である。

②はＢを通るから，$y=ax^2$にＢの座標を代入すると，$-3=a\times 3^2$　　$a=\mathbf{-\frac{1}{3}}$

(2) **【解き方】ＣＤ//ＡＢだから，四角形ＡＣＤＢは台形である。まずＣ，Ｄの座標を求める。**

①の式からＣ(k，$\frac{2}{3}k^2$)，②の式からＤ(k，$-\frac{1}{3}k^2$)と表せる。よって，ＣＤ＝(Ｃのy座標)－(Ｄのy座標)＝$\frac{2}{3}k^2-(-\frac{1}{3}k^2)=k^2$と表せるから，$k^2=4$より，$k=\pm 2$　　$k<0$より，$k=-2$

ＣとＤのx座標が－２だから，台形ＡＣＤＢの高さは，(Ａのx座標)－(Ｃのx座標)$=3-(-2)=5$

したがって，台形ＡＣＤＢの面積は，$\frac{1}{2}\times(AB+CD)\times 5=\frac{1}{2}\times(9+4)\times 5=\mathbf{\frac{65}{2}}$

(3) **【解き方】x軸について，Ａ，Ｃと対称な点をそれぞれＡ′，Ｃ′とする。体積を求める立体は，右図のように，大きい円すいから小さい円すいを取り除いた立体である。**

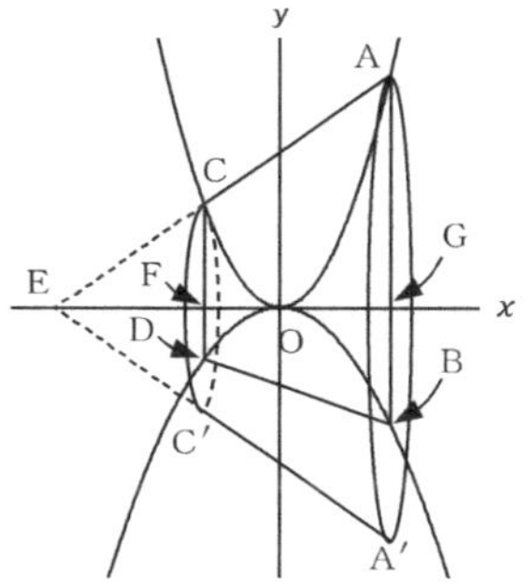

大きい円すいと小さい円すいは相似であり，大きい円すいの底面の半径は，

ＡＧ＝(Ａのy座標)＝６，小さい円すいの底面の半径は，

ＣＦ＝(Ｃのy座標)$=\frac{8}{3}$だから，相似比は$6:\frac{8}{3}=9:4$である。

相似な立体の体積比は相似比の３乗に等しいから，大きい円すいと小さい円すいの体積比は，$9^3:4^3=729:64$

したがって，大きい円すいの体積と求める体積の比は，$729:(729-64)=729:665$

直線ＡＣの式を$y=mx+n$とする。Ａの座標から$6=3m+n$，Ｃの座標から$\frac{8}{3}=-2m+n$が成り立つ。

これらを連立方程式として解くと，$m=\frac{2}{3}$，$n=4$となるから，直線ＡＣの式は，$y=\frac{2}{3}x+4$

この式にＥのy座標の$y=0$を代入すると，$x=-6$となるから，Ｅ(－６，０)である。

ＥＧ＝(Ｇのx座標)－(Ｅのx座標)$=3-(-6)=9$だから，大きい円すいの体積は，$\frac{1}{3}\times 6^2\pi\times 9=108\pi$

よって，求める体積は，$108\pi\times\frac{665}{729}=\mathbf{\frac{2660}{27}\pi}$

《2024　英語　解説》

1 Part 1 **No.1** Ｍ「パパ，お腹が空いたよ」→Ｒ「私もだよ。何か作ろう」→Ｍ「パンケーキはどう？」の流れより，③「いい考えだね」が適切。　　**No.2** Ｒ「うわー，困ったな！」→Ｍ「どうしたの？」→Ｒ「腕時計がまた

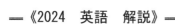

止まっちゃったんだ」の流れより，②「新しい腕時計が必要かもね」が適切。　**No.3**　M「ジェフ，悲しそうだね」→R「数学のテストがあまりできなかったよ」→M「そうなの？でもあなたは数学が得意でしょ」の流れより，③「十分勉強しなかったんだ」が適切。

Part 2　**No.1**　質問「トムはこの土曜日に何をするでしょうか？」…R（＝トム）の最初の発言の I'm going to the airport to pick up my aunt.「空港に叔母を迎えに行くよ」より，④「空港へ行く」が適切。

No.2　質問「ボブは最初に何をしなければなりませんか？」…R「ボブ，もう犬を散歩に連れて行ったの？」→M「まだだよ。柔道の練習から帰ってきたばかりだよ」→R「そう。宿題の前にそれをしてね」→M「了解」の流れより，①「犬を散歩に連れて行く」が適切。

No.3　質問「トムはいつオーストラリアを訪れましたか？」…M「ジョージ，君のおじいさんはどこに住んでいるの？」→R「オーストラリアだよ，トム」→M「僕は２週間前そこに行ったよ。すごくきれいなところだね」→R「そうだね。何度も行ったことがあるよ」の流れより，②「２週間前」が適切。

Part 3　【放送文の要約】参照。⑴　月曜日は休園日であることに注意。　⑶　学生のチケットは大人料金（＝４ドル）より20％安い。　⑷　ナイトツアーは通常料金（＝４ドル）より１ドル安い。

【放送文の要約】

こちらはフラミンゴ動物園インフォメーションセンターです。⑴③当動物園は，平日は午前 10 時から午後４時まで，⑵④週末は午前９時から午後４時 30 分まで開園します。⑴③月曜日は休園日です。チケットは大人が４ドル，60 歳よりも歳をとっている高齢者は３ドル，12 歳未満のこどもは１ドルです。６歳未満のこどもはチケットを購入していただかなくて結構です。また，⑶④学生は大人料金の 20％割引です。この時期は午後８時から午前９時までスペシャルナイトツアーを開催しており，夜間に動物に関するアクティビティをお楽しみいただけます。⑷③このツアーの料金は通常料金より１ドル安くなっております。お電話ありがとうございました。

2　⑴(ア)　マイク「ジェーン，君はボブのパーティーに行くの？」→ジェーン「(　　)待ちきれないよ」の流れより，①「もちろん行くよ」が適切。

(イ)　女性「この夏はヨーロッパ中を旅行する予定なんだけど，愛犬のことが心配なの」→男性「心配いらないよ。(　　)僕が世話をするよ」の流れより，④「君の旅行中は」が適切。

(ウ)　母「デイビッド，部屋の掃除をしたらどう？」→息子「(　　)」→母「えらいわね。お皿を洗ったあとで手伝ってあげるわね」の流れより，③「すぐにやるよ」が適切。

(エ)，(オ)　客「すみません，ドッグフードを探しているのですが」→店員「こちらへどうぞ。何種類かご用意しております」→客「実は，私はあまり詳しくありません。(　エ　)」→店員「愛犬の年齢に基づいて決めるといいですよ。わんちゃんは何歳ですか？」→客「ちょうど１歳です」→店員「それなら，こちらかあちらがよろしいかと思います。(　オ　)」→客「うーん，どちらを買ったらいいかわからないから，両方買うことにします」→店員「ありがとうございます。こちらは 50 ドル以上お買い上げの方へのプレゼントです」の流れより，エには①「どうやって選んだらよいでしょうか？」，オには④「どちらも１つ 32 ドルです」が適切。

⑵　【本文の要約】参照。(ア)　直後のビルの返答 Yes, I am.より，タロウは Are you ~?と質問したと判断する。

(イ)　タロウはビルのパーティーに行けないことを残念がっている。　・I'm sorry (that)＋主語＋動詞.「～で残念だ」

(ウ)(c)　パーティーは午後１時から午後７時までの６時間である。　(d)　日本の方が９時間進んでいるということだから，日本時間は，午後２時の９時間後の午後 11 時である。

(エ)　質問「タロウはビルにあとで何をしてほしいですか？」…①「タロウにパーティーの写真を送ること」が適切。

【本文の要約】

タロウと友達のビルが電話で話しています。ビルはロンドン在住です。

タロウ：ビル，誕生日おめでとう！君は今，誕生日パーティーの真っ最中だよね。(a)③楽しんでる？

ビル　：うん，楽しんでるよ，タロウ。何人かの友達が家に来てくれてるよ。彼らは僕の両親とおしゃべりしているよ。みんな楽しそうにしているよ。

タロウ：うわー，僕が今ロンドンにいないことが(b)④残念だ！君たちとパーティーを楽しみたかったよ。

ビル　：僕もだよ。でも，こんな風に君と話せるなんてすごいよね。

タロウ：うん，そうだね。パーティーはどれくらいの時間やるの？

ビル　：ええと，1時間前の午後1時に始まって，夜の7時に終わる予定だよ。だから，(c)②6時間だね。

タロウ：長い時間やるんだね。

ビル　：そうだね。今，日本は何時？日本とロンドンの時差は9時間だね。だから…今，日本は朝5時か！

タロウ：違う違う。ロンドンは日本より9時間遅れているから，こっちは今，夜の(d)⑤11時だよ。

ビル　：そっか。君はもう寝なきゃ！

タロウ：そうだね，君は楽しんでね，ビル。(エ)①あとでパーティーの写真を送ってね。

ビル　：了解！電話してくれてありがとう，タロウ。

3 【本文の要約】参照。

(1)　「トムは何を忘れましたか？」…②「アンに大学のイベントについて伝えること」が適切。

(2)　「なぜアンは日曜日にトムに会えないのですか？」…①「彼女はテスト勉強をする必要があるから」が適切。

(3)　「アンはどうやってエックストン大学まで来るつもりですか？」…③「トムとトムの父親と一緒に来るつもりです」が適切。

(4)　「次のどれが正しいですか？」…①「トムの父親はエックストン大学で働いており，科学を教えている」が適切。②「トムとアンは毎年一緒に科学のイベントに行っている」，③「トムはアンが，科学が好きなことを知らなかった」，④「トムは昨年科学のイベントに参加し，たくさんの星を見た」は不適切。

【本文の要約】

差出人：トム・ガルシア　　宛先：アン・テイラー　　件名：ありがとう！

アンへ　　先週の金曜日は君の誕生パーティーで会えてうれしかったよ。とてもいい時間を過ごしたよ。誘ってくれてありがとう。(1)②君に来週末の楽しいイベントのことを話していなかったね。(4)①僕の父親はエックストン大学の科学の教授なんだ。土曜日と日曜日の夜8時30分から10時に，特別なイベントがあるんだよ。君は空いているかい？星や惑星を観察して勉強するんだ。君は科学と星の観察が大好きだと言っていたよね。だから誘いたいと思ったんだ。僕は行くつもりで，どちらの夜も空いているよ。一緒に行けたらいいな。またね　　トムより

差出人：アン・テイラー　　宛先：トム・ガルシア　　件名：返信：ありがとう！

トムへ　　メールをありがとう。私もあなたに会えてうれしかったよ。先週の金曜日のパーティーではあまり話せなくてごめん。人が多すぎたね。エックストン大学のイベントのことを教えてくれてありがとう。すごく行きたいな。(2)①月曜日の午前中にテストがあるの。だから日曜日は都合が悪いよ。勉強しなくちゃ。土曜日の夜なら大丈夫よ。私の祖父が夕飯にやって来るけれど，母は夕飯の後なら出かけていいって。バスで行く？それとも自転車？どこで待ち合わせしようか？またね　　アンより

差出人：トム・ガルシア　宛先：アン・テイラー　件名：よかった！

アンへ　君が来られてうれしいよ！(3)③僕の父が連れて行ってくれるから，君の家に８時に迎えに行くよ。10 時 30 分ごろには帰宅できるよ。このイベントは毎年５月に行われているけれど，去年は曇りだったんだ。何も見えなかったけれど，多くのことを学んだよ。今回は星が見えるようないい天気だといいな。では　トムより

4 【本文の要約】参照。

(1)「ハドソン高校のフットボールチームはなぜ洗車をするのですか？」…チラシの We want new uniforms for the next game.「僕らは次の試合用のユニフォームが必要です」より，③「新しいユニフォームを買うため」が適切。

(2)「この洗車イベントに来たら，何ができますか？」…All customers will receive two free tickets to our October 20 football game against George high school.「すべてのお客様は 10 月 20 日の対ジョージ高校戦のフットボールの試合のチケットを２枚もらえます」より，④「無料のフットボールチケットがもらえます」が適切。

(3)「次のどれが正しいですか？」…Cost の項目参照。＄15 for each car「1 台につき 15 ドル」とあるので，３台で 45 ドルになる。②「ハドソン高校のフットボール部は，車を３台洗えば 45 ドルもらうことができる」が適切。

5 【本文の要約】参照。

（ア） I told you to study about them as your homework last week.：「(人)に～するよう言う」＝tell＋人＋to ～　「～について勉強する」＝study about ～　「～として」＝as ～

（イ）(b) グラフから，男性のうち，朝食を食べない割合が最も高い年齢を読み取る。②が適切。

(c) グラフから，朝食を食べない 15 歳～19 歳の女性の割合を読み取る。③が適切。

（ウ） 直後の文より，哲也は肉，魚，野菜を毎朝食べているから，③「いろいろな種類のものを食べること」が適切。

（エ） 加藤先生は『朝食を食べない 15 歳から 19 歳の男性の割合が私の世代の女性と同じくらい低いことに驚きました』と述べた。グラフより，15 歳から 19 歳の割合(＝８％)と同じなのは，女性の 40 歳から 49 歳である。③が適切。

（オ） ①○「ジョンは，朝食は私たちががんばって働くのを助けてくれると言っている」　②「加藤先生が生徒たちに与えた宿題は×野菜について勉強することだった」　③×「毎朝朝食を食べないとすぐに病気になってしまう」…本文にない内容。　④「リサは，若い女性は×健康を気にしてダイエットをしていると思っている」　⑤○「野菜を育て始めて以来，野菜は哲也のお気に入りの食べ物である」　⑥×「哲也はインターネットで野菜の育て方を学んだ」…本文にない内容。

【本文の要約】

加藤先生：みなさん，おはようございます。前回の授業では，食べものについて学びました。健康によくない多くの種類の食べ物がありますね。食べ物について気を付けないために病気になる人がたくさんいます。大事なのは，食べ物についてもっと知ることです。今日は食習慣について考えましょう。先週，宿題として食べものについて勉強してくるように言いましたね。クラスのみんなに発表してください。発表したい人はいますか？

リサ　：はい。皆さんは今朝朝食を食べましたか？このグラフを見てください。これは，朝食を食べない人の割合を示しています。私は，朝食を食べない人がたくさんいることに驚きました。(b)②20～29 歳の朝食を食べない男性の割合が最も高いです。15～19 歳の女性の(c)③約 17 パーセントの人が朝食を食べません。中には外見を気にしてダイエットしている人もいます。朝食を食べることが健康のためにとても大事だということを知るべきです。

加藤先生：リサさん，ありがとう。次は誰が発表してくれますか？

ジョン　：僕です。僕はインターネットを使って食習慣について勉強しました。(オ)①僕たちの体は，朝食を食べたあとにうまく機能し始めます。朝食は一日中活動するためのエネルギーを与えてくれます。授業中に眠くなったり疲れたりするなら，朝食の習慣を改善するべきです。あるアメリカの科学者は，朝食を食べる生徒の方が，食べない生徒よりも，数学ができると述べています。

加藤先生：とても興味深いですね。では次の人，お願いします。

哲也　　：はい，加藤先生。僕の朝食について話します。僕は，健康を維持するために，(d)③いろいろな種類のものを食べることも大切だと思っています。そこで，僕は，肉，魚，野菜を毎朝食べます。(オ)⑤実は僕は家で野菜を育てています。愛情をもって野菜を育てるとたくさん採れるということがわかりました。それで僕は変わりました。野菜を育てる前は，僕は野菜が好きではありませんでした。でも今は野菜が一番好きな食べ物です。みんなにももっとたくさん野菜を食べてほしいです。

加藤先生：とてもいいですね。私たちは健康について大事なことを学びましたね。

6 (1)　「ケンタと友達がカフェテリアで話しています。彼らはいくつかの場所を訪れたいのですが，その街についてよく知りません。彼らは助けを必要としています」（カフェテリアにて）ケンタ「すみません，ここからシティホテルまでの道を教えてもらえませんか？」→ウェイター「はい。Eighth Avenue を Elm Street まで歩き，(a)⑦左折します。Elm Street を(b)②Ninth Avenue まで歩き，(c)④右折します。ホテルは(d)①あなたの右側，ガソリンスタンドの向かいにあります」

(2)　「ユウジは Ninth Avenue の駐車場にいます。彼はトモコを迎えに行きます。ユウジは Ninth Avenue を Elm Street まで進み，右折します。彼は Elm Street を Eighth Avenue まで進み，左折します。彼は右手にある，角から２番目の建物に入ります。彼はその建物でトモコに会います。トモコは今，どこにいるでしょうか？」…②「ＣＤショップ」が適切。

7 (1)　この like は前置詞「～のような」だから，動詞が続く場合は動名詞が適切。　・feel like ~ing「～したい気分だ」

(2)　「(もの／こと)を謝る」＝apologize for＋もの／こと　「(人)に謝る」＝apologize＋人

(3)　to 以下は「また同じ間違いをすること」という意味だから，②careless「不注意な」が適切。

(4)　(　　)の後が(　　)の前の原因を表しているから，④because of ～「～のせいで」が適切。

8 (1)　Would you like me to introduce Keiko to him?：〈would like＋人＋to ～〉は〈want＋人＋to ～〉の丁寧な表現で，「(人)に～してほしい」という意味。「～を(人)に紹介する」＝introduce ～ to＋人

(2)　These two letters remind me of the happy days.：「(人)に～を思い出させる」＝remind＋人＋of ～

(3)　I am looking forward to hearing from you.：「～からの便り」＝「～から連絡をもらうこと」＝hearing from ～「～を楽しみにする」＝look forward to ～(なお，この to は前置詞だから，動詞が続く場合は動名詞にする)

(4)　You must not bring something to eat into the library.：「～してはいけません」＝must not ～「食べ物」＝something to eat

(5)　I was so tired that I couldn't even stand up straight.：「大変…で～」＝so … that ～

《2024　理科　解説》

1 問１(1)　使い捨てカイロは，鉄が空気中の酸素と結びつく(酸化する)ときに発生する熱を利用したものである。

(2)　鉄粉に食塩水を加えると反応が速くなる。　(3)　ろうそくが燃えるためには酸素が必要である。実験１で，

集気びん内の酸素は鉄と結びついたため，酸素が不足していたと考えられる。　(4)　③×…活性炭には小さな穴がたくさんあいていて，そこに空気をたくわえている。

問2(1)(2)　実験3で，気体が発生したCが塩酸である。マグネシウムリボンなどの金属と塩酸が反応すると水素が発生する。水素は水に溶けにくく，空気よりも密度が小さい気体なので水上置換法か上方置換法で集めることができる。また，実験4で，フェノールフタレイン溶液が赤色に変化したBはアルカリ性だから，水酸化ナトリウム水溶液である。残りのAは食塩水である。　(3)　酸性のうすい塩酸を用いた場合に，青色リトマス紙が－極側に向かって赤く変化したことから，青色リトマス紙を赤く変化させる(酸性を示す)粒子が＋の電気を帯びた陽イオンであることがわかる。塩酸は気体の塩化水素を水に溶かした水溶液で，塩化水素は水に溶けると陽イオンである水素イオンと陰イオンである塩化物イオンに電離する〔$HCl \rightarrow H^{+} + Cl^{-}$〕。アルカリ性(塩基性)のうすい水酸化ナトリウム水溶液を用いた場合についても同様に考えると，赤色リトマス紙を青く変化させる(アルカリ性を示す)粒子は－の電気を帯びた陰イオンであることがわかる。水酸化ナトリウムは水に溶けると陽イオンであるナトリウムイオンと陰イオンである水酸化物イオンに電離する〔$NaOH \rightarrow Na^{+} + OH^{-}$〕。

2　**問1**(1)　おもりの質量は500gで，100gの物体にはたらく重力を1Nとするので，おもりにはたらく重力は$\frac{500}{100}$＝5(N)である。　(2)　〔圧力(Pa)＝$\frac{力(N)}{面積(m^2)}$〕より，圧力は力に比例し，面積に反比例する。おもりにはたらく重力は5Nで一定だから，床と接する面積が最も小さくなるように，Bを下にして置くと，圧力が最も大きくなる。　(3)　Bの面積は2×5＝10(㎠)→0.001(㎡)だから，圧力は$\frac{5}{0.001}$＝5000(Pa)である。　(4)　おもりを持ち上げるのに必要な力は，おもりにはたらく重力と等しい。　(5)　ばねの伸びはばねに加わる力の大きさに比例する(フックの法則)。このばねは1Nで2㎝伸びるから，5Nでは2×5＝10(㎝)伸びる。

問2(1)　〔抵抗(Ω)＝$\frac{電圧(V)}{電流(A)}$〕より，Pの抵抗値は$\frac{8}{0.4}$＝20(Ω)である。　(2)　Qの抵抗値は$\frac{6}{0.1}$＝60(Ω)であり，2つの抵抗を直列でつないだときの合成抵抗値はPとQの抵抗値の和になる。よって，20＋60＝80(Ω)である。

3　**問1**(1)　②と④は植物の細胞だけに見られるつくりである。　(2)　大きい順に並べると，③＞②＞①＞④＞⑤＞⑥となる。　(4)　①×…多くの植物において，気孔は葉の裏側に多い。　⑤×…気孔は，孔辺細胞とよばれる2つの細胞によってはさまれた穴である。

問2(1)　恒温動物は，ホニュウ類(A)と鳥類だけだから，Bは鳥類であり，Bには⑥と⑦があてはまる。なお，①は両生類，②と④はホニュウ類，③は魚類，⑤はハチュウ類である。　(2)　A以外のグループⅡの動物に共通する特徴は①であり，Eが両生類であることから，グループⅢの特徴は③である。なお，このことから，B以外でからのある卵を陸上に産むDはハチュウ類，E以外でからのない卵を水中に産むCは魚類だとわかる。　(3)　(2)解説より，魚類を選べばよい。①と②と⑤はハチュウ類，④は鳥類，⑥は両生類である。　(4)　(2)解説より，ハチュウ類の特徴を選べばよい。①は両生類，③はホニュウ類，④は鳥類の特徴であり，魚類の体表はうろこでおおわれている。　(5)　現在の形やはたらきは異なるが，基本的なつくりが同じで，起源が同じものであったと考えられる器官を相同器官という。①はイヌの後ろあしの相同器官である。

4　**問1**(2)　図1より，S波が180㎞伝わるのにかかった時間は50－5＝45(秒)だから，S波の伝わる速さは$\frac{180}{45}$＝4.0(㎞/s)である。　(3)　P波とS波は同時に発生するから，①，③，⑤のいずれかである。また，P波の速さは6.0㎞/sで，これはS波の6.0÷4.0＝1.5(倍)の速さだから，同じ時刻での震源からの距離がS波の1.5倍になっている③が正答となる。　(4)　初期微動継続時間はP波とS波の到達時刻の差である。P波は地震発生の$\frac{144}{6.0}$＝24(秒後)，S波は地震発生の$\frac{144}{4.0}$＝36(秒後)に到達するから，この家の初期微動継続時間は36－24＝12(秒)である。なお，初期微動継続時間は震源からの距離に比例するので，(3)の③より，震源からの距離が120㎞地点での初期微動継続時間が10秒であることを読み取って，$10\times\frac{144}{120}=12$(秒)と求めることもできる。　(5)　震源から30㎞離れた地震計がＰ波を観測するのは地震発生の$\frac{30}{6.0}=5$(秒後)だから，緊急地震速報が受信されるのは地震発生の５＋10＝15(秒後)である。よって，緊急地震速報を受信してから主要動が到達するまでの時間は36－15＝21(秒)である。

問２(1)　低気圧の中心では上昇気流が生じ，外側から反時計回りに風が吹き込んでくる。　(2)　日本付近では，南から暖気，北から寒気が低気圧の中心に向かって吹き込むことで，南西に寒冷前線(ウ)，南東に温暖前線(エ)がのびる温帯低気圧が発生しやすい。寒冷前線付近では，暖気が寒気によって激しく持ち上げられることで積乱雲が発達しやすく，Ａのような天気になる。また，温暖前線付近では，暖気が寒気の上にはい上がっていくため，乱層雲が発生しやすく，Ｃのような天気になる。　(3)　寒冷前線と温暖前線は同じ向きに進み，寒冷前線の方が進む速さが速いので，やがて寒冷前線が温暖前線に追いついて，閉塞前線ができる。

《2024　社会　解説》

1　問１　①　　マケドニアのアレクサンドロス大王は，ペルシャ軍を破り，ギリシャからインダス川までの大帝国を築いた。ハンムラビ王は，メソポタミア地方を統一したバビロン第１王朝の王で，ハンムラビ法典を発布したことで知られる。ラファエロは，『システィーナの聖母』などの絵画で知られるルネサンス期のイタリアの画家。セシル・ローズは，19世紀にアフリカの植民地政策を進めたイギリスの政治家。

問２　③　　人間らしい個性や自由を求める新しい文化が起こり，古代のギリシャやローマの文化を模範として復興させようとしたことから，ルネサンス(文芸復興)と呼ばれた。

問３　③　　Ⅰ．誤り。資料１の兵士は古代ギリシャの市民であり，アテネでは，奴隷を除くすべての成人男性市民が参加する民会を中心に，民主政が行われた。Ⅱ．正しい。

問４　②　　③→④→②→①→⑤

問５　④　　日清戦争の下関条約で清は，台湾・澎湖諸島・遼東半島を日本に譲り，約３億１千万円の賠償金を支払うことを認めたが，日本の大陸進出を警戒したロシアは，ドイツ・フランスとともに遼東半島を清に返還するように圧力をかけた。

2　問１(1)　②　　種子島に漂着した中国船に乗っていたポルトガル人によって，鉄砲が伝えられた。①はイギリス，③はスペイン，④はオランダ，⑤はイタリア。　(2)　②　　鉄砲が伝来したのは1543年，応仁の乱が始まったのは1467年のことである。長篠の戦いは1575年，文禄の役(朝鮮出兵)は1592年，関ヶ原の戦いは1600年。

問２　①　　ルターやカルバンが宗教改革を始め，プロテスタントの勢力が強まると，カトリックは海外布教に力を入れ，ザビエルらをアジアなどに派遣した。

問３　③　　グーテンベルクが発明した活版印刷機が持ち込まれた。①は19世紀，②は18世紀，④は19世紀。

問４　③　　16世紀後半から17世紀前半にかけてのキリスト教への対応は，右表参照。

年	できごと	人物
1587	バテレン追放令	豊臣秀吉
1612	幕領に禁教令	徳川家康
1624	スペイン船来航禁止	徳川家光
1635	日本人の海外渡航・帰国禁止	
1637	島原・天草一揆	
1639	ポルトガル船の来航禁止	
1641	オランダ商館を出島に移転	

3　問２　③　　Ⅰ．誤り。経度０度の経線を「本初子午線」という。Ⅱ．正しい。

問３　④　　一人っ子政策は，中国で行われていた人口抑制政策である。

問４　②　　Ⅰ．正しい。Ⅱ．誤り。国際連合の本部はニューヨークにある。

問５(1)　③　(2)　②　　日本の端については，右表参照。

問６　④　　①誤り。中国や台湾が領有権を主張しているのは尖閣諸島。

最北端		最東端	
島名	所属	島名	所属
択捉島	北海道	南鳥島	東京都
最西端		最南端	
島名	所属	島名	所属
与那国島	沖縄県	沖ノ鳥島	東京都

②誤り。1995年に最大震度7を観測する地震が発生したのは，兵庫県南部である。③誤り。沖ノ鳥島は，小さな岩と環礁で形成され，基地が置かれるほど広くない。

問7(1)　①　　沿岸から12海里までを領海といい，主権の及ぶ範囲である。　**(2)**　②　　Ⅰ．正しい。Ⅱ．誤り。日本の排他的経済水域は約405万㎢，領土は38万㎢だから，およそ10倍である。

問8　③　　①誤り。養殖漁業ではなく栽培漁業の説明。②誤り。栽培漁業ではなく養殖業の説明。④誤り。三重県の志摩半島に見られる海岸地形は，フィヨルドではなくリアス海岸である。

4　**問1**　⑤　　バリアフリー…物理的・精神的障害を取り除く取り組み。

問3　④　　ネガティブオプションは，送り付け商法，押し付け商法などともいう。

問4　③　　クーリング・オフは，訪問販売や電話勧誘販売に適用される。

問5　②　　①は2015年，②は2000年，③は2011年，④は2015年。

2023 解答例
令和5年度

愛知啓成高等学校

《国　語》

一　問一．a．⑤　b．②　問二．③　問三．②　問四．②　問五．④　問六．自分が感じていることの正しい把握が難しく、感情を言葉にできない状態が続くから。　問七．①　問八．④

二　問一．a．非難　b．けんお　c．おもむき　d．性急　e．意表　問二．①　問三．②　問四．③　問五．①　問六．④　問七．③　問八．③

三　問一．1．おわします　6．よう　問二．2．②　7．④　問三．君を呪詛し　問四．①　問五．④　問六．犬　問七．②　問八．③

四　1．④　2．②　3．①　4．③　5．④

《数　学》

1　(1)ア．③　イ．⑤　ウ．⓪　(2)エ．⑨　オ．④　カ．③　(3)キ．⑤　ク．⑥　ケ．①　コ．①　サ．②　(4)シ．⑤　ス．②　(5)セ．①　ソ．③　タ．③　チ．④　(6)ツ．③　テ．①　ト．⑧　(7)ナ．②　ニ．④　ヌ．①　ネ．⑥　ノ．③　(8)ハ．③　ヒ．⑦

2　(1) $y=\frac{21}{100}x$　(2)B店　(3)2400

3　(1)12　(2)28　(3)4

4　(1) $\frac{125}{2}$　(2)2　(3) $5-\sqrt{15}$

5　(1) $\frac{1}{2}$　(2)(−4，8)　(3) $\frac{1}{3}$

《英　語》

1　Part1．No.1．①　No.2．③　No.3．③　No.4．④　No.5．②
Part2．No.1．②　No.2．②　No.3．①　No.4．③　No.5．③

2　(1)(ア)①　(イ)②　(ウ)③　(2)(ア)①　(イ)①　(3)(ア)1．②　2．①　3．④　4．③　(イ)②，⑤

3　(1)③　(2)④　(3)③　(4)①

4　(1)①　(2)④　(3)④　(4)②

5　(1)②　(2)stop wearing masks　(3)follow　(4)③　(5)①　(6)a part of their faces　(7)masks so much that they are afraid of　(8)1．就職〔別解〕仕事　2．面接〔別解〕インタビュー　3．外さなかったこと（下線部は取らなでもよい）　(9)②，④　(10)(ア)×　(イ)○　(ウ)○　(エ)×　(オ)×

6　(1)絵馬　(2)こたつ　(3)七夕

7　(1)named／after　(2)felt／like　(3)Shall／I（下線部はShouldでもよい）　(4)evacuation／drill

8　(1)I'm sure that it will help many people　(2)Ken apologized to one of his friends for　(3)Shin Gozilla may be the second most popular movie　(4)This building can't be seen from my house

《理　科》

1　問1．(1)①　(2)H_2　問2．①，③　問3．4．②　5．⑥　問4．(1)③，⑥　(2)7．①　8．③　9．③

2　問1．(1)4.8／W　(2)①　(3)④　問2．(1)⑧　(2)④　(3)④

3　問1．(1)1．③　2．②　3．④　4．④　(2)②　(3)③，⑤　問2．(1)②　(2)②　(3)④　(4)10

4　問1．(1)①　(2)①　(3)④　問2．(1)示準化石　(2)鍵層　(3)①　(4)④

《社　会》

1　問1．ア．足利義満　イ．徳川家光　問2．③　問3．A．摂政　B．関白　問4．④　問5．②
問6．④　問7．(朝鮮)通信使　問8．③，④　問9．①

2　問1．③　問2．③　問3．⑥　問4．④　問5．②

3　問1．政令指定都市　問2．④　問3．ハブ空港　問4．①　問5．④

4　問1．②　問2．④　問3．④　問4．⑤　問5．①

5　問1．③　問2．③　問3．(1)①　(2)多国籍企業　問4．③

《2023　国語　解説》

一　問二　「内なる言葉を育てることが先決」で「近道」である「理由」について、筆者は「1つ目は～扱う言葉の量が飛躍的に増加するから」、「2つ目は～『考えたつもりになっている』という状況から脱することができるようになるから」だと述べ、この効果は「一生続くことになり、意見や思いは時間に比例して成長していく」と述べている。それらをまとめた、③が適する。

問三　「自分の根底に流れている価値観や思考」（1行前）の、「その違い」が「源泉にもなり得る」と述べているので、②が適する。

問四　②の「気持ちや感情、思いなど、伝えたいことを正確に表現するための言葉」に必要なのは「内なる言葉の語彙力」である。よって、②が「『外に向かう』言葉」として誤っている。「うちなる言葉」に対して、「『外に向かう』言葉」は、「小手先の技術やスキル」で「表層的な言い方や伝え方」のこと。よって①、③、④が当てはまる。

問五　―― 線4は「外に向かう言葉だけを育てよう」とする人である。そういう人は「伝える力を手にする」ことはできるが、「話す内容にまで影響を与えるわけではない」。「内なる言葉」を育てていないため、「言葉に重みや深み、凄《すご》みを付加する」ことはできないのである。よって、④が適する。

問六　「多くの感情を省略して伝えられる」分かりやすい言葉を「便利だからといって多用している」状態のままでは、「いつまでたっても自分が感じていることを正しく把握することは難しく、感情を言葉にできない状態が続いていく」（―― 線5の2～3行後）とある。そのため―― 線5のようになるのである。よって、この部分をまとめる。

問七　「こうした～傾向と対策を行う」と指示語のあることに注目する。この「こうした」は直前の段落を指している。つまり、「自分の感情を振り返り～どんなことを考える傾向があるのかを把握すること」で、「『自分は～こういうことを考えるのか』『こうやって考えたほうがよかったのではないだろうか』『次～こう試してみよう』と、自分の中で考えが進んでいく実感を得ることができるようになる」のである。よって、①が適する。②が紛らわしいが、「他人との望ましいコミュニケーションに関する考えが進む」という部分が、本文と合わない。

問八　④は、最後の段落の内容と合っている。①は「外に向かう言葉を増やさなければならない」が、②は「何らかの伝える動機を必ず見つけるようにすることが大切だ」が、③は「使いこなすことを目指す」が、それぞれ本文と合わない。

二　問二　直後に、夕美は「兄弟の人格および暮らしぶりには、依然として疑心暗鬼なのだ」とある。

問三　擬態語は、物事の状態や身ぶりを、それらしい言葉で表した言葉。「きらきら」「にっこり」など。Bは、笑った様子を表しているので、擬態語。

問四　「つい笑ってしまう」という描写から、直美が自然に笑ってしまった様子が伝わる。よって、①の「譲歩しようと考えたため」と、④の「妹の気持ちを、和らげようと考えたため」は適さない。答えは②と③に絞られるが、②「すべてのことにこだわりが強い」かどうかは、本文からは判断できないため、③が適する。

問六　7行後で、夕美が「あたしだったら、自分のオトコにドタキャンなんて絶対させない」と言っているのを参照。直美が「しかたないね、＊＊さんじゃあ」と言ったのを聞いて、夕美は、浩太が直美との約束をキャンセルするために電話をかけてきたのだということを察したのである。

問七　前後にこのときの依子の心情が書かれている。依子が「すこし遅れて到着したときには、五人はかなりにぎやかに笑い声をたてて」おり、それを聞いて、依子は「自分を孤独だと思」い、「ドア一枚で～自分が拒絶されているように感じ」たのである。よって、③が適する。「つけめん」を食べに行く予定なので、①の「夕食を囲んで～いる様子」は適さない。また、②の「花火に興じている様子」、④の「花火を楽しんでいる」は、花火をマンションの部屋でやっているとは考えられないため、適さない。

問八　③について、直美は―― 線４の前で、明信の部屋は「小ざっぱりしていて風通しがいい」と感じ、徹信の部屋は「無機的な印象だ」と感じているが、そのことを兄弟には伝えていないので、「指摘している」は、本文の内容として合わない。

三　**問一１**　古文で言葉の先頭にない「はひふへほ」は、「わいうえお」に直す。

２　古文の「ア段＋う」は、「オ段＋う」に直す。

問三　白犬が御堂入道殿を「引きとどめ」た理由は、晴明が述べている。

問六　［　X　］は、「小神通のもの」（少々の不思議な通力を持っている者）だとあることと、御堂入道殿自身は察知することができなかったものを白犬が感じ取り、入道殿に知らせたという流れから考える。

問七　①入道殿が「御供」にしていたのは、白犬である。　②２～３行目の内容と合っているので、適する。③犬の行動を見てその場に留まったのは、晴明ではなく入道殿である。　④「（土器の中に）入りたるものはなくして、朱砂にて、一文字を土器に書けり」とあることと合わない。

問八　『十訓抄』と③は鎌倉時代の成立である。①は江戸時代、②、④はいずれも平安時代の成立である。

【古文の内容】

御堂入道殿は、法成寺を建立なさっていた時、毎日お渡りになった。そのころ、（入道殿は）白犬をかわいがり、お飼いになっていた。（法成寺へ行くとき御堂入道殿はいつもその犬を）御供としてお連れになっていた。

ある日、（入道殿が、法成寺の）門をお入りになると、（白犬が）先に進んで、走り回って、ほえたので、（入道殿は）立ち止まりなさって、あたりを御覧になったが、なにもなかったので、さらに歩をお進めになると、犬は、（入道殿の）直衣《のうし》の裾をくわえて、引きとどめ申し上げたので、（入道殿は）きっと理由があるにちがいないと、榻《しじ》を持ってこさせ、お座りなさって、すぐに晴明をお呼びになり、くわしい事情をおっしゃると、（晴明は）しばらく目をつぶって、考えている様子で申し上げることには、「入道様を呪い申し上げるものが、まじないの術をかけたものを道に埋めて、（入道様にそれを）踏み越えさせ申し上げようと、仕掛けたのでございます。（入道殿の）御運が、この上なくすばらしいため、この犬は（それに気づいて）、ほえて伝えたのです。犬は、もともと少々の不思議な通力を持っている者です」と、その場所を指して、掘らせると、土器を合わせて、黄色の紙で、十文字に巻きつけて縛ってあるものが出てきた。それを、掘り起こして、（紙を）解いて見ると、何も入っておらず、朱砂で、「一」の文字が土器に書かれていた。

四　**１**　助動詞「られる」の識別。例文と④は「可能」の意味である。①は「尊敬」、②は「自発」、③は「受身」。

２　例文と②は、形容詞である。①は形容詞「少ない」の一部、③は助動詞、④は補助形容詞。

３　接続助詞「と」の識別。例文と①は、あることが前提条件となって必ず次のことが起こるという関係を表す、一般条件を表す助詞である。②は、確定の順接、③は、仮定の順接、④は仮定の逆接。

４　例文と③は、接続助詞である。①は断定の助動詞、②は格助詞、④は形容動詞の活用語尾。

５　例文と④は形容動詞の活用語尾である。①は断定の助動詞、②、③は連体詞の一部。

《2023　数学　解説》

1 (1)　与式$=\frac{3}{2}\times\left(-\frac{1}{6}\right)\div\frac{25}{4}-\frac{5}{4}\times\left(-\frac{2}{25}\right)=-\frac{1}{4}\times\frac{4}{25}+\frac{5}{4}\times\frac{2}{25}=-\frac{4}{100}+\frac{10}{100}=\frac{6}{100}=\mathbf{\frac{3}{50}}$

(2)　与式$=\{(\sqrt{2})^2-2\times\sqrt{2}\times\sqrt{6}+(\sqrt{6})^2\}-\{(\sqrt{3})^2-2^2\}=(2-4\sqrt{3}+6)-(3-4)=\mathbf{9-4\sqrt{3}}$

(3)　与式$=\frac{1}{3}x+\frac{1}{2}x+\frac{3}{4}y-\frac{2}{3}y=\frac{2+3}{6}x+\frac{9-8}{12}y=\mathbf{\frac{5}{6}x+\frac{1}{12}y}$

(4)　$2(x-1)-3(y-1)=5$…①とする。$4(x-1)+5(y-1)=21$…②とする。

②－①×２で$(x-1)$を消去すると，$5(y-1)+6(y-1)=21-10$　　$11(y-1)=11$　　$y-1=1$より$\mathbf{y=2}$

①に$y=2$を代入すると，$2(x-1)-3(2-1)=5$　　$2x-2-3=5$　　$2x=10$　　$\mathbf{x=5}$

(5)　与式の両辺を４倍して，$2x^2-x-4=0$　　２次方程式の解の公式より，

$x=\frac{-(-1)\pm\sqrt{(-1)^2-4\times2\times(-4)}}{2\times2}=\mathbf{\frac{1\pm\sqrt{33}}{4}}$

(6)　与式$=(4x^2-12xy+9y^2)-(x^2+6xy+8y^2)=\mathbf{3x^2-18xy+y^2}$

(7)　与式$=x(x-2y)=(4+\sqrt{12})\{4+\sqrt{12}-2(2-\sqrt{3})\}=(4+2\sqrt{3})(2\sqrt{3}+2\sqrt{3})=$

$(4+2\sqrt{3})\times4\sqrt{3}=\mathbf{24+16\sqrt{3}}$

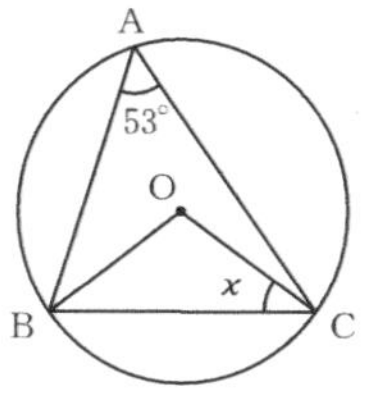

(8)　∠ＢＯＣ，∠ＢＡＣは$\overset{\frown}{\mathrm{BC}}$に対する中心角，円周角の関係だから，

∠ＢＯＣ＝53°×２＝106°　　ＯＢ＝ＯＣより，△ＯＢＣは二等辺三角形だから，

$\angle x=(180°-106°)\div2=\mathbf{37°}$

2 (1)　Ａ店では定価の70％引きの金額から，さらに30％引きになるから，もとの金額の

$\left(1-\frac{70}{100}\right)\times\left(1-\frac{30}{100}\right)=\frac{30}{100}\times\frac{70}{100}=\frac{21}{100}$(倍)の金額となる。よって，$\mathbf{y=\frac{21}{100}x}$となる。

(2)　Ｂ店ではもとの金額の$1-\frac{80}{100}=\frac{20}{100}$(倍)の金額となる。よって，**Ｂ店**の方が安い。

(3)　同じ定価の商品をＡ店とＢ店で買ったときの金額の比は，$\frac{21}{100}:\frac{20}{100}=21:20$となる。

よって，Ａ店での購入金額が2520円の商品は，Ｂ店では$2520\times\frac{20}{21}=$**2400**(円)になる。

図１

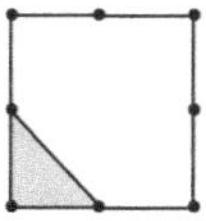

図２

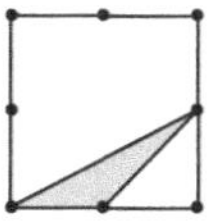

3 (1)　$S=\frac{1}{2}$のとき，$\frac{1}{2}\times$(底辺)×(高さ)$=\frac{1}{2}$より，(底辺)×(高さ)＝１となる。

正方形の１辺の長さは２だから，三角形の底辺と高さがともに１であればよい。

このような三角形は図１，図２の２通りが考えられる。図１と合同な三角形は

正方形の四すみに４個作れる。図２と合同な三角形は長さが１の辺を１本決めると，その辺に対して三角形が１個

できるから８個作れる。よって，全部で４＋８＝**12**(個)できる。

図３

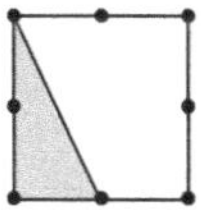

図４

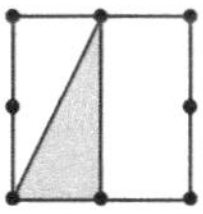

図５

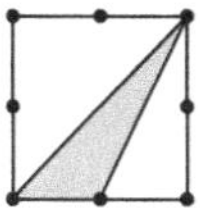

図６

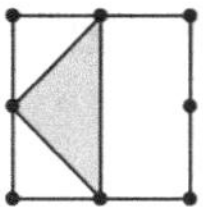

(2)　Ｓ＝１のとき，(底辺)×(高さ)＝２となるから，底辺と高さがそれぞれ

１，２である三角形を考えると，図３から図６の４つの形が考えられる。

図３，図４，図５と合同な三角形は(1)の図２の三角形のときと同様に考えて，

それぞれ８個ずつ作れる。図６の三角形と合同な三角形はＦＨ，ＥＧを１辺

に持つ三角形が２個ずつ作れるから，２×２＝４(個)作れる。

よって，全部で８×３＋４＝**28**(個)できる。

(3)　**【解き方】正方形の面積は２×２＝４であり，$\frac{3}{2}=4-\left(1\times2+\frac{1}{2}\right)$だから，正方形から面積が１の三角形２つと，面積が$\frac{1}{2}$の三角形１つを切り取ってできる三角形を考える。**

図７

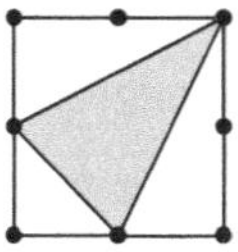

$S=\frac{3}{2}$のとき，(底辺)×(高さ)＝３となるが，積が３になる２つの自然数は１と３のみであり，

３は１辺の長さとして取ることができない。正方形から図１の三角形１つと図３の三角形２つ

を切り取った形を考えると，図７のような二等辺三角形を作ることができる。

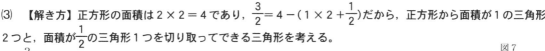

この三角形は図1と合同な三角形と同じ数だけ作れるから，全部で**4**個できる。

4 ⑴ 図1の三角柱は底面の直角を作る2辺の長さが5㎝，高さが5㎝の三角柱である。
よって，底面積は$\frac{1}{2}\times 5\times 5=\frac{25}{2}$(㎠)だから，求める容積は，$\frac{25}{2}\times 5=\mathbf{\frac{125}{2}}$(㎤)である。

⑵ **【解き方】入っている水は底面が△ABCで体積が25㎤の三角柱と考える。**
求める水の深さは，$25\div\frac{25}{2}=$ **2**(㎝)

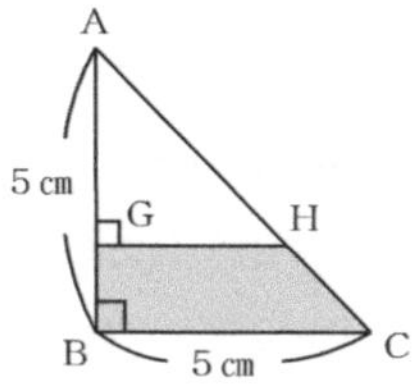

⑶ **【解き方】右図のような平面ABCについて，水面をGHとすると，**
BC//GHより，△ABCと△AGHは相似であることを利用する。
容器の容積と水の入っていない部分の容積の体積比は，$\frac{125}{2}:(\frac{125}{2}-25)=5:3$である。
底面を△ABCとする三角柱と底面を△AGHとする三角柱は高さがADで等しいから，△ABC：△AGH＝5：3となる。相似比がm：nである図形の面積比は$m^2:n^2$だから，△ABCと△AGHの相似比は$\sqrt{5}:\sqrt{3}$である。よって，$AG=5\times\frac{\sqrt{3}}{\sqrt{5}}=\sqrt{15}$(㎝)となるから，$GB=(5-\sqrt{15})$㎝である。
したがって，水の深さは$(\mathbf{5-\sqrt{15}})$㎝

5 ⑴ Pは放物線$y=ax^2$上の点だから，座標を代入して，$2=a\times 2^2$より$a=\mathbf{\frac{1}{2}}$である。

⑵ 直線APの傾きは$\frac{(y\text{の増加量})}{(x\text{の増加量})}=\frac{2-4}{2-0}=-1$，切片は4だから，直線APの式は$y=-x+4$…②である。
Rのx座標をrとすると，y座標は$\frac{1}{2}r^2$となる。これを②に代入すると，$\frac{1}{2}r^2=-r+4$　これを解いて，$r=-4$，2となる。Pのx座標が2だから，Rのx座標は-4となるので，Rのy座標は$\frac{1}{2}\times(-4)^2=8$
よって，**R(−4，8)**である。

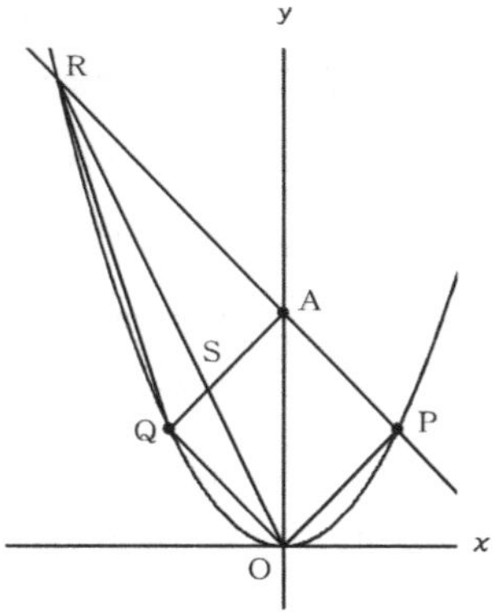

⑶ **【解き方】PA//OQだからAR//OQより，△SRA∽△SOQである。同じ高さの三角形の面積比は底辺の長さの比と等しいから，△AQRの面積を求め，相似比を利用してAQ：SQを求めると，△QRSの面積が求められる。**
AR//OQだから，△AQR＝△AOR＝$\frac{1}{2}$×AO×(A，Rのx座標の差)＝$\frac{1}{2}\times 4\times 4=8$となる。△SRAと△SOQの相似比はAR：QO＝(A，Rのx座標の差)：(Q，Oのx座標の差)＝2：1だから，SA：SQ＝2：1より，AQ：SQ＝(2＋1)：1＝3：1　したがって，△QRS＝$\frac{1}{3}$△AQR＝$\frac{1}{3}\times 8=\frac{8}{3}$　また，正方形OPAQは，対角線が4だから，面積は$\frac{1}{2}\times 4\times 4=8$である。よって，△QRSの面積は正方形OPAQの面積の$\frac{8}{3}\div 8=\mathbf{\frac{1}{3}}$(倍)である。

《2023　英語　解説》

1 **Part 1** **No.1**　質問「ビアンカは毎日何をしますか？」…M「ビアンカ，なぜそんなにギターを弾く練習をするの？」→F「私の夢はいつかロックミュージシャンになることだから，毎日練習しないとね」→M「自分で曲も書くの？」→F「まだ書いてないわ。今は有名な曲を演奏するだけだけど近々作曲も始めたいわ」の流れより，①「ギターを練習する」が適切。

No.2　質問「男性は次に何をしますか？」……F「Winning Sports Storeです」→M「もしもし。チームの野球ボールを多数購入したいです。いくらかかるか教えてもらえますか？」→F「1つ3ドルですが，野球ボールは在庫が2つしかありません。注文なさいますか？」→M「結構です。すぐに必要なので別の店に電話してみます」の流れより，③「別の店に電話する」が適切。

No.3　質問「男性はどんなミスをしましたか？」……F「あなたがこのフライパンをこがしたの？」→M「うん，

ごめん。言おうと思ってたんだ。昼食を作り終えた時にガスを消し忘れてしまったよ」→F「フライパンは真っ黒こげね。家が燃えてしまわなくてよかったわ」→M「そうだね。今度からもっと気をつけるよ」の流れより，③「ガスを消さなかった」が適切。

No.4　質問「少女の抱える問題とは何ですか？」…F「すみません，ノートが見つかりません。この図書館のどこかに置き忘れたと思うのですが」→M「10 分前にどなたかが見つけてくれましたよ。どんなノートですか？」→F「小さくて茶色です。Emilly Watson と記名してあります」→M「こちらにあるのはまさにそれです。さあ，どうぞ」の流れより，④「ノートをなくしてしまった」が適切。

No.5　質問「少年について，何がわかりますか？」……F「今は夏よ，マイケル。なぜ毎日黒い服ばかり着ているの？」→M「他の色を着たくないんだ，ママ」→F「あなたは明るい色がすごく似合うわ。私が先月買ってあげた服を着ればいいのに」→M「ごめん，ママ。好みじゃないんだ」の流れより，②「黒い服を着るのが好き」が適切。

Part 2　【放送文の要約】参照。

No.1　質問「市はどんなキャンペーンを行っていますか？」…②「市の環境を守るためのキャンペーン」が適切。

No.2　質問「キャンペーンの一環として，生徒たちは何について話し合いましたか？」…②「どうやって学校をよりきれいにするか」が適切。

No.3　質問「少年のクラスは何をすることにしましたか？」…①「ごみを見つけたら拾う」が適切。

No.4　質問「彼らはこの活動をどれくらい続けていますか？」…③「１週間」が適切。

No.5　質問「このスピーチで伝えたいことは何ですか？」…③「市の環境を守るため，私たちはささいなことでもするべきだ」が適切。

【放送文の要約】

No.1②**私たちの街は環境を守るためにキャンペーンを始めました。私たちはみな，環境問題をどう解決するかについて考えなければいけません。No.2②私たちはキャンペーンの一環として，先週の授業で，どうしたら学校をよりきれいにできるかを話し合いました。話し合いを重ね，例えば，クリーニングデーを設けるべきだ，などのいくつかの方法を見つけました。No.3①最終的に，私たちは簡単な方法を選びました。「学校でゴミを見つけたら拾いましょう」これはささいなことですが役に立つ方法です。No.4③ここまで１週間続けて，学校はとてもきれいになりました。私たちが学校をきれいに保つために選んだ方法を考えると，No.5③街の環境を守るために私たち全員が何かをすることはとても大切なことだと思います。私たちにできることはささいなことですが，私たちはそれらをするべきなのです。**

2　(3)【本文の要約】参照。

(ア) 1　「カイトは(　　)つもりだ」…②「パーティーに参加する」が適切。

2　「マイクはパーティーで(　　)だろう」…①「スニーカーを手に入れる」が適切。

3　「ジェーンは日本で大学に入学するのが(　　)知らなかった」…④「いかに大変か」が適切。

4　「ジェーンとカイトは(　　)について話している」…③「誕生日パーティーとそれ以外のこと」が適切。

(イ)　①「ジェーンはカイトを，×自分の誕生日会に来るよう誘っている」　②○「カイトは招待を受けたいと思っている」　③「カイト×とジェーンはマイクのためにスニーカーを買う」　④「マイクは弁護士になるために×日本の大学に進学する」　⑤○「日本では大学に進学する学生の数は増えている」　⑥「アメリカでは×一生懸命勉強した場合，多くの学生が大学を辞めてしまう」

【本文の要約】

ジェーン：もしもし，ジェーンですが，カイトはいますか？

カイト　：僕だよ。ジェーン，元気？

ジェーン：ええ，元気よ。(イ)②電話したのはね，明日の兄の誕生日会にあなたを招待しようと思って。来てもらえる？

カイト　：(イ)②いいね！行きたいよ。何かプレゼントをあげたいな。いい考えはある？

ジェーン：そうねえ，ずっとスニーカーがほしいと言っているわ。

カイト　：よし！素敵なスニーカーを買ってあげよう。

ジェーン：ありがとう。私はバースデーケーキを焼いて18本のろうそくを立てるわ。

カイト　：パーティーが成功するといいね。

ジェーン：ええ。ところで，カイト，あなたの授業は順調？

カイト　：ほとんどの教科は大丈夫だけど，英語がとても難しいんだよ。次のテストが心配だよ。

ジェーン：大丈夫よ。よかったら私が助けてあげるわ。

カイト　：ありがとう。僕は英語の授業が理解できるように一生懸命勉強してみるよ。君のお兄さんのMikeは来年大学に行くの？

ジェーン：ええ。兄は法律を勉強するつもりよ。弁護士になりたいって。日本では多くの学生が大学に行くの？

カイト　：うん，そうだね。(イ)⑤最近はますます多くの学生が大学に進学するよ。

ジェーン：行きたい大学に入学するのは簡単？

カイト　：いいや。大学に入学するには難しい試験をパスしなければいけないんだ。「受験地獄」と呼んでいるよ。

ジェーン：アメリカでは一生懸命勉強しないと卒業できないの。多くの学生が卒業する前にやめてしまうよ。

カイト　：本当？どの国でも学生っていうのは一生懸命勉強しなければいけないんだね。とにかく，明日君たちに会えるのを楽しみにしているよ。電話してくれてありがとう。

ジェーン：じゃあ明日ね。ホストファミリーによろしく。

カイト　：うん，伝えておくよ。じゃあね。

3 【本文の要約】参照。

(1)　「誰がベンにマックスをあげましたか？」…③「ベンの姉」が適切。

(2)　「ベンの両親はなぜ時々怒りますか？」…④「マックスが彼らのベッドで寝るから」が適切。

(3)　「ベンは夕食時に何をするべきですか？」…③「マックスを別の部屋に連れて行く」が適切。

(4)　「次のどれが正しいですか？」…①「エラ・キムはABCペットショップのスタッフの一人だ」が適切。②「マックスはいつも悪い子なので，ベンは彼のことが好きではない」，③「マックスは年を取っているので覚えるのが遅い」，④「リリーは3年前からエラのことを知っている」は不適切。

【本文の要約】

ABCペットショップ様

姉のリリーが3年前に美術を学ぶためにパリに引っ越しました。姉は飼い犬のマックスを連れて行けなかったので，僕に世話を頼みました。僕はマックスのことが大好きです。でもマックスは時々悪さをします。夕飯時，マックスは僕たちの食事を食べようとします。寝る場所は僕のお気に入りのいすの上です。時には両親のベッドで寝ることさえあります。それを見ると両親は怒ります。たぶんマックスは自分が悪いことをしているとは思っていません。どうしたらもっと良い子になるようしつけることができますか？

ベン・スミスより

ベンへ

メールをありがとうございます。新しいことを覚えるのが遅い犬がいます。マックスが悪さをするのをやめるには時間がかかるでしょう。もしマックスがいいことをしたら，ほめてあげてください。あなたたちが夕飯を食べる前に，マックスを別の部屋に連れて行ってください。そしてマックスにそこにいるように言い，「いい子だね」と言うのです。もしマックスが戻ってきたら引き戻して，そこにいるように伝えます。何回もこれをしなければいけません。そうするとマックスはその部屋にいるようになるでしょう。あなたたちが夕飯を終えたあとマックスのところに行き，「いい子だったね」と言ってください。そしてごほうびを与えるのです。マックスがいすやベッドの上に座っていたら，すぐに降りるよう言ってください。そして床の上に横になるように言うのです。横になったら「いい子だね」と言ってください。おそらく時間はかかるでしょうが，マックスは覚えてくれますよ。このメールがお役に立てばうれしいです。

ABC ペットショップ　エラ・キムより

4 【本文の要約】参照。

(1) 「(a)に最も適する答えを選びなさい」…チラシの What do you need to bring?「何を持参する必要がありますか？」参照。You don’t have to worry at all. Just bring swimwear! Balls and hoops are ready to use.「何も心配ありません。水着だけ持ってきてください！ボールとリングは準備してあります」とあるから，①が適切。

(2) 「(b)に最も適する答えを選びなさい」…チラシの How many players are needed to play a game?「試合をするには何人の選手が必要ですか？」参照。Each team needs three or more players.「各チームは３人以上必要です」とある。現在，チームにはボビーと兄の２人しかいないから，最低でもあと一人必要である。④が適切。

(3) 「(c)に最も適する答えを選びなさい」…チラシの Practice Time「練習時間」の表参照。練習日程のうち，火曜日はピアノのレッスン，土曜日は英語教室と重なるから，残る木曜日と金曜日に参加可能。④が適切。

(4) 「チラシと会話によれば，次のどれが正しいですか？」…チラシの一番下 GAMES on SUNDAYS!!「日曜日に試合をします！！」より，②「ウォーターバスケットボールの試合は毎週日曜日に開催される」が適切。①「ウォーターバスケットボールはお年寄りがプレーするにはハード過ぎる」，③「スイミングバスケットボールの試合にお金を支払う必要はない」，④「試合を通してウォーターバスケットボールの歴史を学ぶことができる」は不適切。

【本文の要約】

ボビー：昨日ジムで君を見かけたよ。すごく上手にバスケットボールをしていたね。

アキオ：ありがとう。中学生時代バスケットボールをやってたんだよ。

ボビー：アキオ，「ウォーターバスケットボール」って聞いたことある？

アキオ：ウォーターバスケットボール？何それ？

ボビー：バスケットボールに似ているけどプールの中でやるんだよ。簡単だよ。泳いでリングにボールを投げればいいんだ。やってみるといいよ。

アキオ：いいね。何か持ち物はある？

ボビー：うん，(a)①必要なのは水着だけだよ。インターネットで安く手に入るよ。

アキオ：なるほど，いいね。君もやってるの？

ボビー：うん。先月から兄と練習しているよ。すごく楽しいよ。お年寄りと練習するのが特に好きなんだ。彼らはすごく上手だよ。

アキオ：へえ，君は試合にも出てるんだね？

ボビー：うん！でも兄と僕だけのチームなんだ。それで，試合に出るのに(b)④もう一人必要なんだよ。うちのウォータ

―バスケットボールのチームに入らない？

アキオ：実は月曜日と火曜日の夕方はピアノのレッスンを受けているんだよ。

ボビー：大丈夫。これが練習のスケジュールだよ。

アキオ：あ！土曜日の午前中は英語教室にも通ってるんだった。

ボビー：それなら，(c)④木曜日と金曜日の練習に参加できるね。

5 【本文の要約】参照。

(1) 「マスクをしたくない」が 14%，「常に使用すべき」が 22%だから，②のグラフが適切。

(2) do so「そうする」という意味で，前出の動詞表現を言いかえたもの。ここでは直前の文の stop wearing masks を指す。

(3) 同調圧力とは，集団の中で，多数派に合わせなければならなくなるような圧力。f から始まる語だから，「～に従う」という意味の follow が適切。

(4) 日本と海外の対比を述べているから，③「一方」が適切。

(5) マスクをすることで楽になることだから，①が適切。

(6) 代名詞などの指示語は，直前にある名詞や文を指すことが多い。ここでは文の前半にある a part of their faces を指す。

(7) ・so … that＋主語＋動詞「とても…なので～」　・be afraid of ～「～を怖がる」

(8) 直前の１文の内容を，空欄に合う形で答える。

(9) ①「新しい生活様式になって×250 日が経った」　②○「海外ではより多くの人がマスク着用に関して自分で決めている」　③×「私たちはみな，新型コロナウイルス感染症はさほど危険ではないことを理解するべきだ」…本文にない内容。　④○「まだマスクを必要とする日本人の中には，自分の顔が他人に見せられるほどよくないと考える人もいる」　⑤×「周囲の人にたずね，より安全な生活様式を選ぶことが大切だ」…本文にない内容。

(10)(ア) 「当初，×日本の割合は他のどの国よりも高かった」…最も高かったのは香港である。

(イ) ○「2022 年４月の時点で，イギリスでは３人に１人がマスクを着用することを選んだ」

(ウ) ○「割合は時に上下するが，アジアの国の多くの人々はいまだにマスクを着用し続けている」

(エ) 「×ヨーロッパでは 50%以上の人が一度もマスクを着用しなかった」…スウェーデンだけである。

(オ) 「上記の国の中で，×タイの割合が１年間で最も変化した」…デンマークである。

【本文の要約】

ここ２年半で，マスク着用は新しい生活様式として当たり前のことになりました。しかし新型コロナウイルス感染症が終息した後もマスクを着用し続けるべきなのでしょうか？

(1)②2022 年の調査によると，マスク着用をやめたい日本人はたった 14 パーセントでした。このように少人数の集団にとってさえ，マスク着用をやめるのは難しいのかもしれません。なぜなら，日本には大勢がすること(c)に従う（＝follow）べきだという，大きな社会的圧力があるからです。(9)②一方海外では，新型コロナウイルス感染症は以前ほど危険ではなくなったことにより，ますます多くの人たちがマスクを着けるか外すかを自分で決めることが可能になっています。(1)②日本人の 22 パーセントが，毎日の生活の中で常にマスクを着用するべきだと考えています。その中には，朝，顔の手入れをしなくていいという，この楽な生活を気に入っている人もいます。マスクをしている方が，見た目がいいと思っている人さえいます。彼らは，顔の一部分が見えないほうが美しい，と考えているのです。しかしながら，(9)④マスクに依存しすぎているために人に顔を見せるのが怖いと思っている人もいます。そのような考えを持つ一人の学生が，(8)オンラインで就職面接を受けましたが，彼女はマスクを外しませんでした。これは行き過ぎた行為です。

私たちは，マスクを外しても何も悪いことは起こらない，ということを理解するべきです。また，みんなと同じでいようとするだけでなく，少数派の意見にも耳を傾けることが大事です。そうしなければ，私たちは永久にマスクに別れを告げることができません。

6 (1) 「絵がついた木製の板です。神社や寺院で何かお願いする時や感謝する時に使われます」＝絵馬

(2) 「日本式の脚を温めるものです。下にヒーターがついたローテーブルで，布団に覆われています」＝こたつ

(3) 「夏に行われます。人々は紙に願い事を書き竹につるします」＝七夕

7 (1) 「～にちなんで(もの)を名付ける」＝name＋もの＋after ～

(2) 「～したい気分だ」＝feel like ～ing

(3) 「(私が)～しましょうか」＝Shall I ～?/Should I ～?(どちらも提案・申し出の表現)

(4) 「避難訓練を行う」＝have an evacuation drill

8 (1) 「きっと～でしょう」＝I'm sure that ～.(確信があることを表す表現)

(2) 「～について(人)に謝る」＝apologize to＋人＋for ～　「～の一人／ひとつ」＝one of＋名詞の複数形

(3) 「～かもしれない」＝may be ～　「○番目に…な」=the＋序数＋最上級

(4) 「～から見えない」＝「～から見られることができない」＝can't be seen from ～

《2023　理科　解説》

1 **問1**(1) 反応の前後で原子の組み合わせは変化するが，原子の種類や数は変化しない。反応の前後で原子の種類と数が一致しているのは①だけである。なお，この化学変化を化学反応式で表すと〔$CuO + H_2 \rightarrow Cu + H_2O$〕となる。

(2) 銅線を熱すると表面に酸化銅ができて黒くなる。これを熱い状態で水素の中に入れると，水素の方が銅よりも酸素と結びつきやすいので，酸化銅は還元されて銅になり，水素は酸化されて水になる。

問2 ②×…水よりも密度が小さい物質は水に浮く。食用油の密度は水よりも小さい。

問3 飽和水溶液であれば，質量が異なっていても濃度は同じなので，20℃の水100 g に溶ける限度が36 g であることから濃度を求めればよい。よって，〔質量パーセント濃度(%)＝$\frac{溶質の質量(g)}{溶液の質量(g)}$×100〕より，$\frac{36}{36+100} \times 100 =$ 26.4…→26%である。なお，20℃の水50 g に溶ける限度は36 g の半分の18 g なので，20℃の水50 g に25 g の食塩を入れた場合，25－18＝7(g)が溶け残る。

問4(1) 同じ物質であれば密度が等しい。グラフで，原点とそれぞれの点を結んだとき，同じ直線上にあるものは密度が等しいと考えてよい。ここでは，RとUが同じ直線上にある。　(2) 図2のメスシリンダー内の液面を目盛りの$\frac{1}{10}$まで目分量で読み取ると74.5㎤だから，Rの体積は74.5－65＝9.5(㎤)である。(1)より，RはUと同じ物質であり，体積5.0㎤のときの質量が7.0 g だから，体積9.5㎤のときの質量は$7.0 \times \frac{9.5}{5.0} = 13.3$(g)である。

2 **問1**(1) 〔電力(W)＝電圧(V)×電流(A)〕，400mA→0.4Aより，12×0.4＝4.8(W)となる。　(2) 図 i の左手を，図2の電流の向きと磁界の向きに合わせると，力の向きが①になることがわかる。

図 i

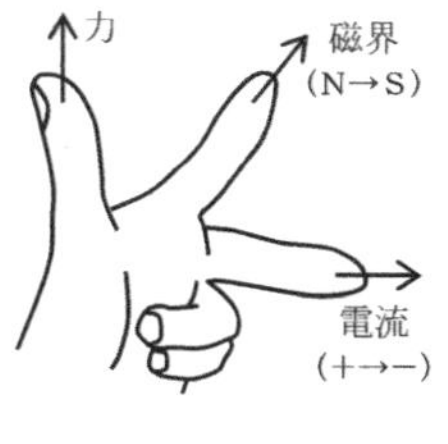

(3) コイルに磁石を近づけたり遠ざけたりすると，コイルには磁界の変化を妨げる向きに電流が流れるので，コイルにできる磁界の向きに着目するとよい。図3のようにコイルの左側から棒磁石のN極を近づけると，コイルの左側がN極になる。これと同様にコイルの左側がN極(右側がS極)になるのは，コイルの右側から棒磁石のN極を遠ざけた④である。

問2(3) 図3のように2つのばねを並列につなぐと，おもりの重さは2つのばねに等しく分かれてかかるから，1

つのばねにはおもり１つ分の重さがかかる。また，図４と５のように２つのばねを直列につなぐと，それぞれのばねにおもりの重さがかかるから，図４ではおもり１つ分，図５ではおもり２つ分の重さがそれぞれのばねにかかる。よって，ばね１つあたりの伸びが最も大きいのは図５である。

3 **問１⑴**　ＢＴＢ溶液は酸性で黄色，中性で緑色，アルカリ性で青色に変化する。ここでは，二酸化炭素を溶けこませて緑色にしたから，二酸化炭素が減れば青色に変化し，二酸化炭素が増えれば黄色に変化し，二酸化炭素の量が変化しなければ緑色のままだと考えればよい。Ａではオオカナダモが光合成を盛んに行うため，二酸化炭素が減り，青色に変化する。Ｂではオオカナダモが呼吸だけを行うため，二酸化炭素が増え，黄色に変化する。ＣとＤでは二酸化炭素の量が変化しないので，緑色のままである。　**⑵**　オオカナダモが光合成を行ったのはＡだけだから，Ａとオカナダモの有無以外の条件がすべて同じＣを比較すればよい。

問２⑴　(ウ)倍率が低いときの方が視野が広いので，観察物を見つけやすい。　**⑵**　顕微鏡の視野は上下左右が反対になっているので，図のように観察物が右下にあるとき，実際には左上にある。よって，観察物を中心に動かしたい場合はプレパラートを右下に動かす。　**⑷**　倍率を100倍から400倍へと４倍大きくすると，見える範囲は$\frac{1}{4}\times\frac{1}{4}=\frac{1}{16}$になるので，見える点の数は$160\times\frac{1}{16}=10$(個)になる。

4 **問１⑵**　(ウ)(エ)温暖前線付近では暖気がゆるやかにはい上がることで乱層雲ができやすく，寒冷前線付近では暖気が激しく持ち上げられることで積乱雲ができやすい。　**⑶**　④×…線状降水帯が発生する場所や時間を予測することは難しい。

問２⑴⑶　アンモナイトは中生代(約２億5000万年前～6600億年前)に栄えた生物で，その化石は地層が堆積した年代を知る手がかりとなる示準化石である。　**⑷**　不整合面の上には断層が見られないことから，断層が形成されたのち，土地が隆起し，地上で侵食され，その後沈降して(あ)の層が堆積したことで不整合面ができたと考えられる。

《2023　社会　解説》

1 **問１**　ア＝足利義満　イ＝徳川家光　　ア．室町幕府の第三代将軍の足利義満は，1392 年に南北朝を統一し，将軍職を辞した後に，明の皇帝から朝貢形式での日明貿易を許された。その際に正式な貿易船と倭寇を区別するために，勘合と呼ばれる合い札を使用したので，日明貿易は勘合貿易とも呼ばれる。イ．江戸幕府の第三代将軍の徳川家光は，参勤交代を初めて武家諸法度に追加した。また，西洋の国の中ではオランダとだけ，長崎の出島での貿易を許した。

問２　③　　①誤り。開墾した土地の永久所有が認められた。②誤り。開墾した土地は口分田ではなく荘園となっていった。④誤り。６歳以上になると身分や男女ごとに決められた口分田が与えられた法は，班田収授法である。

問３　Ａ＝摂政　Ｂ＝関白　　藤原道長は，摂政には就いたが関白には就いていない。

問４　④　　承久の乱の説明として正しい。源氏の将軍が三代で途絶えると，後鳥羽上皇は政権を取り戻そうとして兵を挙げたが，上皇側が敗れた。敗れた後鳥羽上皇は隠岐に流された。①は江戸時代の大塩平八郎の乱，②は室町時代の応仁の乱，③は平安時代の保元の乱。

問５　②　　楽市・楽座の説明として正しい。①豊臣秀吉の太閤検地。③豊臣秀吉の刀狩。④江戸幕府の将軍が発した武家諸法度。

問６　④　　永楽通宝などの明銭が輸入された。

問７　通信使　　豊臣秀吉の朝鮮出兵によって，朝鮮との国交は途絶えていたが，対馬藩の宗氏の努力によって外交や貿易が回復し，朝鮮半島の釜山に倭館が建てられ，そこで貿易が行われた。

問８　③，④　　『万葉集』は奈良時代につくられた和歌集，「平家物語」は鎌倉時代に成立した軍記物語である。

問9　①　　雪舟の『秋冬山水図　冬景』である。②は葛飾北斎の『富嶽三十六景　神奈川沖浪裏』(江戸時代)，③は俵屋宗達の『風神雷神図屏風』(江戸時代)，④は『源氏物語絵巻』(平安時代)。

2　問1　③　　**あ**はインドネシアで③，**い**はオーストラリアで②，**う**はニュージーランドで①，**え**はブラジルで④。

問2　③　　ヒスパニックの母国語はスペイン語である。

問3　⑥　　クスコ(ペルー)は，アンデス山脈の標高 3400mの地点に位置するため，低緯度であっても気温が上がらない高山気候である。

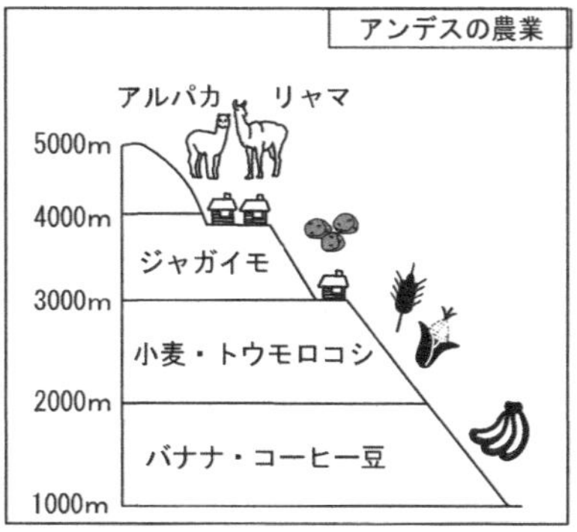

問4　④　　地図Ⅰはランベルト正積方位図法，地図Ⅱはモルワイデ図法であり，どちらも正積図法である。

問5　②　　**く**の国(ガーナ)は，イギリスとほぼ同経度にあるから，本初子午線が通る。日本は東経 135 度の経線を標準時子午線としていて，経度差 15 度で1時間の時差が生じるから，**く**の国の首都と日本の経度差は 135 度，時差は 135÷15＝９(時間)になる。日付変更線をまたがない場合，東に位置する国ほど時刻は進んでいるから，日本の時刻は**く**の国の首都より９時間進んでいる。よって，２月 10 日午前６時－９時間＝２月９日午後９時である。

3　問1　政令指定都市　　全国に政令指定都市は 20 都市ある。

問2　④　　京戸川の周辺には果樹園(ὀ)が広がっている。

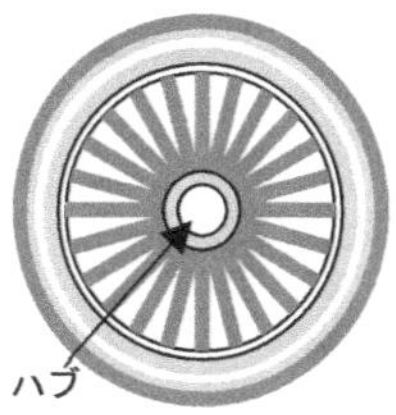

問3　ハブ空港　　車輪の中心部分(ハブ)にみたてられたことから名付けられた。

問4　①　　水力発電による発電量には大きな変化はない。Ⅱは火力発電，Ⅲは原子力発電，Ⅳはその他の発電。

問5　④　　①誤り。台風で海面が上昇する現象は高潮である。津波は海溝型地震で発生する。②誤り。土石流は大雨が降ったときなどに起きる。火山噴火時に高速で下流へ流れるのは，火砕流である。③誤り。液状化現象は地震発生時に埋め立て地などで発生する。

4　問1　②　　所得税は，所得が多いほど税率が高くなる累進課税を採用し，富の再分配の機能をもつ。

問2　④　　直接税と間接税の分類については右表を参照。

		直接税	間接税
国税		所得税 法人税 相続税など	消費税 酒税 関税など
地方税	道府県税	道府県民税 自動車税など	地方消費税など
	市町村税	固定資産税など	入湯税など

問3　④　　公的扶助は，生活保護法に基づいて生活費や教育費などを支給する。

問4　⑤　　人口ピラミッドは，少子高齢化が進むほど，底辺が小さく，上側が広くなっていく。

問5　①　　公債金…国債などを発行して得た収入。ロは所得税，ハは消費税，ニは法人税。

5　問1　③　　1980 年代から 2000 年代は，輸出が輸入を上回っているから，貿易黒字である。

問2　③　　１ドル＝103 円から１ドル＝140 円になることは，円の価値が下がっているので円安である。円安は外国人の日本への旅行や，日本からの輸出に有利にはたらき，円高は，日本人の海外旅行や，日本への輸入に有利にはたらく。

問3(1)　①　　日本の企業(製造業)は，安い労働力と大きな市場を求めて，アジアに生産の拠点を移している。

問4　③　　アイヌ文化振興法では，アイヌ民族をわが国固有の民族として法的に位置付けたが，先住民族として法的に位置付けたわけではない。アイヌ民族を先住民族と法的に位置付けた法律は，2019 年に成立したアイヌ施策推進法である。

2022 解答例
令和4年度

愛知啓成高等学校

《国　語》

一　問一．A．③　B．①　問二．③　問三．自分の外部評価に不満がある人が、自分についてのこれまでの外部評価をリセットするために行うこと。　問四．②　問五．①　問六．③　問七．②　問八．④

二　問一．a．はず　b．封印　c．貧乏　d．ただよ　e．たび　問二．②　問三．遠慮　問四．③　問五．①　問六．③　問七．④　問八．①

三　問一．a．こうばしくて　b．かい　問二．祭の使　問三．④　問四．②　問五．4．①　8．③　問六．①　問七．③　問八．②

四　1．生産　2．客観　3．縮小　4．供給　5．未来

《数　学》

1　(1)ア．⊖　イ．①　ウ．③　エ．⑤　オ．⓪　(2)カ．⊖　キ．①　ク．⑨　ケ．②　コ．②　(3)サ．⊖　シ．③　ス．④　セ．③　ソ．⑤　(4)タ．⑤　チ．③　(5)ツ．②　テ．⑧　(6)⑦　(7)ナ．②　ニ．⑤　ヌ．③　(8)ネ．⊖　ノ．③　ハ．⊖　ヒ．⑤　(9)フ．④　ヘ．②

2　(1) $3x+2y=50$　(2)21 枚

3　(1) $\frac{1}{2}$　(2) $\frac{1}{3}$　(3) $\frac{1}{12}$

4　(1) 2：3　(2) 9：4　(3) 15：4

5　(1) A(4，32)　B(－1，2)　(2) 20　(3) (－2，－4)

《英　語》

1　Part1．No. 1．②　No. 2．②　No. 3．②　No. 4．④　No. 5．①
Part2．No. 1．③　No. 2．③　No. 3．①　No. 4．③　No. 5．④

2　(1)(ア)④　(イ)②　(ウ)③　(2)(ア)④　(イ)③　(3)(ア)①　(イ)②　(ウ)②　(エ)①　(オ)②

3　(1)③　(2)brown　(3)④

4　(1)③　(2)②　(3)①

5　(1)④　(2)②　(3)③　(4)①　(5)④

6　(1)A．too　B．to　(2)working　(3)③　(4)(c)

7　(1)worth／watching　(2)satisfied／with　(3)has／been　(4)chorus／contest　(5)human／rights

8　(1)This picture reminds us of our happy days　(2)You should check him out on the Internet　(3)He stood on his hands with Ken's help　(4)Your last performance on TV was really awesome　(5)Many birds will do serious damage to forests

《理　科》

1　問1．(1)＝　(2)①　(3)3．①　4．②　5．⑥　(4)6．②　7．④　8．②　問2．(1)(あ)100　(い)0　(2)①　(3)④　(4)①　問3．②，⑤

2　問1．(1)②　(2)②　(3)②　(4)②　問2．(1)①　(2)②，④　(3)③

3　問1．(1)右図　(2)①，④，⑤　(3)③　問2．(1)感覚器官　(2)右図　(3)①，③　問3．(1)顕性〔別解〕優性　(2)③，④，⑤　(3)⑥

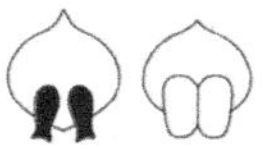

3 問1(1)の図

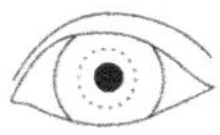

3 問2(2)の図

4　問1．(1)②　(2)気体の火山ガスが抜けてしまうため。　(3)①

問2．(1)②　(2)右図　(3)60　問3．(1)⑤　(2)6565　(3)③

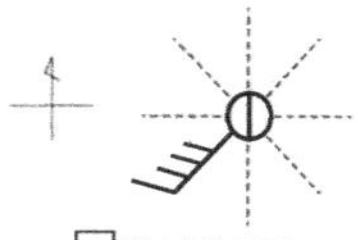

4 問2(2)の図

《社　会》

1　問1．①　問2．③　問3．③　問4．③　問5．②　問6．④

2　問1．大韓民国　問2．④　問3．①　問4．③

3　問1．③　問2．④　問3．(1)④　(2)③　問4．(1)①　(2)エコタウン

4　問1．③　問2．①　問3．(1)経済特区　(2)⑤

5　問1．(1)A．⑥　B．③　C．②　(2)基本的人権の尊重　問2．②　問3．A．発券銀行　B．政府の銀行　C．銀行の銀行　問4．⑥　問5．③

愛知啓成高等学校

《2022　国語　解説》

一　**問二**　──線1の前の「それ」が指すものは「子どもたちを学びのプロセスに投じること」である。──線1は、これとは「逆の方向」なので、「子どもたちを学びのプロセス」に投じることなく、そこから引き離す方向を指している。よって、③が適する。

問三　Y　を含む段落に、「この『自分探しの旅』のほんとうの目的は～私についてのこれまでの外部評価をリセットすることにあるのではないかと思います」とある。また、その次の段落で、おそらく自分の外部評価に不満がある人たちが「自分探しの旅」に出てしまうと述べている。

問四　──線5の2段落前に「自己評価の方が外部評価よりも高い～場合に、自分でも納得のゆくくらいの敬意や威信を獲得するように外部評価の好転に努める、というのがふつうの人間的成長の行程であるわけです」とある。よって、これと一致する②が適する。

問五　「奇妙な発想法」とは、「自分のことを知っている人間がいないところ」へ行き、そうした「人間に囲まれて、言語も宗教も生活習慣も違うところに行って暮らせば、自分がほんとうはなにものであるかわかる」と考えること。直後の段落に、筆者が──線4のように述べる理由が書かれている。「自分がなにものであるかほんとうに知りたいと思ったら、自分をよく知っている人たち」に聞く方が「ずっと有用な情報が手に入る」と述べているので、①が適する。

問六　X　は、少しあとに「たら」とあるので、「もし」が入る。　Z　は、文末に「ように」とあるので、「まるで」が入る。よって、③が適する。

問七　同じ段落に「ほんとうの私」とはどういうものかが書かれている。「ほんとうの私」は「共同的な作業を通じて、私が『余人を以《もっ》て代え難い』機能を果したあとになって、事後的にまわりの人たちから追認されて、はじめてかたちをとるものです」とある。また、「私の唯一無二性は～『あなたの役割は誰によっても代替《だいたい》できない』と他の人たちが証言してくれたことではじめて確かなものになる」ともある。よって、これらをまとめた②が適する。

問八　④は、最後の2段落の内容と一致するので、これが適する。①は、「ビジネス活動との連携を充実させることに全力を尽くしている」が誤り。②は、「外部評価の好転を目指す」が誤り。③は、「自分の内側から探し出すもの」が誤り。

二　著作権に関係する弊社の都合により本文を非掲載としておりますので、解説を省略させていただきます。ご不便をおかけし申し訳ございませんが、ご了承ください。

三　**問一a**　古文の「ア段＋う」は、「オ段＋う」に直す。　　**b**　古文で言葉の先頭にない「はひふへほ」は、「わいうえお」に直す。

問二　大臣が出かけたのは、「祭の使」に指名されたからである。

問三　次の行に、「よしある女なりければ、よくておこせてむ(＝風流な趣味がある女だったので、適切なものを送ってくるだろう)」とある。よって、④が適する。

問四　──線5の主語は「女」で、他は「大臣」である。よって、②が適する。

問八　①③④は、鎌倉時代に成立した作品。

【古文の内容】

三条の右の大臣が、中将でいらっしゃった時、(賀茂の)祭の使いに指名されてお出かけになった。(恋愛関係にあって)お通いになっていた女で、(訪問が)絶えて久しくなっていた(人)に、「このようなことで出かけた。扇を持っているべきところを、忙しくて忘れてしまった。一本ください」と(使者を通して)言い送りなさった。(相手は)風流な趣味がある女だったので、適切なものを送ってくるだろうとお思いになっていたところ、色などもとても美しい扇で、香りなども非常によいものを送ってきた。裏返した(扇の)裏のはしの方に(次のような歌が)書いてあった。

男女の間で扇を贈ることは不吉であるといって忌み嫌ったところで、大臣の訪問が久しく絶えている今の私にとってはなんのかいもないことでしょう。この辛い気持ちを扇に託してお送りしましょう

とあるのを見て、たいそう趣深いとお思いになって、返しの歌、

扇を送るのは不吉であるといって世間では忌み嫌っていることなのに、私のために扇はないとおっしゃらないのは、いったい、だれがつらいことになるのでしょうか

《2022　数学　解説》

1 (1) 与式$=(\frac{3}{10}-\frac{5}{10})^2-\frac{12}{25}\times\frac{5}{8}=(-\frac{1}{5})^2-\frac{3}{10}=\frac{1}{25}-\frac{3}{10}=\frac{2}{50}-\frac{15}{50}=-\frac{13}{50}$

(2) 与式$=\frac{4}{\sqrt{3}}(\sqrt{6}-3\sqrt{6})-\frac{3\sqrt{2}}{2}=\frac{4}{\sqrt{3}}\times(-2\sqrt{6})-\frac{3\sqrt{2}}{2}=-8\sqrt{2}-\frac{3\sqrt{2}}{2}=-\frac{16\sqrt{2}}{2}-\frac{3\sqrt{2}}{2}=-\frac{19\sqrt{2}}{2}$

(3) 与式$=\frac{9}{4}a^6b^4\times(-\frac{4}{15a^2b})=-\frac{3a^4b^3}{5}$

(4) $1.8x-0.5y=7.5$の両辺を10倍して，$18x-5y=75$…①

$\frac{x+1}{3}-\frac{y-1}{4}=\frac{3}{2}$の両辺を12倍して，$4(x+1)-3(y-1)=18$　　$4x+4-3y+3=18$　　$4x-3y=11$…②

①×3－②×5でyを消去すると，$54x-20x=225-55$　　$34x=170$　　$x=5$

②に$x=5$を代入すると，$4\times5-3y=11$　　$3y=9$　　$y=3$

(5) 与式$=3a^2-6ab-(a^2-6ab+9b^2)=3a^2-6ab-a^2+6ab-9b^2=2a^2-9b^2$

ここで，$a=2\sqrt{5}$，$b=\frac{2}{\sqrt{3}}$を代入すると，$2\times(2\sqrt{5})^2-9\times(\frac{2}{\sqrt{3}})^2=40-12=28$

(6) 与式$=(x-y)^2-(x-y)-2$　　$x-y=A$とすると，$A^2-A-2=(A+1)(A-2)$

Aを元に戻すと，$(x-y+1)(x-y-2)$となる。

(7) 与式より，$3x-2=\pm\sqrt{5}$　　$3x=2\pm\sqrt{5}$　　$x=\frac{2\pm\sqrt{5}}{3}$

(8) **【解き方】$a<0$のとき，$y=ax+4$のグラフは右下がりの直線なので，xの値が大きいほど，yの値は小さくなる。**

$-2\leqq x\leqq3$のとき，yは$x=-2$のときに最大値$y=10$となるから，$10=-2a+4$より，$a=-3$

よって，式は$y=-3x+4$であり，yは$x=3$のときに最小値$y=b$となるから，$b=-3\times3+4$より，$b=-5$

(9) **【解き方】弧の長さと中心角の大きさは比例することを利用する。**

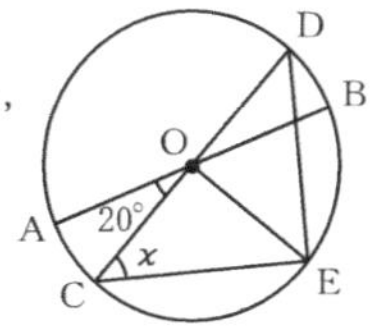

OEをひく，$\angle BOC=180°-20°=160°$であり，$\overset{\frown}{BC}:\overset{\frown}{CE}=(2+3):3=5:3$だから，

$\angle COE=\frac{3}{5}\angle BOC=\frac{3}{5}\times160°=96°$

△OCEはOC＝OEの二等辺三角形だから，$\angle x=(180°-96°)\div2=42°$

2 (1) 赤札をx回引いたので，赤色のコインを$3x$枚もらう。黒札をy回引いたので，赤色のコインをy枚，黒色のコインをy枚もらう。もらったコインの合計は50枚だから，$3x+y+y=50$より，$3x+2y=50$

(2)　**【解き方】(1)をふまえ，xとyの連立方程式をたてる。**

(1)より，$3x+2y=50$…①

引いた赤札はx枚，もらった赤色のコインは$(3x+y)$枚，合計が45だから，$x+3x+y=45$より，$4x+y=45$…②

②×2－①でyを消去すると，$8x-3x=90-50$　　$5x=40$　　$x=8$

②に$x=8$を代入すると，$4\times8+y=45$　　$y=13$　　よって，花札は全部で，$8+13=21$(枚)引いた。

3　**【解き方】A，B，Cの玉の取り出し方はそれぞれ，3通り，3通り，4通りだから，3けたの自然数は全部で，$3\times3\times4=36$(通り)できる。条件に合う3けたの自然数が何通りできるのかを考える。**

(1)　3けたの自然数が2の倍数になるのは，一の位の数が2の倍数になるときである。

このとき，一の位の数は2，4の2通りあり，十の位の数は2，3，4の3通り，百の位の数は1，2，3の3通りあるから，条件に合う3けたの自然数は，$2\times3\times3=18$(通り)ある。よって，求める確率は，$\frac{18}{36}=\frac{1}{2}$

(2)　3けたの自然数が3の倍数になるのは，各位の数の和が3の倍数になるときである。条件に合う自然数は，123，132，141，144，222，231，234，243，321，324，333，342の12通りあるから，求める確率は，$\frac{12}{36}=\frac{1}{3}$

(3)　**【解き方】できる3けたの自然数は最小で121，最大で344であることから，条件に合う数をしぼり込む。**

121～344までの整数のうち，整数の平方になる数は，$11^2=\underline{121}$，$12^2=\underline{144}$，$13^2=169$，$14^2=196$，$15^2=225$，$16^2=256$，$17^2=289$，$18^2=\underline{324}$である。これより，条件に合う3けたの自然数は下線の3通りだから，求める確率は，$\frac{3}{36}=\frac{1}{12}$

4　**【解き方】高さの等しい三角形の面積比は底辺の長さの比に等しいこと，相似な三角形の面積比は相似比の2乗に等しいことを利用する。**

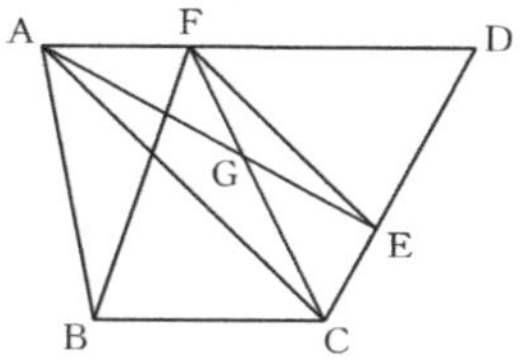

(1)　AC//FEより，△GAC∽△GEFだから，

GC：GF＝GA：GE＝3：2

よって，△AFG：△AGC＝FG：GC＝2：3

(2)　△GACと△GEFは相似で，相似比がGA：GE＝3：2だから，

面積比は，$3^2:2^2=9:4$

(3)　**【解き方】△GEFの面積をSとして，△ABFの面積をSの式で表す。**

(2)より，△GAC：△GEF＝9：4だから，$\triangle GAC=\frac{9}{4}\triangle GEF=\frac{9}{4}S$

△ACF：△GAC＝FC：GC＝(3＋2)：3＝5：3だから，$\triangle ACF=\frac{5}{3}\triangle GAC=\frac{5}{3}\times\frac{9}{4}S=\frac{15}{4}S$

AD//BCより，AFを底辺としたときの高さが等しいので，$\triangle ABF=\triangle ACF=\frac{15}{4}S$

したがって，$\triangle ABF:\triangle GEF=\frac{15}{4}S:S=15:4$

5　(1)　**【解き方】交点の座標は連立方程式を解くことで求められる。**

A，Bは直線$y=6x+8$…①と放物線$y=2x^2$…②との交点なので，この2式を連立方程式として解く。

①に②を代入すると，$2x^2=6x+8$　　$x^2-3x-4=0$　　$(x-4)(x+1)=0$　　$x=4,\ -1$

(Aのx座標)＞(Bのx座標)なので，Aのx座標は$x=4$，Bのx座標は$x=-1$

②に$x=4$を代入すると，$y=2\times4^2=32$，②に$x=-1$を代入すると，$y=2\times(-1)^2=2$

よって，A(4，32)，B(－1，2)である。

(2)　**【解き方】右の「座標平面上の三角形の面積の求め方」を利用する。**

直線ABの切片をEとする。直線ABの傾きは6だから，Bからxが1増えると，yが6増える。

よって，Eのy座標は2＋6＝8なので，OE＝8

$\triangle OAB=\frac{1}{2}\times OE\times$(AとBの$x$座標の差)＝$\frac{1}{2}\times 8\times\{4-(-1)\}=20$

座標平面上の三角形の面積の求め方

下図において，△OPQ＝△OPR＋△OQR＝△OMR＋△ONR＝△MNRだから，△OPQの面積は以下の式で求められる。

$\triangle OPQ=\frac{1}{2}\times OR\times$(PとQの$x$座標の差)

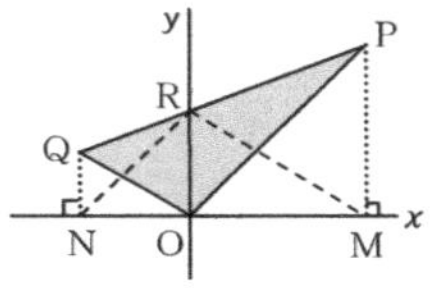

(3)　**【解き方】△OADと△OABは底辺をそれぞれAD，ABとすると，高さが等しいから，AD：AB＝△OAD：△OAB＝32：20＝8：5となる。これをふまえて，Dの座標→aの値→Cの座標，の順で求める。**

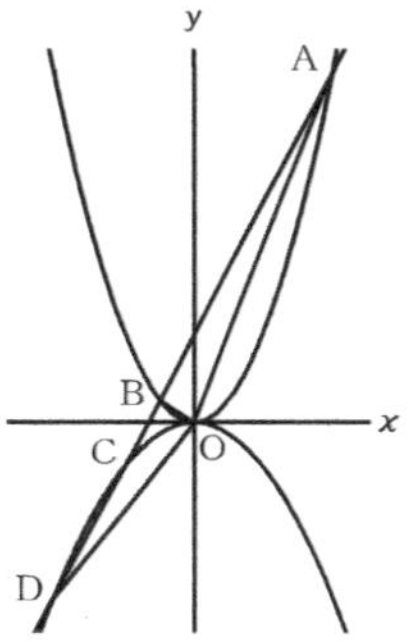

3点A，B，Dは同一直線上の点なので，AD：AB＝8：5より，

(AとDのx座標の差)＝(AとBのx座標の差)×$\frac{8}{5}$＝$\{4-(-1)\}\times\frac{8}{5}=8$

よって，(Dのx座標)＝(Aのx座標)－8＝4－8＝－4

Dは直線$y=6x+8$上の点でx座標が$x=-4$だから，$y=6\times(-4)+8=-16$

放物線$y=ax^2$はD(－4，－16)を通るから，$-16=a\times(-4)^2$より，$a=-1$

Cは直線$y=6x+8$…①と放物線$y=-x^2$…③との交点なので，この2式を連立方程式として解く。

①に③を代入すると，$-x^2=6x+8$　$x^2+6x+8=0$　$(x+2)(x+4)=0$　$x=-2,\ -4$

Dのx座標が$x=-4$なので，Cのx座標は$x=-2$

③に$x=-2$を代入すると，$y=-(-2)^2=-4$　よって，C(－2，－4)

《2022　英語　解説》

1　Part 1　**No. 1**　質問「マイケルは今，何をしなければならないですか？」…F「寝なさい，マイケル。もう遅いわよ」→M「まだ寝られないんだよ，ママ。宿題をしなくちゃいけないんだ」→F「昨日，宿題をすませておかなかったの？」→M「うん。だってパソコンの不具合で，宿題が消えちゃったんだ。もう1度最初からやらなくちゃいけないんだよ」の流れより，②「宿題をもう1度する」が適切。

No. 2　質問「シャツはいくらですか？」…M「このシャツを買いたいのですが」→F「承知しました。支払いは現金ですか，それともカードになさいますか？」→M「現金でお願いします。はい，どうぞ」→F「申し訳ございません，お客様。こちらは16ドルしかございません。もう2ドル必要です」の流れより，②「18ドル」が適切。

No. 3　質問「ジェニーは将来，何をしたいですか？」…M「ジェニー，君は将来，何をしたいの？」→F「私はレポーターになりたいわ。いつもテレビでニュースを見るの」→M「それはすごいね。どんなニュースに興味があるの？」→F「スポーツよ。特に野球とフットボールね」の流れより，②「レポーターになること」が適切。

No. 4　質問「ボブとルーラは明日，何をしますか？」…F「ボブ，明日，夕食に私の家に来ない？私，料理を覚えたの」→M「うん，ぜひ行きたいよ，ルーラ。何時に行けばいい？」→F「6時より後なら，いつでもいいわよ」→M「わかった。じゃあ，何か飲みものを持って行くね」の流れより，④「ルーラの家での食事」が適切。

No. 5　質問「ヒロは最初に何をしますか？」…F「ヒロ，学校はどうだった？」→M「あまり良くなかったよ，マ

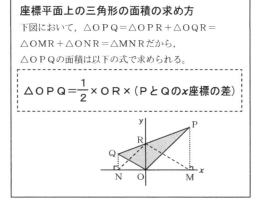

マ。今日はとても寒かったけど，3㎞も走らなければならなかったんだ」→F「ああ，それでくたびれて見えたのね。温かいシャワーを浴びなさい。それから夕飯を食べるといいわ」→M「ありがとう，ママ」の流れより，①「シャワーを浴びる」が適切。

Part 2 【放送文の要約】参照。

No. 1 質問「どの階でランニングシューズを見つけられますか？」…③「4階」が適切。

No. 2 質問「20%引きで買えるのは何ですか？」…③「キャンプ用品」が適切。

No. 3 質問「日曜日の閉店時間は何時ですか？」…①「5時」が適切。

No. 4 質問「今日は何曜日ですか？」…6時閉店とアナウンスしているから，③「土曜日」が適切。

No. 5 質問「道に迷ったら，どこへ行くべきですか？」…④「インフォメーションデスク」が適切。

【放送文の要約】

お客様，おはようございます。啓成デパートにお越しいただきありがとうございます。3階では，男性用・女性用の夏物バーゲンを行っております。No. 1③4階では，目的を選ばない靴を多種揃えてございます。ランニングシューズは全て30%引きでございます。また，No. 2③5階ではスポーツ用品とキャンプ用品で20%引きの商品がございます。ぜひお立ち寄りください。当デパートは，平日の午前10時に開店，午後7時に閉店いたします。No. 4③土曜日は午後6時に閉店いたします。No. 3①日曜日はもう少し早く午後5時に閉店いたします。ご迷惑をおかけして申し訳ございません。No. 4③本日は午後6時までお買い物をお楽しみいただけます。No. 5④ご用やご質問がございましたら，入り口近くのインフォメーションデスクまでお越しください。ご清聴ありがとうございました。

2 (3)【本文の要約】参照。

（イ） Do you want me to tell you about him? : 〈want＋人＋to ~〉「（人）に～してほしい」を使った文。

・tell＋人＋about ~「（人）に～について話す」

（ウ） 直後の文のthat以下（only one frog dives into the pond）より，②が適切。

（エ） 直後のbecause以下より，①が適切。

（オ） ①「×マサトは，今，松尾芭蕉に興味を持っている」…松尾芭蕉に興味を持っているのはアレックス。②○「マサトとアレックスは2人とも，日本語は興味深いと思っている」…最後のアレックスとマサトのやり取りと一致。 ③×「アレックスの先生は彼に松尾芭蕉について教えた」…本文にない内容。

④×「松尾芭蕉はとても親切な人だった」…本文にない内容。

【本文の要約】

アレックス：昨日，日本の本を読んだんだ。

マサト　　：(a)①どんな本？

アレックス：『奥の細道』だよ。今，僕は古い日本の本に興味を持っているんだけど，松尾芭蕉について知りたかったんだ。

マサト　　：先週，授業で松尾芭蕉のことを習ったよ。彼について僕に話をしてほしい？

アレックス：うん，ぜひ！

マサト　　：わかった。芭蕉は江戸時代の一種の作家なんだ。彼はとてもたくさんの俳句を詠んだ。彼は日本で最も有名な作家の1人なんだ。彼の俳句に感動した人は多いんだよ。

アレックス：なるほど！それでマサト，1つ質問があるんだけど。芭蕉は「古池や蛙《かわず》飛び込む水の音」を詠んだよね。もし君が「蛙飛び込む」を英語に翻訳するなら，frogとfrogsのどちらを使う？

マサト　　：そうだね…僕なら，多分，(c)② “a frog jumps” を使うかな。この場合，たった１匹のカエルが池に飛び込むんだと思うよ。

アレックス：わかったよ。それと僕は，(d)①日本語は(e)①英語より簡単だと思うんだ。だってカエルが１匹か，それ以上か，なんて選ぶ必要がないじゃないか。(オ)②だから僕にとって日本語はおもしろいんだ。

マサト　　：(オ)②僕もそう思うよ。

3 【本文の要約】参照。

(1)　直前のチカの発言，a bright one「明るい色」より，③shiny「明るい」が適切。①emotional「感情的な」，②famous「有名な」，④convenient「便利な」は不適切。

(2)　Cタイプで，AタイプとBタイプにない色は，brown「茶色」だけ。

(3)　質問「この少女たちはお互いに話し合った後，何をしますか？」…２人とも，それぞれが気に入った時計を買うために節約することが読み取れるから，④「彼女たちはたくさんのお金を使おうとしない」が適切。

①「彼女たちはすぐに時計を買うつもりである」，②「彼女たちは時計を売るために店に行くつもりである」，

③「彼女たちは格好いい時計を見つけないだろう」は不適切。

【本文の要約】

ベッキー：ねえ，これを見て！新しい時計の広告よ。どれが欲しい？

チカ　　：まあ，リストに載っているのは全部すてきね。待って，Aタイプが１番格好良くて色もすてき！でも１番値段が高いわね。

ベッキー：残念ね。どの色が欲しい？

チカ　　：赤，ピンク，緑のような明るい色が欲しいわ。

ベッキー：じゃあBタイプはどう？(a)(1)③明るい（＝shiny）色がたくさんあるわよ。それにAタイプほど高くないわ。

チカ　　：そうねえ…，私はピンクのBタイプを買うことにする。じゃあベッキー，あなたは？あなたが決めたのを教えてよ。

ベッキー：うーん…決めるのは難しいわね。Bタイプが１番いいのかもしれない，けれど私の１番好きな色はCタイプにしかないの。

チカ　　：ああ，あなたが好きな色は(b)(2)茶色（＝brown）でしょ？

ベッキー：その通り。私はCタイプを買うわね。さあ私たちの時計を買うためにお金を貯めましょう！

チカ　　：あら，それは気の長い話ね。でもやってみるわ。

4 【本文の要約】参照。

(1)　質問「なぜユミのグループは地図を作ることにしましたか？」…１～４行目より，③「なぜなら彼らは自分たちの町を訪れる外国からの人々を手助けしたかったから」が適切。①「なぜなら自分たちの町に世界中から人が来る理由を知りたかったから」，②「なぜなら彼らは地図に英語の記事を付け加えたかったから」，④「なぜなら外国人をサポートする道具を作りたかったから」は不適切。

(2)　質問「左のグラフのA，B，Cに入る数字を選びなさい」…グラフ参照。②が適切。インタビューをした外国人観光客 25 人のうち，最も必要だと答えた人が少なかったAは「銀行」に関する情報。15 人が不要で 10 人が必要だと答えたBは「ホテル」に関する情報。かなり多くの人が必要だと答えたCは「レストラン」に関する情報。

(3)　「駅に下のような外国人が４人います。この地図を最も必要とするのは誰ですか？」…最後の文より，地図には観光場所，ショッピングセンター，レストランに関する情報しかないから，レストラン情報が欲しい①キャシー

「私たちは海産物を食べたいです。どこに行くことができますか？」が適切。②サム「おお，私のカードが使えません。どこでお金を引き出せますか？」，③リサ「友達は全員，ホテルへの道を知りません。それはどこにありますか？」，④トム「僕はここに３年間住んでいます。ここのことは全て知っています」は不適切。

【本文の要約】

毎年，外国から多くの人々が私たちの町を訪れます。それで，私たちのグループは英語の地図を作ることにしました。どんな種類の情報が必要でしょうか？このことについて，私たちは最寄りの駅で 25 人の観光客にインタビューしました。彼らは５つの中から３つを選びました。下のグラフを見てください。

23 人の観光客は私たちの町の観光する場所に関する情報を必要としました，これらは地図で表されます。彼らはまた，「どうやってそこに行くのか知りたいです」と言いました。それを地図に載せることも重要です。

ショッピングセンターに関する情報も必要です。20 人は「この情報は役に立つ」と答えました。私たちが「なぜそう思うのか？」を尋ねると，彼らは「家族や友達におみやげを買いたいのです。そこではたくさんの種類のものが売られている，と聞いています」と答えました。

(2)②レストランに関する情報も，多くの人が必要だと答えました。私たちの町には，おいしいものを食べる場所がたくさんあります。

(2)②私たちはホテルについて，同じ 25 人の観光客に尋ねました。そのうちの 15 人は，この情報はあまり重要ではない，と言いました。彼らが言うには，「この町に来る前に，すでに自分のホテルを見つけてある」そうです。

(2)②わずかですが，銀行に関する情報を求める人もいました。

この調査から，私たちは観光する場所，ショッピングセンター，レストランに関する情報を入れた地図を作るつもりです。

5 【本文の要約】参照。

(1) 質問「エレベーターは最初，何のために使われていましたか？」…第１段落２～５行目より，④「それは建物のために使われるものを運んだ」が適切。①「それは人力で多くの人々を運んだ」，②「それは人力で運べなかった物を運んだ」，③「それは建物で働く大勢の人々を運んだ」は不適切。

(2) 質問「ストッパーを作る目的は何でしたか？」→②「エレベーターの危険を少なくするため」が適切。
①「エレベーターを以前より滑らかにするため」，③「前より物を持ち上げる時間を短くするため」，④「エレベーターを宇宙につくるため」は不適切。

(3) （　１　）の前後で内容が反対だから，逆接の接続詞，③However が適切。

(4) 代名詞は，前にある単語や文を指す。ここでは前の文の weight を指す。

(5) 質問「この話のタイトルは何ですか？」…エレベーターに関する過去から未来への話だから，④「エレベーターの歴史」が適切。①「未来のエレベーター」，②「危険なエレベーター」，③「エレベーターの安全ストッパー」は不適切。

【本文の要約】

最初にエレベーターを思いついたのはアルキメデスだと言われています。彼のアイデアによって約 2000 年前に最初のエレベーターがつくられました。(1)当時，そのエレベーターは人ではなく物を運ぶために使われました。その機械は人力によって動かされました。このタイプのエレベーターは人が建物を建てる時に使われました。このエレベーターには十分なパワーがなかったので，物を上に送るのに相当な時間がかかったからです。

長い時を経た1835年，エレベーターを動かすのに蒸気の力が使われました。このタイプのエレベーターは，以前のものよりパワフルで，より速いものでした。1③しかしながら(＝However)，深刻な問題がありました。それは切れたロープです。当然ですが，これらはエレベーターの最も重要な部品です。もしロープが切れたら，エレベーターは落下します。それで人々は依然として，物を運ぶためにだけ使っていました。それを避けるために，エリシャ・グレーブス・オーチスは1852年にエレベーターのストッパー（落下防止装置）をデザインしました。ロープが切れたとき，それがエレベーターを止めるのです。⑵そしてこの装置は，人がエレベーターに安全に乗れるようにさせました。20 世紀初め，電気が導入されました。エレベーターを上に運ぶのに大きなウェイト（＝重り）も使われるようになりました。それは新しいエレベーターを以前よりなめらかに運ぶことができました。

現在，21 世紀に宇宙へのエレベーターをつくるプロジェクトが始まっています。

6 【本文の要約】参照。

⑴ Bに動詞の原形 work が続くから，too … to ～「とても…で～できない」が適切。

⑵ ・keep ~ing「～し続ける」

⑶ 話の流れから，③「将来のために計画を立てて活動することが大切だ」が適切。

①「アリはキリギリスより優れている」，②「夏に食べ物があることは重要だ」，④「冬に働いたり，暮らしを楽しんだりする両方が必要だ」は不適切。

⑷ ⒜，⒝，⒟は目的を表す不定詞の副詞的用法。⒞は to eat が前にある thing を修飾する不定詞の形容詞的用法。

【本文の要約】

ある晴れた日のことでした。1匹のキリギリスがそこら中を飛び回って歌を歌っていました。彼はその日のいい天気を楽しんでいたのです。働くことなど少しも考えていませんでした。1匹のアリが食べ物を運んでいました。そのアリは懸命に働いていました。

「なぜそんなに一生懸命働くのさ？」キリギリスはアリに尋ねました。「ちょっと休んで僕と話をするのはどうだい？今日はとてもいい天気なので，一生懸命に働くことはできないよ」

「君と話をするためにここで止まってはいられないんだ」とアリは言いました。「冬に備えて食べ物を貯めておかないとね。アリはみんな，冬の食べ物を確保するために働いているんだよ。もし，天気がいいからって休んでいたら，冬には食べ物がなくなってしまう。君も同じようにしなくては，と思わないのかい？もし今働かなければ，君だって冬に食べ物がなくなってしまうんだよ」

「僕は冬のことなんて心配してないよ」とキリギリスは言いました。「今はたくさん食べ物があるんだから。さあ，こっちに来て話をしようよ」しかしアリは②働き続け（＝kept working）ました。

数か月後，冬がやってきました。キリギリスは凍えておなかを空かせていました。一方その時，アリは食べる物がたくさんありました。冬に備えて夏の間，懸命に働いたからです。キリギリスは，③③将来のために計画を立てて働くのは大切なことだと悟りましたが，遅すぎました。

7 ⑴「～する価値がある」＝worth ~ing

⑵「～に満足する」＝be satisfied with ～

⑶「ずっと～している（現在完了進行形）」＝have/has been ~ing

⑷「合唱コンクール」＝chorus contest

⑸「人権」＝human rights

8 ⑴ This picture reminds us of our happy days.：「AにBを思い出させる」＝remind A of B

(2) You should check him out on the Internet.：「～すべきだ」＝should～ 「～（代名詞）を調べる」＝check～out

(3) He stood on his hands with Ken's help.：「逆立ちをする」＝stand on one's hands 「～の助けで」＝with one's help

(4) Your last performance on TV was really awesome.：「素晴らしい」＝awesome

(5) Many birds will do serious damage to forests.：「～に深刻な被害を与える」＝do serious damage to～

《2022 理科 解説》

1 問1(1) 化学変化が起こるとき，反応前の物質全体の質量(W_1)と，反応後の物質全体の質量(W_2)は等しい。これを質量保存の法則という。 (2) 炭酸水素ナトリウムと塩酸が反応すると二酸化炭素が発生する。ふたをゆるめたことで発生した二酸化炭素が空気中に逃げて，$W_2 > W_3$となった。 (3) 炭酸水素ナトリウムを加える前後の質量の差は，発生した二酸化炭素の質量である。Cでは，DやEと同様に炭酸水素ナトリウムが溶け残っている(塩酸が不足している)から，Cで発生した二酸化炭素の質量はDやEと同じ1.26gである。 (4) 結果の表より，炭酸水素ナトリウムが1.00g反応すると二酸化炭素が0.52g発生し，塩酸が20㎤反応すると二酸化炭素が1.26g発生することがわかる。よって，二酸化炭素が1.26g発生するのに必要な(塩酸20㎤と過不足なく反応する)炭酸水素ナトリウムの質量は，$1.00 \times \frac{1.26}{0.52} = 2.423\cdots \rightarrow 2.42$gである。

問2(1) 沸点は液体が沸騰して気体になるときの温度，融点は固体がとけて液体になるときの温度である。水の沸点は100℃，融点は0℃である。 (2)(3) (熱湯の温度がエタノールの沸点より高いとすると)熱湯をかけることでエタノールが液体から気体に変化する。液体から気体に変化することで，粒子の運動が激しくなり，粒子どうしの間隔が大きくなるため，体積が大きくなる。 (4) ある温度において液体である物質は，その温度が沸点と融点の間にある。表より，－190℃が沸点と融点の間にあるのはAだけである。

問3 種類の異なる2枚の金属板を電解質の水溶液に入れて導線でつなぐと電流が流れる。塩酸と食塩水は電解質の水溶液である。電流を流さない液体として，純粋な水，砂糖水，エタノールを覚えておこう。

2 問1(1) 音は4.0秒でAO間を往復したから，音がAからOを伝わるのにかかった時間はその半分の2.0秒であり，AO間の距離は340×2.0＝680(m)である。 (2) (1)と同様に考えて，音は2.0秒でBO間を往復したから，BO間の距離は340×1.0＝340(m)である。よって，AB間の距離はAO－BO＝680－340＝340(m)である。

(3) 図i参照。一度目の音はA→Q→Cと伝わり，二度目の音はA→P→Cと伝わる。図iにおいて，∠APQ＝∠CPQであり，△APQと△CPQは合同である。AC間の距離は340×3＝1020(m)だから，AQ＝1020÷2＝510(m)であり，AO＝QP＝680(m)，∠AQP＝90度より，△APQは，辺の比が，AQ：QP：AP＝3：4：5の直角三角形である。よって，一度目の音がA→Q→Cと伝わるのにかかった時間が3.0秒だから，二度目の音がA→P→Cと伝わるのにかかった音は5.0秒であり，その差は2.0秒である。

図i

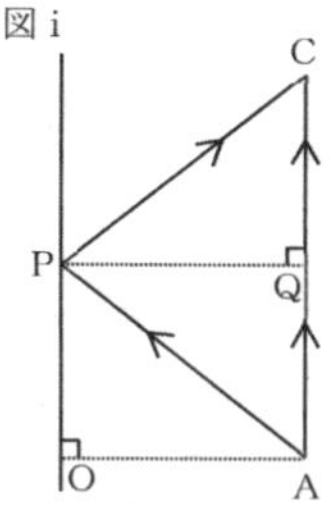

問2(1) (ア)回路に直列につながれているから，電流計である。 (イ)U字形磁石の間を流れる電流の向きとコイルが動いた向き(力の向き)に，図iiの左手をあてはめると，U字形磁石の磁界の向きが上から下だとわかる。 (2) 電流の向きか磁界の向きのどちらか一方を反対にすると，コイルは反対の向きに動き，電流の向きと磁界の向きの両方を反対にすると，コイルは同じ向きに動く。また，コイルを流れる電流の大きさは，コイルの動きの大きさには関係するが，動く向きには関係しない。よって，②と④では図4と反対向きに動き，①と③と⑤では図4と同じ向きに動く。 (3) コイルの中の磁界が変化することで，コイルに電流が流

図ii

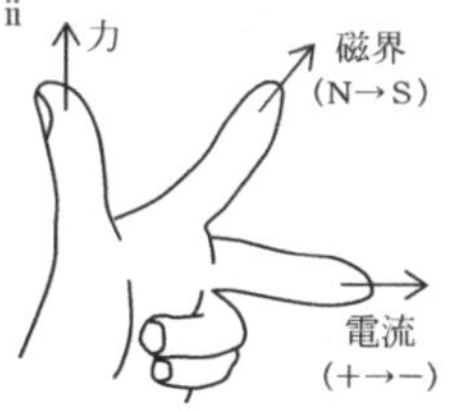

れる現象が電磁誘導であり，このとき流れる電流が誘導電流である。エネルギーの移り変わりで考えた場合，電磁誘導と③は，運動エネルギーが電気エネルギーに変換される。

3 問１(1) 胚珠は雌花にあり，成長して種子になる部分である。 (2) マツのように子房がなく胚珠がむき出しになっているのは裸子植物である。②はシダ植物，③は胚珠が子房で包まれた被子植物である。 (3) 子房は成長して果実になる部分である。

問２(2) 明るい場所にいるときは，レンズに入る光の量を少なくするために，虹彩が大きくなって，ひとみが小さくなる。 (3) 刺激に対して意識とは関係なく起こる反応が反射である。

問３ 親のさやが膨らんでいる純系はＡＡ，さやがくびれている純系はａａなので，子はすべてＡａになる。このとき，子はすべてさやが膨らんでいるものが得られたから，さやが膨らんでいる形質が顕性，さやがくびれている形質が潜性である。また，Ａａの自家受精で得られる孫の遺伝子の組み合わせとその数の比は，表ｉより，ＡＡ：Ａａ：ａａ＝１：２：１となり，現れる形質の数の比は，顕性：潜性＝(１＋２)：１＝３：１となる。

表ｉ

	Ａ	ａ
Ａ	ＡＡ	Ａａ
ａ	Ａａ	ａａ

4 問１(1) ①はマグマのねばりけが小さく，③はマグマのねばりけが大きい。また，④は火山ではない。

問２(3) ２日目の15時だから，Ｔ＝16，Ｈ＝80を代入する。よって，不快指数＝0.81×16＋0.01×80×(0.99×16－14.3)＋46.3＝60.492→60となる。

問３(1) 日本付近では，海洋プレートである①と③，大陸プレートである②と④の合計４枚のプレートが押し合っている。 (2) ハワイ島は年間８cmの速さで日本に向かって移動しているから，10万年で８×10万＝80万(cm)→8000m→８km近づく。よって，10万年後の日本とハワイの距離は 6573－８＝6565(km)になっていると考えられる。

《2022 社会 解説》

1 問１ ① 世界三大宗教は，キリスト教＞イスラム教＞仏教の順に信者が多い。ヒンドゥー教徒の数は，仏教徒の数より多いが，信者がインドにほぼ限定するため，三大宗教とは呼ばれない。また，イスラム教では偶像崇拝は禁止されている。

問２ ③ ㋐はナイル川，㋑はチグリス・ユーフラテス川，㋓はガンジス川，㋔は黄河。

問３ ③ ①国分寺・国分尼寺を建てたのは聖武天皇である。②最澄は比叡山に延暦寺を建てた。④19 世紀後半，王政復古の大号令とともに神仏判然令が出されると，それまであった神仏習合は分離された。

問４ ③ ①はスペイン，②はイギリス，④はロシアについての記述である。

問５ ② ジャガイモは南米原産で，インカ帝国を征服したスペインが，アジア・ヨーロッパに伝えた。火薬と羅針盤は中国から，こしょうは東南アジアからヨーロッパへ伝えられた。

問６ ④ ①(飛鳥時代・593 年)→②(奈良時代・710 年)→④(平安時代・907 年)→③(鎌倉時代・1192 年)

2 問１ 大韓民国 朝鮮半島には，大韓民国(韓国)と朝鮮民主主義人民共和国(北朝鮮)がある。

問２ ④ 日本国憲法の公布は，1946 年 11 月３日であった。また，施行は 1947 年５月３日であった。

問３ ① 第一次護憲運動は 1912 年に起きた。富岡製糸場の操業と琉球処分は 1872 年，日英通商航海条約の調印は 1894 年。

問４ ③ Ⅰ．誤り。五・一五事件は，海軍軍縮に不満をもつ海軍の将校によって，当時の内閣総理大臣である犬養毅らが暗殺された事件で，東京の中心部の占拠は行われなかった。陸軍の青年将校らによる大臣殺傷，東京の中心部の占拠は二・二六事件である。Ⅱ．正しい。

3　問1　③　　熊本平野と種子島の位置は，右図を参照。

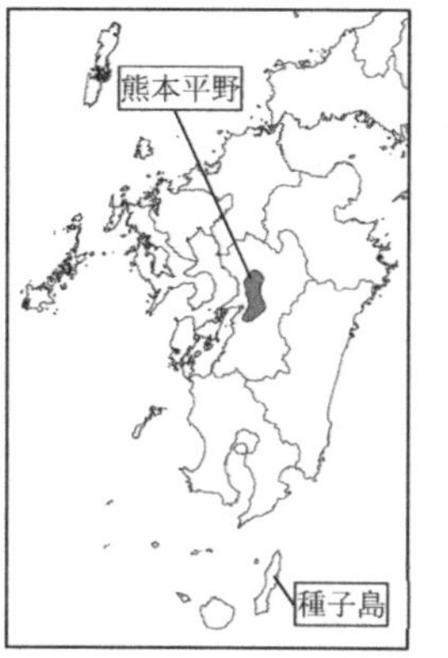

問2　④　　どちらも誤り。Ⅰ．九州の南を黒潮，北を対馬海流が流れている。
Ⅱ．九州の南部に広がる火山堆積物による地層は，カルストではなくシラスである。カルストは，九州の北東部や山口県にみられる石灰岩でできた地形である。

問3(1)　④　　「あ」は福岡県，「い」は大分県，「う」は熊本県，「お」は鹿児島県である。　(2)　③　　冬になると，宮崎県のピーマンの入荷量は，茨城県の入荷量を上回っている。宮崎県では，温暖な気候とビニルハウスなどの施設を利用して，ピーマンなどの野菜の生長を早めて冬に出荷する促成栽培を行っている。

問4(1)　①　　本格的な製鉄所＝八幡製鉄所，エネルギー革命により，石炭の需要が減少，鉄鋼業に代わり自動車などの機械工業が栄える，廃棄物を処理などから，福岡県の北九州市と判断する。
(2)　エコタウン　資源循環型社会の形成を目指す都市をエコタウンといい，北九州市・札幌市・川崎市などが国の認定を受けている。

4　問1　③　　コルカタは，高温で雨季と乾季があるサバナ気候に属する。南アジア・東南アジア・東アジアでは，海洋からの季節風(モンスーン)の影響を受けて，夏に降水量が多くなる。冬は大陸からの季節風の影響を受けて乾燥する。①は東京，②はシンガポール，④はウランバートルの気温と降水量のグラフである。

問2　①　　アジア州には，人口1位と2位の中国とインドがあり，この2国だけで全人口の30%以上を占める。

問3(1)　経済特区　　中国では経済特区を設定して海外から企業を誘致し，工業化に成功したことで，世界の工場と呼ばれるほどの工業国となった。　(2)　⑤　　ⅰは生産国がアジアに集中していることから米，ⅱはブラジル・アルゼンチンが上位にあることからトウモロコシ，ⅲはケニア・スリランカが上位にあることから茶と判断する。

5　問1　(1)A．⑥　B．③　C．②　　A．日本国憲法の最大原則は，国民主権・平和主義・基本的人権の尊重。B．内閣は国会に連帯責任を負うことを議院内閣制という。C．日本国憲法第41条に「国会は，国権の最高機関であり，国の唯一の立法機関である。」とある。　(2)　基本的人権の尊重　　日本国憲法第11条に「この憲法が国民に保障する基本的人権は，侵すことのできない永久の権利として，現在及び将来の国民に与えられる。」とある。

問2　②　　図Ⅰに「日本銀行に対して」とあることから間違えやすいが，金融政策は日本銀行が行うことだから，不況時には一般銀行のもつ国債を日本銀行が買い，銀行の資金量を増やす買いオペレーションと判断して②を選ぶ。好況時には，一般銀行に国債を売り，銀行の資金量を減らす売りオペレーションを行う。

問3　A．発券銀行　B．政府の銀行　C．銀行の銀行　　独立行政法人国立印刷局が印刷した紙幣を，日本銀行が買い，日本銀行券として流通させる。

問4　⑥　　価格が800円のときの供給量は40杯，需要量は10杯だから，需要量が供給量を下回っている。その結果バナナジュースは10杯しか売れず，40－10＝30(杯)が売れ残る。需要曲線が25杯以上となるのは，価格が400円以下のときだから，25杯以上売りたければ，バナナジュースは400円以下にする必要がある。

問5　③　　裁判員裁判は，重大な刑事事件の第一審で行われ，裁判官と裁判員で話しあい，被告人が有罪か無罪かを決定し，有罪となればその量刑まで決定する。20歳以上の国民の中からくじによって選ばれる。よって，アは「高等裁判所」「第二審」が誤り。イは「検察」が誤り。エは「18歳」「面接」「学科試験」が誤り。

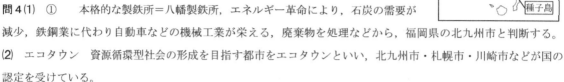

2021 解答例 令和３年度

愛知啓成高等学校

《国　語》

一　問一．①　問二．②　問三．④　問四．④　問五．Ｘ．③　Ｙ．⑤　問六．自分の世界を適度な形で限定し、その世界にあるものについては、ほぼ知悉できている　問七．③

二　問一．ａ．**記載**　ｂ．**覆**　ｃ．か　ｄ．せま　ｅ．**奇跡**　問二．③　問三．②　問四．④
問五．Ｙ．②　Ｚ．③　問六．正也の脚本　問七．②　問八．④

三　問一．１．いきどおり　４．そのゆえ　問二．④　問三．（行成の）冠を打ち落して、小庭に投げ捨ててけり。
問四．③　問五．③　問六．７．実方〔別解〕中将　８．行成　問七．②　問八．①

四　Ａ．**鼻**　Ｂ．**手**　Ｃ．**口**　Ｄ．**顔**　Ｅ．**髪**

《数　学》

1　(1)ア．⊖　イ．⑤　ウ．⑤　エ．⑧　(2)オ．①　カ．②　キ．⑦　ク．②　(3)ケ．⑤　コ．⑨　サ．⑥
(4)シ．⊖　ス．①　セ．⑦　ソ．③　(5)タ．①　チ．①　(6)⑥　(7)テ．①　ト．②　(8)ナ．②　ニ．⑤
(9)①

2　(1)$\frac{x}{36}$　(2)$x=180$　$y=160$

3　(1)36π　(2)42π　(3)$\frac{25}{2}$

4　(1)$\frac{1}{3}$　(2)$\frac{5}{9}$　(3)$\frac{7}{18}$

5　(1)$\frac{1}{4}$　(2)(３，10)　(3)$(\frac{40}{3},\ \frac{400}{9})$

《英　語》

1　Part1．No.1．②　No.2．①　No.3．①　No.4．②　Part2．No.1．②　No.2．③　No.3．③
Part3．No.1．②　No.2．③　No.3．④

2　(1)(ア)②　(イ)④　(ウ)③　(2)(ア)④　(イ)①　(3)(ア)①　(イ)③　(ウ)④　(エ)③　(オ)②

3　(1)①　(2)①　(3)③　(4)②

4　(1)③　(2)④　(3)①　(4)③

5　(1)how／to　(2)No／he／doesn't　(3)longer　(4)解決するために〔別解〕解くために　(5)blind
(6)north／wind　(7)１．bad／difficult／hard などから１つ　２．good　３．successful　４．against

6　(1)so／that　(2)is／brushing　〔別解〕is／combing　(3)Millions／of　(4)decided／to　(5)stayed／up

7　［３番目／６番目］(1)[④／①]　(2)[②／⑥]　(3)[①／②]　(4)[⑧／④]　(5)[⑤／③]

《理　科》

1　問1．1．CuO　2．3.5　3．$2Mg+O_2 \rightarrow 2MgO$　4．⑧　5．③
問2．③　問3．7．②　8．②　9．最初に出てくる気体を集めない。

2　問1．1．右図　2．②　問2．3．①　4．⑧　5．①　6．⑤
問3．右図

3　問1．1．②, ③　2．①, ④　3．②, ③, ④
問2．4．③　5．A．卵(子)　B．精子　6．卵巣　7．①
8．核(内)〔別解〕染色体　問3．9．純系〔別解〕ホモ(接合体)
10．優性(の形質)（下線部は顕性でもよい）　11．④　12．⑦

4　問1．1．②　2．②　3．④　4．⓪　5．①　6．⓪　7．②
8．⑦　9．③　10．②　11．②　12．④　13．⓪　14．⑤　15．⑥
問2．①　問3．17．②　18．④

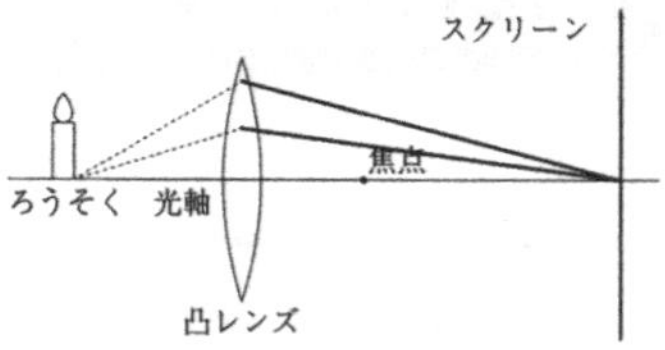

2問1．1の図

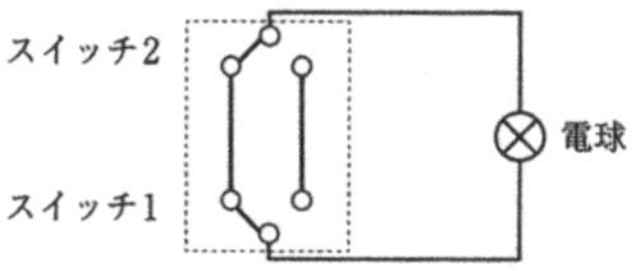

2問3の図

《社　会》

1　問1．④　問2．①　問3．管領　問4．②　問5．③
2　問1．Ⅰ．6　Ⅱ．2　Ⅲ．2　Ⅳ．3　問2．③　問3．太閤検地　問4．①　問5．①　問6．④
3　問1．①　問2．③　問3．②　問4．⑴地球温暖化　⑵③　問5．②
4　問1．A．日本海流〔別解〕黒潮　B．季節風〔別解〕モンスーン　問2．③　問3．⑴A．近郊農業
B．促成栽培〔別解〕施設園芸農業　⑵①　問4．③　問5．①
5　問1．②　問2．①　問3．②, ④　問4．情報公開制度
6　問1．納税　問2．②　問3．④　問4．③

2021解説 令和3年度 愛知啓成高等学校

《2021　国語　解説》

一　**問一**　──線1の直後で「人びとは科学の中に至高の客観性を見出し、その因果律によって世界をまとめていきました。それによって、かつて世界に意味を与えていた伝統や俗信、宗教や形而上《けいじじょう》学は、『非科学的』としてどんどん科学の世界から駆逐されていきました」と述べていることに、①が適する。

問二　「頭上」(頭の上)は、前の漢字が後の漢字を修飾する構成。②の「激動」(激しく動く)が同じ構成。①の「無理」は、前の漢字が後の漢字を打ち消している構成。③の「誕生」は、「誕」も「生」も「生まれる」という意味を持つから、同じような意味の漢字を並べた構成。④の「閉口」は「(困って)口を閉じる」という意味だから、後の漢字が前の漢字の目的や対象となる構成。

問三　「唯脳論的世界」は、「自然の営みとは無関係に、自分勝手な人間の脳が恣意《しい》的に作り出す世界」のこと。──線3の2行後からの段落で述べている「物理的な距離や国境は意味がなくなります」に①と③が、「朝昼晩の区別も無用になりかねません」に②が当たる。④は、人間と発達するＡＩとの関係の問題であり、ＡＩの指示に従って働くとあるから、「唯脳論的世界」とは質の異なる問題である。

問四　「このこと」が直接指すのは、前文の「それらは一時絶滅寸前までいった～少しずつ直されているような気がしています」ということ。「それら」は、「この世の片隅にちりばめられて残」ったものの中に息づいている、「『土発的』な知(自然の移ろいの中に生きて、そこから発するような知)の伝統」を指す。よって、④が適する。

問六　──線5は、直前の段落で述べている「～というような『知』のあり方」を指す。それは、「自分の世界を～適度な形で限定していく～その世界にあるものについては、ほぼ知悉《ちしつ》できている」というあり方である。この内容をまとめる。このあり方は、唯脳論的世界が現実になりつつある中で選びとっていくべき二つの方向性のうち、筆者が「私はもう一つの方向性を探ってみたい」として述べたものである。

問七　①.「十八世紀のイマヌエル・カントのころまでは～のイメージがまだ生きていました」とあり、それは、人間の知性が「科学や合理化の進展とともに分裂を始めていく」前のことである。よって、適さない。　②.フッサールは、「現象学こそ、科学をもう一度、人が何を信じたらいいのかという世界に引き戻すものだ」と考えていた。科学に対して、ウェーバーほど悲観的ではなかったのである。よって、「今後も科学によって人間の知性が排除されていくだろうと考えた」は適さない。　③.──線3のある段落の、直前の段落の内容と、5段落後で「ウェーバーは、『知』というものが価値から切り離されて専門分化し～個人の主観的な価値が客観的に根拠づけられなくなり、その結果、諸々の対立する価値が永遠にせめぎあう」と述べていることに一致する。　④.筆者は、ストロースが言う「ブリコラージュ」を「拡大解釈して、中世で言うクラフト的な熟練、あるいは身体感覚を通した知のあり方にまで押し広げてはどうかと考え」、問六で読み取ったような「『知』のあり方」を提案している。ストロース自身が、「ブリコラージュ」が「現代には必要であると考えた」のかどうかは、この文章だけでは判断できない。よって、適さない。

二　**問二**　「戦っ(動詞・連用形・促音便)／た(過去の助動詞・連体形)／相手(名詞)／に(格助詞)／敬意(名詞)／を(格助詞)／表し(動詞・連用形)／て(接続助詞)／いる(補助動詞・連体形)／の(格助詞)／だ(断定の助動詞・終止形)／と（格助詞）／思う(動詞・終止形)」。

問三　「首をひねる」は、理解できずに考え込む、疑わしく思ったり不賛成の意を示したりする様子。

問四　「全国大会の話をしたくなかったからだ。─みんなで東京(全国大会の会場)に行けるね！　モヤモヤの原因はこれだ」「正也の脚本ありき～の結果だ」「だけど、この気持ちを正也に伝えることはできない。俺もＪＢＫホールに行きたい。そう言われたら、どう返せばいい？」などから、④のような理由が読み取れる。

問六　「もちろん、皆ががんばった」のではあるが、「正也の脚本ありき」(正也の脚本があったからこそ)の結果だと「僕」は思っている。それなのに、３年生の５人が東京に行くなら、正也は行けない。

問七　「母さんは、Ｊコン本選出場が狭き門であることをわかってなさそうだ」と感じた「僕」は、その理由を「汗も涙も流していない息子を見れば、そんなふうにも思うだろう」と察した。入れる一文は、「そんなふう」の内容を具体的に言ったもの。よって、【Ｂ】が適する。

問八　「僕」が「そもそも僕は連れて行ってもらえないから」と言うと「母さんは目を丸くして驚いている」。「僕」が簡単に事情を説明したあと、「母さんは～ガッカリ顔になったけど、僕は自分自身については、それほど残念に思っていない」とあることに、④が適する。「僕が～ときと同様の後悔が、先輩の～全身を駆け回っているかも～いや、(ミドリ先輩のほうが)もっと悔しいか」とあるので、②は適さない。①、③のようなことは書かれていない。

三　**問二**　係助詞「か」があるので、係り結びの法則により、「けん(けむ)」は連体形だと判断できる。

問五　①の「すぐれた人間になってほしいと思っていた」、④の「生きているうちに雀《すずめ》に変身して」は本文の内容に適さない。②の「蔵人頭《くろうどのとう》という褒美を天皇からもらった」のは、実方《さねかた》ではなく行成《ゆきなり》。

問六　感情のままに行成の冠をたたき落として投げ捨てた(忍耐ができなかった)実方は左遷され、冠をたたき落とされても冷静な対応をした(忍耐ができた)行成は蔵人頭に抜擢された。

【古文の内容】

　大納言行成卿《だいなごんゆきなりきょう》が、まだ殿上人《てんじょうびと》でいらっしゃった時、実方《さねかた》中将は、どのような腹立たしいことがあったのか、殿上の間に参上し(行成に)会うと、何も言わずに、行成の冠を打ち落として、小庭に投げ捨ててしまった。

　行成は、少しも騒がないで、主殿司《とのもづかさ》を呼び寄せて、「冠を取って参れ」と言って、(取って来させた)冠をかぶり直し、守刀《まもりがたな》から、笄《こうがい》を抜き出して、鬢《びん》の毛を整えて、居ずまいを正して、「どのようなことでございましょうか。突然に、これほどの仕打ちを受けるとは思ってもおりませんでした。そのわけをうかがって、(どうするかは、その)後のことであるべきではないでしょうか」と、礼儀正しくおっしゃった。実方はきまりが悪くなって逃げてしまった。

　ちょうどその時、小蔀《こじとみ》から、天皇がご覧になって、「行成は立派な人物だ。こうも落ち着いた心を持っているとは、思わなかった」とおっしゃって、ちょうど蔵人頭の職が空いていたので、多くの人を飛び越えて、行成を任ぜられた。

　実方のほうは、中将の職を取り上げ「歌枕を見て参れ」と言って、陸奥守《むつのかみ》に任じて左遷なさった。そして、(実方は)その地で死んでしまった。

　実方は、蔵人頭にならないで死んでしまったことを恨んで、執着心を残し、雀になって、殿上の間の小台盤《こだいばん》にとまり、台盤をつついていたと、人がうわさしていた。

　一人は、忍耐しきれなかったために将来を失い、一人は、忍耐の大切さを信じ(て耐えた)ためにお褒めにあずかったという、典型的な例である。

四　Ａ　「目から鼻へ抜ける」は、非常に頭の働きがよく、判断等が素早いさま。　Ｂ　「手塩にかける」は、自ら世話をして大切に育てること。　Ｃ　「口を切る」は、最初に発言すること。　Ｄ　「顔に泥を塗る」は、面目を失わせる、恥をかかせること。　Ｅ　「後ろ髪を引かれる」は、心残りがしてきっぱりと思い切れないこと。

《2021　数学　解説》

1　(1)　与式$=-\frac{27}{8}-3\left(\frac{12}{6}-\frac{5}{6}\right)=-\frac{27}{8}-3\times\frac{7}{6}=-\frac{27}{8}-\frac{7}{2}=-\frac{27}{8}-\frac{28}{8}=-\frac{55}{8}$

(2)　与式$=4+4\sqrt{2}+2-\frac{\sqrt{2}}{2}=6+\frac{8\sqrt{2}}{2}-\frac{\sqrt{2}}{2}=\frac{12+7\sqrt{2}}{2}$

(3)　与式$=\frac{2(4x+3)-3(x-1)}{6}=\frac{8x+6-3x+3}{6}=\frac{5x+9}{6}$

(4)　与式より，$3(x^2+3x+2)=7x+8$　　$3x^2+9x+6=7x+8$　　$3x^2+2x-2=0$

２次方程式の解の公式より，$x=\frac{-2\pm\sqrt{2^2-4\times3\times(-2)}}{2\times3}=\frac{-2\pm\sqrt{28}}{6}=\frac{-2\pm2\sqrt{7}}{6}=\frac{-1\pm\sqrt{7}}{3}$

(5)　与式$=(x+1)\{2(x-2)-(x-3)\}=(x+1)(2x-4-x+3)=(x+1)(x-1)$

(6)　**【解き方】yがxに比例するとき，式は$y=ax$と表せる（aは比例定数）。**

$y=2x$…①，$z=3y$…②だから，②に①を代入すると，$z=3\times2x$　　$z=6x$

よって，zはxに比例し，その比例定数は６である。

(7)　１枚の硬貨を２回投げるときの表裏の出方は，$2\times2=4$（通り）ある。そのうち，１回だけ表が出るのは，（１回目，２回目）＝（表，裏）（裏，表）の２通りだから，求める確率は，$\frac{2}{4}=\frac{1}{2}$

(8)　右のように記号をおく。平行線の同位角は等しいから，$\angle a=60°$

三角形の１つの外角は，これととなりあわない２つの内角の和に等しいから，$\angle x=60°-35°=25°$

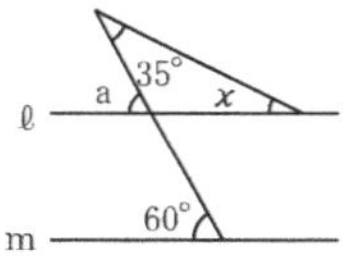

(9)　**【解き方】$\pi=3.14$，$\sqrt{2}=1.41$，$\sqrt{3}=1.73$として，各分数のおおよその値を求める。**

$\frac{8}{9}=0.88\cdots$，$\frac{\sqrt{3}}{2}=\frac{1.73}{2}=0.865$，$\frac{\pi}{3}=\frac{3.14}{3}=1.04\cdots$，$\frac{1}{\sqrt{2}}=\frac{\sqrt{2}}{2}=\frac{1.41}{2}=0.705$

よって２番目に大きい数は，「①　$\frac{8}{9}$」である。

2　(1)　Ａ１台はＰをx個つくるのに12時間かかるから，Ｃ１台はＰをx個つくるのに$12\times3=36$（時間）かかる。

よって，Ｃ１台を１時間使うと，Ｐは$x\div36=\frac{x}{36}$（個）つくることができる。

(2)　**【解き方】(1)と同様に考えると，Ａ１台を１時間使うとＰを$\frac{x}{12}$個，Ｂ１台を１時間使うとＰを$\frac{y}{8}$個つくることができる。このことから，xとyについての連立方程式をたてる。**

Ａ３台とＢ２台を２時間使うとＰが170個できるので，$\left(\frac{x}{12}\times3+\frac{y}{8}\times2\right)\times2=170$　　$x+y=340$…①

Ａ１台とＢ３台とＣ５台を３時間使うとＰが300個できるので，$\left(\frac{x}{12}+\frac{y}{8}\times3+\frac{x}{36}\times5\right)\times3=300$

$16x+27y=7200$…②

②－①×16でxを消去すると，$27y-16y=7200-5440$　　$11y=1760$　　$y=160$

①に$y=160$を代入すると，$x+160=340$　　$x=180$

3　(1)　円柱Ｐは底面積が$3^2\pi=9\pi$，高さが４だから，体積は，$9\pi\times4=36\pi$

(2)　**【解き方】円柱の側面積は（底面の円周の長さ）×（高さ）で求められる。**

円柱Ｐの底面の円周の長さは$2\pi\times3=6\pi$だから，側面積は$6\pi\times4=24\pi$

底面積は9πだから，表面積は，$9\pi\times2+24\pi=42\pi$

(3)　**【解き方】(2)をふまえ，円柱Ｑの高さをｈとして，表面積について，ｈの方程式をたてる。**

円柱Ｑの底面積は，$\left(\frac{3}{2}\right)^2\pi=\frac{9}{4}\pi$，底面の円周の長さは，$2\pi\times\frac{3}{2}=3\pi$

側面積は$3\pi\times h=3\pi h$であり，表面積は円柱Ｐと同じで42πだから，$\frac{9}{4}\pi\times2+3\pi h=42\pi$

$3\pi h=\frac{75}{2}\pi$　　$h=\frac{25}{2}$　　よって，円柱Ｑの高さは，$\frac{25}{2}$である。

4 **【解き方】ａとｂの出方は全部で６×６＝36(通り)ある。ａとｂは同じ数字が出ることがあるので，出方は表にまとめると考えやすい。**

⑴　12 の約数は１と 12，２と６，３と４だから，ａ＋ｂが 12 の約数となるのは，表１の○印の 12 通りある。よって，求める確率は，$\frac{12}{36}=\frac{1}{3}$

⑵　ａ×ｂが３の倍数となるのは，ａかｂ(または両方)が３の倍数となるときだから，表２の○印の 20 通りある。よって，求める確率は，$\frac{20}{36}=\frac{5}{9}$

⑶　ａ÷ｂが整数となるのは，ｂがａの約数となるときだから，表３の○印の 14 通りある。

よって，求める確率は，$\frac{14}{36}=\frac{7}{18}$

a＋b

表1		b					
		1	2	3	4	5	6
a	1	②	③	④	5	⑥	7
	2	③	④	5	⑥	7	8
	3	④	5	⑥	7	8	9
	4	5	⑥	7	8	9	10
	5	⑥	7	8	9	10	11
	6	7	8	9	10	11	⑫

表2		b					
		1	2	3	4	5	6
a	1			○			○
	2			○			○
	3	○	○	○	○	○	○
	4			○			○
	5			○			○
	6	○	○	○	○	○	○

表3		b					
		1	2	3	4	5	6
a	1	○					
	2	○	○				
	3	○		○			
	4	○	○		○		
	5	○				○	
	6	○	○	○			○

5 ⑴　**【解き方】四角形ＡＣＤＢは平行四辺形だから，ＡＢ＝ＣＤである。このことから，ＣＤの長さ→Ａの座標→Ｂの座標→ａの値，の順で求める。**

ＣとＤはy軸に対して対称だから，Ｄのx座標は２となるので，ＣＤ＝(Ｄのx座標)－(Ｃのx座標)＝２－(－２)＝４

Ａは放物線$y=x^2$上の点でy座標が$y=16$だから，$16=x^2$　　$x=\pm 4$　　Ａのx座標は正の数だから，Ａ(４，16)

ＡＢ＝ＣＤ＝４だから，(Ｂのx座標)＝(Ａのx座標)＋４＝４＋４＝８より，Ｂ(８，16)

放物線$y=ax^2$にＢの座標を代入すると，$16=a\times 8^2$　　$64a=16$　　$a=\frac{1}{4}$

⑵　**【解き方】平行四辺形の２本の対角線は互いの中点で交わる。**

Ｄは放物線$y=x^2$上の点でx座標が$x=2$だから，y座標は$y=2^2=4$

求める座標はＡＤの中点の座標だから，x座標が$\frac{(\text{AとDの}x\text{座標の和})}{2}=\frac{4+2}{2}=3$，$y$座標が$\frac{(\text{AとDの}y\text{座標の和})}{2}=\frac{16+4}{2}=10$となるので，(３，10)である。

⑶　**【解き方】平行四辺形の面積を２等分する直線は，平行四辺形の対角線の交点を通るから，直線ＯＥは⑵で座標を求めた点を通る。**

⑵より，直線ＯＥは点(３，10)を通るから，原点を通り傾きが$\frac{10}{3}$の直線なので，式は$y=\frac{10}{3}x$

Ｅは直線$y=\frac{10}{3}x$…①と放物線$y=\frac{1}{4}x^2$…②との交点だから，この２式を連立方程式として解く。

①に②を代入すると，$\frac{1}{4}x^2=\frac{10}{3}x$　　$3x^2-40x=0$　　$3x(x-\frac{40}{3})=0$　　$x=0$，$\frac{40}{3}$

$x=0$はＯのx座標なので，Ｅのx座標は$x=\frac{40}{3}$

①に$x=\frac{40}{3}$を代入すると，$y=\frac{10}{3}\times\frac{40}{3}$　　$y=\frac{400}{9}$　　よって，Ｅ$(\frac{40}{3}，\frac{400}{9})$である。

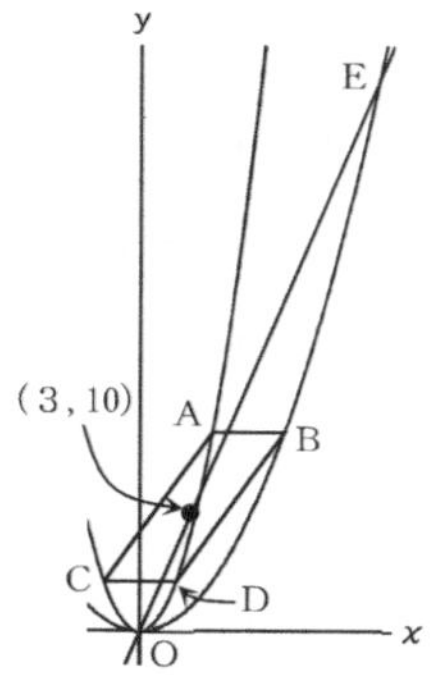

《2021　英語　解説》

1 **Part 1　No. 1**　Ｆ「古い本がたくさんあるわね」→Ｍ「そうだね」→Ｆ「学校の図書室に寄付しましょうよ」の流れより，②「それはいいアイデアだね」が適切。　**No. 2**　Ｍ「まだ僕のＣＤを持ってる？」→Ｆ「ええ，ケビン」→Ｍ「ええと，来週必要なんだ」の流れより，①「明日持ってこれるわ」が適切。　**No. 3**　Ｍ「サッカー部に入ってるの？」→Ｆ「ええ。私たちと一緒にプレーしたいの？」→Ｍ「まあね。いつ練習してるの？」の流れより，①「毎日放課後に」が適切。　**No. 4**　Ｍ「今日は違って見えるね，アニー」→Ｆ「昨日髪を切ったの」→Ｍ「かわいいね」の流れより，②「ありがとう。でも短すぎだと思うわ」が適切。

Part 2　質問「女性は１週間にいくら手に入れるでしょうか？」…Ｆ「月曜日，水曜日，金曜日に勤務の仕事を探しているの」→Ｍ「１日にいくら稼ぎたいの？」→Ｆ「１日に 5000 円ほしいわ」→Ｍ「郵便局の近くのコーヒーショップで働くのはどう？」の流れより，5000 円×３日＝15000 円である。②が適切。　**No. 2**　質問「彼らはどこ

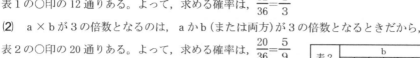

で昼食を食べますか？」…F「昼食のために外出しましょうか，ボブ？」→M「そうしよう，サラ。和食を食べようよ」→F「実は，昨晩お寿司を食べたの。駅の近くのイタリアンを試してみたくない？」→M「うん。それがよさそうだ」の流れより，③「イタリアンレストランで」が適切。　**No. 3**　質問「ミシェルはどのように英語を学習しましたか？」…M「あなたは英語が上手ね，ミシェル」→F「ありがとう，ポール。２年間オーストラリアの高校に通っていたの」→M「今日終わらせなきゃならない英語の宿題があるんだ。手伝ってくれない？」→F「もちろんよ」の流れより，③「彼女はオーストラリアに住んでいた」が適切。

Part 3　【放送文の要約】参照。**No. 1**　質問「彼はテニスの練習のあと，何をしますか？」…②「おしゃべりを楽しむ」が適切。　**No. 2**　質問「彼はどのくらいの間宿題をしますか？」…③「１時間 30 分」が適切。

No. 3　質問「彼は何時に就寝しますか？」…④「11 時に」が適切。

【放送文の要約】

ケンジの土曜日の日程は忙しい。朝６時に起きて７時に朝食をとる。支度をして９時に部活のテニスに行く。No. 1②その後２時間テニスの練習をし，しばらくチームメートと楽しくおしゃべりする。12 時に昼食のために家に帰り，２時までくつろぐ。No. 2③３時から４時 30 分まで宿題をする。宿題のあと，８時ごろに夕食を食べる。それからお気に入りの漫画を読んだり音楽を聴いたりして楽しむ。No. 3④それは 10 時に終わる。その１時間後に就寝する。

2　(3)【本文の要約】参照。

(エ)　質問「1894 年から 1914 年までの 20 年間に，日本は何回戦争をしましたか？」…1894 年の日清戦争，1904 年の日露戦争，1914 年の第一次世界大戦の３回である。③が適切。

(オ)　①×「マサトは，日本が中国と戦争をしたから不幸だった」…本文にない内容。　②○「アレックスは次の日曜日を楽しみにしている」　③「日露戦争は日清戦争の×前に開戦した」　④「マサトはなぜ日本がそんなに多くの戦争をしたかを×知っている」

【本文の要約】

アレックス：今日は日本の戦争の歴史について勉強したよ。

マサト　　：日本の戦争の歴史？どの戦争を勉強したの？

アレックス：日清戦争だよ。1894 年，日本は中国と戦争をした。それは約１年間続いて，多くの人が亡くなったんだ。

マサト　　：うん，そうだね。僕は，戦争をするのは悪いことだと思う。戦争は僕たちを不幸にするよ。

アレックス：(a)①僕もそう思うよ。先生は僕に君と同じことを言ったよ。そして僕は，この戦争について面白いことを教わったんだ。(エ)③日清戦争は 1894 年に起きた。そして日露戦争は 1904 年に起きた。それから第一次世界大戦が 1914 年に起きた。つまり日本は(b)③10 年おきに戦争をしたんだ。

マサト　　：でもなぜ日本は(b)③10 年おきに戦争をしたんだろう？

アレックス：うーん，それはわからないな。先生も教えてくれなかったよ。

マサト　　：僕はそれを知りたいな。(c)④だから（＝so）次の日曜日に図書館に行くことにするよ。

アレックス：いい考えだね！僕も一緒に行っていい？

マサト　　：もちろん。一緒に歴史を勉強しよう。

アレックス：(オ)②次の日曜日に会えるのが待ち遠しいよ！

3　(1)　質問「このポスターについて正しいのはどれですか？」…①「そのレストランはできたばかりなので，誰も知らない」…広告の We are all new!や New open の文言から読み取ることができる。　②「５月 25 日にこのレストランに行けば特別メニューを提供してもらえる」，③「このレストランは駅の近くにあるので行きやすい」

④「屋外でおいしい高級ステーキを食べることができる」は広告にない内容。

(2) 質問「このレストランが5月21に提供しないものはどれですか？」…広告のSPECIAL DINNER MENUに書かれていないのは，①のSweets「スイーツ」である。

(3) 質問「20%オフの特別メニューを食べたい場合，どうしたらいいですか？」…広告の Anyone can have this special 20% OFF only on the opening day!「特別な20%オフが受けられるのは開店初日だけです！」より，③「初日にMarcos's great kitchenに行くべきです」が適切。

(4) 質問「このレストランで何をすることができますか？」…広告のWe will stop making food thirty minutes before 11:00 p.m.「午後11時の30分前に調理をやめます」より，②「10時30分まで注文することができる」が適切。

4 【本文の要約】参照。

(1) 質問「ベティはなぜ，生徒たちにその質問をしたかったのですか？」…１～３行目より，③「なぜなら彼女は，マナーの悪い携帯電話の使い方をしている人をよく見かけるからです」が適切。

(2) 「(A)に入る数字を選びなさい」…グラフ参照。常に携帯電話を使っている割合は80%である。④が適切。

(3) 質問「なぜベティは表の質問に対する答えに驚いたのですか？」…６～８行目より，①「なぜなら彼女は，人々は情報を得るために携帯電話を使うのだと思っていたからです」が適切。

(4) 質問「このグラフと表について，正しいのはどれですか？」…表参照。「あなたはなぜ携帯電話を使いますか？」という質問に対して，最も多くの生徒が選んだ答えが「ＳＮＳをチェックするため」だから，③「生徒たちにとって，ＳＮＳをチェックすること以上に大切なことはない」が適切。

・nothing is＋比較級＋for＋人＋than ～「(人)にとって，～よりも…なことはない」

【本文の要約】

あなたはいつ携帯電話を使いますか？(1)③私は電車に乗っているときやどこかに行くとき，携帯電話を使っている人をたくさん見かけます。歩きながら携帯電話を使う人さえいますが，これはとても危険な行為です。そこで，私は高校生に「あなたはどれくらいの頻度で携帯電話を使いますか？」と聞きました。グラフを見てください。(A)80%の生徒が常に携帯電話を使っています！つまり，この生徒たちは食事中や入浴中でさえ，携帯電話を使っている可能性があるということです！表も見てください。(3)①質問に対する答えは，驚くべきものです。私は，携帯電話はもともと，ものごとを素早く検索するために使うものだと思っていました。しかし，今や生徒のほとんどが友達と話したりつながったりするために使っているようです。私は，彼らの携帯電話の使い方は，おそらくですが，あまりよくないと思います。

5 【本文の要約】参照。(1)，(3)，(5)は本文の内容を違う表現に書きかえる問題。

(1) 質問「Ａ氏はレモンを手に入れたとき，何を考えますか？」→「彼はレモンをレモネードに変える方法(＝how to change)を考えます」　・change A into B「ＡをＢに変える」　・how to ～「～する方法」

(2) 質問「Ｂ氏はＡ氏と同じことをしますか？」→「いいえ，しません(＝No, he doesn't.)」

(3) 質問「Ｂ氏はレモンを手に入れたとき，何と言いますか？答える際には与えられた文字で始めなさい」→「彼は『もはやチャンスはない(＝no longer)。目標が見えない』と言います」　・no longer ～「もはや～ない」

(4) 「(1)のto solveを日本語にしなさい」…目的語が「彼らの問題」だから，「解決するために」あるいは「解くために」が適切。(目的を表すto不定詞の副詞的用法)

(5) 質問「ヘレンケラーはなぜ偉業を成し遂げましたか？答える際には与えられた文字で始めなさい」→「なぜなら，彼女は盲目で(＝was blind)聞くこともできなかったからです」

(6) 質問「(2)のitは何を意味しますか？」→「それは北風(＝north wind)です」　代名詞は，直前にある名詞や文を指すことが多い。カンマ以降の２か所の it は，同文前半の north wind を指す。

(7)　質問「それぞれの空所に適するのはどの語ですか？文章から答えを探しなさい」→「この文章ではレモンは 1 悪い（＝bad/difficult/hard）こと，レモネードは 2 よい（＝good）ことを意味します。偉人の中には人生においてレモンのようなものがあった人もいましたが，彼らは困難な状況下でも必死に挑戦したので 3 成功しました（＝were successful）。チャールズ・ダーウィンの場合，彼は若いころ体が弱かったけれど，自分の置かれた状況 4 に立ち向かおう（＝stand up against）としたことで多くの偉業を達成しました」　1 は第３段落２行目などにある bad や，第３段落３～４行目にある hard あるいは difficult が適切。２は第３段落２行目などにある good が適切。３は第５段落１行目にある successful が適切。４は第５段落１行目にある against が適切。

【本文の要約】

あなたは幸せですか？自分の周りには問題がたくさんあると感じていますか？どのようにして不愉快な気持ちを遮断し，自分自身について肯定的に感じられるようにしていますか？そうするための方法をひとつ紹介します。それは「レモンを手に入れたらレモネードを作れ！」です。Ａ氏はレモンをひとつ与えられたとき，こう言います。「この不運から私は何が学べるだろうか？どうしたらこの状況を改善できるだろうか？(1)どうやったらこのレモンをレモネードに変えることができるだろうか？」

(2)しかしながら，Ｂ氏の行動は違います。Ｂ氏は人生でレモンを与えられたとわかったら，それ以上挑戦せずこう言います。「(3)私にはチャンスがない。目標を見失ってしまった」それから彼は世の中を憎み，不愉快な気持ちになります。

人間の最も素晴らしい点のひとつは，悪い状況をいい状況に変える力があるということです。偉大な人々のライフワークは私たちに重要な物語を教えてくれます。彼らは問題を解決するために一生懸命努力したから成功したのです。人生では多くの困難なことが起こりますが，そのことは私たちにとって驚くべき方法で役に立つのです。

そうです，ベートーベンは耳が不自由だったからこそ，よい音楽が書けたのかもしれません。(5)ヘレンケラーの偉業は，彼女が目も耳も不自由だったために成し遂げられました。チャールズ・ダーウィンは若いころ病気がちで弱かったために，とても素晴らしい業績を残しました。

もし成功したいと思うならば，困難な状況に立ち向かう努力をしてください。北風に立ち向かうのは大変なことかもしれませんがこれだけは覚えていてください。それは通り過ぎるものであり，(6)それ（＝north wind）によってあなたはより強くなるのだということを。

6　(1)「とても…なので～」＝so … that ～

(2)「～しています」は現在進行形〈be 動詞＋～ing〉で表す。「～の髪をとかす」＝brush/comb one's hair

(3)「何百万もの～」＝millions of ～

(4)「～することに決める」＝decide to ～

(5)「夜更かしする」＝stay up late

7　(1)　He had a book about Boston with him.：「～を持っている（＝携帯している）」＝have ～ with＋人

(2)　Write to her parents as soon as possible.：〈write to＋人〉で，「（人）に手紙を書く」を意味する。「できるだけ早く」＝as soon as possible

(3)　You must not go through a red light.：「～してはいけない」＝must not ～　〈go through a red light〉で「赤信号を無視して通り抜ける」を意味する。

(4)　I want them to pass on my memories.：「（人）に～してほしい」＝want＋人＋to ～　「～を伝える」＝pass on ～

⑸ Her dream <u>of</u> meeting Mike <u>is</u> becoming reality. :「～するという夢」＝a dream of ～ing
「現実になる」＝become reality

《2021　理科　解説》

1 **問１⑴** 銅を加熱すると空気中の酸素と結びついて黒色の酸化銅ができる〔$2Cu+O_2 \rightarrow 2CuO$〕。 **⑵** グラフより，銅0.8ｇを加熱すると黒色の物質が1.0ｇできるから，銅2.8ｇからできる黒色の物質は$1.0\times\frac{2.8}{0.8}=3.5$(ｇ)である。 **⑶** マグネシウムを加熱すると空気中の酸素と結びついて白色の酸化マグネシウムができる〔$2Mg+O_2 \rightarrow 2MgO$〕。化学反応式を書くときは，反応の前後で原子の種類と数が等しくなるように係数をつける。 **⑷** 銅と酸素の質量の比は0.8：(1.0－0.8)＝４：１＝８：２，マグネシウムと酸素の質量の比は0.6：0.4＝３：２だから，同じ量の酸素と結びつく銅とマグネシウムの質量の比は８：３である。

問２ ③○…水を電気分解すると，水素と酸素が２：１の体積の比で発生する〔$2H_2O \rightarrow 2H_2+O_2$〕から，電極ａから発生した気体Ａが水素，電極ｂから発生した気体Ｂが酸素である。なお，②が酸素であるを確かめる方法と酸素の発生方法である。

問３⑴ ②○…貝がらの主成分である炭酸カルシウムとうすい塩酸が反応して二酸化炭素が発生する〔$CaCO_3+2HCl \rightarrow CaCl_2+CO_2+H_2O$〕。 **⑵** ②×…二酸化炭素は空気より密度が大きいので，下方置換法でも集めることができる。 **⑶** 最初に出てくる気体は，おもに試験管やガラス管の中にあった空気である。

2 **問１⑴** ロウソクの実像がスクリーン上にできているから，光軸上にある点から出た光は，凸レンズで屈折した後，スクリーンと光軸の交点に向かって進む。図２からもわかる通り，焦点を通るのは光軸に平行に進んだ光だけである。 **⑵** ②○…凸レンズの一部をおおっても，像の形は変化しないが，レンズを通過する光の量が減るので像の明るさは減少する。

問２⑴ ばねの伸びはばねにはたらく力に比例する(フックの法則)ので，20ｇで３㎝伸びるばねは120ｇで$3\times\frac{120}{20}=18$(㎝)伸びる。 **⑵** 月面上の重力は地面上の重力の$\frac{1}{6}$だから，ばねの伸びも地面上の$\frac{1}{6}$になる。また，ばねの長さが半分になると伸びも半分になる。よって，月面上での伸びは$18\times\frac{1}{6}\times\frac{1}{2}=1.5$(㎝)である。

問３ 解答例の状態から，スイッチ１を切り替えてもスイッチ２を切り替えても電球を消すことができる。また，どちらかのスイッチを切り替えた後，さらにどちらのスイッチを切り替えても電球をつけることができる。

3 **問１⑴** ②③○…イヌワラビはシダ植物である。シダ植物は胞子で増える植物で，維管束をもち，根・茎・葉の区別もある。 **⑵** ①④○…ワニはは虫類である。は虫類は，肺呼吸を行い，からのある卵を陸上にうむ。体表はうろこでおおわれていて，乾燥に耐えられるようになっている。体温は気温によって変化する変温動物である。
⑶ ②③④○…ザリガニは背骨のない無セキツイ動物で，節足動物の甲殻類に分類される。節足動物は外骨格をもち，外骨格は大きくならないため，成長するには脱皮をする必要がある。水中で生活するためえら呼吸を行う。

問２⑴⑵ カエルは，メスが水中にうんだ卵(Ａ)にオスが精子(Ｂ)をかける体外受精を行う。

問３⑶ ④○…赤い花をつける純系のマツバボタンの遺伝子の組み合わせはＡＡ，白い花をつける純系のマツバボタンの遺伝子の組み合わせはａａと表せる。ＡＡとａａをかけあわせてできた赤い花の種子の遺伝子の組み合わせは，すべてＡａになる(図Ⅰ)。
⑷ ⑦○…Ａａどうしをかけ合わせてできた種子の遺伝子の組み合わせと数の比は，図Ⅱのように，ＡＡ《赤》：Ａａ《赤》：ａａ《白》＝１：２：１となる。よって，花の色の数の比は，赤い花：白い花＝(１＋２)：１＝３：１となる。

図Ⅰ

	A	A
a	Aa	Aa
a	Aa	Aa

図Ⅱ

	A	a
A	AA	Aa
a	Aa	aa

4 **問１** ア．震源からの距離が210㎞のＣでゆれａ(初期微動)が始まった時刻は22時40分26秒で，これは地震発生(22時39分56秒)から30秒後だから，ゆれａを起こす波(Ｐ波)の伝わる速さは$\frac{210}{30}=7$(㎞/ｓ)である。よって，震源か

らの距離が98kmのＡでゆれａが始まったのは，地震発生から$\frac{98}{7}$＝14(秒後)の22時40分10秒である。　イ．Ｂでゆれａが始まったのは地震発生から39秒後だから，Ｂの震源からの距離は７×39＝273(km)である。　ウ．震源からの距離が98kmのＡでゆれｂ(主要動)が始まったのは，地震発生から28秒後だから，ゆれｂを起こす波(Ｓ波)の伝わる速さは$\frac{98}{28}$＝3.5(km/ｓ)である。よって，震源からの距離が210kmのＣでゆれｂが始まったのは，地震発生から$\frac{210}{3.5}$＝60(秒後)の22時40分56秒である。

問２　①○…水よりも砂利の方があたたまりやすいから，砂利の上の空気が先にあたたまり，砂利の上で上昇気流が生じる。このため，容器の天井付近では空気が砂利の方から水の方へ動き，容器の下の方では線香の煙が水の方から砂利の方へ動く。

問３(1)　②○…西に高気圧，東に低気圧がある西高東低の気圧配置であり，等圧線が縦に並んでいる。これは，冬に見られる典型的な天気図である。冬は大陸から日本列島に向かって北西の季節風が吹く。　(2)　④○…北西の季節風が日本海上で大量の水蒸気をふくみ，日本列島の山脈にぶつかることで上昇気流が生じると，日本海側に大量の雨や雪を降らせる。大量の雨や雪を降らせて水蒸気を失った空気が山脈を越えて太平洋側に吹きこむので，太平洋側は乾燥した晴れの日が続く。①は冬の日本海側，②は夏，③は春や秋の天気の特徴である。

《2021　社会　解説》

1　**問１**　④が正しい。アは徳川家康の発行した朱印状をもった朱印船。イは安土桃山時代の桃山文化を代表する狩野永徳による『唐獅子図屏風』。ウは足利義満が建てた金閣(鹿苑寺)。エは平清盛らが平家納経を行った厳島神社。

問２　①が正しい。②(弥生時代１世紀)→①(弥生時代３世紀)→③(古墳時代)→④(飛鳥時代)

問３　管領が正しい。鎌倉時代の将軍の補佐役である執権とともに覚えておきたい。

問４　②が正しい。南蛮貿易では，日本からは石見銀山でとれた銀が輸出され，中国産の生糸などが輸入された。

問５　③が正しい。鎖国政策中に日本と国交があったのはオランダである。①はフランス，②はアメリカ，④はイギリスの説明文である。オランダは，インドネシアを拠点として東南アジア・東アジアと貿易をした。

2　**問１**　Ⅰ＝６　Ⅱ＝２　Ⅲ＝２　Ⅳ＝３　　班田収授の説明である。６年ごとに作成された戸籍をもとにして，６歳以上の男女に貸し与えた田を口分田という。奴婢には公奴婢と私奴婢があり，公奴婢は良民と同じ量の田が，私奴婢には良民の３分の１の田が貸し与えられた。奴は男子の賤民，婢は女子の賤民を意味した。

問２　③が正しい。室町時代の座，江戸時代の株仲間を区別して覚えておきたい。馬借は馬を使った運送業，問は海運業や倉庫業，惣は村の自治組織で，いずれも室町時代に発達した。

問３　太閤検地が正しい。太閤検地では，全国の度量衡が統一され，米の収穫高が石高で表された。

問４　①が誤り。18 世紀後半に株仲間を奨励した人物は田沼意次である。江戸や大阪周辺の農村を幕領にしようとして失敗した人物は，天保の改革を行った水野忠邦である。水野忠邦は株仲間を解散させたことでも知られる。

問５　地租改正では，地価を定めた地券を土地所有者に発行し，地価の３％を現金で納めさせた。年貢による物納は，ききんなどの影響によって財政が不安定になるため，安定した財政を得るための政策として行われた。

問６　④が正しい。サンフランシスコ平和条約＝吉田茂。池田勇人＝「所得倍増計画」。日ソ共同宣言＝鳩山一郎。田中角栄＝日中共同声明。

3　**問１**　①が誤り。Ａ国(ノルウェー)の海岸線は，氷河によって削られたフィヨルドが見られる。

問２　③が正しい。バンガロールはベンガルールとも呼ばれる。デリーはインドの首都である。イギリスの植民地であったために英語を話せる国民が多く，国家の教育戦略として理数教育の水準が高いためにIT産業が発達した。

問３　②が正しい。①誤り。世界三大宗教は，キリスト教・イスラム教・仏教である。ヒンドゥー教は，信者の数では仏教を上回るが，複数の国家で信仰されていないことで三大宗教には数えられない。③誤り。コーラン(クルアーン)は，イスラム教の教典である。④誤り。キリスト教(カトリック)の説明である。

問4(1)　地球温暖化が正しい。二酸化炭素などの温室効果ガスによって引き起こされる。　(2)　③が正しい。①はトルコ(G)，②はアメリカ合衆国(E)，④は中国(F)。

問5　②が誤り。ブラジルでは都市部へ人口集中が今でも続いている。また，セラード地域での大規模な農業は，大型機械が導入されているので，大規模な労働者の人口移動はない。

4　**問1**　A＝日本海流(黒潮)，B＝季節風(モンスーン)　　日本では，夏は南東季節風，冬は北西季節風の影響を受ける。そのため，夏の太平洋沿岸に多くの雨が降り，冬の日本海沿岸に多くの雪が降る。

問2　③が誤り。東京都千代田区は，官庁街や高層ビル街が集中するので，他の市区や県から通勤する人が多く，昼間人口が夜間人口を大幅に上回る。

問3(1)　A＝近郊農業　B＝促成栽培　　近郊農業では，毎日新鮮な野菜類を消費地に向けて出荷する。高知県や宮崎県では，温暖な気候を利用した促成栽培が盛んである。促成栽培は，ビニルハウスなどを利用して成長を早め，他の県が出荷できない時期に出荷するための栽培方法である。　(2)　①が正しい。夏から秋にかけて出荷量の多くなるなすを，出荷量が少なくなる11月～5月頃にかけて大量に出荷している①が高知県と判断できる。

問4　③が誤り。石炭・鉄鉱石などの原料や燃料のほとんどは海外から船で輸入されるので，製鉄所や火力発電所は，港湾のある沿岸地域に立地する。

問5　①が正しい。貿易額は多い順に，成田国際空港＞名古屋港＞東京港＞横浜港＞関西国際空港となっている。②誤り。成田国際空港の所在地は千葉県である。③誤り。成田国際空港にも国内線はある。④誤り。航空輸送では，小型軽量で単価の高い科学光学機器や医薬品が扱われる。

5　**問1**　②が正しい。Ⅰ．正しい。Ⅱ．誤り。平等選挙とは一人一票を投じる選挙である。どの政党や候補者に投票したか他人に知られない選挙は秘密選挙にあたる。

問2　①が誤り。政権を担当する政党が与党，政権を担当しない政党を野党と呼ぶ。

問3　②と④が誤り。②弾劾裁判所は，裁判官の身分にふさわしくない行為をしたり，職務違反をしたとして裁判官訴追委員会から罷免の訴追を受けたりした裁判官を辞めさせるかどうかを決める裁判所で，国会内に常設される。④国会は，内閣総理大臣の指名の権限はあるが，任命の権利はない。内閣総理大臣の任命は天皇の国事行為にあたる。国務大臣を任命する権利は内閣総理大臣にある。

問4　情報公開制度は，国民の知る権利を守るためのものである。

6　**問1**　納税が正しい。勤労は義務でもあり権利でもある。教育は，受ける権利と受けさせる義務がある。納税は義務のみが存在する。

問2　②が誤り。日本国憲法第26条第2項に，「すべて国民は法律の定めるところにより，その保護する子女に普通教育を受けさせる義務を負う。義務教育は，これを無償とする。」と定められている。

問3　④が正しい。①誤り。労働基本権は，労働者の権利を守るためのもので，使用者の権利を守るためのものではない。②誤り。労働者が団結して組織するのは政党ではなく組合である。③誤り。労働条件改善を求めて団体交渉する相手は，政府ではなく使用者側である。

問4　③が正しい。Ⅰ．誤り。公務員の行為によって受けた損害に対して賠償を求める権利は，請願権ではなく国家賠償請求権である。Ⅱ．正しい。

愛知啓成高等学校【普通科】

《国　語》

一　問一．④　問二．①　問三．②　問四．③　問五．A．②　B．④　問六．④
問七．自分と異なる思想に触れ、普遍的な思考形式を身につけること。

二　問一．a．結構　b．丁寧　c．あこが　d．けはい　e．衝撃　問二．すね　問三．④
問四．②　問五．③　問六．①　問七．なかった。　問八．③

三　問一．a．いたる　b．あわれに　問二．④　問三．2．④　3．①　問四．③　問五．①
問六．いとき　問七．②　問八．①

四　1．客観　2．否定　3．生産　4．相対　5．権利

《数　学》

1　(1)ア．②　イ．⑤　ウ．⑥　(2)エ．⊖　オ．⑥　カ．⑦　キ．②　(3)ク．⊖　ケ．⑦　コ．⑥　サ．①
シ．②　(4)ス．⑥　セ．⑤　(5)ソ．⑥　タ．④　(6)チ．③　ツ．⑤　テ．⑦　ト．④　(7)③　(8)ニ．③
ヌ．①　ネ．①　ノ．④　(9)ハ．①　ヒ．⑥　フ．②　ヘ．②　(10)①　(11)マ．①　ミ．④　(12)③

2　(1) $\begin{cases} x+y+55+\frac{1}{3}y=220 \\ x-\frac{1}{3}y=5(y-55) \end{cases}$　(2)A…77　B…66

3　(1)9　(2)20

4　(1) $\frac{21}{4}$　(2) $\frac{27}{5}$

5　(1)1：5　(2)①，⑤

《英　語》

1　リスニング問題省略

2　(1)ア．①　イ．②　ウ．①　(2)ア．④　イ．③　(3)ア．②　イ．①　ウ．②　エ．③　オ．④

3　(1)①　(2)③　(3)②　(4)④

4　(1)②　(2)③　(3)②

5　(1)②　(2)③　(3)②　(4)1．Yes, he has　2．12000 square kilometers

6　(1)speech　(2)rescued　(3)facility　(4)searched　(5)thinking　(6)live　(7)difficult　(8)make

7　(1)mistook／for　(2)clapped／hands　(3)A／third（下線部は One でもよい）　(4)along／with　(5)famous／for

8　［3番目／6番目］　(1)［②／④］　(2)［③／⑦］　(3)［③／⑦］　(4)［⑥／①］　(5)［③／⑧］

《理　科》

1　問1．1．⑤　2．周期表　3．②, ③　4．②, ③, ⑤　問2．$H_3PO_4 \rightarrow 3H^+ + PO_4^{3-}$

問3．6．②　7．①　8．①　9．⑧　10．⑨

2　問1．1．①　2．⑤　3．③　問2．4．④　5．②　6．②　7．⑤　8．②　9．①　10．①　11．⑦

12．⑥　13．③　14．⓪

3　問1．1．③　2．400　3．②　4．⑤　5．④　※問2．50

4　問1．1．①　2．シベリア高気圧　問2．3．②　4．④　問3．5．下図　6．下図

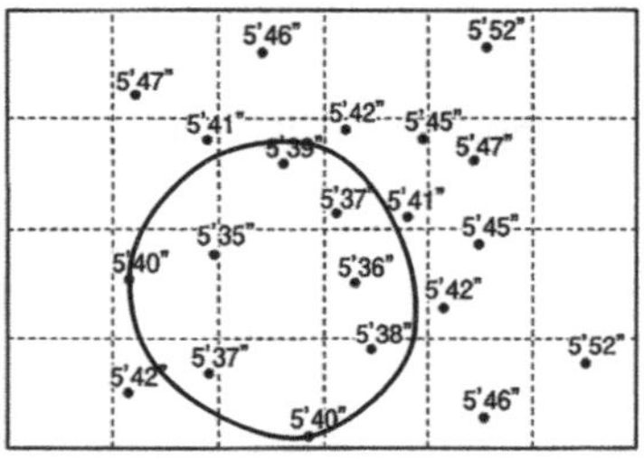

4 5の図

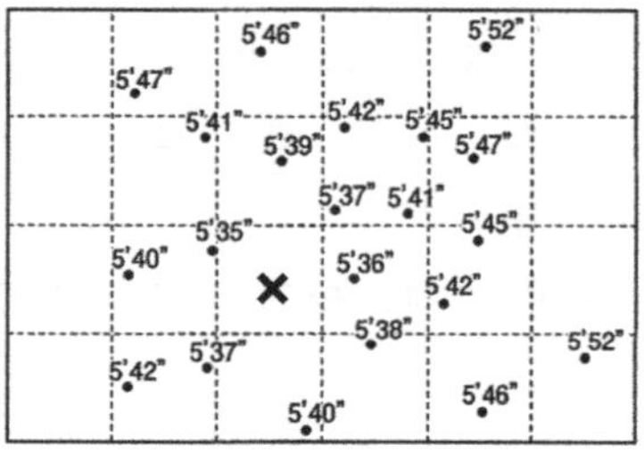

4 6の図

※の考え方は解説を参照してください。

《社　会》

1　問1．邪馬台国　問2．①　問3．藤原道長　問4．③　問5．④　問6．②

2　問1．③　問2．④　問3．義和団事件　問4．②　問5．②

3　問1．⑤　問2．琵琶湖　問3．④　問4．①　問5．③

4　問1．①　問2．③　問3．モノカルチャー　問4．②　問5．③

5　問1．③　問2．⑤　問3．ノーマライゼーション　問4．③　問5．①

6　問1．環境基本法　問2．①, ③, ④　問3．国連環境開発会議〔別解〕地球サミット　問4．③

2020 解説 令和2年度 愛知啓成高等学校【普通科】

←解答例は前ページにありますので，そちらをご覧ください。

《2020　国語　解説》

一　**問一**　――線1の1～4行前に着目する。「現代人は過剰な情報と人間関係にさらされ」、「人間自身の情報処理能力」を「上回るスピードで刺激が増えている」ため、その刺激に悩まされていると述べられている。その悩みを、情報を選別するサービスが解消してくれるのである。よって、④が適する。

問二　――線2の直前の内容に着目する。「コンピューターやインターネットが膨大な情報を生み出している」のに、その反対の「情報をせき止めるサービス」が人気を集めていることについて、「なんとも皮肉である」と言っている。よって、①が適する。

問四　「『蛸壺《たこつぼ》型』の社会認識」について説明した、――線3の5～6行前に着目する。「心地いい情報、意見の合う人間としか付き合わない～『私の意見は間違っていない』と思ってしまう」とある。この内容に、③が適する。

問五A　交友関係を広げることに価値があるＳＮＳよりも、少数の親しい友人達とのやりとりを楽しむＬＩＮＥを選ぶというつながりなので、②の「むしろ」が適する。　**B**　「たしかに以前は～岩波文庫を読破すれば良かったのかも知れない」としたうえで、 B の後で「岩波文庫では狭すぎる」（不十分だ）と、筆者の考えを述べている。前後で反対の内容が述べられているので、④の「しかし」が適する。

問六　「かくして」（このようにして）が指しているのは、「自分の心地よい情報、人間関係を再確認する～自分の読みたい～聞きたい～見たい～を見る」ためにしている具体的な行動である。つまり、直前には、自分が好まないものを遮断し、心地よい情報だけを得るようにしているという内容があると考えられる。よって、Ｔｗｉｔｔｅｒのミュート機能について述べた直後の、【Ⅳ】に入れるのが適当。

問七　――線4の直前の「そういったこと」が指す内容を読み取る。それは、直前で述べた「自分と異なる思想」に触れるということである。そうすることで、何が身につくのか。さらに直前の、 B で始まる段落に着目する。「教養を、蛸壺を越境する（＝「自分と異なる思想」を知る）ための『パスポート』たり得る普遍的な思考様式として～考える」とある。２つの下線部をおさえてまとめる。

二　**問二**　 A の直前に「将来の夢などなく～就職できるかどうかもわからないのに～困ったと思う様子もなくヘラヘラ」しているとある。そのような学生のありさまを見ていると、経済的に自立できず、いつまで親に養ってもらうつもりなのかと心配になるということ。

問三　――線1の2～3行後に着目する。幸臣《ゆきおみ》は、去年までは「プロ野球選手になりたいとか」夢みたいなことを言っていた。ところがこの日、「小学校の先生になれますように」と書いた短冊を見つけた。「私」は「いつの間に変わったのだろうか」と思い、「ずいぶんとまあ、現実的なことを言うようになったな」と言っている。ここから、意外な気持ちが読み取れるので、④が適する。

問四　比留間《ひるま》先生の良さを語る温子《あつこ》に、「私」は「でもそれは、他の授業がおろそかになってるってことじゃないのか」「アニメ？～勉強するところなのにいいのか」などと聞いた。それに対して温子は「なんでそんなことにしか目が向かないの！」「なんでそんなに頭が硬いのよ」などと言い、イライラしている様子である。そして「水を差すようなことばっかり言って」と怒っている。このやりとりの様子に、②が適する。

問五　――線2の直前の幸臣は、「目が衝撃に打たれたように大きく見開かれ、口元を真一文字に結んでいる」という表情だった。それは、「私」が「単純だな～小学校がいいなんて」「ともあれ、教師じゃ、老後は楽をさせてもらえそうもないな」などと言ったのを聞いたからである。つまり、憧れの比留間先生と同じ、小学校の先生になるという夢を見下されているように感じたということ。──線２の「ひったくるように摑《つか》んだ」は、「私」への反発心である。よって、③が適する。

問六　──線３の１～２段落後に着目する。幸臣は「小学生らしく無邪気で～どちらかといえばおとなしい。中学校に上がれば、この素直さが失われ～生意気な口を利くようになるのだろう」と心配している。一方で、「小学校の教師など本当にまともな夢だ」と、自分の教え子の学生たちと比べてしっかりしていることを認めている。よって、①が適する。

問七　「意固地になったからではなくて」とあえて言っているので、意固地になっている(意地を張っている)からだと思われるような反応をしたということ。そしてそれは「どう反応すればよいかわからなかった」からであった。つまり、何も反応しなかったということ。よって、──線３の前で、「謝りなさいよ」と言われたのに「温子に答えなかった。」とある直後が適する。

問八　①．本文は一貫して「私」の視点で語られているので、適さない。　②．改行されていない「　」も実際の会話を表しているので、適さない。　④．幸臣自身の会話文が少ないのは、「私」が「遠ざけている」からではない。　よって、③が適する。

三　**問一ａ**　古文の「わゐうゑを」は、「わいうえお」に直す。　**ｂ**　古文で言葉の先頭にない「はひふへほ」は、「わいうえお」に直す。

問二　「いかにして」は「どうやって」。「食はせん」の「ん(む)」は意志(～しよう)を表す。よって、④が適する。

問三２　「いときよげなる食物」を運んで来た者なので、④の「女従者《ずさ》」が適する。　**３**　「小さやかなる紅《あか》き小袴《こばかま》」を与えた人なので、①の「女」が適する。

問五　──線５の直前の二文に着目する。「昨日取らせし袴」が「仏の御肩にうち掛けておはします」のを見たからなので、①が適する。

問六　女が、食べ物を用意できないことを思い悩み、観音様にお祈りしたところ、女従者が「いときよげなる食物を持て来たり」とある。その女従者は、観音様の化身だった。

問七　①と③の男の行動や、④の「親が善行を積んだ」という内容は、本文にない。よって、②が適する。

問八　②の『平家物語』は軍記物語。③の『竹取物語』は物語。④の『方丈記』は随筆。

【古文の内容】

今となっては昔のことだが、とても貧しくて年月を過ごす女がいた。時々、女のもとに通ってくる恋人が(今日も)来たのだが、雨が降り続いて家にとじこもりっきりになっていたので、(女は)「どうやって物を食べさせようか。」と思い悩むが、どうする方法もない。日も暮れてきた。(女は)思うようにならないわが身のことがみじめでつらくて、「私が信仰し申し上げている観音様、お助けください。」と思ったところ、自分の親が生きていた時に使われていた女性の使用人が、とても見事な食べ物を運んで来た。嬉しくて、(彼女に)お礼として与えるのに適当な物がなかったので、小さな紅い小袴を持っていたのを、与えたのだった。自分も食べ、男にも十分食べさせて、就寝した。明け方に男は帰って行った。(女は)早朝に、持仏堂で、おまつり申し上げている観音様を、拝見しようと思って、ついたてを立てて、据え置き申し上げていたその観音像を、ついたてに垂れ下げた布を引き開けて見申し上げる。(すると、)あの女性の使用人に与えた小袴が、観音様の肩に掛かっていらっしゃったので、とても驚いた。昨日(女性の使用人に)与えた袴だった。しみじみと驚きあきれたが、思いがけなく持ってきた物は、この観音様のなさったことだったのである。

《2020　数学　解説》

1 (1)　与式$=\frac{4}{9}\times 6-2\times\left(-\frac{3}{4}\right)=\frac{8}{3}+\frac{3}{2}=\frac{16}{6}+\frac{9}{6}=\frac{25}{6}$

(2)　与式$=\frac{6\sqrt{2}}{2}-(4-4\sqrt{2}+2)=3\sqrt{2}-4+4\sqrt{2}-2=-6+7\sqrt{2}$

(3)　与式$=\frac{x}{3}-1-\frac{3}{2}x+\frac{3}{2}=\frac{2}{6}x-\frac{9}{6}x-\frac{2}{2}+\frac{3}{2}=\frac{-7}{6}x+\frac{1}{2}$

(4)　与式より，$0.25x+0.75=1.5x-0.75$として，両辺を100倍すると，$25x+75=150x-75$

$25x-150x=-75-75$　　$-125x=-150$　　$x=\frac{6}{5}$

(5)　$x-3y=-6$…①，$3x+\frac{1}{2}y=20$の両辺を2倍して，$6x+y=40$…②とする。

①＋②×3でyを消去すると，$x+18x=-6+120$　　$19x=114$　　$x=6$

②に$x=6$を代入すると，$36+y=40$　　$y=40-36=4$

(6)　与式を6倍し，$2x^2-3x-6=0$として，2次方程式の解の公式を利用すると，

$x=\frac{-(-3)\pm\sqrt{(-3)^2-4\times2\times(-6)}}{2\times2}=\frac{3\pm\sqrt{57}}{4}$

(7)　2次方程式に$x=-2$を代入すると，$4-2a-6=0$　　$-2a=2$　　$a=-1$

$x^2-x-6=0$　　$(x-3)(x+2)=0$　　よって，残りの解は，$x=3$

(8)　与式$=2(2x^2+6x-x-3)-(x^2-x-2)=4x^2+10x-6-x^2+x+2=3x^2+11x-4$

(9)　与式$=16(x^2-4)=16(x^2-2^2)=16(x+2)(x-2)$

(10)　xの変域の不等号とyの変域の不等号に注目すると，$x=-1$のときのyの値が$y=10$になることがわかる。

$y=ax+b$に$x=-1$，$y=10$を代入すると，$10=-a+b$…①

また，$x=3$のときのyの値が$y=2$になるから，$2=3a+b$…②

②−①でbを消去すると，$3a+a=2-10$　　$4a=-8$　　$a=-2$

(11)　和も積も偶数になるのは，2つのさいころの目がともに偶数になるときである。

2つのサイコロをA，Bとして表をつくると，さいころの目がともに偶数となるのは，右表で○をつけた9通りあり，出る目は全部で$6\times6=36$(通り)あるから，

求める確率は，$\frac{9}{36}=\frac{1}{4}$

		B					
		1	2	3	4	5	6
A	1						
	2		○		○		○
	3						
	4		○		○		○
	5						
	6		○		○		○

(12)　9人の中央値は，テストの点数を点数順に並べたときの5番目のテストの点数である。aを除く8個の点数を大きさ順に並べると，5，6，6，7，8，8，9，9となる。この8つの点数を小さい順に並べたときにすでに小さい方から5番目に8があるので，aが7点以下になると，中央値は7点になってしまう。

よって，8点以上であれば中央値は8点になるから，aのとりうる値は，8点，9点，10点の3通りある。

2 (1)　製品Cの個数は$220\times\frac{1}{4}=55$(個)，製品Dの個数は$\frac{1}{3}y$個と表せる。

個数の合計について，$x+y+55+\frac{1}{3}y=220$…①

製品Aと製品Dの差と，製品Bと製品Cの差について，$x-\frac{1}{3}y=5(y-55)$…②

(2)　(1)で作った式において，①を整理すると，$3x+4y=495$…③

②を整理すると，$3x-16y=-825$…④　　③−④でxを消去すると，$4y+16y=495+825$　　$20y=1320$

$y=66$　　③に$y=66$を代入すると，$3x+264=495$　　$3x=231$　　$x=77$

よって，製品Aは77個，製品Bは66個である。

3 (1)　Aが点Sに移動するのは，表を1回，裏を2回出した場合である。このときの硬貨の表裏の出方は(1回目，2回目，3回目)で表すと，(表，裏，裏)(裏，表，裏)(裏，裏，表)の3通りある。

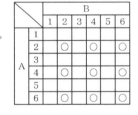

Ｂが点Ｓに移動するのは，表を２回，裏を１回出した場合である。このときの硬貨の表裏の出方は(表，表，裏)(表，裏，表)(裏，表，表)の３通りある。Ａの３通りの進め方に対して，Ｂの進め方は３通りあるから，コマの進め方は全部で，３×３＝９(通り)

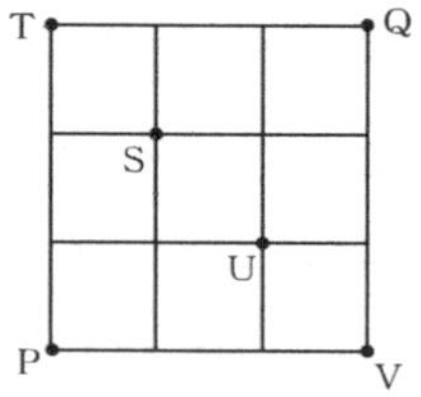

(2)　２人が出会う可能性がある地点は，右図のＳ，Ｔ，Ｕ，Ｖの４点である。
点Ｕで出会う場合は，Ａが表を２回，裏を１回出し，Ｂが表を１回，裏を２回出した場合で，点Ｓで求めた場合を参考にすると，コマの進め方は３×３＝９(通り)ある。
点Ｔで出会う場合は，Ａが裏を３回出し，Ｂが表を３回出した場合で，コマの進め方は，１×１＝１(通り)ある。点Ｖで出会う場合は，Ａが表を３回出し，Ｂが裏を３回出した場合で，コマの進め方は，１×１＝１(通り)あるから，全部で９×２＋１×２＝20(通り)の進め方がある。

4　(1)　ＡＢ//ＥＦより，△ＡＢＣ∽ＥＦＣだから，ＢＣ：ＦＣ＝ＡＢ：ＥＦ＝７：３
したがって，ＢＣ：ＢＦ＝７：(７－３)＝７：４
ＤＣ//ＥＦより，△ＤＢＣ∽△ＥＢＦだから，ＤＣ：ＥＦ＝ＢＣ：ＢＦ＝７：４
よって，x：３＝７：４　　$4x=21$　　$x=\frac{21}{4}$

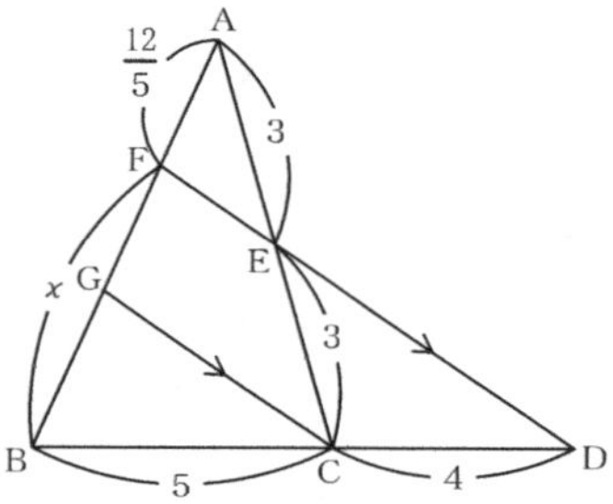

(2)　右図のように，ＢＦ上にＣＧ//ＤＦとなるＧをとる。
△ＡＧＣにおいて，ＥＦ//ＣＧ，ＡＥ＝ＣＥ＝３より，中点連結定理によって，ＧＦ＝ＡＦ＝$\frac{12}{5}$である。
△ＢＤＦにおいて，ＣＧ//ＤＦだから，ＢＦ：ＧＦ＝ＢＤ：ＣＤ＝(５＋４)：４＝９：４より，x：$\frac{12}{5}$＝９：４　　$4x=\frac{108}{5}$　　$x=\frac{27}{5}$

5　(1)　Ａ，Ｂ，Ｃは同一直線上にあるから，ＡＢ：ＢＣ＝(２点Ａ，Ｂのx座標の差)：(２点Ｂ，Ｃのx座標の差)で求めることができるので，まず４点Ａ，Ｂ，Ｃ，Ｄの座標を求めておく。$y=x^2$と$y=x+6$を連立させて，
$x^2=x+6$　　$x^2-x-6=0$　　$(x-3)(x+2)=0$　　$x=3,\ -2$　　$x=3$を$y=x^2$に代入すると，
$y=3^2=9$より，Ｃ(３，９)，$x=-2$を代入すると，$y=(-2)^2=4$より，Ｂ(－２，４)
$y=\frac{1}{3}x^2$と$y=x+6$を連立させて，$\frac{1}{3}x^2=x+6$　　$x^2-3x-18=0$　　$(x-6)(x+3)=0$
$x=6,\ -3$　　$x=6$を$y=x+6$に代入すると，$y=6+6=12$より，Ｄ(６，12)
$x=-3$を$y=x+6$に代入すると，$y=-3+6=3$より，Ａ(－３，３)
よって，ＡＢ：ＢＣ＝{－２－(－３)}：{３－(－２)}＝１：５

(2)　Ｅは直線$y=x+6$とx軸の交点だから，$y=0$を代入して，$0=x+6$より，$x=-6$　　Ｅ(－６，０)
また，Ｆは直線$y=x+6$の切片だから，Ｆ(０，６)である。△ＯＥＦは$\frac{1}{2}$×ＯＦ×ＯＥ＝$\frac{1}{2}$×ＯＦ×６で求められ，①～⑤の三角形は，例えば①は$\frac{1}{2}$×ＯＦ×(２点Ａ，Ｃのx座標の差)，②は$\frac{1}{2}$×ＯＦ×(２点Ａ，Ｄのx座標の差)のように求めるため，２点間のx座標の差が６になるものを選べばよい。
①～⑤のそれぞれのx座標の差は，２点Ａ，Ｃ間が３－(－３)＝６，２点Ａ，Ｄ間が６－(－３)＝９，２点Ｂ，Ｃ間が３－(－２)＝５，２点Ｂ，Ｄ間が６－(－２)＝８，２点Ｆ，Ｄ間が６－０＝６だから，①と⑤の面積が△ＯＥＦの面積と等しい。

《2020　英語　解説》

2　(3)【本文の要約】参照。

(エ)　ジムの２回目の発言「兄は来月入学する」と４回目の発言「アメリカでは，学校は９月に始まる」より，③「８月」=August が適切。

(オ)　①「ジョンは×ケンタと話をしたいので日本語を勉強する」　②×「ケンタは，ジョンが将来日本に住むだろうと思っている」…本文にない内容。　③「×ジムは大学在学中に日本に来るつもりだ」　④○「ケンタはジムの兄に会いたい」…ケンタの４回目の発言と一致。

【本文の要約】

ケンタ：やあ，ジム。何をしているの？

ジム　：兄のジョンに手紙を書いているんだ。昨日，彼からの手紙を受け取ったんだよ。

ケンタ：何について書いてあったの？

ジム　：彼は来月大学に入学するんだ。そこで日本語を勉強するんだよ。

ケンタ：日本語？彼は日本に来たいのかな？

ジム　：(a)②そうだよ。(=Yes, he does.)僕は３年間日本にいるけど，ジョンは１度も日本に来たことがないんだ。それで彼の手紙にはこう書いてあったんだ。「僕は日本にとても関心があるんだ。だって君がそこでの生活をとても楽しんでいるから！」だから彼は大学の在学中に日本に来ると思う。

ケンタ：それはいいね。(オ)④彼に会うのが楽しみだよ。ところで，ジョンの学校は９月に始まるの？僕たちの学校は普通，４月に始まり３月に終わるけど。

ジム　：僕の国，アメリカでは，(b)①それ(=school in America)は９月に始まり６月に終わるんだ。だから僕たちの習慣と日本の習慣は違うんだよ。例えば，夏休みは(c)②２(=two)か月あるよ。

ケンタ：それはすごくいいね！もっと休みが欲しいよ。

3　【本文の要約】参照。

(1)　質問「午後５時 26 分にメッセージを送ったのは誰ですか？」…最初にメッセージを送ったのはティム。①が適切。

(2)　質問「サキについて正しいものはどれですか？」…サキの最初のメッセージより，③「彼女は自分の親の母親の世話をしている」が適切。親の母親は祖母(=grandmother)のこと。　・look after ~「～の世話をする」

(3)　質問「ティムはなぜサキに助けを求めたのですか？」…ティムの２回目のメッセージより，②「彼は先生のためにプレゼントを買いたいから」が適切。

(4)　質問「ティムは次に何をするでしょうか？」…サキのアドバイスを聞いた後だから，ティムは④「ギフトショップに行く」が適切。

【本文の要約】

サキへのメッセージ／２月１日土曜日

ティム：やあ，サキ。元気？僕は家族と名古屋にいるんだ。今週時間があるなら会って昼食を食べようよ。

サキ　：こんにちは，ティム！私は元気よ！あなたがまた名古屋を訪れていると聞いて嬉《うれ》しいわ！でも残念だわ。今週は祖母の世話をするためにずっと東京にいるのよ。祖母が転んで脚を骨折しちゃったの。

ティム：おお，それは気の毒だね。すぐに良くなるといいね。ところで，１つ聞いてもいいかな？僕の先生のためにプレゼントが必要なんだよ。先生は来月，離任するんだけど，日本が大好きなんだよ。何を買ったらいいかな？

サキ　：愛知ではえびせんべいが人気の贈り物よ。瀬戸や常滑《とこなめ》の陶器もいいわね。コーヒーカップや小皿，アクセサリーケースのような小物があるの。プレゼントにぴったりだと思うわ。きっと気に入ってくれるわよ。

ティム：アドバイスをありがとう！チェックしてみるよ！じゃあ，お大事にね。

4 (1) 「モモコは水曜日と土曜日の午後４時から６時までサッカーを練習します。彼女の友達のサラは毎週金曜日の夕方に日本語の授業がありますが，２月21日はありません。彼女たちがコンサートに行くなら，どの演目を見ることができますか？」…Schedule for Music Concerts より，水曜日と土曜日はサッカーの練習時間とかぶる。彼女たちが行ける日は，２月 21 日と，２月 27 日木曜日だけだから，②「彼女たちはシアターC のピアノコンサートかシアターB のバイオリンコンサートに行くことができる」が適切。

(2) 「リョウタは中学３年生です。トニーはリョウタのクラスメイトで，リョウタの家にホームステイしています。リョウタは両親，トニーとコンサートに行く計画を立てました。もし彼らがコンサートで１番高い席を買うなら，全部でいくら必要ですか？」…料金表より，S席で，over 19 years old を２枚と 12 to 18 years old を２枚買えばよい。5000 円×２＋4000 円×２＝18000 円だから，③が適切。

(3) 「ダニエルは２月 29 日に行われるコンサートのチケットを買いました。彼はその日の午後４時 50 分にシアターに到着したいと思っています。彼は何時に西駅を出発すべきでしょうか？」…Schedule for Music Concerts より２月29 日に行われるコンサートはシアターD。MAP より，西駅からシアターDまでは電車で 20 分，さらに徒歩で 10 分かかる。したがって４時 50 分の 30 分前には西駅を出発するべきだから，②「４時 20 分」が適切。

5 (1) 質問「どのように塩の砂漠がつくられたのかを示すために，①から④までを選びなさい」…第２段落３～６行目より，②が適切。

(2) 質問「ホテルについて，正しい文はどれですか？」…③「ホテルは電気の代わりに太陽エネルギーを使っている」が適切。　・instead of ~「～の代わりに」　①「そのホテルはボリビアで最も高い山の頂上に立っている」，②「そのホテルはその独特の外観と食事で，他のホテルとは異なっている」，④「そのホテルは水と電気の問題を解決することにした」はいずれも本文にない内容。

(3) 質問「この文に最もふさわしいタイトルは何ですか？」…②「塩でできたホテル」が適切。

(4) 1　質問「著者は世界中で数多くのわくわくする体験をしたことがありますか？」…第１段落から答える。質問が現在完了“経験”の疑問文だから， Yes, he has.と答えること。

2　質問「塩の砂漠はどのくらいの大きさですか？」…第２段落２文目から答える。

【本文の要約】

私はマーク・スミスです。今まで世界の多くの興味深い場所を旅してきましたが，最もわくわくした経験，それは，塩で造られたホテルに滞在したことです。

このユニークなホテルはボリビアの巨大な塩の砂漠にあります。それは海抜約 3700ｍにあり，(4)2約 12000 ㎢に及ぶ，おそらく世界最大の塩岩床です。(1)大昔は塩の砂漠などありませんでしたが，後に海底が隆起して山々がつくられました。そして山中に大量の海水が残され，湖をつくりました。そしてその湖が乾いて，塩の砂漠が残されたのです。

塩のホテルはとても変わっています。ベッド，テーブル，椅子などあらゆるものが塩のブロックで作られています。(2)電気はありません。ホテルは太陽の自然な熱を利用しています。昼間，太陽によって温められた塩のブロックが部屋を暖かく保つので，夜でも寒さを感じません。そしてもう１つ，心に留めておくことがあります。ホテルには風呂もシャワーもありません。だってそのホテルは巨大な塩の砂漠の真ん中にあるんですから！

6 【本文の要約】参照。

(1) 質問「ウッドさんはアニマルフォーラムで何をしていますか？」…speech が適切。

・make a speech「スピーチをする」

(2) 質問「ウッドさんはアニマルシェルターに残された犬や猫のために何をしてきましたか？」…Staff の３文目の helped より，rescued が適切。　・rescue「救助する」

(3) 質問「ウッドさんと友人は約 10 年前にどこに行きましたか？」…facility「施設」が適切。

(4) 質問「ウッドさんは 10 年以上動物を助けるために何をしてきましたか？」…過去分詞 searched「探してきた」が適切。

(5) 質問「新しい企画の対象は誰ですか？」…「ペットを飼うことを考えている人々」より thinking が適切。

(6) 質問「その企画で人々は何をすることができますか？」…live が適切。

(7) 質問「その企画を通じて，ある人々はペットを飼うことをどう感じますか？」…difficult が適切。

(8) 質問「ウッドさんは来年，何をするつもりですか？」…「映画をつくる」より，make が適切。

【本文の要約】

スタッフ：皆さん，アニマルフォーラムにようこそ。(1)今日は，ジェーン・ウッドさんのスピーチから始めたいと思います。ご存知の通り，(2)ウッドさんはアニマルシェルターに寄せられた何千頭もの猫や犬を救っていらっしゃいます。それではウッドさんをお迎えください。

ウッド氏：ありがとうございます。私はジェーン，ジェーン・ウッドです。今日，ここにいることを嬉しく思います。私は動物が大好きです。子どもの頃は，馬を１頭と犬を１匹飼っていました。(3)30 歳の時，友人と私は地元のアニマルシェルターを訪れました。そこにいる動物たちがとても悲しそうに見えたので，私も悲しかったです。(4)それ以来，10 年以上にわたり，私は動物の世話をし，動物を飼いたい人を探してきました。昨年，友人と，新しい企画「動物を助けよう」を立ち上げました。この企画では，１か月ペットを飼うことができます。(6)実際に家でペットを飼う前に，動物と暮らす生活を経験します。(7)ペットを飼うのは難しいことに気付く人もいます。私たちはこれがシェルターにいる動物を減らす方法の１つだと自負しています。(8)来年，私は子ども向けの映画を作るつもりです。その映画で，子どもたちに動物が持つ素晴らしい能力を見せたいのです。私は動物を助けるためにもっと活動したいです。動物は好きですか，動物を助けたいと思いませんか？もし私たちの企画に関心があるなら，どうか私たちの仲間に加わっていただけませんか？皆さんの心優しいサポートをお待ちしています。ご清聴ありがとうございました。

スタッフ：ありがとうございました，ジェーン・ウッドさん。

7 (1) 「A を B と間違える」＝mistake A for B　過去形だから mistook にすること。

(2) 「手をたたく」＝clap hands　過去形だから clapped にすること。

(3) 「～の３分の１」＝one(a) third ～　分数を英語で表す場合，分子を普通の数字で，分母を序数で表す。

(4) 「～(人)と仲良くする」＝get along with ～

(5) 「～で有名だ」＝be famous for ～

8 (1) Tom had miso soup for the first time. :「初めて」＝for the first time

(2) The world I want may not come easily. : world と I の間にある関係代名詞が省略されていることに注意。

(3) Robots will be able to put products together. :「～できる」＝be able to ～　「A を組み立てる」＝put A together

(4) My mother tried to clean the whole house. :「～しようとする」＝try to＋動詞の原形　「家全体」＝the whole

house

⑸ John usually takes part in the club activity. : usually「いつも」のような副詞は，一般動詞の前，be 動詞の後に置く。　「～に参加する」＝take part in ～

《2020　理科　解説》

1　**問1⑴**　⑤○…原子説を唱えたドルトンはイギリスの化学者である。アボガドロはイタリアの物理学者で，原子説だけでは矛盾が生じる部分を，複数の原子からなる粒子(分子)の存在を考えると説明できるとして分子説を唱えた。　⑶　②×…原子はなくなったり他の種類の原子に変わったりしない。　③×…イオンは，原子が電子を放出して＋の電気を帯びたり，原子が電子を受けとって－の電気を帯びたりしたものである。　⑷　１種類の原子からできている物質を単体，２種類以上の原子からできている物質を化合物という。化学式で表すと，①はH_2O，②はAg，③はO_2，④はCO_2，⑤はFe，⑥はNH_3，⑦はNaClだから，①と④と⑥と⑦は化合物，②と③と⑤は単体である。

問2　リン酸は，水素原子〔H〕が３個，リン原子〔P〕が１個，酸素原子〔O〕が４個結びついたもの〔H_3PO_4〕である。硫酸と硝酸の模式図・電離式と同様に考えると，化合している３個の水素原子がそれぞれ電子を１個放出して３個の水素イオン〔H^+〕になり，放出された３個の電子を受けとって１個のリン酸イオン〔PO_4^{3-}〕ができる。

問3　10％の塩化ナトリウム水溶液200㎤の質量は1.05×200＝210(g)である。よって，10％の塩化ナトリウム水溶液210gをつくるには，塩化ナトリウムが210×0.1＝21(g)，水が210－21＝189(g)必要である。

2　**問1⑴**　１秒間に60打点が打たれるから，ＢＣ間(10打点)にかかった時間は$1\times\frac{10}{60}=\frac{1}{6}$(秒)である。ＢＣ間の長さは25㎝→0.25ｍだから，速さは$0.25\div\frac{1}{6}=1.5$(m/s)である。　⑵　③○…打点の間隔がしだいに広くなっているＡＢ間では速さが速くなる運動を，打点の間隔が一定のＢＣ間では速さが一定の等速直線運動をしている。

問2⑴　〔抵抗(Ω)＝$\frac{\text{電圧(V)}}{\text{電流(A)}}$〕より，$\frac{4.2}{1.00}=4.2$(Ω)である。　⑵　〔熱量(J)＝電力(W)×時間(s)〕，〔電力(W)＝電圧(V)×電流(A)〕，１分→60秒より，4.2×1.00×60＝252(J)である。　⑶　１ｇの水を１℃上昇させるのに必要な熱量が4.2Ｊだから，100ｇの水を2.8℃上昇させるのに必要な熱量は4.2×100×2.8＝1176(J)である。　⑷　５分間にこの電熱線から発せられる熱量は，⑵の５倍の1260Ｊである。⑶より，1176Ｊで2.8℃上昇するから，1260Ｊでは$2.8\times\frac{1260}{1176}=3.0$(℃)上昇する。

3　**問1⑵**　10×40＝400(倍)　⑶　③→②→①→⑤→④の順に操作する。　⑷　④×…顕微鏡を用いて観察をする場合，水平で直射日光の当たらない明るいところで行う。

問2　体重63kgのヒトの血液は$63\times\frac{1}{12}=5.25$(kg)で，その体積は$1000\times\frac{5.25}{1.05}=5000$(㎤)である。心臓は１分間→60秒間で，75×80＝6000(㎤)の血液を全身に送り出すから，5000㎤の血液を送り出すのにかかる時間は$60\times\frac{5000}{6000}=$50(秒)である。

4　**問1**　①はシベリア高気圧(シベリア気団)，②はオホーツク海高気圧(オホーツク海気団)，③は熱帯の大陸高気圧(揚子江気団)，④は太平洋高気圧(小笠原気団)である。高気圧の中心では下降気流が生じ，地表付近では中心から風が吹き出していく。冬になるとシベリア高気圧が発達し，シベリア高気圧から吹き出した風が，日本では北西の季節風となる。

問3⑴　曲線が５'40"の２つの点を通り，５'40"より早い時刻の点は曲線の内側，５'40"より遅い時刻の点は曲線の外側にくるようにする。　⑵　震央は震源の真上の地表地点であり，揺れは震央から同心円状に伝わると考えることができる。よって，揺れはじめの時刻が同じ点では，震央からの距離が等しいと考えて，(定規などは使えないので)時刻が同じ２つの点を結ぶ直線の垂直二等分線を２本イメージすると，それらの交点が震央になる。

《2020　社会　解説》

1　**問1**　中国の歴史書の『魏志』倭人伝には，邪馬台国の卑弥呼が魏に使いを送り，「親魏倭王」の称号と金印のほか，100 枚ほどの銅鏡を授かったことが記されている。

問2　①が正しい。　②「宋」でなく「唐」であれば正しい。　③「近畿地方だけ」でなく「九州から関東」であれば正しい。　④「律」が刑罰に関するきまり，「令」が政治のしくみや租税などに関する決まりである。

問3　和歌には，自分の娘が立后したことを喜んだ藤原道長の満ち足りた様子が詠まれている。藤原氏は，娘を天皇のきさきとし，生まれた子を次の天皇に立て，自らは天皇の外戚として摂政や関白となって実権をにぎる摂関政治によって勢力をのばした。また，摂関政治の全盛期は道長・頼通親子の頃であった。

問4　Aのみ誤りだから③を選ぶ。栄西は，座禅を組み，自分の力で悟りを開く布教を行った。踊念仏や念仏の札による布教を行ったのは，時宗を開いた一遍である。

問5　④が誤り。日朝修好条規は日本が朝鮮に対して領事裁判権を認めさせた，朝鮮にとって不平等な条約だった。

問6　②が正しい。　①世界恐慌は，1929 年にニューヨークのウォール街で株価が大暴落したことから始まった。③「ニューディール」でなく「ブロック経済」であれば正しい。　④「五か年計画」でなく「ニューディール政策」であれば正しい。ソ連は五か年計画を進めていたため，世界恐慌の影響を受けなかった。

2　**問1**　③が正しい。高度経済成長期は 1950 年代後半～1973 年までを言う。

問2　④が正しい。1914 年に第一次世界大戦が始まると，イタリアは領土問題をめぐってオーストリアと対立していたことから，当初中立の姿勢をとり，その後連合国側で参戦した。三国協商はイギリス・フランス・ロシア。

問3　「扶清滅洋」は，「清を助け，ヨーロッパの勢力を滅ぼす」という意味である。日本・ロシア・アメリカなどによって義和団は鎮圧された。また，事件後も満州にとどまったロシアを牽制するため，1902 年に日本はイギリスと日英同盟を結んだ。

問4　②が正しい。世界で最初に産業革命が起こり工場制機械工業の盛んになったイギリスでは，安く良質な綿織物の生産が可能になった。そこで，清からの茶の輸入による貿易の赤字(銀の流出)を埋めるため，インドへの安い綿織物の輸出を進め，インドから清へアヘンを輸出した。

問5　②が正しい。日明貿易(勘合貿易)は足利義満によって始められた。①は鎌倉幕府，③は江戸幕府についての記述である。④の太閤検地は安土桃山時代に豊臣秀吉が行った。

3　アは兵庫県，イは京都府，ウは滋賀県，エは大阪府，オは奈良県，カは和歌山県。

問1　⑤が正しい。「あ」は兵庫県の播磨平野，「い」は琵琶湖を水源として大阪湾に注ぐ淀川，「う」は紀伊半島にある紀伊山地である。大阪平野は大阪府の大部分と兵庫県南東部を占める。宮川は三重県中南部を流れる。鈴鹿山脈は岐阜県と三重県と滋賀県との県境にある。

問2　琵琶湖は日本で一番大きな湖で，滋賀県の面積のおよそ６分の１を占める。

問3　④が正しい。人口の集中する東京・大阪・名古屋は三大都市と呼ばれる。

問4　①が正しい。②は大阪府，③は和歌山県，④は京都府についての記述である。

問5　Bは日本海側の気候だから，北西季節風の影響で冬の降水量が多い③と判断する。①は太平洋側の気候，②は瀬戸内の気候，④は北海道の気候。

4　問１　①が正しい。アンデス山脈は南アメリカ大陸，アルプス山脈はユーラシア大陸にある。海については右図参照。

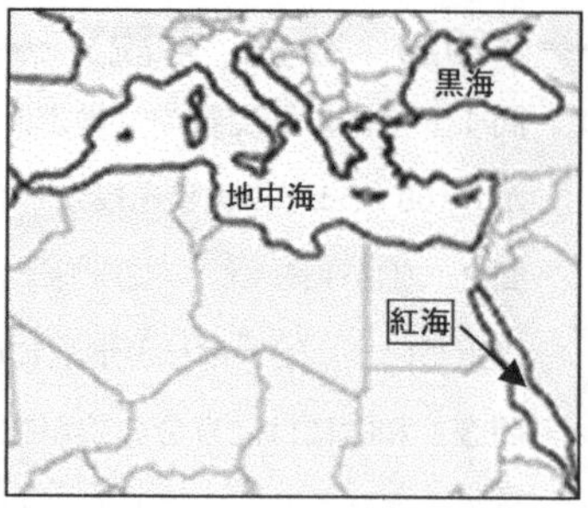

問２　イのナイジェリアは石油(原油)の輸出に依存しているから③である。①はウのボツワナ，②はアのコートジボワール，④はエの南アフリカ共和国。

問３　モノカルチャー経済は，天候・景気・国際情勢などに左右されやすく，価格の変動が大きいため，安定した収入を得ることが難しいという問題がある。

問４　Ⅱのみ誤りだから②を選ぶ。ナイル川はアフリカ大陸東部を北流し，地中海に注ぐ。また，南アフリカ共和国は温帯気候だから，「高温多湿(熱帯雨林気候)」ではない。

問５　オのエチオピアは合計特殊出生率が最も高い③と判断する。一般的に，合計特殊出生率と死亡率は発展途上国では高く，先進国では低くなるが，近年は医療制度の整備などにより発展途上国での死亡率も低下している。

5　問１　③が正しい。Bの参議院議員の任期は６年であるが，３年ごとに半数が改選される。

問２　⑤を選ぶ。ドント式では，各党による得票数を整数で１，２…と割っていき，商の大きい順に議席を配分する(右表参照)。

	オレンジ党	デコポン党	マンダリン党	ポンカン党
÷1	①200	②130	70	50
÷2	③100	65	35	25

丸番号は当選順位

問３　ノーマライゼーションは，老人ホームに高齢者が入所したり，社会福祉施設に障害を抱えた人が入所したりして社会から切り離されることを普通でないことと捉え，そうした人たちも健常者と一緒になって社会をつくりあげていくべきとする考え方である。

問４　③を選ぶ。リコールは，市町村長など公職にあるものを解職することや，生産者が欠陥製品を回収し無料で修理することである。フェアトレードは，発展途上国でつくられた農産物や製品を適正な価格で取り引きし，それを買うことで，生活者の生活を支えるしくみである。サミットは主要国(先進国)首脳会議である。

問５　①を選ぶ。ＵＮＩＣＥＦは国連児童基金，ＷＴＯは世界貿易機関，ＷＨＯは世界保健機関の略称である。

6　問１　環境基本法には国・地方公共団体・事業者・国民らの責務が規定されており，地球環境保全についても盛り込まれている。

問２　①と③と④を選ぶ。新潟水俣病と水俣病はメチル水銀，イタイイタイ病はカドミウムによる水質汚濁で発生した。四日市ぜんそくは硫黄酸化物などによる大気汚染で発生した。

問４　③を選ぶ。３Ｒは，ゴミの発生を抑制する「リデュース」，そのままの形体で繰り返し使用する「リユース」，資源として再利用する「リサイクル」の総称である。

■ ご使用にあたってのお願い・ご注意

（1）問題文等の非掲載

著作権上の都合により，問題文や図表などの一部を掲載できない場合があります。

誠に申し訳ございませんが，ご了承くださいますようお願いいたします。

（2）過去問における時事性

過去問題集は，学習指導要領の改訂や社会状況の変化，新たな発見などにより，現在とは異なる表記や解説になっている場合があります。過去問の特性上，出題当時のままで出版していますので，あらかじめご了承ください。

（3）配点

学校等から配点が公表されている場合は，記載しています。公表されていない場合は，記載していません。

独自の予想配点は，出題者の意図と異なる場合があり，お客様が学習するうえで誤った判断をしてしまう恐れがあるため記載していません。

（4）無断複製等の禁止

購入された個人のお客様が，ご家庭でご自身またはご家族の学習のためにコピーをすることは可能ですが，それ以外の目的でコピー，スキャン，転載（ブログ，ＳＮＳなどでの公開を含みます）などをすることは法律により禁止されています。学校や学習塾などで，児童生徒のためにコピーをして使用することも法律により禁止されています。

ご不明な点や，違法な疑いのある行為を確認された場合は，弊社までご連絡ください。

（5）けがに注意

この問題集は針を外して使用します。針を外すときは，けがをしないように注意してください。また，表紙カバーや問題用紙の端で手指を傷つけないように十分注意してください。

（6）正誤

制作には万全を期しておりますが，万が一誤りなどがございましたら，弊社までご連絡ください。

なお，誤りが判明した場合は，弊社ウェブサイトの「ご購入者様のページ」に掲載しておりますので，そちらもご確認ください。

■ お問い合わせ

解答例，解説，印刷，製本など，問題集発行におけるすべての責任は弊社にあります。

ご不明な点がございましたら，弊社ウェブサイトの「お問い合わせ」フォームよりご連絡ください。迅速に対応いたしますが，営業日の都合で回答に数日を要する場合があります。

ご入力いただいたメールアドレス宛に自動返信メールをお送りしています。自動返信メールが届かない場合は，「よくある質問」の「メールの問い合わせに対し返信がありません。」の項目をご確認ください。

また弊社営業日（平日）は，午前９時から午後５時まで，電話でのお問い合わせも受け付けています。

2025春

株式会社教英出版

〒422-8054　静岡県静岡市駿河区南安倍３丁目 12-28

TEL　054-288-2131　　FAX　054-288-2133

URL　https://kyoei-syuppan.net/

MAIL　siteform@kyoei-syuppan.net

教英出版

教英出版 2025年春受験用 高校入試問題集

公立高等学校問題集

北海道公立高等学校
青森県公立高等学校
宮城県公立高等学校
秋田県公立高等学校
山形県公立高等学校
福島県公立高等学校
茨城県公立高等学校
埼玉県公立高等学校
千葉県公立高等学校
東京都立高等学校
神奈川県公立高等学校
新潟県公立高等学校
富山県公立高等学校
石川県公立高等学校
長野県公立高等学校
岐阜県公立高等学校
静岡県公立高等学校
愛知県公立高等学校
三重県公立高等学校(前期選抜)
三重県公立高等学校(後期選抜)
京都府公立高等学校(前期選抜)
京都府公立高等学校(中期選抜)
大阪府公立高等学校
兵庫県公立高等学校
島根県公立高等学校
岡山県公立高等学校
広島県公立高等学校
山口県公立高等学校
香川県公立高等学校
愛媛県公立高等学校
福岡県公立高等学校
佐賀県公立高等学校
長崎県公立高等学校
熊本県公立高等学校
大分県公立高等学校
宮崎県公立高等学校
鹿児島県公立高等学校
沖縄県公立高等学校

公立高 教科別8年分問題集
(2024年～2017年)

北海道(国·社·数·理·英)
宮城県(国·社·数·理·英)
山形県(国·社·数·理·英)
新潟県(国·社·数·理·英)
富山県(国·社·数·理·英)
長野県(国·社·数·理·英)
岐阜県(国·社·数·理·英)
静岡県(国·社·数·理·英)
愛知県(国·社·数·理·英)
兵庫県(国·社·数·理·英)
岡山県(国·社·数·理·英)
広島県(国·社·数·理·英)
山口県(国·社·数·理·英)
福岡県(国·社·数·理·英)

国立高等専門学校 最新5年分問題集
(2024年～2020年·全国共通)

対象の高等専門学校

釧路工業·旭川工業·
苫小牧工業·函館工業·
八戸工業·一関工業·仙台·
秋田工業·鶴岡工業·福島工業·
茨城工業·小山工業·群馬工業·
木更津工業·東京工業·
長岡工業·富山·石川工業·
福井工業·長野工業·岐阜工業·
沼津工業·豊田工業·鈴鹿工業·
鳥羽商船·舞鶴工業·
大阪府立大学工業·明石工業·
神戸市立工業·奈良工業·
和歌山工業·米子工業·
松江工業·津山工業·呉工業·
広島商船·徳山工業·宇部工業·
大島商船·阿南工業·香川·
新居浜工業·弓削商船·
高知工業·北九州工業·
久留米工業·有明工業·
佐世保工業·熊本·大分工業·
都城工業·鹿児島工業·
沖縄工業

高専 教科別10年分問題集

もっと過去問シリーズ
教科別
数学·理科·英語
(2019年～2010年)

学校別問題集

北海道

①札幌北斗高等学校
②北星学園大学附属高等学校
③東海大学付属札幌高等学校
④立命館慶祥高等学校
⑤北海高等学校
⑥北見藤高等学校
⑦札幌光星高等学校
⑧函館ラ・サール高等学校
⑨札幌大谷高等学校
⑩北海道科学大学高等学校
⑪遺愛女子高等学校
⑫札幌龍谷学園高等学校
⑬札幌日本大学高等学校
⑭札幌第一高等学校
⑮旭川実業高等学校
⑯北海学園札幌高等学校

青森県

①八戸工業大学第二高等学校

宮城県

①聖和学園高等学校（A日程）
②聖和学園高等学校（B日程）
③東北学院高等学校（A日程）
④東北学院高等学校（B日程）
⑤仙台大学附属明成高等学校
⑥仙台城南高等学校
⑦東北学院榴ケ岡高等学校
⑧古川学園高等学校
⑨仙台育英学園高等学校（A日程）
⑩仙台育英学園高等学校（B日程）
⑪聖ウルスラ学院英智高等学校
⑫宮城学院高等学校
⑬東北生活文化大学高等学校
⑭東北高等学校
⑮常盤木学園高等学校
⑯仙台白百合学園高等学校
⑰尚絅学院高等学校（A日程）
⑱尚絅学院高等学校（B日程）

山形県

①日本大学山形高等学校
②惺山高等学校
③東北文教大学山形城北高等学校
④東海大学山形高等学校
⑤山形学院高等学校

福島県

①日本大学東北高等学校

新潟県

①中越高等学校
②新潟第一高等学校
③東京学館新潟高等学校
④日本文理高等学校
⑤新潟青陵高等学校
⑥帝京長岡高等学校
⑦北越高等学校
⑧新潟明訓高等学校

富山県

①高岡第一高等学校
②富山第一高等学校

石川県

①金沢高等学校
②金沢学院大学附属高等学校
③遊学館高等学校
④星稜高等学校
⑤鵬学園高等学校

山梨県

①駿台甲府高等学校
②山梨学院高等学校（特進）
③山梨学院高等学校（進学）
④山梨英和高等学校

岐阜県

①鶯谷高等学校
②富田高等学校
③岐阜東高等学校
④岐阜聖徳学園高等学校
⑤大垣日本大学高等学校
⑥美濃加茂高等学校
⑦済美高等学校

静岡県

①御殿場西高等学校
②知徳高等学校
③日本大学三島高等学校
④沼津中央高等学校
⑤飛龍高等学校
⑥桐陽高等学校
⑦加藤学園高等学校
⑧加藤学園暁秀高等学校
⑨誠恵高等学校
⑩星陵高等学校
⑪静岡県富士見高等学校
⑫清水国際高等学校
⑬静岡サレジオ高等学校
⑭東海大学付属静岡翔洋高等学校
⑮静岡大成高等学校
⑯静岡英和女学院高等学校
⑰城南静岡高等学校
⑱静岡女子高等学校
⑲常葉大学附属常葉高等学校
常葉大学附属橘高等学校
常葉大学附属菊川高等学校
⑳静岡北高等学校
㉑静岡学園高等学校
㉒焼津高等学校
㉓藤枝明誠高等学校
㉔静清高等学校
㉕磐田東高等学校
㉖浜松学院高等学校
㉗浜松修学舎高等学校
㉘浜松開誠館高等学校
㉙浜松学芸高等学校
㉚浜松聖星高等学校
㉛浜松日体高等学校
㉜聖隷クリストファー高等学校
㉝浜松啓陽高等学校
㉞オイスカ浜松国際高等学校

愛知県

①［国立］愛知教育大学附属高等学校
②愛知高等学校
③名古屋経済大学市邨高等学校
④名古屋経済大学高蔵高等学校
⑤名古屋大谷高等学校
⑥享栄高等学校
⑦椙山女学園高等学校
⑧大同大学大同高等学校
⑨日本福祉大学付属高等学校
⑩中京大学附属中京高等学校
⑪至学館高等学校
⑫東海高等学校
⑬名古屋たちばな高等学校
⑭東邦高等学校
⑮名古屋高等学校
⑯名古屋工業高等学校
⑰名古屋葵大学高等学校
（名古屋女子大学高等学校）
⑱中部大学第一高等学校
⑲桜花学園高等学校
⑳愛知工業大学名電高等学校
㉑愛知みずほ大学瑞穂高等学校
㉒名城大学附属高等学校
㉓修文学院高等学校
㉔愛知啓成高等学校
㉕聖カピタニオ女子高等学校
㉖滝高等学校
㉗中部大学春日丘高等学校
㉘清林館高等学校
㉙愛知黎明高等学校
㉚岡崎城西高等学校
㉛人間環境大学附属岡崎高等学校
㉜桜丘高等学校

㉝光ヶ丘女子高等学校
㉞藤ノ花女子高等学校
㉟栄徳高等学校
㊱同朋高等学校
㊲星城高等学校
㊳安城学園高等学校
㊴愛知産業大学三河高等学校
㊵大成高等学校
㊶豊田大谷高等学校
㊷東海学園高等学校
㊸名古屋国際高等学校
㊹啓明学館高等学校
㊺聖霊高等学校
㊻誠信高等学校
㊼誉高等学校
㊽杜若高等学校
㊾菊華高等学校
㊿豊川高等学校

三重県
①暁高等学校(3年制)
②暁高等学校(6年制)
③海星高等学校
④四日市メリノール学院高等学校
⑤鈴鹿高等学校
⑥高田高等学校
⑦三重高等学校
⑧皇學館高等学校
⑨伊勢学園高等学校
⑩津田学園高等学校

滋賀県
①近江高等学校

大阪府
①上宮高等学校
②大阪高等学校
③興國高等学校
④清風高等学校
⑤早稲田大阪高等学校
(早稲田摂陵高等学校)
⑥大商学園高等学校
⑦浪速高等学校
⑧大阪夕陽丘学園高等学校
⑨大阪成蹊女子高等学校
⑩四天王寺高等学校
⑪梅花高等学校
⑫追手門学院高等学校
⑬大阪学院大学高等学校
⑭大阪学芸高等学校
⑮常翔学園高等学校
⑯大阪桐蔭高等学校
⑰関西大倉高等学校
⑱近畿大学附属高等学校
⑲金光大阪高等学校
⑳星翔高等学校
㉑阪南大学高等学校
㉒箕面自由学園高等学校
㉓桃山学院高等学校
㉔関西大学北陽高等学校

兵庫県
①雲雀丘学園高等学校
②園田学園高等学校
③関西学院高等部
④灘高等学校
⑤神戸龍谷高等学校
⑥神戸第一高等学校
⑦神港学園高等学校
⑧神戸学院大学附属高等学校
⑨神戸弘陵学園高等学校
⑩彩星工科高等学校
⑪神戸野田高等学校
⑫滝川高等学校
⑬須磨学園高等学校
⑭神戸星城高等学校
⑮啓明学院高等学校
⑯神戸国際大学附属高等学校
⑰滝川第二高等学校
⑱三田松聖高等学校
⑲姫路女学院高等学校
⑳東洋大学附属姫路高等学校
㉑日ノ本学園高等学校
㉒市川高等学校
㉓近畿大学附属豊岡高等学校
㉔夙川高等学校
㉕仁川学院高等学校
㉖育英高等学校

奈良県
①西大和学園高等学校

岡山県
①[県立]岡山朝日高等学校
②清心女子高等学校
③就実高等学校
(特別進学コース〈ハイグレード・アドバンス〉)
④就実高等学校
(特別進学チャレンジコース・総合進学コース)
⑤岡山白陵高等学校
⑥山陽学園高等学校
⑦関西高等学校
⑧おかやま山陽高等学校
⑨岡山商科大学附属高等学校
⑩倉敷高等学校
⑪岡山学芸館高等学校(1期1日目)
⑫岡山学芸館高等学校(1期2日目)
⑬倉敷翠松高等学校
⑭岡山理科大学附属高等学校
⑮創志学園高等学校
⑯明誠学院高等学校
⑰岡山龍谷高等学校

広島県
①[国立]広島大学附属高等学校
②[国立]広島大学附属福山高等学校
③修道高等学校
④崇徳高等学校
⑤広島修道大学ひろしま協創高等学校
⑥比治山女子高等学校
⑦呉港高等学校
⑧清水ヶ丘高等学校
⑨盈進高等学校
⑩尾道高等学校
⑪如水館高等学校
⑫広島新庄高等学校
⑬広島文教大学附属高等学校
⑭銀河学院高等学校
⑮安田女子高等学校
⑯山陽高等学校
⑰広島工業大学高等学校
⑱広陵高等学校
⑲近畿大学附属広島高等学校福山校
⑳武田高等学校
㉑広島県瀬戸内高等学校(特別進学)
㉒広島県瀬戸内高等学校(一般)
㉓広島国際学院高等学校
㉔近畿大学附属広島高等学校東広島校
㉕広島桜が丘高等学校

山口県
①高水高等学校
②野田学園高等学校
③宇部フロンティア大学付属香川高等学校
(普通科〈特進・進学コース〉)
④宇部フロンティア大学付属香川高等学校
(生活デザイン・食物調理・保育科)
⑤宇部鴻城高等学校

徳島県
①徳島文理高等学校

香川県
①香川誠陵高等学校
②大手前高松高等学校

愛媛県
①愛光高等学校
②済美高等学校
③FC今治高等学校
④新田高等学校
⑤聖カタリナ学園高等学校

福岡県

①福岡大学附属若葉高等学校
②精華女子高等学校(専願試験)
③精華女子高等学校(前期試験)
④西南学院高等学校
⑤筑紫女学園高等学校
⑥中村学園女子高等学校(専願入試)
⑦中村学園女子高等学校(前期入試)
⑧博多女子高等学校
⑨博多高等学校
⑩東福岡高等学校
⑪福岡大学附属大濠高等学校
⑫自由ケ丘高等学校
⑬常磐高等学校
⑭東筑紫学園高等学校
⑮敬愛高等学校
⑯久留米大学附設高等学校
⑰久留米信愛高等学校
⑱福岡海星女子学院高等学校
⑲誠修高等学校
⑳筑陽学園高等学校(専願入試)
㉑筑陽学園高等学校(前期入試)
㉒真颯館高等学校
㉓筑紫台高等学校
㉔純真高等学校
㉕福岡舞鶴高等学校
㉖折尾愛真高等学校
㉗九州国際大学付属高等学校
㉘祐誠高等学校
㉙西日本短期大学附属高等学校
㉚東海大学付属福岡高等学校
㉛慶成高等学校
㉜高稜高等学校
㉝中村学園三陽高等学校
㉞柳川高等学校
㉟沖学園高等学校
㊱福岡常葉高等学校
㊲九州産業大学付属九州高等学校
㊳近畿大学附属福岡高等学校
㊴大牟田高等学校
㊵久留米学園高等学校
㊶福岡工業大学附属城東高等学校(専願入試)
㊷福岡工業大学附属城東高等学校(前期入試)
㊸八女学院高等学校
㊹星琳高等学校
㊺九州産業大学付属九州産業高等学校
㊻福岡雙葉高等学校

佐賀県

①龍谷高等学校
②佐賀学園高等学校
③佐賀女子短期大学付属佐賀女子高等学校
④弘学館高等学校
⑤東明館高等学校
⑥佐賀清和高等学校
⑦早稲田佐賀高等学校

長崎県

①海星高等学校(奨学生試験)
②海星高等学校(一般入試)
③活水高等学校
④純心女子高等学校
⑤長崎南山高等学校
⑥長崎日本大学高等学校(特別入試)
⑦長崎日本大学高等学校(一次入試)
⑧青雲高等学校
⑨向陽高等学校
⑩創成館高等学校
⑪鎮西学院高等学校

熊本県

①真和高等学校
②九州学院高等学校(奨学生・専願生)
③九州学院高等学校(一般生)
④ルーテル学院高等学校(専願入試・奨学入試)
⑤ルーテル学院高等学校(一般入試)
⑥熊本信愛女学院高等学校
⑦熊本学園大学付属高等学校(奨学生試験・専願生試験)
⑧熊本学園大学付属高等学校(一般生試験)
⑨熊本中央高等学校
⑩尚絅高等学校
⑪文徳高等学校
⑫熊本マリスト学園高等学校
⑬慶誠高等学校

大分県

①大分高等学校

宮崎県

①鵬翔高等学校
②宮崎日本大学高等学校
③宮崎学園高等学校
④日向学院高等学校
⑤宮崎第一高等学校(文理科)
⑥宮崎第一高等学校(普通科・国際マルチメディア科・電気科)

鹿児島県

①鹿児島高等学校
②鹿児島実業高等学校
③樟南高等学校
④れいめい高等学校
⑤ラ・サール高等学校

新刊
もっと過去問シリーズ

愛知県

愛知高等学校
7年分(数学・英語)

中京大学附属中京高等学校
7年分(数学・英語)

東海高等学校
7年分(数学・英語)

名古屋高等学校
7年分(数学・英語)

愛知工業大学名電高等学校
7年分(数学・英語)

名城大学附属高等学校
7年分(数学・英語)

滝高等学校
7年分(数学・英語)

※もっと過去問シリーズは入学試験の実施教科に関わらず、数学と英語のみの収録となります。

教英出版
〒422-8054
静岡県静岡市駿河区南安倍3丁目12−28
TEL 054-288-2131
FAX 054-288-2133
詳しくは教英出版で検索
教英出版 検索
URL https://kyoei-syuppan.net/

愛知啓成高等学校

令和六年度　入学試験問題　（一月二十三日実施）

国語

試験開始の合図があるまで、この問題冊子を開かず、左記の注意事項をよく読むこと。

注意事項

(1) 時間は45分とする。
(2) 机上は受験票・筆記用具のみとし、定規・分度器などの使用は禁止します。
(3) 答えはすべて解答用紙に記入すること。
(4) 問題はすべてマークで解答します。ＨＢ以上の鉛筆でしっかりマークすること。
(5) 訂正する場合は消しゴムできれいに消すこと。
(6) この問題冊子は27ページあります。試験開始後、総ページ数を確認すること。本冊子に脱落や印刷不鮮明の箇所および解答用紙に汚れ等があれば、試験監督者に申し出ること。
(7) 試験開始の合図で解答用紙の所定欄に、受験番号・氏名・出身中学校名を明確に記入し、解答を始めること。また、受験番号にはマークもすること。
(8) 試験終了の合図で右記(7)の事項を再度確認し、試験監督者の指示に従うこと。

マークシートの書き方

良い例	悪い例

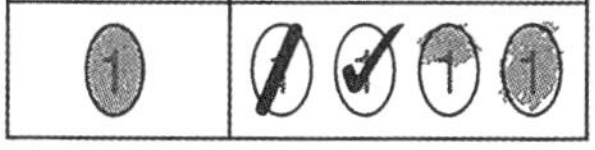

一　次の文章を読んで、後の問いに答えなさい。なお、設問の都合上、一部原文と変えてあります。

　面接に臨む若者は、仕事に対してやる気があるところを見せる。「やりがいのある仕事がしたい」と言葉では語るだろう。[A]、そもそも、「やりがい」というものがどんな概念なのか、若者たちはまだ知らない。知らないのに、言葉だけでそう言って、気に入ってもらおうと振る舞っているだけなのだ。そして、振る舞っているうちに、自分でも、言葉だけで「そういうものがあるはずだ」と信じ込んでしまう。

　これが、「仕事のやりがい」という1幻想に関して生じる問題の根源だ。その言葉を使っているうちに、個人個人がそれぞれ、勝手に夢を見ているだけなのである。

　「やりがい」というのは、他者から「はい、これがあなたのやりがいですよ。楽しいですよ、やってごらんなさい」と与えられるものではない。そんなやりがいはない、というくらいはわかるだろう。ところが、今の子供たちは、すべて親や学校から与えられて育っている。ゲームもアニメも、他者から与えられたものだ。ほとんどの「楽しみ」がそうなのだから、「やりがい」もきっとそういうふうに誰かからもらえるものだと信じている。どこかに既に用意されていて、探せば見つかるものだと考えている。

　そんな若者が、会社に入って、やりがいがもらえないか、と人を見て、やりがいはどこにあるのか、と周囲を探す。でも、誰もくれないし、どこにあるのか見つけられない。

　何故、見つからないのだろう?

　それは、「やりがい」がどこかに既に存在している、と勘違いしているからだ。

　「やりがい」というのは、変な言葉である。[B]、食べがいがある、といえば、それは簡単には食べられないもの、ボリュームのあるものを示す。「やりがい」に似た言葉で、「手応《てごた》え」というのもある。これも同じで、簡単にはできない、少し抵抗を感じるときに使う。

手応えのある仕事というのは、簡単に終わらない、ちょっとした苦労がある仕事のことである。同様に、やりがいのある仕事も、本来の意味は、やはり少々苦労が伴う仕事のことだ。

しかし、たとえば、自分が能力不足だったり、準備不足だったり、失敗をしてしまったり、計画が甘くて予定どおり進まなかったり、そんなことで苦労を強いられるからといって、それで「やりがいのある仕事」になった、とは言わないだろう。

そう[2]勘違いをしている人もいる。最初は怠けておいて、〆切間際で徹夜をして、なんとかぎりぎり間に合わせる。そういうもので仕事の手応えを感じ、達成感や満足感を味わう、という人が実際にいるのだ。TV番組のヤラセのようなものである。

本当に素晴らしい仕事というのは、最初からコンスタントに作業を進め、余裕を持って終わる、そういう「手応えのない」手順で完成されるものである。この方が仕上がりが良い、綺麗《きれい》な仕事になる。

ただ、こういう仕事ができるようになるためには、沢山《たくさん》の失敗をして、自分の知識なり技なりを蓄積し、誠実に精確に物事を進める姿勢を維持しなければならない。さらに、時間に余裕があるときには、勉強をして、新しいものを取り入れ、これはなにかに活かせないか、ここはもう少し改善できないか、と常に自分の仕事を洗練させようとしていなければならない。この自己鍛錬にこそ、手応えがあり、やりがいがあるのだ。（中略）

繰り返していうが、人生のやりがい、人生の楽しみというものは、人から与えられるものではない。どこかに既にあるものでもない。自分で作るもの、育てるものだ。

子供の頃にその育て方を見つけた人は運が良い。なかには、せっかく見つけたのに、大人や友人たちから、「そんなオタクな趣味はやめろ」と言われて、失くしてしまった人もいるだろう。そう、やりがいとか楽しみというものは、えてしてこのように他者から妨害される。周囲が許してくれない、みんなが嫌な顔をする、もっと酷《ひど》い場合は、迷惑だと言われてしまう。でも、自分はそれがやりたくてしかたがない。このときに受ける「[3]抵抗感」こそが、「やりがい」である。その困難さを乗り越えることこそ、「楽しみ」の本質だと僕は思う。

もちろん、いくらやりたくても犯罪は困る。これは、この社会に生きるためには問題外だ。この場合は、周囲が反対するのも当然だろう。しかし、犯罪でもないし、実質的な迷惑を工夫によって回避できるのならば、自由になにをしても良いはずだ。現代では、個人の権利として、その自由が保障されている。

子供のときには、経済力がないし、場所も自由に使えないし、時間だって制約があるだろう。だから、やりたくてもできないことは多かった。でも、大人になったら、なんでもできるようになる。この言葉のとおりだ。それなのに、大多数の大人は、「そう思っていたけれど、大人になってみたら、やっぱり制約が多くてできない」とこぼす。そういう人が「仕事にやりがいが見つからない」と言う。結局、子供のときの制約を背負って、そのまま大人になってしまったといえるが、その背負っている制約というのは、ほぼ「本人の思い込み」である。

人気のある会社に就職し、人も羨《うらや》む美形と結婚し、絵に描いたような家庭を築き、マイホームを購入して、という生活を送っている人でも、人生のやりがいを見つけられない人が沢山いる。偏差値が高いから、この大学に入った、この学科を選んだ、というのと同じで、たまたま能力的に勝っていたため、あっさりとなにもかもが手に入ってしまったけれど、しかし、自分で望んだ道ではない。その「人も羨む人生」に縛られて、自分がやりたいことを遠ざけてしまった結果といえる。（中略）

僕は国立大学の教官だったから、指導していた学生はみんな超エリートだった。子供のときにはクラスで一番だった人ばかり、田舎では神童《しんどう》と呼ばれた人たちだ。就職もそんなに苦労をしない。企業の方から「弊《へい》社へ是非《ぜひ》」と誘いが来て、ご馳走《ちそう》をされたりする。そうやって一流企業に就職し、やがて結婚もするし、子供もできる。郊外に家を建てたというような手紙も来る。それでも、ある年齢になったときに、相談に来る人がいる。（中略）ただただ、働いて、毎日が過ぎて、酒を飲んで、疲れて眠るだけ、その連続に堪えられなくなるらしい。これは、どこで間違えたのだろうか？

そこまでいかなくても、大学も就職も結婚も、少し背伸びをしてしまった、と後悔する人もいた。つまり、みんながすすめるから、みんなが凄《すご》いと言うから、みんなが羨ましがるから、という理由で選んだものだから、自分に合っているかどうかが二の次になってしまった、ということらしい。少し無理をして、今の会社に就職したけれど、周囲は才能のある奴ばかりで、とてもついていけない、といった話も何度か聞いた。

これとはまったく反対に、僕の教え子で優秀な学生だったけれど、会社に就職をしなかった奴がいる。彼は今、北海道で一人で牧場を経営している。結婚もしていないし、子供もいない。一人暮らしだそうだ。学生のときからバイクが大好きで、今でもバイクを何台も持っている。毎日それを乗り回しているという。「どうして、牧場なんだ?」と尋ねると、「いや、たまたまですよ」と答える。べつにその仕事が面白いとか、やりがいがあるという話はしない。ただ、会ったときに「毎日、どんなことをしているの?」と無理に聞き出せば、とにかくバイクの話になる。それを語る彼を見ていると、「ああ、この人は人生の楽しさを知っているな」とわかるのだ。男も四十代になると、だいたい顔を見てそれがわかる。話をしたら、たちまち判明する。

こういう人は、そもそも、自分からはそんなに話をしたがらない。ただ、楽しそうにしているし、機嫌が良さそうだから、「なにか、面白いことでもあったの?」とこちらからききたくなる。

[4]そうでない人というのは、子供の写真を見せたり、仕事の話をしたり、買おうとしているマンションとか、旅行にいったときの話とか、そういうことを自分から言いたがる。僕は、いつも聞き役だ。

僕は、毎日もの凄く楽しいことをしていて、僕のことをよく知っている人は、少しだけその内容も知っていると思うけれど、友達と会ったときには、まったくそんな話はしない。近所の人にはもちろん話したことはないし、家族にも、自分の趣味の話はしない。見せることだってほとんどない。

[5]話をしないから、これが「生きがい」とか「やりがい」だという認識もない。そんな言葉を使う必要もないし、使う機会もない。

本当に楽しいものは、人に話す必要なんてないのだ。

人から「いいねぇ」と言ってもらう必要がないからだ。楽しさが、自分でよくわかるし、ちょっと思い浮かべるだけで、もう顔が笑ってしまうほど幸せなのだ。これが「楽しさ」というもの、「やりがい」というものだろう。もう、夢中になっていて、いつもそのことを考えている。なにもかもが、そのためにあるとさえ思えてくる。それくらい「はまっている」もののことだ。

べつに一つのものに、ずっと打ち込む必要もない。どんどん新しいものにチャレンジしても良い。なんでも、やり始めたら楽しくなる。覚えること、勉強することが楽しい。もちろん、仕事だって楽しいかもしれない。

最も大事なことは、人知れず、こっそりと自分で始めることである。人に自慢できたり、周りから褒《ほ》められたりするものではない。自分のためにするものなのだから。

（森博嗣『「やりがいのある仕事」という幻想』による）

問一　――線1「幻想」とあるが、どのようなことを「幻想」というのか。その説明として最も適当なものを次の中から一つ選び、マークしなさい。

① 若者が面接に臨むにあたり、自分が仕事に対してやる気があるところを見せることによって、会社の中に既に存在する「やりがい」を、自分のことを気に入ってくれた誰かが与えてくれるものであると考えていること。

② 若者が「やりがい」の概念を知らないために、自分にとっての「仕事のやりがい」は、やる気があるところを見せ、気に入ってもらおうと振る舞ううちに見つかるものであると考えていること。

③ ゲームやアニメなどのほとんどの「楽しみ」は親や学校から与えられたものであるが、「仕事のやりがい」は、既に用意されているものであるため、誰も与えてくれないものであると若者が考えていること。

④ 自分にとっての「仕事のやりがい」は既にどこかに存在するものなので、会社で仕事をする中で見つけられたり、誰かが与えてくれたりするものであると若者が考えていること。

問二　空欄[A]・[B]に入ることばとして最も適当なものを、後の語群の中から一つずつ選び、それぞれマークしなさい。

【語群】

① だから　② しかし　③ つまり　④ たとえば　⑤ さて

問三　――線2「勘違い」とは何か。その説明として最も適当なものを次の中から一つ選び、マークしなさい。

① 自己の問題が原因で強いられる苦労は「やりがいのある仕事」にはつながらないが、他者の問題が原因で強いられる苦労は「やりがいのある仕事」につながるという勘違い。

② 自己の問題が原因で強いられる苦労であるにもかかわらず、それを乗り越えて達成感や満足感を味わえる仕事を「やりがいのある仕事」であるとする勘違い。

③ 自己の問題から生じる苦労を「やりがいのある仕事」と認めてもらうために最初はわざと仕事を怠け、後で一気に勤勉に働いて仕事を終えればよいとする勘違い。

④ 自己の問題から生じる苦労をなくすために他者からの助言を得ることで、達成感や満足感を味わい、「やりがいのある仕事」ができるようになるという勘違い。

問四　――線3「『抵抗感』」とあるが、それはどのようなものか。その説明として最も適当なものを次の中から一つ選び、マークしなさい。

① 人から与えられない自分の「育て方」を、自分で作り、育てていくことに対する「やりがい」を見つけた時に感じるもの。

② 他者からの批判や妨害を受けて、自分で苦労してやっと見つけた「育てるもの」を失くしてしまった時に感じるもの。

③ 他者からの反発や妨害を受けても、自分にとってやりたくてしかたがないものがある時に、他者に対して感じるもの。

④ 自分はやりたくてしかたがないものでも、他者の反発や妨害を受けて、「やりがい」が見い出せない時に感じるもの。

問五　――線4「そうでない人」とあるが、本文の文脈上どのような人のことを表しているか。その説明として最も適当なものを次の中から一つ選び、マークしなさい。

① バイクに乗る趣味がないため、自分の趣味の話以外の話で場を盛り上げようと思っている人。
② 毎日の中に楽しいことが全然ないため、とにかく多くの話をすることに意味があると思っている人。
③ 人に自慢できたり、周りから褒められたりするものがあることを価値のあることだと思っている人。
④ こちらから話を聞いてもらえる機会が少ないため、とにかく話を聞いてもらえるようにしたいと思っている人。

問六　――線5「話をしない」とあるが、なぜか。その説明として最も適当なものを次の中から一つ選び、マークしなさい。

① 自分にとって本当に楽しいものは、人知れずこっそり始めるものであり、人に話すことでその楽しさを知られてしまうことは自分のためにはならないことだから。
② 自分にとって本当に楽しいものは、自慢や認められるために話すべきではないことであり、人から楽しさを認められることは幸せにはつながらないことだから。
③ 自分にとって本当に楽しいものは、人に話す必要はなく、自分にとって夢中になってそれが「生きがい」や「やりがい」だという自覚を持ち、その楽しさを理解していればよいものだから。
④ 自分にとって本当に楽しいものは、わざわざ人に話して認めてもらう必要はなく、自分で夢中になってその楽しさにはまり、幸せを感じていればよいものだから。

問七　本文の内容に合うものを次の中から一つ選び、マークしなさい。

①　「仕事のやりがい」が見つけづらい場所にあるため、面接で見せた若者のやる気は長続きしないものとなる。

②　最初から継続的に作業が進み、苦労を強いられない余裕ある手順で完成される仕事が、すばらしく良い仕事になる。

③　こちらから話を聞きたくなる人は、いつも仕事や旅行の話といった楽しい話を自分から進んで話してくれる。

④　楽しそうにしている人から話を聞くことで、自分の「楽しさ」や「やりがい」を見つけることができる。

二　わたし（七星）はパパから急に「南の島へ行くぞ」と誘われ、小学校の卒業式の翌日から石垣島に旅行することになった。去年まではママも一緒だったが、今年はパパと二人きりである。飛行機に乗っている間や石垣島の観光バスツアー中に、三人の人物と話す機会があり、それぞれ人と会うのが今回の旅行の目的であることを知る。以下の文章は、観光を早めに切りあげたわたしがパパとホテルに戻ってきたところである。これを読んで、後の問いに答えなさい。設問の都合上、一部原文と変えてあります。

わたしも思わず、笑ってしまった。パパはふと真面目な顔になって、言った。
「……今回の旅行はな、観光はほんのついでだったんだよ」
いきなりの言葉に、わたしは首を傾《かし》げた。
「ほんとはな、人に会いに来た。今、これから会いに行く」
「え、誰に？」
「お前のお祖母《ばあ》ちゃん……俺の、母親だ」
「……え？」
たぶんわたしは、ぽかんとした顔をしていただろう。
パパのお母さんは、パパがまだ小学生だった頃に、離婚して出て行ってしまったのだと聞いていた。パパの実家関係の人たちは、パパも含めて誰もそのことに触れない。一度だけ、酔っ払ったお祖父《じい》ちゃんが『幼い子供を捨てていくなんて、なんて冷たい女だ』と言っていたことを覚えている。
[1]恐る恐るその話をすると、「それは違うよ」とパパは首を振った。
「お祖母ちゃんは、ただ勉強がしたかったんだ。結婚しても、子供が産まれてもね。それを、お祖父ちゃんも、お祖父ちゃ

んの両親も、許さなかった。それでまあ、色々あって、追い出されるような形になったみたいだな……お祖母ちゃん一人で」
「え、それなら、冷たいとか言われるのは可哀想《かわいそう》じゃん」
「お祖父ちゃんにしてみれば、お祖母ちゃんさえ我慢していれば、ずっと家族一緒にいられたのにってことらしいな。だけど、お祖母ちゃんは諦めなかったんだよ」
パパはそれ以上は語らず、「さ、出かける準備だ」と立ち上がった。
今までのラフな格好から、パパは少しだけきちんとした服装になり、わたしは少しだけ可愛い服を着る。
着替えながら、思った。お祖母ちゃんは勉強することを諦めなかった。ということはつまり、パパのことは諦めてしまったってことじゃない？　お祖父ちゃんの〈捨てた〉という言葉はひどいけど、全部間違いってわけじゃないんじゃない？
今回の旅行中、いや、旅行のことを言いだした時から、パパは変にはしゃいだり、逆にユウウツそうにしたりしていた。
パパはいったい、どれだけの間、お祖母ちゃんに会っていないんだろう？
パパの緊張が、こっちにまで移ってくるようで、胸がドキドキしていた。
タクシーから降りて、目の前のドアを叩《たた》くと、白髪頭のお祖母ちゃんが出て来て、「おや、北斗《ほくと》。久しぶり」と笑った。
パパの名前だ。わたしの名前と併せると、北斗七星になる。わたしの名前はママがつけたと聞いている。そしてパパの名前は、今目の前にいる村崎《むらさき》十和子《とわこ》さん……わたしのお祖母ちゃんが考えたのだそうだ。
二十何年ぶりだかになるという親子の対面は、全然ドラマチックじゃなかった。
「あなたが噂《うわさ》の七星ちゃん。初めましてー」
両手でわたしの右手を包み込み、「握手握手」と歌うように言う。そのまま手を引き、さあ入って入ってと引っ張り込まれた。
入ってすぐがリビングの造りで、勧められたソファに座って、飲み物を出してもらう。※ゲンキクールという名前の、石垣島の乳酸菌飲料だそうだ。一口飲んでから、そっと聞く。

「あの、噂のって、誰と噂していたんですか？」
それに答えたのは、パパだった。
「ママとだよ、きっと」そしてお祖母ちゃんに向き直って言う。「彼女が、ここへ来たんですよね？」
「ええ。[※]ＮＡＳＡに行く前にね。とても素敵なお母さんね、七星ちゃん」
わたしは黙って、こっくりうなずく。
ママは今アメリカで、日本人女性何番目だかの宇宙飛行士を目指して、[a]クンレンの日々を送っている。この間オンラインでママと話して、パパと石垣島に行くから、ママのために星の砂を取ってくるねと言ったら、『それならママはいつか、星の形はしてないけど、本物の星の砂をお土産に持って帰るね』と返された。
ママはいつだって、百パーセント本気だ。[b]ダンゲンしたことは必ず実現してきたし、これからだってそうするだろう。
「――母さん」とパパは言った。「俺は妻を……この子の母親を応援しているよ。遠くで見守ることくらいしか、できないけど。母さんがオヤジにしてもらえなかったことを、俺は自分の妻にしてやりたい。でも、だけどさ、やっぱりオヤジの気持ちもわかってしまうんだよ、俺は」
[2]そう話すパパは、今まで見たこともないような顔をしていて、なぜだか泣きそうになってしまった。
遠く、高く、羽ばたいていく大切な人を、ただ見送ることしかできないのは、やっぱり辛い。取り残されて、置いていかれたような気持ちになってしまうから。
長いこと経ってから、お祖母ちゃんは言った。
「ごめんね、北斗」
「……なんで謝るんだよ」
「ありがとね、北斗」

「礼を言われるようなこともしてねえって」
泣き笑いみたいな声で、パパは言う。
ゲンキクールを飲みながら、パパ、このままじゃ、泣いちゃうんじゃね？　と、はらはらしていた時、ピンポーンと玄関のチャイムが鳴った。
「あらあら、皆さんお揃《そろ》いで」
応対に出て行ったお祖母ちゃんが、弾んだ声を上げる。
ぞろぞろ入ってきた人たちを見て、思わず「えーっ」と声が出た。
飛行機で隣になった※おばあちゃんに、あの※眼鏡のお姉さん、それに※サングラス男まで。
「息子の北斗と、孫の七星よ。遊びに来てくれたの」
さらりと紹介されたけど、頭の中はハテナマークでいっぱいだ。
「えーっ、北斗さんって、もしかして」と異様なテンションで反応したのは、眼鏡のお姉さんだった。「パープル博士が発見された、小惑星ホクトのネーミングってやっぱり、息子さんから取られたんですか？」
「実はそうなの」
A軽く肩をすくめて、お祖母ちゃんはちらりとパパを見る。パパの顔はこちらからは見えなかったけど、気になったのは別のことだ。
「パープル博士って、外国の人じゃなくて、お祖母ちゃんのことだったの？」
「ああ、ごめんなさい」眼鏡のお姉さんは、ぺろりと舌を出した。「パープル博士っていうのは、天文ファンの中でのあだ名みたいなものなの。村崎さん……紫色ってね。天文学者としてだけじゃなくて、八重山の動植物や文化の研究者としてもよく知られたすごい方なのよ、あなたのお祖母様は」

解　答　上　の　注　意

(1) ア，イ，ウ，・・・・の一つ一つには，それぞれ０～９までの数字，または－，±のいずれか一つが対応します。それらをア，イ，ウ，・・・・で示された解答欄にマークしなさい。

例，解答欄 $\boxed{\text{ア}}\boxed{\text{イ}}$ に対し－２と答えたいとき，

(1)	ア	**−**	±	0	1	2	3	4	5	6	7	8	9
	イ	−	±	0	1	**2**	3	4	5	6	7	8	9

(2) 分数形で解答が求められているときは，それ以上，約分ができない分数で答えます。符号は分子につけ，分母につけてはいけません。

例，解答欄 $\dfrac{\boxed{\text{ウ}}\boxed{\text{エ}}}{\boxed{\text{オ}}}$ に対し $-\dfrac{1}{8}$ と答えたいとき，$\dfrac{-1}{8}$ と答える。

(2)	ウ	**−**	±	0	1	2	3	4	5	6	7	8	9
	エ	−	±	0	**1**	2	3	4	5	6	7	8	9
	オ	−	±	0	1	2	3	4	5	6	7	**8**	9

(3) 根号を含む形で解答する場合は，根号の中に現れる自然数が最小となる形で答えます。

例，$\boxed{\text{カ}}\sqrt{\boxed{\text{キ}}}$，$\dfrac{\sqrt{\boxed{\text{ク}}\boxed{\text{ケ}}}}{\boxed{\text{コ}}}$ に $6\sqrt{2}$，$\dfrac{\sqrt{13}}{3}$ と答えるところを，

$3\sqrt{8}$，$\dfrac{\sqrt{52}}{6}$ のように答えてはいけません。

我が事のように自慢げだ。
「それで村崎博士、メールでお願いしましたように、今、天文女子が熱いんですよ。それで若い女性をCタイショウとした天文に関する本をですね……」
いきなり仕事の話を始めるお姉さんの後ろで、順番を待っているようなサングラス男に、「なんでここにいるの?」と聞いてみた。
「それは、あなたのお祖母さんが、俺のヒーローだからです」
「え……合気道って、ごっついオジサンを想像してたんだけど……」
「あらまあ大きくなって。誰だかわからなかったわ」
朗らかに、お祖母ちゃんが声をかけている。
混乱しつつ、一番後ろでにこにこ笑っているおばあちゃんに声をかけてみる。「あの、おばあちゃんのお友達って、もしかして」
「小夜子《さよこ》さんー、お久しぶりー」
わたしの頭越しに、お祖母ちゃんが挨拶をした。
「十和子さん……」おばあちゃんは、B感極まったようにほろほろと涙を流した。「会いたかったわ、ずっと」
「こちらこそよ」お祖母ちゃんは、子供の頃の親友を、そっと抱きしめた。「本当に、慌ただしくてごめんなさいね。昨日まで波照間《はてるま》に行ってて、これからすぐに学会準備に入らなきゃならないから、あんまり時間がなくて。それで、全員集合みたいになっちゃって」
「賑やかで楽しいわ」
「そうね。こんなに賑やかなのは、久しぶり」
美味しい物を味わうように、お祖母ちゃんはうなずく。

それにしても、偉大なパープル博士と、気弱で賢い少女と、ごっつい合気道の達人と、そしてわたしのお祖母ちゃんが、すべて同一人物だったとは。

びっくりを通り越して笑えてしまう。（中略）

「テレビであなた、インタビューされてて」弾んだ声で、おばあちゃんが話し続けている。「すぐに気づいたわ。何十年経っても忘れるもんですか。元気でご活躍されてることがわかって、どんなに嬉しかったか、わかる？　十和子さん」

「あー、わたしもその番組、見ました」と眼鏡のお姉さんも言う。「前々からお名前は存じ上げていたんですけど、お話をされているところを見て、この方とお仕事したいって思ったんです」

そう言えば、サングラス男もテレビを見て、と言っていた。

「パパも見たの、そのテレビ」

小声で聞いたら、パパは曖昧にうなずいた。

「ママに見ろって言われたんだよ、オンラインで話した時。そん時言われたよ。『あなた、お母さんに何ひとつしてもらってないって言ってたけど、星を丸ごと一つ、プレゼントされてるんじゃない。そんなお母さん、世界中探したっていないわよ』ってさ。そんな、小惑星のことなんて知らんかったし、俺の名前勝手につけたって、なにそれって感じだし……」

「[d]スナオじゃないねえ……」

やれやれとばかりに言ったら、またポコッと頭を叩かれた。

それからは皆でワイワイガヤガヤ、大賑わいだった。それぞれが持ってきたお土産のお菓子を開けて、ティーパーティーみたいになり、夕方になったらお祖母ちゃんが近くのレストランに頼んだデリバリーが届き、本格的なパーティーになった。

その頃にはわたしも、お祖母ちゃんと仲良く話せるようになっていた。

「ねえねえ」とわたしはこっそり聞く。「今日、みんながここに集まるようにしたのって、わざとでしょ？」

お祖母ちゃんは「おや？」というように目を見開き、にっこり笑った。

「あら、バレてた？」

「だってパパも同じだもん。ママに怒られそうなことをした時、いきなり友達を家に呼んで、焼き肉パーティーとか始めちゃって、わーっと賑やかにして……後で結局、謝るんだけどね。やっぱ親子だね」

お祖母ちゃんはふっと泣きそうに笑った。

「だってね、会えなかった時間が長すぎて……申し訳ないって気持ちも多すぎてね、いざ来てくれることになっても、何を言ったらいいか、どうしたらいいか、わからなかったのよ。ほんと、駄目な母親よね」

3わたしはそっと首を振った。

「気まずいのはパパも同じだよ。あの人無口だし。だからきっと、すごくほっとしてる」

ちらりと見たら、来る前はあれだけユウウツそうだったパパが、心からリラックスしたように皆と笑いあっている。

「でもね、やっぱりパパといっぱいお話してあげてね……わたしも、ママがいなくて、会えなくって、寂しいから……」

大きなあくびと一緒に、そんなことを言った気がする。それにお祖母ちゃんがなんと答えたかまでは覚えていない。今日は自転車にもいっぱい乗ったし、色んな人といっぱいしゃべったし、いっぱい食べたし、なんだか疲れて、ものすごく眠かった。

気がつくと、名前を呼ばれて、そっと肩を揺すられていた。いつの間にか、ソファの上で寝ていたらしい。すっぽりと毛布が掛けられていた。

「おい、七星。起きろ。出かけるぞ」

毛布を肩にかけたまま、半分眠ったような状態で外に出る。時間はわからないけれど、完全に夜だった。家の前には、大型のワンボックスカーが停まっていた。

他の皆はすでに、後ろの席に乗っている。運転席にいるのはお祖母ちゃんだ。わたしとパパが乗り込んだら、お祖母ちゃんはエンジンをかけた。
「星空バスツアーが中止になって、七星ががっかりしてたって言ったら、オフクロが、じゃあ今から行きましょうって」
パパが耳元でそう言った。何気に、呼び方がいつの間にかオフクロになっている。
お祖母ちゃんはコホンと咳払《せきばら》いしてから、言った。
「皆様、本日はパープルスター号にご乗車頂き、ありがとうございます。これから皆様を、とっておきの星空観測スポットへとご案内いたします」
わーっと、車内にeカンセイと拍手が起きる。もちろんわたしはバンザイ三唱だ。
お祖母ちゃんは、ハンドルに手をかけて、高らかに言った。
「――それでは、南十字星《サザンクロス》目指して、出発進行！」

（加納朋子『空をこえて七星のかなた』による）

（注）※ゲンキクール……沖縄県の八重山ゲンキ乳業が製造・販売する乳酸菌飲料。石垣島のご当地ドリンクとして知られる。
※ＮＡＳＡ……アメリカ航空宇宙局。宇宙開発関連の計画を担うアメリカ合衆国の連邦機関。
※おばあちゃん……飛行機で隣だった人物。今回の旅行の目的は四十年以上会っていない友達に会うことである。この友達は優しくて気弱な子だったが、ある日おばあちゃんがガラス玉の指輪を盗んだ疑いをかけられたときに、真犯人を見つけたことがある。
※眼鏡のお姉さん……観光バスツアーに参加していた人物。今回の旅行の目的は、様々な分野の研究者として有名なパープル博士に会うことである。

※サングラス男……観光バスツアーに参加していた人物。今回の旅行の目的は、いじめられていた子供の頃に合気道を教えてくれた人に会うことである。

問一　＝＝a～eに相当する漢字を含むものを、次の各群の中から一つずつ選び、それぞれマークしなさい。

a　クンレン　①　連絡　②　恋愛　③　君主　④　教訓

b　ダンゲン　①　英断　②　相談　③　玄関　④　元号

c　タイショウ　①　期待　②　体制　③　象徴　④　照応

d　スナオ　①　元素　②　必須　③　治水　④　尚更

e　カンセイ　①　勧告　②　歓喜　③　既成　④　政経

問二　――A・Bのその時の心情として最も適当なものを、次の各群の中から一つずつ選び、それぞれマークしなさい。

A　肩をすくめて

①　何も知らなかったことにあきれて
②　恥ずかしさをごまかして
③　秘密を明かされたことに驚いて
④　自分の力を見せつけて

B　感極まった

①　心に深く刻まれるような強い衝撃を受けた
②　深く感心して、尊敬の気持ちを抱いた
③　心の底からゆっくりと感動が押し寄せた
④　感情が込み上げ、非常にうろたえた

問三　——線1「恐る恐るその話をする」とあるが、「わたし」が「恐る恐る」その話をしたのはなぜか。その説明として最も適当なものを次の中から一つ選び、マークしなさい。

①　お祖母ちゃんはもう亡くなっているとパパの実家関係の人たちから聞いていたから。
②　きちんとした服装に着替えなければならないような人に今から会うのは緊張すると思ったから。
③　パパも含めてパパの実家関係の人が誰も触れない人なので聞きづらい話題だと思ったから。
④　酔っ払ったお祖父ちゃんが話していた冷たい人が実際に存在しているとは思えなかったから。

問四　——線2「そう話すパパ」とあるが、この時の「パパ」の気持ちの説明として最も適当なものを次の中から一つ選び、マークしなさい。

①　妻が望んでいることを何が何でも叶えてやりたいという気持ちと、家族で一緒に過ごしたいという気持ち。
②　妻が挑戦していることをサポートしたいという気持ちと、家族で一緒に過ごしたいという気持ち。
③　妻が願っていることを必ず実現させたいという気持ちと、置いていかずに連れて行ってほしいという気持ち。
④　妻が努力していることを離れて見守っていたいという気持ちと、置いていかずに連れて行ってほしいという気持ち。

問五　――線3「わたしはそっと首を振った」とあるが、「わたし」が「そっと首を振った」のはなぜか。その理由の説明として最も適当なものを次の中から一つ選び、マークしなさい。

① お祖母ちゃんが長年会っていなかったパパとの気まずさを解消するために、みんなを呼んで賑やかにしたことをわたしは悪いことではないと思ったから。

② パパはもっと二人で話をしたがっていたのに、お祖母ちゃんはパーティーをしてごまかしてしまったことをわたしは悪いことではないと思ったから。

③ お祖母ちゃんだけでなくパパもパーティーをしている間に仲直りしようとしていたので、親子で考えることは同じだとわたしは思ったから。

④ みんなを呼んで賑やかにしても、無口なパパにはあまり効果がないことを、長年一緒にいなかったお祖母ちゃんは知らないだろうとわたしは思ったから。

問六　「パパ」の「お祖母ちゃん」に対する姿勢の変化として最も適当なものを次の中から一つ選び、マークしなさい。

① 初めは自分を捨てたことを責めるつもりでいたが、謝罪の言葉がきちんと聞けたので、お祖母ちゃんを許して「オフクロ」と呼ぶようになった。

② 初めから敬語を使い、礼儀正しく接していたが、お祖母ちゃんが想像以上にすばらしい人だと分かったので、更に敬意を払うようになった。

③ 旅行中はユウウツになりやすかったが、当時のお祖母ちゃんの思いが分かったので、子どもの頃に戻ったみたいにはしゃぐようになった。

④ 二十何年ぶりの再会に緊張していたが、実際に会って思っていたことを伝えることができたので、お祖母ちゃんの家でもくつろぐようになった。

問七　本文の内容について述べたものとして最も適当なものを次の中から一つ選び、マークしなさい。

① 主人公とパパがお祖母ちゃんに会う前に、既にママはアメリカでお祖母ちゃんと会っていた。

② 新種の植物の名前を付けたことがあるぐらい、お祖母ちゃんは植物学者として世界的に有名な人である。

③ テレビでインタビューされているお祖母ちゃんを、集まった人のなかで見ていないのは主人公だけである。

④ 主人公が楽しみにしていたので、星空バスツアーをやってほしいとパパがお祖母ちゃんに頼みこんだ。

三　次の文章を読んで、後の問に答えなさい。設問の都合上、一部原文と変えてあります。

物に争はず、おのれを※枉《ま》げて人に従ひ、我が身を後にして、人を先にするにはしかず。

[1]万の遊びにも、勝負を好む人は、（　Ａ　）※興あらんためなり。おのれが※芸の勝りたる事をよろこぶ。されば負けて興なく※覚ゆべき事、又知られたり。我（　Ｂ　）、人をよろこばしめんと思はば、更に遊びの興なかるべし。人に[2]本意なく思はせて、わが心を慰まん事、※徳に背けり。※睦《むつま》しき中に戯るるも、人を※はかりあざむきて、おのれが智のまさりたる事を興とす。これ又、（　Ｃ　）。されば、始め※興宴よりおこりて、長き恨みを※結ぶ類多し。これみな、争ひを好む※失なり。

人に勝らん事を思はば、ただ学問して、その智を人にまさらんと思ふべし。道を学ぶとならば、※善に※伐《ほこ》らず、※輩《ともがら》に争ふべからずといふ事を知るべき故なり。[3]大きなる職をも辞し、利をも捨つるは、ただ、学問の力なり。

（『徒然草』による）

（注）※枉げて…おさえて　※興…満足　※芸…技・腕前　※覚ゆ…感じられる　※徳…人の道・道徳

※睦しき…親しい関係　※はかり…計略をめぐらす　※興宴…宴会　※結ぶ…心に残す

※失…欠点・弊害　※善…善行　※伐らず…誇るようなことはない　※輩…仲間

問一　本文の出典『徒然草』について次の問いに答えなさい。

1　作者名を次の中から一つ選び、マークしなさい。

①　清少納言　②　紫式部　③　兼好法師　④　松尾芭蕉

2　成立したとされている時代を次の中から一つ選び、マークしなさい。

①　奈良時代末期から平安時代初期　②　平安時代中期

③　平安時代末期から鎌倉時代初期　④　鎌倉時代末期から室町（南北朝）時代初期

3　『徒然草』は随筆であるが、随筆を次の中から一つ選び、マークしなさい。

①　『方丈記』　②　『今昔物語』　③　『奥の細道』　④　『土佐日記』

問二　――線1「万」と同じ読みを含む語を、次の中から一つ選び、マークしなさい。

①　八百万の神　②　人口二十万人　③　千差万別　④　準備万端

問三　（　A　）（　B　）に入る組み合わせとして最も適当なものを次の中から一つ選び、マークしなさい。

①　A　勝ちて　B　勝ちて　②　A　勝ちて　B　負けて

③　A　負けて　B　勝ちて　④　A　負けて　B　負けて

問四　――線2「本意なく」の意味として最も適当なものを次の中から一つ選び、マークしなさい。

①　いいかげんに　②　残念に　③　真剣に　④　無関係に

問五 （ Ｃ ）に入る語句として最も適当なものを次の中から一つ選び、マークしなさい。

① 礼にありけり　② 礼にあらず　③ 徳を積みけり　④ 徳を欲す

問六 ――線3「大きなる職をも辞し、利をも捨つるは、ただ、学問の力なり」とあるが、どういうことか。最も適当なものを、次の中から一つ選び、マークしなさい。

① 学問をして物事の道理を学べば、競争の愚かさを知り、地位や利益も捨てることができる。
② 学問をして物事の道理を学べば、競争しなくても自然と地位や利益を得られる。
③ 学習すると、勝負する機会が増え、他人に負けて地位や利益を捨てることになる。
④ 学習すると、結果よりも競争することそのものに心ひかれるため、地位や利益への興味を失う。

問七 本文の内容に**合わない**ものを次の中から一つ選び、マークしなさい。

① 人間関係を穏やかに保つには、自分を抑えて他人を立てる姿勢を保つのがよい。
② 他人に勝つには、勉強をして知識において他の人に勝るのがよい。
③ 勝負事では、自らすすんで敗北を選ぶと、他人を喜ばせるだけでなく、自らの心も充実を得られる。
④ 最初は楽しい宴会での遊びから始まったことなのに、ずっと長く恨みを抱くことになるような例は多い。

問八　次に示すのは、問題文を読んだ後に、内容について生徒が話し合っている場面である。生徒A～生徒Dの中で本文の内容を誤って解釈している生徒が一人いるが、それは誰か。その番号をマークしなさい。

（生徒A）今も昔も、人に勝ちたいとか、人の上に立ちたいという気持ちは変わらないんだね。

（生徒B）でも、勝負事では、勝っても負けても、誰かが嫌な思いをするんだよね。

（生徒C）学問に真剣に取り組んで知識を身につけよっていってるけど、昔から学問が大切なんだね。

（生徒D）勉強を頑張って偏差値の高い大学に行くと、地位も利益も手に入るっていう考え方は、昔から変わらないんだね。

①　生徒A　②　生徒B　③　生徒C　④　生徒D

四　次のことわざの空欄に当てはまる言葉を後から一つずつ選び、それぞれマークしなさい。

(1)　紺屋《こうや》の□袴　　(2)　待てば□路の日和《ひより》あり　　(3)　□多くして船山に登る

(4)　□に釣鐘《つりがね》　　(5)　火中の□を拾う

①　陸　②　海　③　空　④　芋　⑤　提灯《ちょうちん》　⑥　船頭　⑦　青　⑧　白　⑨　栗

五　次の近代・現代文学について述べた文が指すものとして最も適当なものを後から一つずつ選び、それぞれマークしなさい。

(1)　ユーモアと風刺に富んだ内容が、猫の視点で描かれている明治期の小説。

(2)　詩集『若菜集』や小説『破戒』などを著した自然主義文学作家。

(3)　小説『たけくらべ』を著し、現在の五千円札に印刷されている作家。

(4)　自身の人生を色濃く反映し、実体験をもとに描いた太宰治の自伝的小説。

(5)　小説『雪国』を著し、日本人として初めてノーベル文学賞を受賞した作家。

①　島崎藤村　②　高瀬舟　③　樋口一葉　④　田山花袋　⑤　吾輩は猫である

⑥　人間失格　⑦　芥川龍之介　⑧　蜘蛛の糸　⑨　川端康成

愛 知 啓 成 高 等 学 校

令和６年度　入学試験問題（1月23日実施）

数　学

試験開始の合図があるまで，この問題冊子を開かず，
下記の注意事項をよく読むこと。

注　意　事　項

(1)　時間は45分とする。

(2)　机上は受験票・筆記用具のみとし，定規・分度器などの使用は禁止します。

(3)　答えはすべて解答用紙に記入すること。

(4)　問題はすべてマークで解答します。ＨＢの鉛筆でしっかりマークすること。

(5)　訂正する場合は消しゴムできれいに消すこと。

(6)　この問題冊子は６ページあります。試験開始後，総ページ数を確認すること。本冊子に脱落や印刷不鮮明の箇所および解答用紙に汚れ等があれば，試験監督者に申し出ること。

(7)　試験開始の合図で解答用紙の所定欄に，受験番号・氏名・出身中学校名を明確に記入し，解答を始めること。また，受験番号にはマークもすること。

(8)　試験終了の合図で上記(7)の事項を再度確認し，試験監督者の指示に従うこと。

マークシートの書き方

良い例	悪い例
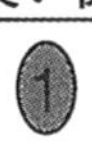	

この注意事項は，問題冊子の裏表紙にも続きます。問題冊子を裏返して必ず読みなさい。

$\boxed{1}$　空欄 $\boxed{\text{ア}}$ ～ $\boxed{\text{ハ}}$ にあてはまる数や符号を解答用紙にマークしなさい。

(1)　$5-16\div(3-7)\times 2$ を計算すると，$\boxed{\text{ア}}\boxed{\text{イ}}$ となる。

(2)　$(-3a^3b)^3\times(ab^2)^3\div(-6a^4b^2)^2$ を計算すると，$\dfrac{\boxed{\text{ウ}}\boxed{\text{エ}}}{\boxed{\text{オ}}}a^{\boxed{\text{カ}}}b^{\boxed{\text{キ}}}$ となる。

(3)　$\sqrt{24}+\dfrac{\sqrt{2}}{\sqrt{3}}+\dfrac{1}{\sqrt{6}}$ を計算すると，$\dfrac{\boxed{\text{ク}}\sqrt{\boxed{\text{ケ}}}}{\boxed{\text{コ}}}$ となる。

(4)　$(x+1)(2x-3)-(x+2)(3-2x)$ を因数分解すると，
$\left(\boxed{\text{サ}}\,x-\boxed{\text{シ}}\right)\left(\boxed{\text{ス}}\,x+\boxed{\text{セ}}\right)$ となる。

(5)　連立方程式 $\begin{cases} 0.3x+0.2y=1 \\ \dfrac{2x-3y}{6}=4 \end{cases}$ を解くと，$x=\boxed{\text{ソ}}$，$y=\boxed{\text{タ}}\boxed{\text{チ}}$ となる。

(6)　方程式 $3x^2-6x+2=0$ を解くと，$x=\dfrac{\boxed{\text{ツ}}\pm\sqrt{\boxed{\text{テ}}}}{\boxed{\text{ト}}}$ となる。

(7)　yはxに比例しており，$x=3$のとき $y=2$である。$y=5$のとき $x=\dfrac{\boxed{\text{ナ}}\boxed{\text{ニ}}}{\boxed{\text{ヌ}}}$ となる。

(8)　半径 9，中心角$\boxed{\text{ネ}}\boxed{\text{ノ}}\boxed{\text{ハ}}^{\circ}$の扇形の面積は 27π である。ただし，円周率をπとする。

2 空欄 ア ～ キ にあてはまる数や符号を解答用紙にマークしなさい。

平面上に球を発射することのできる発射台A，Bがあり，発射台Aと発射台Bは6m離れている。発射台Aは発射台Bに，発射台Bは発射台Aに向かって球を発射する。球はこの平面上をまっすぐ進むものとし，発射台Aから発射された球は秒速30cm，発射台Bから発射された球は秒速50cmの速さで進む。ただし，発射台と球の大きさは考えないものとする。

（1）Aから発射された球が7秒後にいる位置は，Bから アイウ cm離れた位置である。

（2）AとBから球を同時に発射したとき，二つの球がぶつかるのは，Aから エオカ cm離れた位置である。

（3）発射台Aから球を発射した キ 秒後に発射台Bから球を発射したら，発射台Aと発射台Bのちょうど真ん中で二つの球がぶつかる。

3 空欄[ア]～[コ]にあてはまる数や符号を解答用紙にマークしなさい。

右図のように，A，Bの2つの袋がある。
袋Aには $-3, -2, -1, 1, 2, 3$ が1つずつ書かれた6枚のカードが，袋Bには $-2, -1, 0, 1, 2, 3$ の数字が1つずつ書かれた6枚のカードが入っている。
袋A，Bの中からカードを1枚ずつ取り出し，カードに書かれている数字をそれぞれ a，b とする。

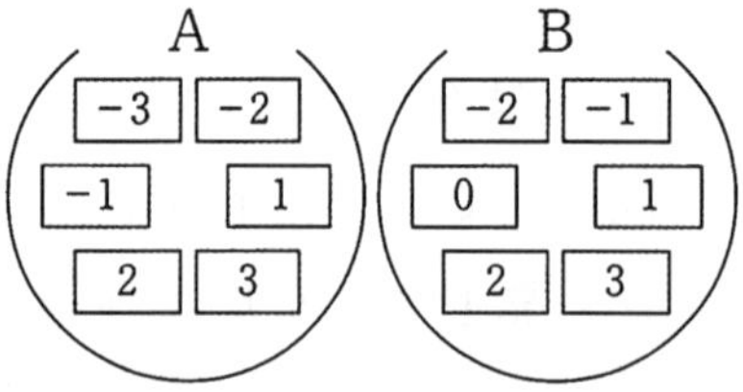

(1) 方程式 $ax-2=0$ の解が整数となる確率を求めると $\frac{\boxed{\text{ア}}}{\boxed{\text{イ}}}$ となる。

(2) 方程式 $ax-b=0$ の解が整数となる確率を求めると $\frac{\boxed{\text{ウ}}\boxed{\text{エ}}}{\boxed{\text{オ}}\boxed{\text{カ}}}$ となる。

(3) 2直線 $y=ax$, $y=bx+6$ の交点の x 座標が整数となる確率を求めると $\frac{\boxed{\text{キ}}\boxed{\text{ク}}}{\boxed{\text{ケ}}\boxed{\text{コ}}}$ となる。

4 空欄 [ア] ～ [ケ] にあてはまる数や符号を解答用紙にマークしなさい。

1 辺の長さが 2 の正方形 ABCD がある。この正方形の対角線 AC の長さは $2\sqrt{2}$ である。右図のように，正方形 ABCD を点 A を中心に回転した正方形 AEFG について，対角線 AF 上に点 D があり，辺 CD と EF の交点を H とする。

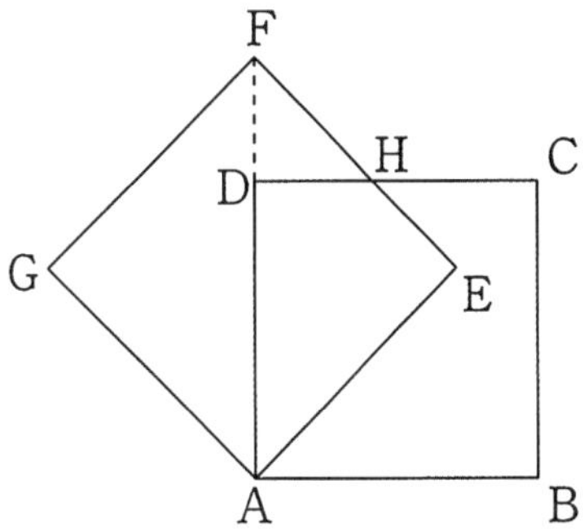

(1) 線分DFの長さは $\boxed{\text{ア}}\sqrt{\boxed{\text{イ}}}-\boxed{\text{ウ}}$ である。

(2) 四角形 AEHD の面積は $\boxed{\text{エ}}\sqrt{\boxed{\text{オ}}}-\boxed{\text{カ}}$ である。

(3) △DEH の面積は $\boxed{\text{キ}}\sqrt{\boxed{\text{ク}}}-\boxed{\text{ケ}}$ である。

5 空欄 $\boxed{\text{ア}}$ ～ $\boxed{\text{シ}}$ にあてはまる数や符号を解答用紙にマークしなさい。

関数 $y=\dfrac{2}{3}x^2$…①，$y=ax^2$ $(a<0)$ …②のグラフについて考える。

x 座標が 3 である①，②のグラフ上の点をそれぞれA，Bとするとき，AB=9 となった。

(1) $a=\dfrac{\boxed{\text{ア}}\boxed{\text{イ}}}{\boxed{\text{ウ}}}$ である。

(2) x 座標が k $(k<0)$ である①，②のグラフ上の点をそれぞれC，Dとする。

CD=4 であるとき，四角形ACDBの面積は $\dfrac{\boxed{\text{エ}}\boxed{\text{オ}}}{\boxed{\text{カ}}}$ である。

(3) (2) のとき，四角形ACDBを x 軸について1回転させてできる立体の体積は $\dfrac{\boxed{\text{キ}}\boxed{\text{ク}}\boxed{\text{ケ}}\boxed{\text{コ}}}{\boxed{\text{サ}}\boxed{\text{シ}}}\pi$ である。ただし，円周率を π とする。

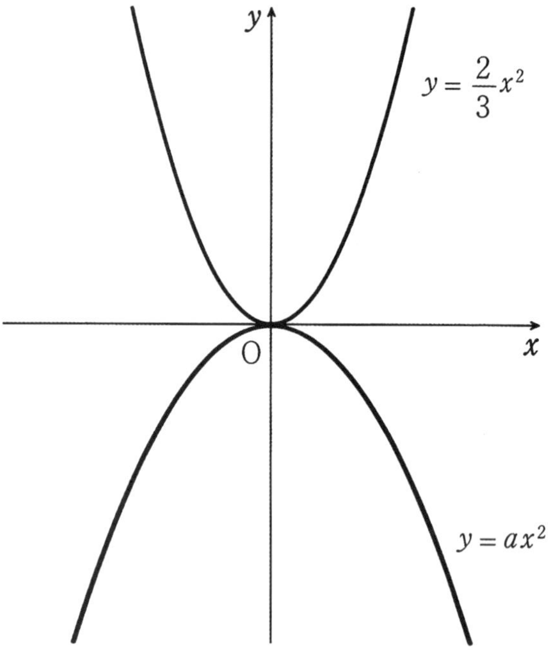

愛知啓成高等学校

令和６年度　入学試験問題（1月23日実施）

英　語

試験開始の合図があるまで，この問題冊子を開かず，
下記の注意事項をよく読むこと。

注　意　事　項

(1) 時間は 45 分とする。

(2) [1] と [2] は選択問題です。[1] のリスニングはサミッティアコースとグローバルコースの受験者が解答すること。アカデミアコースの受験者は [2] の会話文を解答すること。

(3) 机上は受験票・筆記用具のみとし，定規・分度器などの使用は禁止します。

(4) 答えはすべて解答用紙に記入すること。

(5) 問題はすべてマークで解答します。ＨＢの鉛筆でしっかりマークすること。

(6) 訂正する場合は消しゴムできれいに消すこと。

(7) この問題冊子は 12 ページあります。試験開始後，総ページ数を確認すること。本冊子に脱落や印刷不鮮明の箇所および解答用紙に汚れ等があれば，試験監督者に申し出ること。

(8) 試験開始の合図で解答用紙の所定欄に，受験番号・氏名・出身中学校名を明確に記入し，解答を始めること。また，受験番号にはマークもすること。

(9) 試験終了の合図で上記 (8) の事項を再度確認し，試験監督者の指示に従うこと。

マークシートの書き方

良い例	悪い例

2024(R6) 愛知啓成高
K 教英出版

1 サミッティアコース・グローバルコース　選択問題　リスニング

放送を聞いて，Part1からPart3の問いに答えなさい。なお，すべての問題でメモをとってもかまいません。

※音声は収録しておりません

Part1 対話を聞き，その最後の発言に対する応答として適切なものを，放送される①～③の中から1つ選び，マークしなさい。対話文は1度だけ読まれます。

No.1 解答用紙にマークしなさい。

No.2 解答用紙にマークしなさい。

No.3 解答用紙にマークしなさい。

Part2 対話と質問を聞き，その答えとして適切なものを1つ選び，マークしなさい。対話と質問は1度だけ読まれます。

No.1 ① Stay at his aunt's house.　② Study abroad.
③ Go hiking.　④ Go to the airport.

No.2 ① Take the dog for a walk.　② Do his homework.
③ Go to judo practice.　④ Eat his dinner.

No.3 ① His brother.　② Two weeks ago.
③ It's beautiful.　④ In his childhood.

Part3 英文を聞き，資料の（1）～（4）に当てはまる答えとして適切なものを①～④の中からそれぞれ1つ選び，マークしなさい。英文は2度読まれます。

HOURS

(1)	10:00 a.m. - 4:00 p.m.
(2)	9:00 a.m. - 4:30 p.m.

TICKETS

*Adults	$4.00
*Seniors over 60	$3.00
Children under 12	$1.00
Students	$ (3)

Special Night Tour

Weekends only 8:00 p.m. – 9:00 a.m.

Adults	$ (4)

(注) adult 大人　senior 高齢者

（1）① Monday - Saturday　② Monday - Friday　③ Tuesday - Friday　④ Tuesday - Sunday

（2）① Friday　② Saturday　③ Sunday　④ Saturday and Sunday

（3）① Free　② 2.00　③ 2.80　④ 3.20

（4）① 1.00　② 2.00　③ 3.00　④ 4.00

2 アカデミアコース　選択問題　会話文

（1）以下の4つの会話文中の，ア～オの（　　）に入る適切なものをそれぞれ1つ選び，マークしなさい。

Mike　: Jane, are you going to Bob's party?
Jane　: （ ア ） I can't wait for it.

① Of course I am.　② I don't think so.
③ The party was good.　④ He's not sure.

Woman　: I am going to travel around Europe this summer, but I'm worried about my dog.
Man　: Don't worry. I'll take care of it （ イ ）

① because I am busy.　② if you need one more.
③ when you get home.　④ during your trip.

Mother　: Why don't you clean your room, David?
Son:　: （ ウ ）
Mother　: Good. I'll help you after washing these dishes.

① I have no idea.　② No, I'm full.
③ I'll do it right away.　④ You look tired.

Customer　: Excuse me. I'm looking for dog food.
Clerk　: This way, please. We have several types.
Customer　: Actually, I don't know much about it. （ エ ）
Clerk　: You should choose one *based on your dog's age. How old is your dog?
Customer　: He is just one year old.
Clerk　: Then, I think this one or that one is good for your dog. （ オ ）
Customer　: Umm... I don't know which one to get, so I'll take both of them.
Clerk　: Thank you, and this is a gift for a *purchase of over 50 dollars.

（注）based on ～　～に基づいて　　purchase　購入

（エ）① How can I choose?　② Which is the cheapest?
③ Where can I find it?　④ Which is the most popular?

（オ）① It will be 20 dollars.　② That's 35 dollars for two.
③ That will be 25 dollars.　④ They are 32 dollars each.

（2）次の会話文を読み，あとの問いに答えなさい。

Taro and his friend, Bill are talking on the phone. Bill lives in London.

Taro : Bill, Happy Birthday! I know you are having your birthday party now. (a)

Bill : Yes, I am, Taro. Some of my friends came to my house. They are talking with my family. They look happy.

Taro : Oh, (b) I'm not there in London now! I want to enjoy the party with you.

Bill : Me, too. But it's great to be able to talk with you like this.

Taro : Yes, you are right. How long will the party be?

Bill : Well, it started one hour ago, at one in the afternoon, and it'll finish at seven in the evening. So it'll be for (c) hours.

Taro : Oh, you have a lot of time.

Bill : Yes. Well, what time is it in Japan? There is a 9-hour time difference between Japan and London. So,...oh, it's about five in the morning in Japan now!

Taro : No, no, London is 9 hours behind Japan, so it's (d) in the evening here now.

Bill : Oh, I see. You should go to bed soon!

Taro : Yes, have a great time, Bill. Send me some pictures of your party later.

Bill : Sure! Thank you for calling, Taro.

（ア）会話の流れに合うように,（ a ）に入る適切なものを１つ選び, マークしなさい。

① How was it?　② Do you like party?
③ Are you having fun?　④ Can you call me back?

（イ）会話の流れに合うように,（ b ）に入る適切なものを１つ選び, マークしなさい。

① thank you　② you are welcome　③ here you are　④ I'm sorry

（ウ）会話の流れに合うように,（ c ）（ d ）に入る適切な語をそれぞれ１つ選び, マークしなさい。

① five　② six　③ seven　④ nine　⑤ eleven

（エ）会話文の内容についての，次の問いに対する答えとして適切なものを１つ選び，マークしなさい。

What does Taro want Bill to do later?

① To send Taro some pictures of the party.　② To send some presents to Bill.
③ To talk with Bill's family.　④ To go to bed soon.

これより全コース　必答問題

3　以下のメールのやりとりを読み，あとの問いに答えなさい。

From : Tom Garcia

To : Ann Taylor

Date : May 6, 2023　10:11

Subject : Thank you!

Hi Ann,

It was nice to see you last Friday night at your birthday party. I had a great time. Thanks for inviting me. I didn't tell you about a fun event next weekend. My father is a professor of science at *Exton university. There is a special event on Saturday and Sunday night from 8:30 to 10:00. Are you free then? We'll look at and learn about stars and planets. You said you love science and looking at stars, so I wanted to invite you. I'm planning to go, and I'm free both nights. I hope we can go together.

See you,

Tom

（注）Exton　エックストン（イギリスの地名）

From : Ann Taylor

To : Tom Garcia

Date : May 6, 2023　10:15

Subject : Re: Thank you!

Hi Tom,

Thanks for your e-mail. It was good to see you, too. I'm sorry we couldn't talk enough at my party last Friday. I think there were too many people. Thanks for telling me about the event at Exton university. I'd love to go. I have a test on Monday morning, so Sunday isn't good for me. I have to study then. Saturday night is fine. My grandfather is going to come for dinner, but my mother said I can go after dinner. Are we going to take a bus or go by bike? Where should we meet?

See you soon,

Ann

From : Tom Garcia

To : Ann Taylor

Date : May 6, 2023 10:30

Subject : Great!

Hi Ann,

I'm glad you can come! My father is going to take us, so we can pick you up at your house at eight o'clock. You'll be home at about 10:30. This event is held every May, but it was cloudy last year. We couldn't see anything, but I learned a lot. I hope the weather will be better for seeing stars this time.

See you soon,

Tom

（1） What did Tom forget?

① To ask Ann about the science test.

② To tell Ann about a university event.

③ To give a present to Ann.

④ To send a birthday card to Ann.

（2） Why can't Ann meet Tom on Sunday?

① Because she needs to study for a test.

② Because she wants to eat dinner with her grandfather.

③ Because she will have a birthday party at home.

④ Because she must go to her grandfather's house.

（3） How will Ann come to Exton university?

① She will come by bus.

② She will ride a bike.

③ She will come with Tom and his father.

④ She will take a train with Tom.

（4） Which of the following is true?

① Tom's father works for Exton university and teaches science.

② Tom and Ann go to the science event together every year.

③ Tom didn't know that Ann likes science.

④ Tom joined the science event last year, and he could see a lot of stars.

Part2 対話と質問を聞き、その答えとして適切なものを1つ選び、マークしなさい。対話文は 1 度だけ読まれます。

NO.1

M: Let's go hiking on Saturday, Tom?

R: I'd love to, but I can't. I'm going to the airport to pick up my aunt.

M: I see. Well, have a nice weekend.

R: Thanks. You, too.

M: Question: What will Tom do this Saturday?

NO.2

R: Have you taken the dog for a walk yet, Bob?

M: No, I just came home from *judo* practice.

R: Alright. Do it before doing your homework.

M: OK.

R: Question: What does Bob have to do first?

NO.3

M: Where does your grandfather live, George?

R: In Australia, Tom.

M: I went there two weeks ago. It's so beautiful.

R: I know. I've been there many times.

M: Question: When did Tom visit Australia?

Part 3 英文を聞き、資料の空欄に当てはまる答えとして適切なものを①～④の中からそれぞれ一つずつ選び、マークしなさい。英文は2度読まれます。

You have reached the Flamingo Zoo Information Center. Th zoo is open between 10:00 a.m. and 4:00 p.m. on weekdays, and 9:0 a.m. to 4:30 p.m. on weekends. It is closed on Mondays. Ticke prices are $4 for adults, $3 for seniors over sixty and $1 for childre under twelve. Children under six don't have to buy tickets. Also for students, we take 20% off the adult ticket price. During thi season, a special night tour is held on weekends, from 8:00 p.m. t 9:00 a.m. You can enjoy the activities of animals through the nigh The price of this tour is $1 less than the normal price. Thank you for calling.

学試験（国語）解答用紙

身中学校	

※100点満点

1点×5

四

(1)	① ② ③ ④ ⑤ ⑥ ⑦ ⑧ ⑨
(2)	① ② ③ ④ ⑤ ⑥ ⑦ ⑧ ⑨
(3)	① ② ③ ④ ⑤ ⑥ ⑦ ⑧ ⑨
(4)	① ② ③ ④ ⑤ ⑥ ⑦ ⑧ ⑨
(5)	① ② ③ ④ ⑤ ⑥ ⑦ ⑧ ⑨

五

(1)	① ② ③ ④ ⑤ ⑥ ⑦ ⑧ ⑨
(2)	① ② ③ ④ ⑤ ⑥ ⑦ ⑧ ⑨
(3)	① ② ③ ④ ⑤ ⑥ ⑦ ⑧ ⑨
(4)	① ② ③ ④ ⑤ ⑥ ⑦ ⑧ ⑨
(5)	① ② ③ ④ ⑤ ⑥ ⑦ ⑧ ⑨

学試験（数学）解答用紙

アカデミアコース

中学校名	

５点×20　　※100点満点

④ ⑤ ⑥ ⑦ ⑧ ⑨
④ ⑤ ⑥ ⑦ ⑧ ⑨
④ ⑤ ⑥ ⑦ ⑧ ⑨
④ ⑤ ⑥ ⑦ ⑧ ⑨
④ ⑤ ⑥ ⑦ ⑧ ⑨
④ ⑤ ⑥ ⑦ ⑧ ⑨
④ ⑤ ⑥ ⑦ ⑧ ⑨

④ ⑤ ⑥ ⑦ ⑧ ⑨
④ ⑤ ⑥ ⑦ ⑧ ⑨
④ ⑤ ⑥ ⑦ ⑧ ⑨
④ ⑤ ⑥ ⑦ ⑧ ⑨
④ ⑤ ⑥ ⑦ ⑧ ⑨
④ ⑤ ⑥ ⑦ ⑧ ⑨
④ ⑤ ⑥ ⑦ ⑧ ⑨
④ ⑤ ⑥ ⑦ ⑧ ⑨
④ ⑤ ⑥ ⑦ ⑧ ⑨
④ ⑤ ⑥ ⑦ ⑧ ⑨

4

(1)	ア	⊖ ± ⓪ ① ② ③ ④ ⑤ ⑥ ⑦ ⑧ ⑨
	イ	⊖ ± ⓪ ① ② ③ ④ ⑤ ⑥ ⑦ ⑧ ⑨
	ウ	⊖ ± ⓪ ① ② ③ ④ ⑤ ⑥ ⑦ ⑧ ⑨
(2)	エ	⊖ ± ⓪ ① ② ③ ④ ⑤ ⑥ ⑦ ⑧ ⑨
	オ	⊖ ± ⓪ ① ② ③ ④ ⑤ ⑥ ⑦ ⑧ ⑨
	カ	⊖ ± ⓪ ① ② ③ ④ ⑤ ⑥ ⑦ ⑧ ⑨
(3)	キ	⊖ ± ⓪ ① ② ③ ④ ⑤ ⑥ ⑦ ⑧ ⑨
	ク	⊖ ± ⓪ ① ② ③ ④ ⑤ ⑥ ⑦ ⑧ ⑨
	ケ	⊖ ± ⓪ ① ② ③ ④ ⑤ ⑥ ⑦ ⑧ ⑨

5

(1)	ア	⊖ ± ⓪ ① ② ③ ④ ⑤ ⑥ ⑦ ⑧ ⑨
	イ	⊖ ± ⓪ ① ② ③ ④ ⑤ ⑥ ⑦ ⑧ ⑨
	ウ	⊖ ± ⓪ ① ② ③ ④ ⑤ ⑥ ⑦ ⑧ ⑨
(2)	エ	⊖ ± ⓪ ① ② ③ ④ ⑤ ⑥ ⑦ ⑧ ⑨
	オ	⊖ ± ⓪ ① ② ③ ④ ⑤ ⑥ ⑦ ⑧ ⑨
	カ	⊖ ± ⓪ ① ② ③ ④ ⑤ ⑥ ⑦ ⑧ ⑨
(3)	キ	⊖ ± ⓪ ① ② ③ ④ ⑤ ⑥ ⑦ ⑧ ⑨
	ク	⊖ ± ⓪ ① ② ③ ④ ⑤ ⑥ ⑦ ⑧ ⑨
	ケ	⊖ ± ⓪ ① ② ③ ④ ⑤ ⑥ ⑦ ⑧ ⑨
	コ	⊖ ± ⓪ ① ② ③ ④ ⑤ ⑥ ⑦ ⑧ ⑨
	サ	⊖ ± ⓪ ① ② ③ ④ ⑤ ⑥ ⑦ ⑧ ⑨
	シ	⊖ ± ⓪ ① ② ③ ④ ⑤ ⑥ ⑦ ⑧ ⑨

学試験（英語）解答用紙

出身中学校	

※100点満点

必答問題

④
④
④
④

④
④
④

点×２　（ウ）３点
点

④⑤⑥
④⑤⑥
④
④
④
④
④⑤⑥

6　２点×５

(1)	(a)	①②③④⑤⑥⑦
	(b)	①②③④⑤⑥⑦
	(c)	①②③④⑤⑥⑦
	(d)	①②③④⑤⑥⑦
(2)		①②③④

7　２点×４

(1)	①②③④
(2)	①②③④
(3)	①②③④
(4)	①②③④

8　３点×５

(1)	3番目	①②③④⑤⑥⑦⑧
	6番目	①②③④⑤⑥⑦⑧
(2)	3番目	①②③④⑤⑥⑦⑧
	6番目	①②③④⑤⑥⑦⑧
(3)	3番目	①②③④⑤⑥⑦⑧
	6番目	①②③④⑤⑥⑦⑧
(4)	3番目	①②③④⑤⑥⑦⑧
	6番目	①②③④⑤⑥⑦⑧
(5)	3番目	①②③④⑤⑥⑦⑧
	6番目	①②③④⑤⑥⑦⑧

令和６年度愛知啓成高等学

受験番号				
⓪①②③④⑤⑥⑦⑧⑨	⓪①②③④⑤⑥⑦⑧⑨	⓪①②③④⑤⑥⑦⑧⑨	⓪①②③④⑤⑥⑦⑧⑨	⓪①②③④⑤⑥⑦⑧⑨

氏 名	

［ 選択問題　リスニング ］
サミッティアコース・グローバルコース

1　２点×10

Part1	No.1	① ② ③
	No.2	① ② ③
	No.3	① ② ③
Part2	No.1	① ② ③ ④
	No.2	① ② ③ ④
	No.3	① ② ③ ④
Part3	(1)	① ② ③ ④
	(2)	① ② ③ ④
	(3)	① ② ③ ④
	(4)	① ② ③ ④

［ 選択問題　会話文 ］
アカデミアコース

2　２点×10

(1)	(ア)		① ② ③ ④
	(イ)		① ② ③ ④
	(ウ)		① ② ③ ④
	(エ)		① ② ③ ④
	(オ)		① ② ③ ④
(2)	(ア)		① ② ③ ④
	(イ)		① ② ③ ④
	(ウ)	(c)	① ② ③ ④ ⑤
		(d)	① ② ③ ④ ⑤
	(エ)		① ② ③ ④

これより

3　４点×

(1)	
(2)	
(3)	
(4)	

4　４点×

(1)	
(2)	
(3)	

5　(ア) ３
(エ) ３

(ア)	3番目	
	5番目	
(イ)	(b)	
	(c)	
(ウ)		
(エ)		
(オ)		

令和６年度愛知啓成高等学

サミッティア・グロー

受験番号				
⓪	⓪	⓪	⓪	⓪
①	①	①	①	①
②	②	②	②	②
③	③	③	③	③
④	④	④	④	④
⑤	⑤	⑤	⑤	⑤
⑥	⑥	⑥	⑥	⑥
⑦	⑦	⑦	⑦	⑦
⑧	⑧	⑧	⑧	⑧
⑨	⑨	⑨	⑨	⑨

氏 名	

1

(1)	ア	⊖ ± ⓪ ① ② ③ ④ ⑤ ⑥ ⑦ ⑧ ⑨
	イ	⊖ ± ⓪ ① ② ③ ④ ⑤ ⑥ ⑦ ⑧ ⑨
(2)	ウ	⊖ ± ⓪ ① ② ③ ④ ⑤ ⑥ ⑦ ⑧ ⑨
	エ	⊖ ± ⓪ ① ② ③ ④ ⑤ ⑥ ⑦ ⑧ ⑨
	オ	⊖ ± ⓪ ① ② ③ ④ ⑤ ⑥ ⑦ ⑧ ⑨
	カ	⊖ ± ⓪ ① ② ③ ④ ⑤ ⑥ ⑦ ⑧ ⑨
	キ	⊖ ± ⓪ ① ② ③ ④ ⑤ ⑥ ⑦ ⑧ ⑨
(3)	ク	⊖ ± ⓪ ① ② ③ ④ ⑤ ⑥ ⑦ ⑧ ⑨
	ケ	⊖ ± ⓪ ① ② ③ ④ ⑤ ⑥ ⑦ ⑧ ⑨
	コ	⊖ ± ⓪ ① ② ③ ④ ⑤ ⑥ ⑦ ⑧ ⑨
(4)	サ	⊖ ± ⓪ ① ② ③ ④ ⑤ ⑥ ⑦ ⑧ ⑨
	シ	⊖ ± ⓪ ① ② ③ ④ ⑤ ⑥ ⑦ ⑧ ⑨
	ス	⊖ ± ⓪ ① ② ③ ④ ⑤ ⑥ ⑦ ⑧ ⑨
	セ	⊖ ± ⓪ ① ② ③ ④ ⑤ ⑥ ⑦ ⑧ ⑨
(5)	ソ	⊖ ± ⓪ ① ② ③ ④ ⑤ ⑥ ⑦ ⑧ ⑨
	タ	⊖ ± ⓪ ① ② ③ ④ ⑤ ⑥ ⑦ ⑧ ⑨
	チ	⊖ ± ⓪ ① ② ③ ④ ⑤ ⑥ ⑦ ⑧ ⑨
(6)	ツ	⊖ ± ⓪ ① ② ③ ④ ⑤ ⑥ ⑦ ⑧ ⑨
	テ	⊖ ± ⓪ ① ② ③ ④ ⑤ ⑥ ⑦ ⑧ ⑨
	ト	⊖ ± ⓪ ① ② ③ ④ ⑤ ⑥ ⑦ ⑧ ⑨
(7)	ナ	⊖ ± ⓪ ① ② ③ ④ ⑤ ⑥ ⑦ ⑧ ⑨
	ニ	⊖ ± ⓪ ① ② ③ ④ ⑤ ⑥ ⑦ ⑧ ⑨
	ヌ	⊖ ± ⓪ ① ② ③ ④ ⑤ ⑥ ⑦ ⑧ ⑨
(8)	ネ	⊖ ± ⓪ ① ② ③ ④ ⑤ ⑥ ⑦ ⑧ ⑨
	ノ	⊖ ± ⓪ ① ② ③ ④ ⑤ ⑥ ⑦ ⑧ ⑨
	ハ	⊖ ± ⓪ ① ② ③ ④ ⑤ ⑥ ⑦ ⑧ ⑨

2

(1)	ア	⊖ ± ⓪
	イ	⊖ ± ⓪
	ウ	⊖ ± ⓪
(2)	エ	⊖ ± ⓪
	オ	⊖ ± ⓪
	カ	⊖ ± ⓪
(3)	キ	⊖ ± ⓪

3

(1)	ア	⊖ ± ⓪
	イ	⊖ ± ⓪
(2)	ウ	⊖ ± ⓪
	エ	⊖ ± ⓪
	オ	⊖ ± ⓪
	カ	⊖ ± ⓪
(3)	キ	⊖ ± ⓪
	ク	⊖ ± ⓪
	ケ	⊖ ± ⓪
	コ	⊖ ± ⓪

【解答

令和６年度愛知啓成高等

受験番号				
⓪	⓪	⓪	⓪	⓪
①	①	①	①	①
②	②	②	②	②
③	③	③	③	③
④	④	④	④	④
⑤	⑤	⑤	⑤	⑤
⑥	⑥	⑥	⑥	⑥
⑦	⑦	⑦	⑦	⑦
⑧	⑧	⑧	⑧	⑧
⑨	⑨	⑨	⑨	⑨

氏 名	

一
問一．４点
問二．３点×２
問三．４点
問四．４点
問五．４点
問六．４点
問七．４点

二
問一．１点×５
問二．３点×２
問三．４点
問四．４点
問五．４点
問六．４点
問七．３点

三
問一．２点×３
問二．２点
問三．３点
問四．３点
問五．４点
問六．４点
問七．４点
問八．４点

四
１点×５

一

問一		①②③④
問二	A	①②③④⑤
	B	①②③④⑤
問三		①②③④
問四		①②③④
問五		①②③④
問六		①②③④
問七		①②③④

二

問一	a	①②③④
	b	①②③④
	c	①②③④
	d	①②③④
	e	①②③④
問二	A	①②③④
	B	①②③④
問三		①②③④
問四		①②③④
問五		①②③④
問六		①②③④
問七		①②③④

三

問一	1	
	2	
	3	
問二		
問三		
問四		
問五		
問六		
問七		
問八		

R６ 一般　Script

1 サミッティアコース・グローバルコース 選択問題

※音声は収録しておりませ

放送を聞いて、次の Part1 から Part3 の問いに答えなさい、なお、全ての問題でメモをとっても かまいません。

Part1 対話を聞き、その最後の発言に対する応答として最も適切なものを、放送される①～③の中から1つ選び、マークしなさい。対話文は1度だけ読まれます。

NO.1

M:　I'm hungry, Dad.

R:　Me, too.　Let's make something.

M:　How about pancakes?

R:　① On the weekend.　② For my friends.　③ That's a good idea.

NO.2

R:　Oh, no!

M:　What's wrong?

R:　My watch has stopped working again.

M:　① I think it's on your desk.　② Maybe you need a new one.
③ We can finish tomorrow.

NO.3

M:　Jeff, you look sad.

R:　I didn't do well on my math test.

M:　Really?　But you're good at math.

R:　① I finished my homework.　② I didn't go there.
③ I didn't study enough.

4 次のチラシを読み，あとの問いに答えなさい。

FOOTBALL TEAM
CAR WASH

The Hudson high school football team will wash cars for money.

We want new uniforms for the next game.

Our team has 20 players.

Place	Parking lot at Rainbow Mall
Date	Sunday, July 1
Time	9:00 to 17:00
Cost	$15 for each car

- Enjoy cold drinks during the car wash. Drinks will be $2 each.
- All customers will receive two *free tickets to our October 20 football game against George high school.
- We will take a lunch break. (12:00-12:45)

For more information, call Mr. Miller at Hudson high school at 123-456-789

（注）free 無料の

（1） Why will the Hudson high school football team wash cars?

① To make people happy. ② To support their parents.

③ To buy their new uniforms. ④ To join the next game.

（2） What can people do if they come to this car wash event?

① They can enjoy free cold drinks.

② They can buy anything cheaper at Rainbow Mall.

③ They can take pictures of the Hudson high school football team members.

④ They can get free football tickets.

（3） Which of the following is true?

① George high school students will help Hudson high school students wash cars.

② The Hudson high school football team will get forty-five dollars if they wash three cars.

③ People are asked to check the Internet to get more information.

④ The George high school football team will have lunch at Rainbow Mall.

5 高校生のリサ（Lisa），ジョン（John），哲也（Tetsuya）が，加藤先生（Ms. Kato）の授業で発表をしています。これを読み，あとの問いに答えなさい。

Ms. Kato : Good morning, everyone. In the last class, we learned about food. There are many kinds of food which are not good for our *health. Many people become sick because they are not careful about food. The important thing is to know more about food. Today, we are going to think about *eating habits. I told (a) (① as / ② study / ③ about / ④ to / ⑤ you / ⑥ them) your homework last week. Please show it to the class. Any volunteers?

Lisa : Yes. Did you have breakfast this morning everyone? Please look at this *graph. This shows the *percentage of people who don't have breakfast. I am surprised that many people don't have breakfast. The percentage of men (b) who don't have breakfast is the highest. (c) of women who are from 15 to 19 don't have breakfast. Some of them are *on a diet because they want to look nice. People should know that having breakfast is very important for their health.

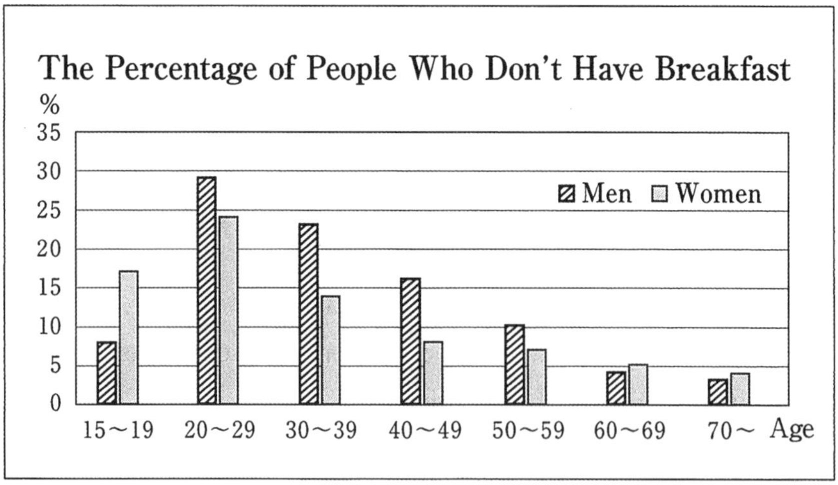

Ms. Kato : Thank you, Lisa. Who's next?

John : I am. I used the Internet to learn about eating habits. Our bodies begin to work well after we have breakfast. Breakfast gives us energy to work *all day. If we feel sleepy or tired during a class, we should improve our breakfast habit. An American scientist says that students who have breakfast do better in math than students who don't.

Ms. Kato : Very interesting. Next please.

Tetsuya : Yes, Ms. Kato. Let me talk about my breakfast. I think it is also important for us (d)________________________ to keep our health. So, I eat meat, fish, and vegetables every morning. Actually, I *grow vegetables at home. I have learned I can get a lot of vegetables if I grow them with love. That has changed me. Before I grew vegetables, I didn't like to eat them. But now they are the food I like the most. I hope everyone will eat more vegetables.

Ms. Kato : Very nice. We learned important things for our health.

(注) health 健康　eating habits 食習慣　graph グラフ　percentage 割合
on a diet ダイエット中で　all day 一日中　grow ～を育てる

(ア) (a) を並べ替えたとき, (　　) 内の3番目と5番目にくる語をそれぞれマークしなさい。

(イ) (b) (c) に入る適切なものを, グラフを参考にしてそれぞれ1つ選び, マークしなさい。

(b) ① from 15 to 19　② from 20 to 29　③ from 30 to 39　④ from 40 to 49

(c) ① About 29%　② About 23%　③ About 17%　④ About 14%

(ウ) 下線部 (d) に入る適切なものを1つ選び, マークしなさい。

① to eat breakfast at the same hour every day

② to only eat good food for our body

③ to eat many kinds of food

④ to eat food slowly

(エ) 次の英文はグラフを見た加藤先生の反応である。加藤先生の年齢層に当てはまるものを1つ選び, マークしなさい。

Ms. Kato said, "I was surprised to learn that the percentage of men from 15 to 19 who don't eat breakfast is as *low as the women from my *generation."

(注) low 低い　generation 世代

① from 20 to 29　② from 30 to 39　③ from 40 to 49　④ from 50 to 59

（オ）本文の内容に合うものを2つ選び，マークしなさい。

① John says that breakfast helps us work harder.

② The homework Ms. Kato gave students was to study about some vegetables.

③ If people don't have breakfast every morning, they will become sick soon.

④ Lisa thinks that young women are on a diet because they are careful about their health.

⑤ Vegetables have been Tetsuya's favorite food since he began to grow them.

⑥ Tetsuya learned about how to grow vegetables on the Internet.

6 次の地図を見て，あとの問いに答えなさい。

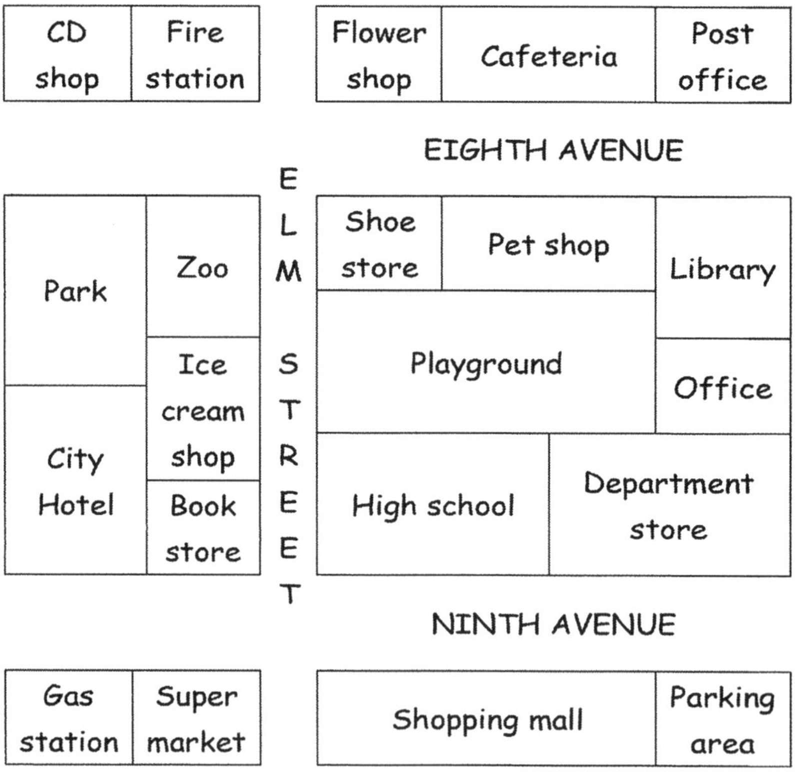

（1）次の対話文中の（ a ）～（ d ）に入る適切なものを①～⑦からそれぞれ1つ選び，マークしなさい。ただし，同じものを２回以上用いてはならない。

Kenta and his friends are talking at the cafeteria. They want to visit several places, but they don't know the city very well. They need help.

≪At the cafeteria≫

Kenta : Excuse me, can you tell us the way to the City Hotel from here?

Waiter : Sure. Walk along Eighth Avenue to Elm Street and (a). Walk down Elm Street to (b) and (c). You'll see the hotel (d), across from the gas station.

① on your right	② Ninth Avenue	③ next to	④ turn right
⑤ Eighth Avenue	⑥ on your left	⑦ turn left	

（2）次の問いに対する答えとして適切なものを１つ選び，マークしなさい。

Yuji is at the parking area on Ninth Avenue. He is going to pick up Tomoko. Yuji goes straight along Ninth Avenue to Elm Street and turns right. He walks up Elm Street to Eighth Avenue and turns left. He goes to a building on his right, the second building from the corner. At the building, he meets Tomoko. Where is Tomoko now?

① At the flower shop.　　② At the CD shop.

③ At the pet shop.　　④ At the ice cream shop.

7 以下の英文の（　　）に入る適切な語（句）を１つ選び，マークしなさい。

（1）I feel like (① talk ② to talk ③ talking ④ talked) about my favorite movies.

（2）She apologized (① to ② for ③ at ④ with) the trouble.

（3）It is very (① bored ② careless ③ independent ④ scared) to make the same mistakes again.

（4）The temperature is getting higher (① according to ② thanks to ③ as for ④ because of) global warming.

8 日本文に合うように，(　　　) 内の語（句）を並べ替えるとき，(　　　) 内の3番目と6番目にくる語（句）をそれぞれマークしなさい。ただし，文頭の語（句）も小文字で示されています。

(1) ケイコを彼に紹介させていただいてもよろしいでしょうか。

(① to introduce ② like ③ to ④ you ⑤ would ⑥ him ⑦ me ⑧ Keiko) ?

(2) 私はこれらの2通の手紙を見ると楽しい日々を思い出します。

(① me ② letters ③ the ④ remind ⑤ two ⑥ these ⑦ happy days ⑧ of).

(3) あなたからの便りを楽しみに待っています。

(① from ② forward ③ I ④ hearing ⑤ to ⑥ am ⑦ you ⑧ looking).

(4) 図書館には食べ物を持ってきてはいけません。

(① into ② something ③ bring ④ must ⑤ eat ⑥ you ⑦ to ⑧ not) the library.

(5) 私は大変疲れていたので、まっすぐ立つことすらできなかった。

I was (① that ② up ③ I ④ tired ⑤ even ⑥ stand ⑦ couldn't ⑧ so) straight.

愛 知 啓 成 高 等 学 校

令和６年度　入学試験問題（1月23日実施）

理　科

試験開始の合図があるまで，この問題冊子を開かず，
下記の注意事項をよく読むこと。

注　意　事　項

(1) 時間は30分とする。

(2) 机上は受験票・筆記用具のみとし,定規・分度器などの使用は禁止します。

(3) 答えはすべて解答用紙に記入すること。

(4) 問題はすべてマークで解答します。ＨＢの鉛筆でしっかりマークすること。

(5) 訂正する場合は消しゴムできれいに消すこと。

(6) この問題冊子は16ページあります。試験開始後，総ページ数を確認すること。本冊子に脱落や印刷不鮮明の箇所および解答用紙に汚れ等があれば，試験監督者に申し出ること。

(7) 試験開始の合図で解答用紙の所定欄に，受験番号・氏名・出身中学校名を明確に記入し,解答を始めること。また,受験番号にはマークもすること。

(8) 試験終了の合図で上記 (7) の事項を再度確認し，試験監督者の指示に従うこと。

マークシートの書き方

良い例	悪い例
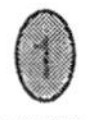	

1 問１・問２に答えなさい。

問１．化学変化と熱の関係性を調べるために，次の**【実験１】**・**【実験２】**をおこなった。下の各問いに答えなさい。

【実験１】 **図１**のように，鉄粉と活性炭をよく混ぜながら温度をはかった。また，**図２**のように，鉄粉と活性炭を混ぜたものに食塩水を数滴たらし，よく混ぜながら温度をはかった。

【実験２】 **【実験１】**で，温度変化が最も大きくなった直後，火のついたろうそくを入れた。

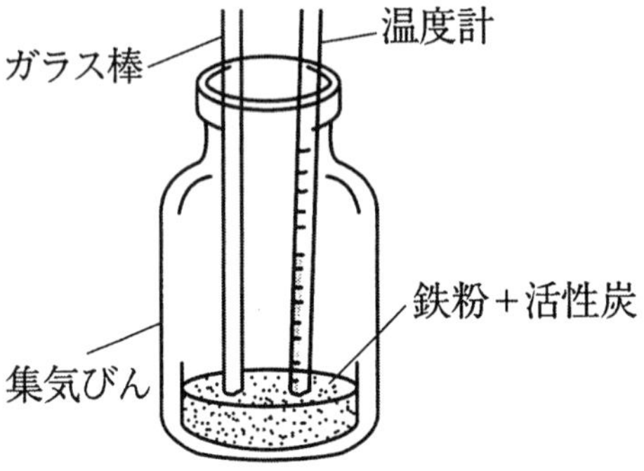

図１

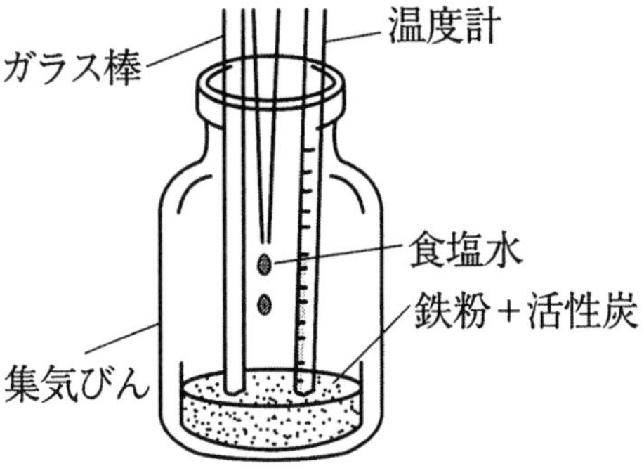

図２

（１）　**【実験１】**について，この反応を利用している最も適当なものを，次の①～④の中から１つ選び，マークしなさい。 1

① マッチ　② 使い捨てカイロ　③ ドライアイス　④ 冷却パック

（2） **図1**と**図2**では，どちらの温度変化が大きいか。また，鉄粉に起こった化学変化は何か。組み合わせとして最も適当なものを，次の①～⑥のうちから1つ選び，マークしなさい。 [2]

	温度変化	化学変化
①	**図1**が大きい	分解
②	**図1**が大きい	酸化
③	**図1**が大きい	燃焼
④	**図2**が大きい	分解
⑤	**図2**が大きい	酸化
⑥	**図2**が大きい	燃焼

（3） **【実験2】**では，すぐにろうそくの火が消えた。その理由として最も適当なものを，次の①～④の中から1つ選び，マークしなさい。 [3]

① **【実験1】**で，集気びん内に二酸化炭素が発生していたため。
② **【実験1】**で，集気びん内に水素が発生していたため。
③ **【実験1】**で，集気びん内の酸素がなくなっていたため。
④ **【実験1】**で，集気びん内の窒素がなくなっていたため。

（4） **【実験1】**・**【実験2】**について述べた記述のうち**誤っているもの**を，次の①～③のうちから1つ選び，マークしなさい。 [4]

① 粉末状の鉄を用いるのは，触れ合う表面積を増すためである。
② 食塩水を加えるのは，反応をはやく進ませるためである。
③ 活性炭は，空気中の水分を集めるはたらきをしている。

問２．次の水溶液 A ～ C について，性質をもとに水溶液を判別するために，**【実験３】**・**【実験４】**をおこなった。**【表１】**はその結果をまとめたものである。下の各問いに答えなさい。なお，水溶液 A ～ C はそれぞれ，うすい塩酸，食塩水，うすい水酸化ナトリウム水溶液のいずれかである。

【実験３】 水溶液 A ～ C を少量ずつとり，マグネシウムリボンを加え，気体が発生するかどうか調べた。

【実験４】 水溶液 A ～ C を少量ずつとり，フェノールフタレイン溶液を加え，水溶液の色を観察した。

【表１】

	A	B	C
【実験３】 気体の発生	発生しなかった	発生しなかった	発生した
【実験４】 水溶液の色	無色	赤色	無色

（１） **【実験３】**で発生した気体とその収集方法について，最も適当な組み合わせを，次の①～⑥のうちから１つ選び，マークしなさい。 5

	発生した気体	収集方法
①	水素	水上置換
②	水素	下方置換
③	酸素	水上置換
④	酸素	上方置換
⑤	二酸化炭素	上方置換
⑥	二酸化炭素	下方置換

（２） 水溶液 B，および C は何であるか。次の①～③のうちからそれぞれ１つずつ選び，マークしなさい。 水溶液 B 6 ・水溶液 C 7

① うすい塩酸　　② 食塩水　　③ うすい水酸化ナトリウム水溶液

次に，酸性・塩基性を示す粒子を確認する実験をおこなった。

【実験５】 図３のように、もめん糸にうすい塩酸，またはうすい水酸化ナトリウム水溶液をしみ込ませ，電気を通す水溶液で湿らせたろ紙の上にリトマス紙を置いた装置で，それぞれ電圧を加えたときのリトマス紙の色の変化を観察した。

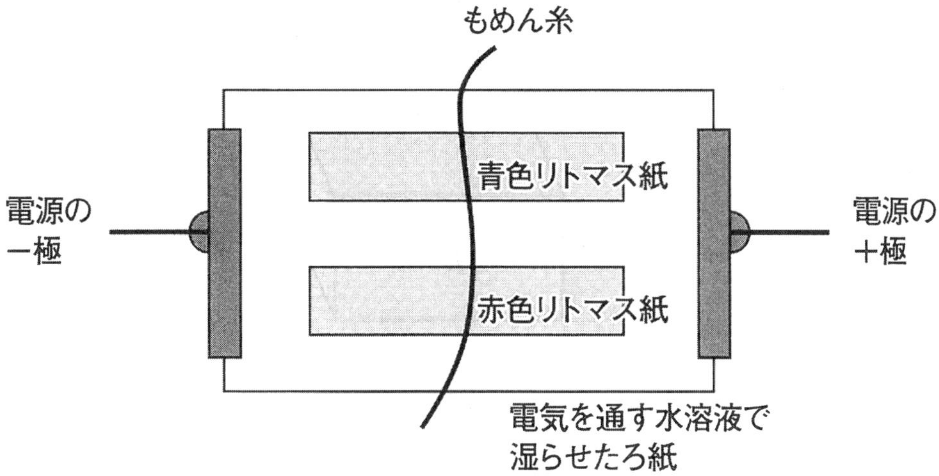

図３

> 実験結果
> ・うすい塩酸を用いた場合，もめん糸より－極側にむかって青色リトマス紙が赤く変化した。
> ・うすい水酸化ナトリウム水溶液を用いた場合，もめん糸より＋極側にむかって赤色リトマス紙が青く変化した。

（3） 実験結果から考えられる，酸性を示す粒子と塩基性を示す粒子について正しく説明した文章は次のうちどれか。最も適当なものを，次の①～④のうちから1つ選び，マークしなさい。 [8]

① ＋極にむかって移動した水素イオンが，酸性を示す粒子である。

② ＋極にむかって移動した水酸化物イオンが，塩基性を示す粒子である。

③ －極にむかって移動した水素イオンが，塩基性を示す粒子である。

④ －極にむかって移動した水酸化物イオンが，酸性を示す粒子である。

[2] 問1・問2に答えなさい。

問1．水平な床の上に，**図1**のような，質量 500 g の直方体のおもりを水平な床の上に置いた。下の各問いに答えなさい。ただし，質量 100 g の物体にはたらく重力を 1 N とし，大気圧による影響は考えないものとする。

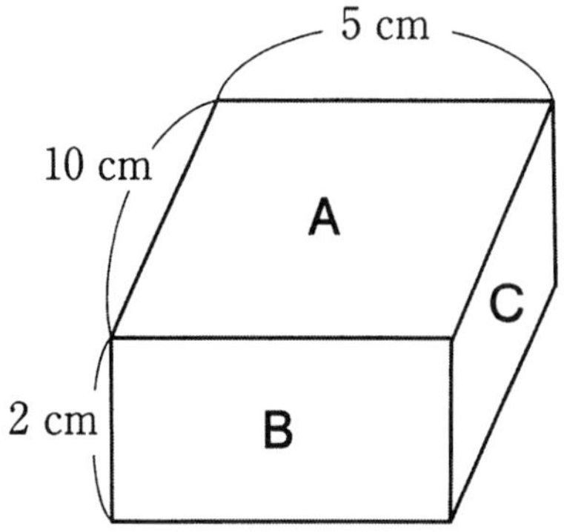

図1

（1）**図1**のおもりの面 **C** を下にして，水平面上に置いた。このおもりにはたらく重力の大きさとして最も適当なものを，次の①～⑤の中から1つ選び，マークしなさい。[1]

① 1 N　② 5 N　③ 10 N　④ 20 N　⑤ 50 N

（2）床がおもりから受ける圧力が最も大きくなるのは，**A**，**B**，**C** のどの面を下にして置いたときか。最も適当なものを，次の①～④の中から1つ選び，マークしなさい。[2]

① A　② B　③ C　④ すべて同じ

（3）（2）のとき，床がおもりから受ける圧力の大きさとして最も適当なものを，次の①～⑥の中から1つ選び，マークしなさい。[3]

① 100 Pa　② 250 Pa　③ 500 Pa　④ 1000 Pa　⑤ 2500 Pa　⑥ 5000 Pa

次に，**図1**と同じおもりに軽いばねをとりつけ，**図2**のように手で引っ張り上げた。

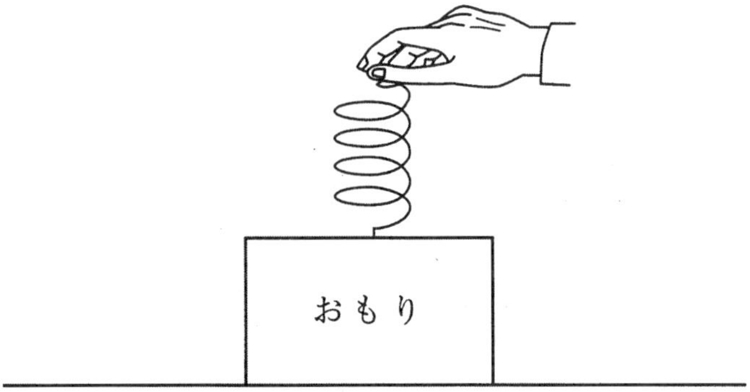

図2

（4）　おもりが地面から離れた際に，手に加えられた力の大きさとして最も適当なものを，次の①～⑤の中から１つ選び，マークしなさい。 4

①　1 N　　②　5 N　　③　10 N　　④　20 N　　⑤　50 N

（5）　（4）のときのばねの伸びとして最も適当なものを，次の①～⑤の中から１つ選び，マークしなさい。ただし，1 N の力を加えたときのばねの伸びは 2 cm，3 N の力を加えたときのばねの伸びは 6 cm とする。 5

①　1 cm　　②　4 cm　　③　8 cm　　④　10 cm　　⑤　12 cm

問2．図3は，抵抗線PとQについて，加わる電圧と電流の関係を表したグラフである。下の各問いに答えなさい。

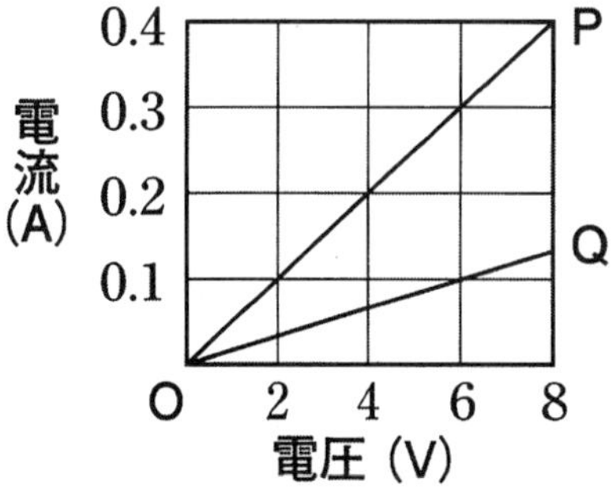

図 1

（1） 抵抗線Pの抵抗の値として最も適当なものを，次の①～④の中から1つ選び，マークしなさい。 6

① 20 Ω　　② 40 Ω　　③ 60 Ω　　④ 80 Ω

（2） 抵抗線PとQを直列でつないだときの合成抵抗値として最も適当なものを，次の①～⑥の中から1つ選び，マークしなさい。 7

① 15 Ω　② 30 Ω　③ 45 Ω　④ 60 Ω　⑤ 80 Ω　⑥ 120 Ω

3 問1・問2に答えなさい。

問1．細胞について，次の各問いに答えなさい。

（1） 動物の細胞と植物の細胞を観察した時，共通して観察できるものを，次の①～④の中から**すべて選び**，マークしなさい。 1

① 核　② 葉緑体　③ 細胞膜　④ 細胞壁

（2） 細胞にはさまざまな大きさのものが存在する。以下の生物や細胞を大きい方から順に並べたときに，2 番目と 5 番目になるものを，次の①～⑥のうちからそれぞれ1つずつ選び，マークしなさい。

2番目 2 ・5番目 3

① ヒトの卵　② ゾウリムシ　③ ニワトリの卵
④ オオカナダモの葉の細胞　⑤ ヒトの赤血球　⑥ 大腸菌

（3） 生物には，からだが1つの細胞だけで構成されている単細胞生物もいれば，ヒトのように多くの細胞が集まって構成される多細胞生物もいる。多細胞生物であるものを，次の①～⑥のうちから**2つ選び**，マークしなさい。

4

① ミジンコ　② ゾウリムシ　③ ブタ
④ ミドリムシ　⑤ アメーバ　⑥ミカヅキモ

（4） 生物の組織・器官は，細胞が集まって形成されている。これについて述べた次の記述のうち**誤っているもの**を，次の①～⑤のうちから**すべて選び**，マークしなさい。 5

① 多くの植物において，気孔は葉の表側に多い。
② 茎の維管束は，葉と根の間で水や養分を通す働きを持つ。
③ 根にある維管束は，土から吸い上げた水を茎の維管束へと供給している。
④ アスパラガスを輪切りにして切り口を着色した水にしばらくつけておくと，切り口の維管束が染まるのが観察できる。
⑤ 気孔細胞とよばれる2つの細胞によってはさまれた穴を気孔という。

問２．次の図は，脊つい動物 A ～ E をその特徴により分類したものである。図中の A はホニュウ類で，B ～ E はハチュウ類，両生類，鳥類，魚類のいずれかの動物を示している。また，A ～ E が持つ特徴をその共通性でまとめたものが**グループⅠ～Ⅲ**である。**グループⅠ**は A と B の，**グループⅡ**は B ～ E の，**グループⅢ**は C と E の共通した特徴を示している。下の各問いに答えなさい。ただし，動物 E は幼生と成体で呼吸方法が変化する動物である。

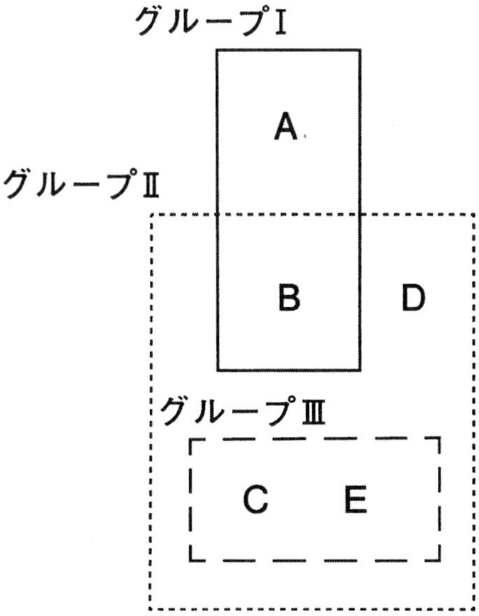

（1）　**グループⅠ**は恒温動物を示している。B にあてはまる動物として適当なものを，次の①～⑦の中から**すべて選び**，マークしなさい。　6

① イモリ　　② コウモリ　　③ コイ　　④ ネコ
⑤ カメ　　⑥ ペンギン　　⑦ ハト

（2）　**グループⅡ・Ⅲ**の特徴として最も適当なものを，次の①～⑥の中からそれぞれ1つ選び，マークしなさい。　**グループⅡ** 7 ・**グループⅢ** 8

① 卵生である。
② 胎生である。
③ からのない卵を水中に産む。
④ からのない卵を陸上に産む。
⑤ からのある卵を水中に産む。
⑥ からのある卵を陸上に産む。

（3）　C にあてはまる動物として適当なものを，次の①～⑦の中から**すべて選び**，マークしなさい。 [9]

① ヤモリ　② ワニ　③ キンギョ　④ ツバメ
⑤ ヘビ　⑥ カエル　⑦ イワシ

（4）　D の体表のようすについて最も適当なものを，次の①～④の中から１つ選び，マークしなさい。 [10]

① つねにぬれている。
② うろこやこうらでおおわれている。
③ 体毛でおおわれている。
④ 羽毛でおおわれている。

（5）　進化の過程で，イヌの前あしと同じ起源をもっている器官として最も適当なものを，次の①～⑥の中から**すべて選び**，マークしなさい。 [11]

① カモのあし　② モンシロチョウのはね　③ コウモリのつばさ
④ ヒトの腕と手　⑤ カマキリの前あし　⑥ シャチの胸びれ

4 問１・問２に答えなさい。

問１．**図１**は，複数の地震観測地点に届いたＳ波について，震源からの距離と到達時刻をまとめてグラフに表したものである。Ｐ波の速さを 6.0 km/s として，下の各問いに答えなさい。

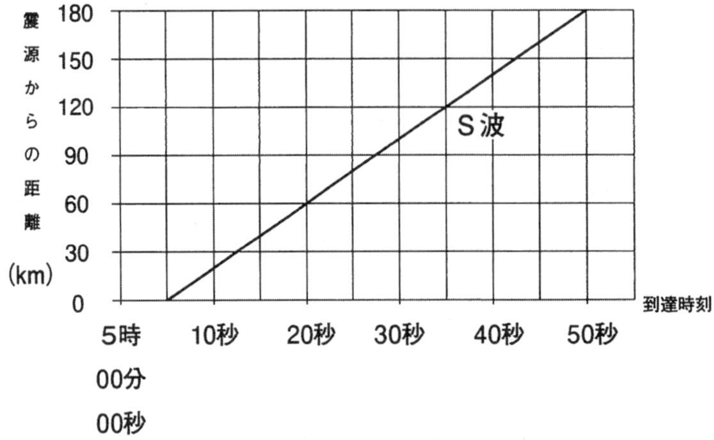

図１

（１） 次の文章は，緊急地震速報について述べたものである。
空欄（ a ）～（ c ）に当てはまる語句の組み合わせとして最も適当なものを，下の①～④のうちから１つ選び，マークしなさい。 1

緊急地震速報は，震源に近いところに設置した地震計で（ a ）波を感知して（ b ）波の到達時刻や震度を予測して知らせる気象庁のシステムである。震源からの距離が遠い地域では，（ a ）波が到達してから，（ b ）波が到達するまでの時間は，（ c ）なるため，わずかな時間でも地震に対する心構えができる。大きな主要動に備えることができれば，被害を減らすことも期待できる。

	（ a ）	（ b ）	（ c ）
①	P	S	短く
②	P	S	長く
③	S	P	短く
④	S	P	長く

（2） S波の伝わる速さは何 km/s か。最も適当なものを，次の①～⑤の中から1つ選び，マークしなさい。 2

① 3.0 km/s　② 3.6 km/s　③ 4.0 km/s　④ 4.8 km/s　⑤ 5.0 km/s

（3） この地震のP波について，震源からの距離と到達時刻の関係を表すグラフとして最も適当なものを，次の①～⑥の中から1つ選び，マークしなさい。

3

①
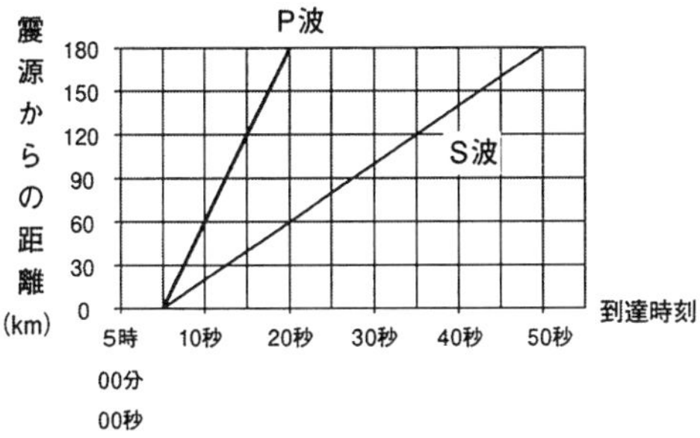

②
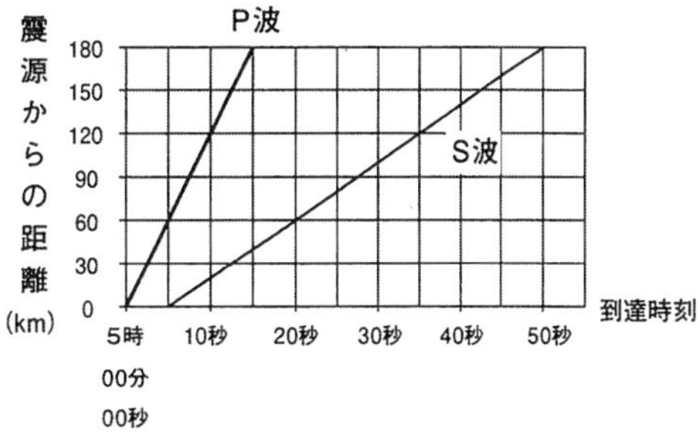

③
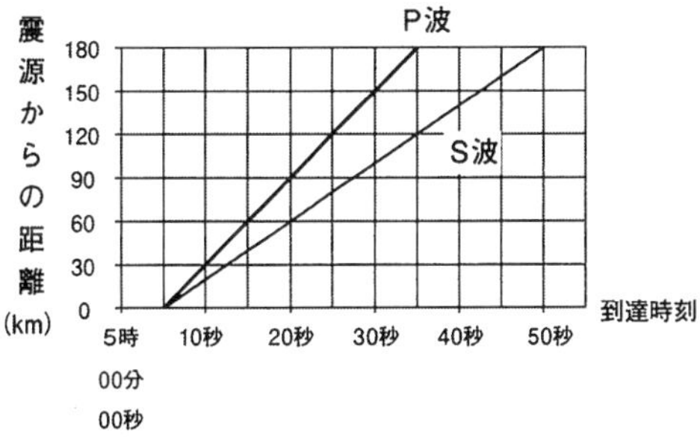

④
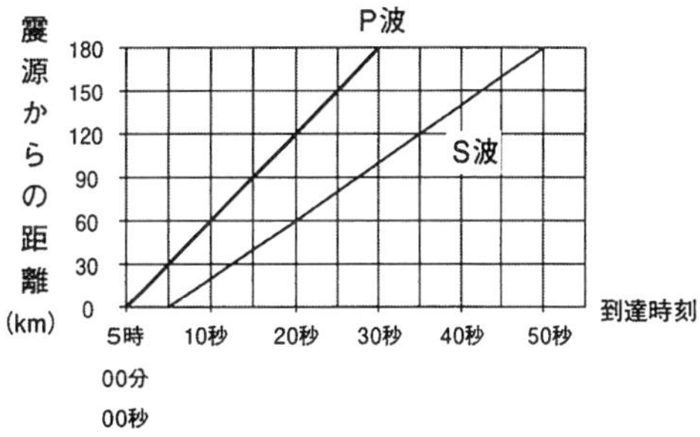

⑤
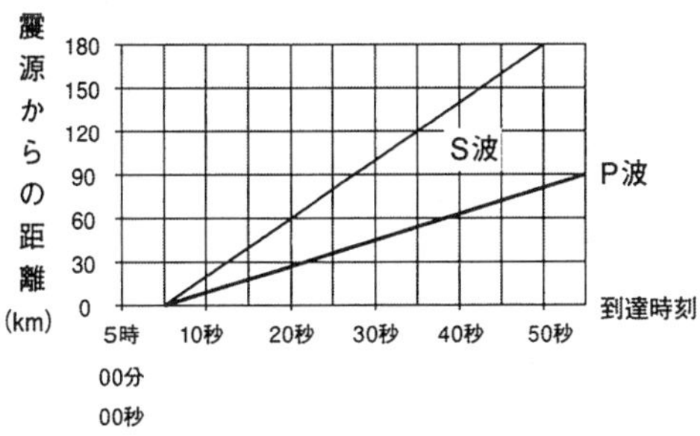

⑥
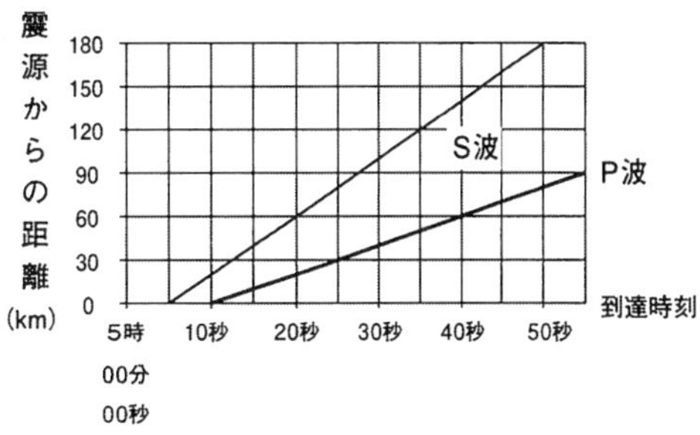

この地震で，震源から 30 km 離れた地震計ではじめに観測された小さな波をもとに緊急地震速報のシステムがはたらく仕組みを**図２**に表す。地震計がこの小さな波を観測してから 10 秒後に，震源から 144 km 離れたテレビのある家で緊急地震速報を受信した。P 波と S 波の進む速さは一定である。

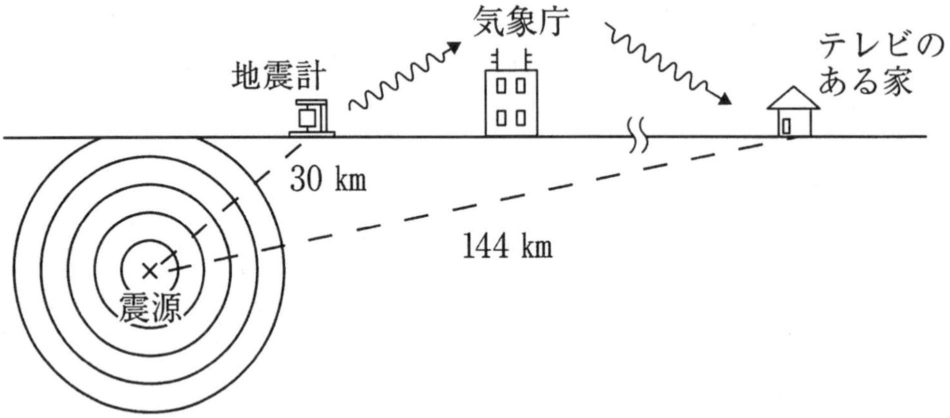

図2

（4）　この家の初期微動継続時間として最も適当なものを，次の①～⑤の中から１つ選び，マークしなさい。 4

① 4.8 秒　② 6.0 秒　③ 12 秒　④ 16 秒　⑤ 24 秒

（5）　この家で，テレビの緊急地震速報を受信してから主要動が到達するまでの時間として最も適当なものを，次の①～⑤の中から１つ選び，マークしなさい。 5

① 0 秒　② 15 秒　③ 21 秒　④ 25 秒　⑤ 33 秒

問2．日本付近では，温かい空気と冷たい空気が風を生み，前線を形成することがある。下の各問いに答えなさい。

（1） **図3**は上昇気流の空気の流れを表したものである。**図3**は高気圧か，低気圧か。また，**図3**中の風向きは**ア**，または**イ**のどちらか。組み合わせとして最も適当なものを，下の①～④のうちから1つ選び，マークしなさい。

6

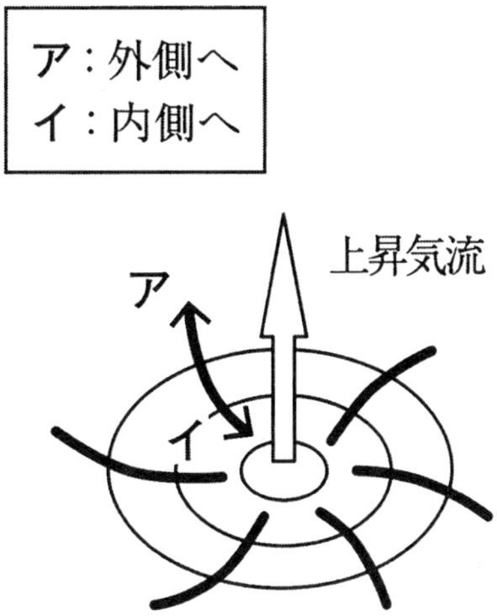

図3

	気圧	風向き
①	高気圧	ア
②	高気圧	イ
③	低気圧	ア
④	低気圧	イ

（2） **図4**は，日本付近の温帯低気圧のようすを表したものである。また，下の記述 A ～ D に天気の特徴を示している。**図4のウ**，**エ**の前線名と，それによってもたらされる天気の特徴 A ～ D の組み合わせとして最も適当なものを，下の①～⑧のうちから1つ選び，マークしなさい。ただし，図は上が北向きとして示してある。 [7]

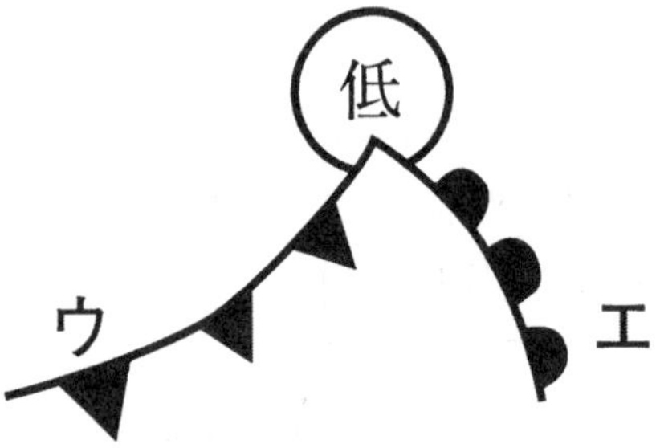

図4

【天気の特徴】

A　狭い範囲で，はげしい雨が短時間にわたり降る。

B　狭い範囲で，おだやかな雨が長時間にわたり降る。

C　広い範囲で，おだやかな雨が長時間にわたり降る。

D　広い範囲で，はげしい雨が短時間にわたり降る。

	前線名		天気の特徴	
	前線ウ	前線エ	前線ウ	前線エ
①	温暖前線	寒冷前線	A	C
②	温暖前線	寒冷前線	B	D
③	温暖前線	寒冷前線	C	A
④	温暖前線	寒冷前線	D	B
⑤	寒冷前線	温暖前線	A	C
⑥	寒冷前線	温暖前線	B	D
⑦	寒冷前線	温暖前線	C	A
⑧	寒冷前線	温暖前線	D	B

（3） 次の文章は，**図4**の温帯低気圧について説明したものである。空欄（ a ）・（ c ）に当てはまる語句，空欄（ b ）に当てはまる天気図の組み合わせとして最も適当なものを，下の①～⑧のうちから１つ選び，マークしなさい。 8

ウの前線と**エ**の前線の進む向きは（ a ）であり，それぞれの前線の進む速度が異なるため，しだいに，（ b ）のような天気図で表す（ c ）前線に変わっていく。

	（ a ）	（ b ）	（ c ）
①	同じ		停滞
②	同じ		閉塞
③	同じ		閉塞
④	同じ		停滞
⑤	反対		停滞
⑥	反対		閉塞
⑦	反対		閉塞
⑧	反対		停滞

2024(R6) 愛知啓成高
K 教英出版

愛 知 啓 成 高 等 学 校

令和６年度　入学試験問題（1月23日実施）

社　会

試験開始の合図があるまで，この問題冊子を開かず，
下記の注意事項をよく読むこと。

注　意　事　項

(1)　時間は30分とする。

(2)　机上は受験票・筆記用具のみとし，定規・分度器などの使用は禁止します。

(3)　答えはすべて解答用紙に記入すること。

(4)　問題はすべてマークで解答します。ＨＢの鉛筆でしっかりマークすること。

(5)　訂正する場合は消しゴムできれいに消すこと。

(6)　この問題冊子は13ページあります。試験開始後，総ページ数を確認すること。本冊子に脱落や印刷不鮮明の箇所および解答用紙に汚れ等があれば，試験監督者に申し出ること。

(7)　試験開始の合図で解答用紙の所定欄に，受験番号・氏名・出身中学校名を明確に記入し，解答を始めること。また，受験番号にはマークもすること。

(8)　試験終了の合図で上記 (7) の事項を再度確認し，試験監督者の指示に従うこと。

マークシートの書き方

良い例	悪い例
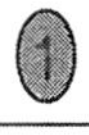	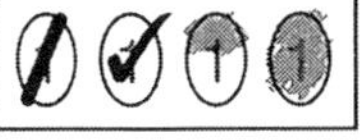

1　設問A・Bの問いに答えなさい。

設問A　次の資料１～３は，「女神」像や「女神」を描いたものである。また，メモ１・２はその「女神」についてまとめたものである。問１～問２の問いに答えなさい。

資料１

資料２

資料３

メモ１

資料１の「女神」像は，①ギリシャの文化が東方に広まってできたヘレニズムの文化の彫刻である。

メモ２

資料３で描かれた「女神」を見ると，忘れられていた古代ギリシャ・ローマの文化が復活したことが見てとれる。なぜなら資料２と比べると，［　A　］からである。

問１　下線部①に関して，このような文化がおこったのはある人物が，紀元前４世紀頃にペルシャを征服し，インダス川にまで進出したためである。この人物として正しいものを，次の①～④の中から１つ選び，マークしなさい。

［　1　］

① アレクサンドロス大王
② ハンムラビ王
③ ラファエロ
④ セシル・ローズ

問２　メモ２の［　A　］に入る文章として適当なものを，次の①～④の中から１つ選び，マークしなさい。［ 2 ］

① 女神の描き方などに，イスラム教の神々の影響を見てとれる
② 当時の流行や世の中のありさまを反映した版画となっている
③ 人間そのものに価値を認め，神々も人間のようないきいきとした姿で描かれている
④ キリスト教の神々を題材にして描かれており，キリスト教との関係の深さがうかがえる

設問B　次の資料は戦いや革命，戦争に関するものである。資料１～４についての問３～問５の問いに答えなさい。

資料１

資料２

資料３

資料４

問3　資料1・2について説明したⅠ・Ⅱの文の正誤の組み合わせとして正しいものを，次の①〜④の中から1つ選び，マークしなさい。 3

Ⅰ：資料1の兵士は，古代ギリシャの奴隷であり，アテネでは奴隷を含むすべての成年男性が参加する民会を中心に，民主政が行われていた。

Ⅱ：資料2は，集団で戦い，火薬を使った武器で戦うモンゴル軍に対し，御家人たちが苦しめられた文永の役の様子が描かれている。

① Ⅰ：正　Ⅱ：正　　② Ⅰ：正　Ⅱ：誤
③ Ⅰ：誤　Ⅱ：正　　④ Ⅰ：誤　Ⅱ：誤

問4　資料3はフランス革命前のフランスを風刺した版画である。これに関連し，フランス革命に関係したできごとについて説明した文①〜⑤を古い順に並べたときに**3番目**にくるものをマークしなさい。 4

① 国王を退位（のち処刑）させ，共和政となる。
② 人権宣言が発表される。
③ 特権をもつ階級への課税のため，三部会が開かれる。
④ 国民議会が設立される。
⑤ 国民に兵役の義務を課す徴兵制を導入した。

問5　次の年表は，資料 4 に関するできごとをまとめたものである。この年表を見て，下の文章の空らん（　A　）・（　B　）にあてはまるものの組み合わせとして正しいものを，次の①〜④の中から1つ選び，マークしなさい。
5

年号	できごと
1894 年	日清戦争がおこる
1895 年	三国干渉がおこる

年表

日清戦争の講和条約により，（　A　）が決められた。この直後に（　B　）による三国干渉がおこり，対抗する力のなかった日本はこれを受け入れた。

	（ A ）	（ B ）
①	韓国における日本の優越権を認めること	アメリカ・ドイツ・イギリス
②	韓国における日本の優越権を認めること	ロシア・ドイツ・フランス
③	遼東半島を日本にゆずりわたすこと	アメリカ・ドイツ・イギリス
④	遼東半島を日本にゆずりわたすこと	ロシア・ドイツ・フランス

2　次の略年表を見て，問１～問４の問いに答えなさい。

年号	できごと
1543 年	（ア）鉄砲伝来
1549 年	（イ）キリスト教伝来
1582 年	（ウ）天正遣欧使節の派遣

略年表

問１　下線部（ア）に関して，（1）・（2）の問いに答えなさい。

（1）鉄砲を日本にもたらした国として正しいものを，次の地図中の①～⑤の中から１つ選び，マークしなさい。なお，この地図は現代のものを使用している。　6

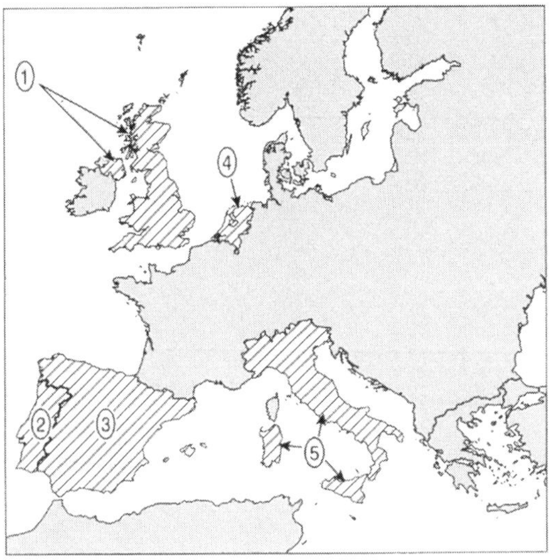

（2）鉄砲が使われた戦いではないものを，次の①～④の中から１つ選び，マークしなさい。　7

①　長篠の戦い　　②　応仁の乱　　③　文禄の役　　④　関ヶ原の戦い

問２　下線部（イ）に関して，この時日本に伝わったキリスト教の宗派と伝えた人物の組み合わせとして正しいものを，次の①～④の中から１つ選び，マークしなさい。　8

	伝わった宗派	伝えた人物
①	カトリック	フランシスコ・ザビエル
②	カトリック	マルティン・ルター
③	プロテスタント	フランシスコ・ザビエル
④	プロテスタント	マルティン・ルター

問3　下線部（ウ）に関連して，次の資料は，天正遣欧使節団が持ち帰った西欧の技術を用いて作られた出版物である。このことに関連して，この時代に，キリスト教宣教師やヨーロッパ商人らによって持ち込まれた知識や技術，文物の説明として正しいものを，次の①～④の中から１つ選び，マークしなさい。 9

資料

① 啓蒙思想に基づく普遍的な人権意識が伝わった。

② ヨーロッパの学問や文化をオランダ語で学んでいた。

③ 活版印刷術が伝わり，その技術で刷られた印刷物もあった。

④ 牛肉を食べる習慣が広がるなど，日本の食生活が変化した。

問4　下線部（ウ）以降のできごとＸ～Ｚとそれを行った人物の組み合わせとして正しいものを，次の①～④の中から１つ選び，マークしなさい。 10

Ｘ：幕領でキリスト教を禁止した。

Ｙ：日本人の海外渡航や帰国をすべて禁止した。

Ｚ：日本は「神国」として，宣教師の国外追放を命じた。

	Ｘ	Ｙ	Ｚ
①	徳川家康	豊臣秀吉	徳川家光
②	徳川家光	徳川家康	豊臣秀吉
③	徳川家康	徳川家光	豊臣秀吉
④	徳川家光	豊臣秀吉	徳川家康

3　次の文章を読んで，問1～問8までの問いに答えなさい。

世界の各国では，時間の基準となる（ア）標準時子午線を決め，その真上を太陽が通る時間を正午として標準時を決めている。特に（イ）インドでは，（ウ）アメリカとの時差を活用したビジネスも存在する。

日本では（　A　）を通る（　B　）を標準時子午線としており，日本の国内はどこでも同じ時間を採用しているが，（エ）日本の東西の最端では経度は約30度の差がある。また，日本の最北端と（オ）最南端の島でも，さまざまな課題を抱えている。特に日本は，このような離島を領土として多く持っていることで，広大な（カ）排他的経済水域を獲得しており，漁業などを盛んに行っている。その一方で（キ）限られた水産資源を守るための取り組みも日本各地で行われている。

問1　空らん（A）と（B）にあてはまるものの組み合わせとして正しいものを，次の①～④の中から1つ選び，マークしなさい。 11

① A：兵庫県明石市　　B：東経135度
② A：東京都新宿区　　B：西経135度
③ A：兵庫県明石市　　B：西経135度
④ A：東京都新宿区　　B：東経135度

問2　下線部（ア）について説明したⅠとⅡの正誤の組み合わせとして正しいものを，次の①～④の中から1つ選び，マークしなさい。 12

Ⅰ：イギリスの標準時子午線は，ロンドンにある旧グリニッジ天文台を通る経度0度の経線であり，特にこの経度0度の経線のことを「日付変更線」と呼んでいる。

Ⅱ：アメリカやロシアのように，国の領域が東西に広い国では，標準時子午線を複数選択し，地域によって同じ国の中でも時間が異なるという場合がある。

入学試験（理科）解答用紙

出身中学校	

※60点満点

3

問1	(1)	1	① ② ③ ④
	(2)	2	① ② ③ ④ ⑤ ⑥
		3	① ② ③ ④ ⑤ ⑥
	(3)	4	① ② ③ ④ ⑤ ⑥
	(4)	5	① ② ③ ④ ⑤
問2	(1)	6	① ② ③ ④ ⑤ ⑥ ⑦
	(2)	7	① ② ③ ④ ⑤ ⑥
		8	① ② ③ ④ ⑤ ⑥
	(3)	9	① ② ③ ④ ⑤ ⑥ ⑦
	(4)	10	① ② ③ ④
	(5)	11	① ② ③ ④ ⑤ ⑥

4

問1	(1)	1	① ② ③ ④
	(2)	2	① ② ③ ④ ⑤
	(3)	3	① ② ③ ④ ⑤ ⑥
	(4)	4	① ② ③ ④ ⑤
	(5)	5	① ② ③ ④ ⑤
問2	(1)	6	① ② ③ ④
	(2)	7	① ② ③ ④ ⑤ ⑥ ⑦ ⑧
	(3)	8	① ② ③ ④ ⑤ ⑥ ⑦ ⑧

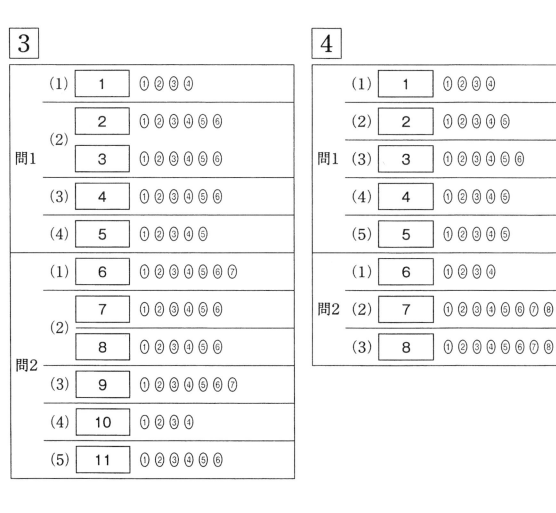

学試験（社会）解答用紙

身中学校名	

※60点満点

3

問1		11	①②③④
問2		12	①②③④
問3		13	①②③④
問4		14	①②③④
問5	(1)	15	①②③④⑤⑥
	(2)	16	①②③④⑤⑥
問6		17	①②③④
問7	(1)	18	①②③④
	(2)	19	①②③④
問8		20	①②③④

4

問1	21	①②③④⑤⑥
問2	22	①②③④⑤
問3	23	①②③④
問4	24	①②③④
問5	25	①②③④

受験番号				
⓪	⓪	⓪	⓪	⓪
①	①	①	①	①
②	②	②	②	②
③	③	③	③	③
④	④	④	④	④
⑤	⑤	⑤	⑤	⑤
⑥	⑥	⑥	⑥	⑥
⑦	⑦	⑦	⑦	⑦
⑧	⑧	⑧	⑧	⑧
⑨	⑨	⑨	⑨	⑨

令和６年度愛知啓成高等学

氏名	

1
1．２点
2．３点
3．２点
4．３点
5．３点

2
6．３点
7．２点
8．２点
9．２点
10．３点

3
11．２点
12．２点
13．３点
14．２点
15．２点
16．２点
17．３点
18．２点
19．２点
20．３点

4
21
22
23
24
25

1

問1	1	① ② ③ ④
問2	2	① ② ③ ④
問3	3	① ② ③ ④
問4	4	① ② ③ ④ ⑤
問5	5	① ② ③ ④

2

問1	(1)	6	① ② ③ ④ ⑤
	(2)	7	① ② ③ ④
問2		8	① ② ③ ④
問3		9	① ② ③ ④
問4		10	① ② ③ ④

令和６年度愛知啓成高等

受験番号				
⓪①②③④⑤⑥⑦⑧⑨	⓪①②③④⑤⑥⑦⑧⑨	⓪①②③④⑤⑥⑦⑧⑨	⓪①②③④⑤⑥⑦⑧⑨	⓪①②③④⑤⑥⑦⑧⑨

氏 名	

1
1．　2点
2．　2点
3．　2点
4．　2点
5．　2点
6・7．　2点
8．　3点

2
1．　2点
2．　2点
3．　2点
4．　2点
5．　3点
6．　2点
7．　2点

3
1．　1点
2・3．　1点
4．　1点
5．　1点
6．　2点
7．　2点
8．　2点
9．　2点
10，　2点
11．　1点

1

問1	(1)	1	①②③④
	(2)	2	①②③④⑤⑥
	(3)	3	①②③④
	(4)	4	①②③
問2	(1)	5	①②③④⑤⑥
	(2)	6	①②③
		7	①②③
	(3)	8	①②③④

2

問1	(1)	1	①②③④⑤
	(2)	2	①②③④
	(3)	3	①②③④⑤⑥
	(4)	4	①②③④⑤
	(5)	5	①②③④⑤
問2	(1)	6	①②③④
	(2)	7	①②③④⑤⑥

【解答

① Ⅰ：正　Ⅱ：正　　② Ⅰ：正　Ⅱ：誤
③ Ⅰ：誤　Ⅱ：正　　④ Ⅰ：誤　Ⅱ：誤

問3　下線部（イ）について説明した文章として**誤っているもの**を，次の①～④の中から1つ選び，マークしなさい。 13

① インドでは，仏教やイスラム教など，さまざまな宗教を信仰する人がおり，最も多いのはヒンドゥー教徒である。
② インドでは，地域によって異なる多くの言語が使われているが，共通言語となっている英語を話す人も多くいる。
③ かつてのインドには，イギリスの統治から独立をめざして，ガンディーという人物が非暴力・不服従の抵抗運動を指導した。
④ インドは10 億人を越える人口を持ち，1970 年代末から人口抑制のために「一人っ子政策」と呼ばれる制度を行ってきた。

問4　下線部（ウ）について説明したⅠとⅡの正誤の組み合わせとして正しいものを，次の①～④の中から1つ選び，マークしなさい。 14

Ⅰ：アメリカの西部には環太平洋造山帯の一部である，ロッキー山脈が連なる。
Ⅱ：アメリカの首都ワシントンD.C.には，国際連合の本部が置かれている。

① Ⅰ：正　Ⅱ：正　　② Ⅰ：正　Ⅱ：誤
③ Ⅰ：誤　Ⅱ：正　　④ Ⅰ：誤　Ⅱ：誤

問5　下線部（エ）について，下の問いに答えなさい。

（1）日本の最東端の島として正しいものを，下の語群の①～⑥の中から1つ選び，マークしなさい。 15

（2）日本の最西端の島として正しいものを，下の語群の①～⑥の中から1つ選び，マークしなさい。 16

語群
① 竹島　② 与那国島　③ 南鳥島　④ 択捉島　⑤ 江の島　⑥ 佐渡島

問6　下線部（オ）について説明した文章として正しいものを，次の①～④の中から1つ選び，マークしなさい。 17

① 日本の最南端の島は，日本が実効支配している一方で，中国や台湾が領有権を主張している。
② 日本の最南端の島は，その近海で，1995 年に最大震度 7 を観測する地震が発生し，大規模な火災や高速道路の倒壊など，大きな被害をもたらした。
③ 日本の最南端の島は，在日アメリカ軍の基地がおかれており，この基地の移設に関して，さまざまな課題を抱えている。
④ 日本の最南端の島は，この島を波の浸食から守るために約 300 億円をかけて護岸工事が行われた。

問7　下線部（カ）に関連して，下の問いに答えなさい。

（1）排他的経済水域の範囲として正しいものを，次の①～④の中から1つ選び，マークしなさい。 18

① 沿岸から200 海里　② 領土内の最も標高が高い場所から200 海里
③ 沿岸から12 海里　④ 領土内の最も標高が高い場所から12 海里

（2）排他的経済水域について述べた文章ⅠとⅡについて，その正誤の組み合わせとして正しいものを，次の①～④の中から1つ選び，マークしなさい。 19

Ⅰ：排他的経済水域とは，水産資源や鉱産資源について，沿岸の国が独占的に調査・開発ができる範囲のことである。
Ⅱ：日本の排他的経済水域の面積は，日本の領土の面積の3～5倍程度となっている。

① Ⅰ：正　Ⅱ：正　② Ⅰ：正　Ⅱ：誤
③ Ⅰ：誤　Ⅱ：正　④ Ⅰ：誤　Ⅱ：誤

問8　下線部（キ）について説明した文章として正しいものを，次の①～④の中から1つ選び，マークしなさい。 20

① 水産資源を守るために，魚や貝などを卵からふ化させて，稚魚・稚貝をある程度まで育てたあと，自然の海や川に放す「養殖漁業」が行われている。

② 水産資源を守るために，魚や貝などを，あみを張った海や人工的な池で，大きくなるまで育てる「栽培漁業」が行われている。

③ 日本の中でも，瀬戸内海のおだやかで複雑な海岸線に囲まれた海域は，魚介類の養殖に適しており，広島県のかきや愛媛県のまだいが全国的に有名である。

④ 日本の中でも，複雑に入り組んだフィヨルドが見られる三重県の志摩半島では，波が静かな入り江で真珠の養殖が行われている。

4　次のＡくんとＢさんの会話を読んで，あとの問１～問５までの問いに答えなさい。

Ａくん　社会の授業で調べ学習をするらしいけれど，何について調べるか決めている？
Ｂさん　私は多文化共生の視点から２００４年にノーベル平和賞を受賞したワンガリ・マータイさんについて調べてみようかと思っているわ。
Ａくん　それって，(ア)多文化共生社会を訴えた人だったかな…？
Ｂさん　違うわよ。ワンガリ・マータイさんはケニア出身でアフリカ人女性として史上初めてノーベル平和賞を受賞した環境活動家の方だよ。そして，日本人の価値観を表す言葉である「(　ａ　)」を世界に紹介して，その言葉に込められている価値観から環境保護を訴えた人らしいから本当に凄いよね！
Ａくん　日本語が世界で評価されているなんて知らなかったから，何だか誇らしいね。
Ｂさん　Ａくんはまだ決まっていないようだから，消費者問題とかどうかしら？
Ａくん　僕の祖母も身に覚えがない健康食品を送りつけられたことがあったよ！
Ｂさん　それって「(　ｂ　)」じゃない？でも，たとえ代金を支払ってしまっていても（イ）購入後８日以内であれば消費者が無条件で契約を解除できる制度を利用できたんじゃないの？
Ａくん　それが実は（ｂ）の場合では，その制度を使うことができないみたいで，僕もＢさんと同じでそれが使えるものだと勘違いしていたんだよ。
Ｂさん　私たちもトラブルに巻き込まれないように，きちんと契約を結んでおくことが求められるね。２００９年に消費者政策をまとめて行う（ウ）消費者庁が設立されるなど行政も変わってきているようにも思えるわね。

問１　文章中の下線部（ア）に関連して，「多文化共生社会」には，多様性（Ⅰ）や障がいがあっても不自由なく生活ができるような考え方（Ⅱ）がある。（Ⅰ）と同じ意味を持つ言葉と，（Ⅱ）の考え方を表す言葉として正しいものの組み合わせを，次の①～⑥の中から１つ選び，マークしなさい。 21

	（Ⅰ）	（Ⅱ）の考え方
①	バリアフリー	インクルージョン
②	ダイバーシティ	バリアフリー
③	インクルージョン	ダイバーシティ
④	バリアフリー	ダイバーシティ
⑤	ダイバーシティ	インクルージョン
⑥	インクルージョン	バリアフリー

問２　文章中の（ a ）にあてはまる言葉として正しいものを，次の①～⑤の中から１つ選び，マークしなさい。 22

① ARIGATO（ありがとう）
② YOROSHIKU（よろしく）
③ MOTTAINAI（もったいない）
④ OMOTENASHI（おもてなし）
⑤ NANNTOKANARU（なんとかなる）

問３　文章中の（ b ）にあてはまる言葉として正しいものを，次の①～④の中から１つ選び，マークしなさい。 23

① 無料商法
② マルチ商法
③ アポイントセールス
④ ネガティブ・オプション

問４　文章中の下線部（イ）の制度名として正しいものを，次の①～④の中から１つ選び，マークしなさい。 24

① リコール
② インフレーション
③ クーリング・オフ
④ ユニバーサルデザイン

問５　文章中の下線部（ウ）に関連して，２００９年の消費者庁設立の年よりも前に起こったできごとを，次の①～④の中から１つ選び，マークしなさい。
25

① 選挙権が１８歳以上のすべての国民に認められた。
② 地方分権一括法が制定され，地方の仕事が増加した。
③ 東北地方太平洋沖地震（東日本大震災）が発生した。
④ 必要最低限の集団的自衛権の行使が可能となる法改正があった。

愛知啓成高等学校

令和五年度　入学試験問題（一月二十日実施）

国語

試験開始の合図があるまで、この問題冊子を開かず、左記の注意事項をよく読むこと。

注意事項

(1) 時間は45分とする。
(2) 机上は受験票・筆記用具のみとし、定規・分度器などの使用は禁止します。
(3) 答えはすべて解答用紙に記入すること。
(4) 解答にはマークする問題が含まれています。ＨＢ以上の鉛筆でしっかりマークすること。
(5) 訂正する場合は消しゴムできれいに消すこと。
(6) この問題冊子は22ページあります。試験開始後、総ページ数を確認すること。本冊子に脱落や印刷不鮮明の箇所および解答用紙に汚れ等があれば、試験監督者に申し出ること。
(7) 試験開始の合図で解答用紙の所定欄に、受験番号・氏名・中学校名を明確に記入し、解答を始めること。また、受験番号にはマークもすること。
(8) 試験終了の合図で右記(7)の事項を再度確認し、試験監督者の指示に従うこと。

マークシートの書き方

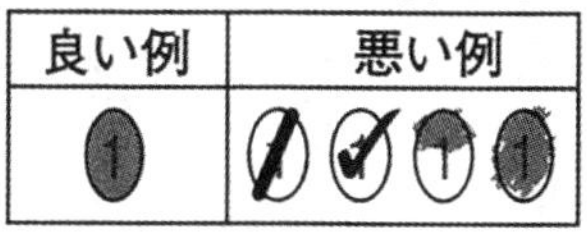

一　次の文章を読んで、後の問いに答えなさい。設問の都合上、一部原文と変えてあります。

先にも述べた通り、言葉を生み出す過程には、①内なる言葉で意見を育てる、②外に向かう言葉に変換する、という二段階が存在する。言葉を磨きたいと考えているならば、言葉から手をつけるのではなく、[1]意見としての内なる言葉を育てることが先決である。

このプロセスは一見遠回りに見えるかもしれないが、得られる効果に照らせば近道と言える。その理由は、大きく2つに分けることができる。

1つ目は、一度、内なる言葉に意識を向けることができるようになれば、その存在に気付く前に比べて、扱う言葉の量が飛躍的に増加するからである。

コミュニケーション力を高めるには、多くの言葉に触れ、多くの言葉を発信することが有効である。しかし、実際に話したり、書いたり、入力したりすることには限界があるのも現実である。

一方、物事を考えるという作業はどんな状況でも行っているため、「考えることは、内なる言葉を発している」と視点を変えるだけで、何かを新しく始めることなく、使用する言葉の絶対量を増やすことに直結する。

［ a ］、2つ目は、内なる言葉に意識を向けることで、「なんとなく考えている」「考えたつもりになっている」という状況から脱することができるようになるからである。「自分は今、内なる言葉を用いて思考している」と認識し直すことで、頭の中にある漠然としたものが一気に明確になり、深く考える糸口を見つけることができるようになるのだ。

さらに、この効果は一生続くことになり、意見や思いは時間に比例して成長していく。効果は日に日に大きくなっていくのだ。

思いが大きくなっていけば、自然と言葉に重みや深みが加わるようになり、「この思いを伝えたい」「伝えなければならない」という感情が心の底から湧《わ》いてくるようにもなる。思いを育てることによって生まれる「伝えよう」と心から思う動機も、言葉を磨くことに大きく寄与するのだ。

人間の行動の裏には、必ず何らかの動機がある。

言葉で考えるならば、「伝えたい思いがある」「自分の思いを余すことなく理解して欲しい」という気持ちが言葉を磨く原動力になり、言葉に重みや深み、凄《すご》みを付加することにつながる。

もちろん、他愛《たわい》もない雑談にまで思いが必要なわけではないが、自分の根底に流れている価値観や思考は、発するあらゆる言葉に影響を及ぼしている。その違いこそが「どうでもいい話すら面白い」と思われる[2]源泉にもなり得るのだ。

逆に、[3]外に向かう言葉だけを育てようとした場合、どうなるだろうか。

伝える力を手にする、という点では、一時的な効果はあるかもしれない。[b]、結局小手先の技術やスキルであるため、表層的な言い方や伝え方は変わるかもしれないが、話す内容にまで影響を与えるわけではない。

その結果、[4]「口は達者だが内容がない人、考えの浅い人」が出来上がってしまうのだ。

では、実際にどのようにすれば、思いを育てることができるのだろうか。（中略）

最も基本的であり重要なのは、1人の時間を確保し、自分自身の中から湧き出る「内なる言葉」と向き合うことである。ある出来事が起きた時に、どのような内なる言葉が生まれ、どのように物事を捉え、考えが進んでいくのかを、自分自身が把握することである。

悲しいことが起きた時、何を感じているのか。

楽しいことが起きた時、何を感じているのか。

過去を振り返る時、何を感じているのか。
未来を思う時、何を感じているのか。

困難に直面した時、何を感じているのか。
成功を収めた時、何を感じているのか。

仲間が困っている時、何を感じているのか。
仲間が成功を収めた時、何を感じているのか。

こうしたあらゆる局面で湧き上がってくる感情を「悲しい」や「うれしい」といった漠然とした括《くく》りで受け流すことなく、頭の中に浮かぶ複雑な思いと向き合うこと。その感情1つひとつを言葉として認識し、把握すること。

この繰り返しによって、内なる言葉は幅と奥行きを持ち、内なる言葉の語彙力が増えていく。

仮にどんなに難しい言葉や、美しい言葉を知っていたところで、自分の気持ちを伝えることに役立てられなければ意味がない。重要なのは、単なる語彙力ではなく、考えていることや伝えたいことを正確に表現するための「内なる言葉の語彙力」を増やすことである。

近年で言えば「かわいい」や「ヤバい」といった、多くの感情を省略して伝えられる言葉が分かりやすい。こうした言葉は実に便利なのだが、便利だからといって多用していると、5自分の心の琴線を鈍らせることにもつながるので注意が必要だ。

実際に、「かわいい」や「ヤバい」という言葉を使った時に、どういう意味で使っているかを質問されても、答えられないことが多いのではないだろうか。こうした状態のままでは、いつまでたっても自分が感じていることを正しく把握することは難しく、感情を言葉にできない状態が続いていく。

そのため、１人の時間を確保することで、自分の感情を振り返り、どんな時にどんなことを考える傾向があるのかを把握することから始めたい。すると、「自分はこんな時に、こういうことを考えるのか」「こうやって考えたほうがよかったのではないだろうか」「次、同じような状況になったら、こう試してみよう」と、自分の中で考えが進んでいく実感を得ることができるようになる。

「内なる言葉」に意識を向けることは、こうした「自分が考えがちなこと」と「もっとこうすべきかもしれない」といった[6]傾向と対策を行うことを可能にする効果がある。さらには、自分でも気付いていなかった自身の価値観や人間性と対面することにもつながるのだ。

（梅田悟司「『言葉にできる』は武器になる。」による）

問一 ［a］・［b］に入る語として最も適当なものを次の中からそれぞれ一つずつ選び、マークしなさい。

① だから　② しかし　③ まして　④ したがって　⑤ そして　⑥ すると

問二 ――線1「意見としての内なる言葉を育てることが先決である」とあるが、それはなぜか。その説明として最も適当なものを次の中から一つ選び、マークしなさい。

① 扱う言葉の量が増え、多くの言葉を発信することで、頭の中にある漠然とした考えを明確にしていこうとすることができるから。

② 扱う言葉の量が増え、コミュニケーション力が高まることで、より深く考えて意見や思いを成長させていこうと考えるようになるから。

③ 扱う言葉の量が増え、漠然と考えている状況から抜け出し、意見や思いを時間に比例して一生成長させていくことができるから。

④ 扱う言葉の量が増え、時間が経つのに比例して、漠然と考えるのではなく、より深い意見や思いを成長させることを求めるようになるから。

問三 ――線2「源泉」とあるが、それは何か。その説明として最も適当なものを次の中から一つ選び、マークしなさい。

① 人の根底に影響を及ぼす他人の行動や思考。

② 人の根底に流れている価値観や思考。

③ 人を根底から変える価値観や行動。

④ 人を根底から変える他人の言葉や思考。

問四　――線３「外に向かう言葉だけを育てよう」とあるが、本文におけるこの「外に向かう」言葉の説明として**誤っているもの**を次の中から一つ選び、マークしなさい。

①　表面的な言い方や伝え方を変える、単なる語彙力としての言葉。

②　気持ちや感情、思いなど、伝えたいことを正確に表現するための言葉。

③　単なる小手先の語彙力として身につけている、難しい言葉や美しい言葉。

④　便利な言葉として多用される、多くの感情を省略して伝えられる言葉。

問五　――線４「口は達者だが内容がない人、考えの浅い人」とあるが、ここではどのような人のことか。その説明として最も適当なものを次の中から一つ選び、マークしなさい。

①　技術面では言い方も伝え方も相手に合わせて変えられるが、内容面では相手のことを考えていない人。

②　技術面では相手にわかりやすく伝わる話し方ができるが、内容面では知識の浅い話しかできない人。

③　技術面では言い方も伝え方も必要に応じて変えられるが、内容面では面白くない話しかしない人。

④　技術面では相手にわかりやすく伝えることができるが、内容面では言葉に重みや深みのある話ができない人。

問六　――線５「自分の心の琴線を鈍らせる」とあるが、なぜそうなるのか。本文中の語句を用いて、三十字以上四十字以内でまとめて書きなさい。（ただし、句読点も一字とする）

問七　――線6「傾向と対策を行う」とあるが、どういうことか。その説明として最も適当なものを次の中から一つ選び、マークしなさい。

① 自分の感情を振り返って考えの傾向を把握することで、自己の望ましい考え方や行動に関する考えが進む実感を得ること。

② 自分の感情を振り返って考えの傾向を把握することで、他人との望ましいコミュニケーションに関する考えが進む実感を得ること。

③ 自分の感情を振り返って望ましい自己の考え方や行動の傾向について把握するために、他人から指摘された、自分が考えがちなことを見つめ直してみること。

④ 自分の感情を振り返って望ましい自己の考え方や行動の傾向について把握するために、時と場合に応じたコミュニケーションについて考えを進めること。

問八　本文の内容に合うものとして、最も適当なものを次の中から一つ選び、マークしなさい。

① 言葉を生み出す過程において、遠回りでも、得られる効果を最大にするために、外に向かう言葉を増やさなければならない。

② コミュニケーション力を高める言葉を磨くためにも、何らかの伝える動機を必ず見つけるようにすることが大切だ。

③ 内なる思いを育てるには、一人の時間を確保して内なる言葉の語彙力を認識し、使いこなすことを目指す必要がある。

④ 内なる言葉に意識を向けることは、自身が気付かなかった自己の価値観や人間性と向き合うことにもつながる。

二　間宮明信と徹信の兄弟は二人で一緒に暮らしている。夏のある日、友人らと花火をしようという話になった。以下はその当日の場面である。これを読んで後の問いに答えなさい。設問の都合上、一部原文と変えてあります。

　土曜日。※本間直美は妹の夕美と、気に入りの和菓子屋で水ようかんを十個、買った。四人でおしかけるのだから何か持って行くべきだと考えたからでもあるのだが、花火のあとには水ようかんと冷たい緑茶、というのがこの姉妹の決まりだからでも当然あった。

　これも、と言って、夕美がかりんとうを差しだす。

「でもさあ、[1]緑茶なんてあるのかなあ、そこん家《ち》」

　直美の語る「間宮兄弟」に好奇心が動き、四人でなら行ってもいいと言った夕美ではあったが、兄弟の人格および暮らしぶりには、依然として疑心暗鬼なのだ。

「お茶くらいあるでしょ」

　直美はとりあわない。

「行ってすぐ作って、冷やしてもらえばいいじゃないの」

　間宮徹信は、花火の前にみんなでつけめんを食べに行こうと言っていた。ＪＲ駅のすぐ正面に、おいしい店があるから、と。七時にマンションに集って、そこに食事に行き、[A]しっかり暗くなったころに戻って花火をする、という予定になっている。

「でもさあ、冷やす場合、ちゃんと抹茶のブレンドされたやつじゃないと、きれいな緑にならないんだよね」

　和菓子屋をでてもまだそう言っている夕美を見て、直美は[2]つい笑ってしまう。

「ゆずれないのね。じゃあお茶も買っていけばいいわ」

　ボーイフレンドたちとは、いつものファミリーレストランで待ち合わせをしている。姉妹はそれぞれ早くボーイフレンドの顔を見たかったのだが、スーパーマーケットに寄って、ティーバッグの緑茶を一箱買った。
夕美のボーイフレンドは、例によって椅子《いす》からずり落ちそうな坐《すわ》り方をしている。ラインの入ったジャージのパンツを、片足だけ膝までたくし上げている。直美は［X］。
「めずらしいじゃん、時間どおりなんて」
夕美は言い、隣にくっついて坐った。くぐもった音が聞こえ、直美は気に入りのトートバッグの底をさぐる。
「こんにちは」
妹のボーイフレンドに挨拶をしながら、慌ただしく電話にでる。
「ごめん。急に呼びだしがかかっちゃって」
電話口で、開口一番浩太※は詫《わ》びた。所属しているスキー部の先輩で、直美も何度か会ったことのある男性――現在は就職し、埼玉県にある実家に住んでいる――から、いきなり誘われたのだという。
「面子《メンツ》揃《そろ》えろとか言われちゃってさ、もうテンテコだよ」
私生活にまで侵入してくる大学の上下関係というものが、直美にはまるで理解できない。先約がある、と言うことが、一体どうしてできないのだろう。
「しかたないね、＊＊さんじゃあ」
先輩の名をだしはしたが、その人物のせいだと思うことはできなかった。決めるのは浩太なのだ。テーブルの向こうで、[3]事情を察したらしい夕美が呆《あき》れ顔で天井を仰ぐ。
「悪い」
浩太はもう一度詫びた。
「兄弟によろしく伝えて。夕美ちゃんたちにも。それからあんまり遅くなるなよ」

うん、とこたえ、気をつけてね、とつけ足して、直美は携帯電話を切った。
「信じられない」
夕美がaヒナンの声をあげる。
「あたしだったら、自分のオトコにドタキャンなんて絶対させない」
そして、Tシャツの衿《えり》元に十字架の首飾りをつけた自分のオトコ——空になったコーラのグラスを前に、漫画週刊誌を読んでいる——の手を、ひしと握りしめた。

明信と徹信は、今回も部屋を念入りに掃除した（とりわけ徹信は、自室を片づけることに精力を傾けた。前回、本間直美が鉄道模型を見たいと言い、見せると手をたたいて喜んで、「妹にも見せたーい」と言ったからだ）。食事は外でする予定だが、西瓜《すいか》だけは買って、冷やしてある。兄弟にとっては、花火といえば西瓜が決まりだ。
「ついてるな」
浴衣に着替え、準備万端整うと、Bにんまりして徹信は言った。
「ついてる？」
帯の感じが気に入らず、何度も締め直しながら明信が訊《き》き返す。徹信の浴衣は藍《あい》色の細い縞《しま》柄、明信のは白地に濃紺でトンボの柄がぬいてある。
「一夏に女の子が二回も遊びに来るなんてさ、いままでにあったか？」
考えるまでもなく、明信は「ない」とこたえる。
「だろ？」
徹信はすでに高揚している。

「俺たち最近ついてるんだよ」
弟に「※ウーロン茶事件」の後遺症がないらしいことが、明信は嬉しかった。そんな経験をしたのがもし自分なら、自己[b]嫌悪の念に苛《さいな》まれてとても立ち直れないだろう。
「にいちゃん、それ、締めすぎじゃないか?」
徹信は言い、明信に近づく。
「低い位置で締めろって、呉服屋のおばさんが言ってただろ? そんな高い位置できつく締めたら、※ハナマルキの子供みたいだぜ」
徹信が帯を巻き直してくれているあいだ、明信はまさに「子供」みたいに、なすすべもなくきまり悪く、ただそこに立っている。

最初に現れたのは本間直美とその連れ二人で、
「こんにちはー」
という直美のあかるい声を聞いただけで、明信も徹信も嬉しい気持ちになった。女の子というものは、存在するだけで家の中を幸せな気配にする、と考える。
「わあ、浴衣なんですかあ。素敵素敵」
直美はシンプルなワンピース、妹はちょうちん袖のブラウスにジーンズで、うしろにのっそり立っている若い男はTシャツにジャージだ。
私、浴衣を着ていこうかな。
そう言ったことなど、本人は[c]すっかり忘れているらしい。兄弟に妹とそのボーイフレンドを、妹とそのボーイフレンドに兄弟を、それぞれ紹介して和菓子の包みを徹信に手渡す。

解　答　上　の　注　意

(1) ア，イ，ウ，・・・・の一つ一つには，それぞれ0～9までの数字，または－，±のいずれか一つが対応します。それらをア，イ，ウ，・・・・で示された解答欄にマークしなさい。

例，解答欄 [ア][イ] に対し－2と答えたいとき，

(1)	ア	●	±	0	1	2	3	4	5	6	7	8	9
	イ	−	±	0	1	●	3	4	5	6	7	8	9

(2) 分数形で解答が求められているときは，それ以上，約分ができない分数で答えます。符号は分子につけ，分母につけてはいけません。

例，解答欄 $\frac{\boxed{ウ}\boxed{エ}}{\boxed{オ}}$ に対し $-\frac{1}{8}$ と答えたいとき，$\frac{-1}{8}$ と答える。

(2)	ウ	●	±	0	1	2	3	4	5	6	7	8	9
	エ	−	±	0	●	2	3	4	5	6	7	8	9
	オ	−	±	0	1	2	3	4	5	6	7	●	9

(3) 根号を含む形で解答する場合は，根号の中に現れる自然数が最小となる形で答えます。

例，$\boxed{カ}\sqrt{\boxed{キ}}$，$\frac{\sqrt{\boxed{ク}\boxed{ケ}}}{\boxed{コ}}$ に $6\sqrt{2}$，$\frac{\sqrt{13}}{3}$ と答えるところを，

$3\sqrt{8}$，$\frac{\sqrt{52}}{6}$ のように答えてはいけません。

すばらしい。

徹信は思った。男連れなのは妹だけだ。

「お茶を作らせて下さい」

その妹が[D]いきなり言ったので、兄弟はめんくらったが台所に案内した。

※葛原依子が来るまでのあいだ、直美の提案で室内見学ツアーがなされた。リビングの壁いっぱいの本だとか、兄弟が力を合わせて完成させ、糊《のり》づけして飾ってある二千ピースのジグソーパズルだとか、廊下のビニールロッカーのなかに積み重ねてあるゲーム類だとか、本間姉妹には何もかもがおもしろいらしかった。

「お部屋、兄弟でも全然違うんですね」

直美が言った。

「鋭いねえ。なんか全然違うんだよね、好みっていうか、テイストがさ」

徹信がこたえ、明信は胸の内で渋い顔をする。女性の前で、徹信はなぜこうも軽薄な口調になってしまうのだろうか。

兄弟の部屋は、たしかに全く[c]趣が違う。本棚もベッドも、整理だんすも白木の明信の部屋は、小ざっぱりしていて風通しがいい。薄っぺらいカーテンは両親と暮らしていた家から持って来たもので、クリーム色の地にクラシックカーの絵柄がプリントされている。

徹信の部屋はオーディオ機器と鉄道模型に占領されている。窓にはカーテンではなくブラインドが下げられており、全体に無機的な印象だ。空間が少なく、居場所はベッドの上だけだろうと想像される。（中略）

葛原依子がすこし遅れて到着したときには、五人はかなりにぎやかに笑い声をたてていた。ドアの外で依子はそれを聞いた。[4]ひき返そうかと一瞬思う。すでに夕闇が降り、秋の風が近所の家の夕食の匂いを運んでくる。

依子は自分を孤独だと思った。

ドア一枚で隔てられた家の中に、自分が拒絶されているように感じる。兄弟は確かに善良な人たちのようだと思う。思うが、その善良さが依子をかなしい気持ちにさせる。花火とかゲームとか、子供じゃあるまいし。そんなふうに思う自分は、ここに来るべきではなかったのだろう。

依子はため息を一つこぼす。こうしている間にも、夕闇が濃さを増していくようだ。職員会議の前のように、表情をひきしめ、胸を張った。呼び鈴を押して待つ。

「いらっしゃい。よかった。遅かったから、道に迷ったかと思った」

ドアがあき、とびだして来た徹信が[d]セイキュウな口調で言う。

「どうぞ、入って下さい。もうみんな来てて迎えに行こうかって話してたところなんです」

依子は完全に[e]イヒョウをつかれた。あの間宮徹信が、浴衣姿で客をもてなすなど、誰に想像できるだろう。しかも妙に似合っている。

笑ってはいけない、と思ったが笑ってしまった。止めることができない。

「葛原先生?」

徹信はぽかんとしている。

「ごめんなさい、すごく似合うわ、それ」

依子は言い、観賞するように徹信を眺めた。奥から、やはり浴衣姿の明信が現れ、依子はすっかり[※]アンニュイな気分を忘れた。なんて変な兄弟だろう。自宅での、友人同士のちっぽけな集りで、わざわざこんな恰好《かっこう》をするなんて。

「依子さん!」

たった一度会っただけなのに、本間直美が旧友に再会したみたいな声をだす。

「直美ちゃん!」

気がつくと依子もおなじ声でこたえていた。

「いまから散歩に行くところなの。つけめんって知ってます？　それを食べにいくんですって。あ、それからこれは妹」

「夕美です」

一行は狭い玄関で入り乱れて靴をはき、たったいま依子がいた場所にでた。おなじ夕闇とおなじ空気。

「おなかすいたー」

夕美が言い、

「遠いんですか」

と、若い男が訊く。運動靴の爪先を地面にぶつけながら。

おなじ夕闇とおなじ空気。依子は不思議な気持ちで考える。それなのにここは、ついさっき、私が一人で立っていたときと、違う景色の場所に思える。

（江國香織『間宮兄弟』による）

（注）　※本間直美……間宮兄弟が常連客として通うレンタルビデオ店の店員。

※浩太……直美のボーイフレンド。

※ウーロン茶事件……きれいな女の人に騙《だま》され、高額請求をされた事件。

※ハナマルキ……味噌製造メーカー。

※葛原依子……徹信の同僚。小学校の教員をしている。

※アンニュイな気分……気だるい、退屈な気分。

問一　＝＝線a～eの漢字は読みをひらがなで、カタカナは漢字で書きなさい。

問二　――線1「緑茶なんてあるのかなあ、そこん家」とあるが、この発言には夕美のどのような心情がこめられているか。最も適当なものを次の中から一つ選び、マークしなさい。

①　間宮兄弟の人柄や生活について不安に思う心情。

②　間宮兄弟の人柄や好みについて興味深く思う心情。

③　間宮兄弟の家庭生活や味覚について不審に思う心情。

④　間宮兄弟の家庭生活や趣味について珍しく思う心情。

問三　～～線A～Dの中で、擬態語はどれか。最も適当なものを次の中から一つ選び、マークしなさい。

①　A　しっかり

②　B　にんまり

③　C　すっかり

④　D　いきなり

問四　――線2「つい笑ってしまう」とあるが、直美はなぜ笑ってしまうのか。その理由として最も適当なものを次の中から一つ選び、マークしなさい。

① 間宮兄弟の家に緑茶があるかどうかを気にする妹に対して、譲歩しようと考えたため。
② お茶をはじめ、すべてのことにこだわりが強い妹のことを、かわいらしく思ったため。
③ 緑茶に対して特別なこだわりがある妹のことを、姉としてほほえましく思ったため。
④ 間宮兄弟の家に緑茶があるかどうかの心配をする神経質な妹の気持ちを、和らげようと考えたため。

問五　X には、「心配なことがあったり、また、他人の行為を不快に感じたりして表情に出すこと」という意味のことばが入る。そのことばとして最も適当なものを次の中から一つ選び、マークしなさい。

① 眉をひそめた
② 顔を汚した
③ 眉を吊《つ》り上げた
④ 顔がつぶれた

問六　――線3「事情」とあるが、それはどんな事情か。最も適当なものを次の中から一つ選び、マークしなさい。

① 直美のボーイフレンドである浩太が、大学の先輩から私生活のことまで干渉されて困っているという事情。
② 直美のボーイフレンドである浩太が、スキー部の活動で直美との約束に遅れてくることになったという事情。
③ 直美のボーイフレンドである浩太が、大学の先輩との先約を断り切れずに困っているという事情。
④ 直美のボーイフレンドである浩太が、直美との約束をキャンセルするために電話をかけてきたという事情。

問七 ――線4「ひき返そうかと一瞬思う」とあるが、それはなぜか。最も適当なものを次の中から一つ選び、マークしなさい。

① 自分が到着した時には、すでに室内からは夕食を囲んで楽しそうにしている様子が感じられ、遅れてきた自分には入り込む隙がなさそうだったから。

② 自分が到着した時には、すでに5人でゲームや花火に興じている様子が感じられ、もう自分の居場所はここにはないことを感じたから。

③ 自分が到着した時には、すでに室内からにぎやかで楽しそうな様子が感じられ、遅れてきた自分がその場から拒絶されているように感じられたから。

④ 自分が到着した時には、5人のにぎやかな笑い声が響きわたり、もうすでに夕食を終えて花火を楽しんでいると分かり、空しさを感じたから。

問八 本文の説明として**誤っているもの**を次の中から一つ選び、マークしなさい。

① 明信は弟に「ウーロン茶事件」の後遺症がないことを喜ぶ一方、帯を直されるのは兄としてきまりが悪く感じている。

② 本間姉妹は「花火の後は水ようかんと緑茶」と決めており、間宮兄弟は「花火と言えば西瓜」が決まりとなっている。

③ 小ざっぱりとした明信の部屋に対して、徹信の部屋は全体的に無機的で雑多な印象だ、と本間直美は指摘している。

④ 葛原依子は、自宅での友人同士の集まりで、間宮兄弟が浴衣を着てもてなしをするとは想像できなかった。

三　次の文章を読んで、後の問いに答えなさい。設問の都合上、一部原文と変えてあります。

御堂入道殿、法成寺を作らせ給ふ時、毎日渡らせ給ふ。そのころ、白犬を愛して、飼はせ給ひける。御供に参りけり。ある日、門を入らせ[1]おはしますに、御先に[2]進みて、走りめぐりて、ほえければ、立ちとまらせ給ひて、御覧ずるに、させることなかりければ、なほ歩み入らせ給ふに、犬、御直衣《のうし》の※欄《らん》をくひて、[3]引きとどめ奉りければ、[4]いかにもやうあるべしと、※榻《しじ》を召して、御尻をかけて居給ひて、たちまちに晴明を召して、子細を仰せらるるに、しばらく眠りて、※思惟《しゆい》したる[5]気色にて申す[6]やう、君を呪詛《じゅそ》し奉るもの、※厭術《ようじゅつ》の物を道に埋みて、越えさせ奉らむと、かまへ侍るなり。御運、やむごとなくして、この犬、ほえあらはすところなり。[X]、もとより※小神通のものなりとて、そのところをさして、[7]掘らするに、土器をうち合せて、黄なる紙ひねりにて、十文字に※からげたるを、掘りおこして、解きて見るに、入りたるものはなくして、※朱砂にて、一文字を土器に書けり。

（『十訓抄』による）

（注）※欄……裾。
※榻……牛車から牛を外した時、牛車と牛車の前方に長く出た平行な二本の棒を支える台。乗降や腰掛の台としても使用した。
※思惟……心に思い、考えること。
※厭術……まじないの術。
※小神通のもの……少々の不思議な通力を持っている者。
※からげたる……巻きつけて、縛ってある。
※朱砂……深紅色の鉱物。

問一 ――線1「おはします」・――線6「やう」を現代仮名遣いに直し、それぞれひらがなで書きなさい。

問二 ――線2「進み」・――線7「掘らする」の主語として最も適当なものを次の中からそれぞれ一つずつ選び、マークしなさい。

① 御堂入道殿　② 白犬　③ 筆者　④ 晴明

問三 ――線3「引きとどめ奉りければ」とあるが、なぜ引きとどめたのか。その理由となる部分を四十字以内で探し、初めの五字を抜き出して書きなさい。（ただし、句読点も一字とする）

問四 ――線4「いかにもやうあるべし」の現代語訳として最も適当なものを次の中から一つ選び、マークしなさい。

① きっと理由があるにちがいない
② どのような用事があるのだろう
③ どれほどの理由があるだろうか
④ まさしく模様があるようだ

問五 ――線5「気色」の本文中の意味として最も適当なものを次の中から一つ選び、マークしなさい。

① 気分　② 気質　③ 様式　④ 様子

問六 [X] に入る語として最も適当なものを本文中から抜き出して書きなさい。

問七　本文の内容と合致するものを次の中から一つ選び、マークしなさい。

①　法成寺を作らせていた頃、入道殿は常に晴明を御供に連れて訪れていた。
②　犬がほえるので入道殿は立ち止まり見回したが、異常は見つけられなかった。
③　晴明はいつもとは違う犬の行動を見て危険を察知し、その場に留まった。
④　埋められていた土器の中には朱砂で一文字が書かれた紙が入っていた。

問八　本文が収められている『十訓抄』と同じ時代に成立した作品を次の中から一つ選び、マークしなさい。

①　雨月物語　②　源氏物語　③　方丈記　④　土佐日記

四　次の各文の傍線部と同じ働きをしているものを後から一つずつ選び、マークしなさい。

1　やっと一人で来られた。

①　先生が教室に来られた。
②　今日は暖かく感じられる。
③　入賞して母にほめられた。
④　嫌いだった野菜を食べられた。

2　私にはまだまだ実力がない。

①　今日は洗濯物が少ない。
②　この町にはない施設だ。
③　私は絶対にあきらめない。
④　駅まではそれほど遠くない。

3　誕生日が来ると、十五歳になる。

①　春になると、暖かくなる。
②　試合が終わると、観客は帰った。
③　期限までに間に合わないと、大変困る。
④　どんなことがあろうと、最後まで頑張る。

4 すぐに手紙を読んでほしい。

① 私の兄は弁護士である。

② 市の図書館で本を借りる。

③ 子どもが庭で遊んでいる。

④ 本校は部活動が盛んである。

5 静かな場所で本を読みたい。

① 春なのに今日は肌寒い。

② おかしな事件が続いている。

③ 大きなスクリーンで映画を観る。

④ 便利な商品が次々と売り出される。

愛 知 啓 成 高 等 学 校

令和５年度　入学試験問題（1月20日実施）

数　学

試験開始の合図があるまで，この問題冊子を開かず，
下記の注意事項をよく読むこと。

注　意　事　項

(1)　時間は45分とする。

(2)　机上は受験票・筆記用具のみとし，定規・分度器などの使用は禁止します。

(3)　答えはすべて解答用紙に記入すること。

(4)　解答にはマークする問題が含まれています。ＨＢの鉛筆でしっかりマークすること。

(5)　訂正する場合は消しゴムできれいに消すこと。

(6)　この問題冊子は４ページあります。試験開始後，総ページ数を確認すること。本冊子に脱落や印刷不鮮明の箇所および解答用紙に汚れ等があれば，試験監督者に申し出ること。

(7)　試験開始の合図で解答用紙の所定欄に，受験番号・氏名・中学校名を明確に記入し，解答を始めること。また，受験番号にはマークもすること。

(8)　試験終了の合図で上記(7)の事項を再度確認し，試験監督者の指示に従うこと。

マークシートの書き方

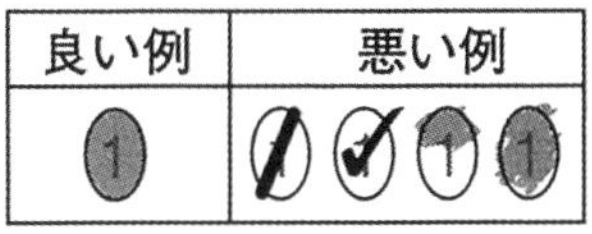

この注意事項は，問題冊子の裏表紙にも続きます。問題冊子を裏返して必ず読みなさい。

$\boxed{1}$　次の問いに答え，空欄 $\boxed{\text{ア}}$ ～ $\boxed{\text{ヒ}}$ にあてはまる数や符号を解答用紙にマークしなさい。

(1)　$\dfrac{3}{2}\div(-6)\div\left(-\dfrac{5}{2}\right)^2-\dfrac{5}{4}\div\left(-\dfrac{25}{2}\right)$ を計算すると，$\dfrac{\boxed{\text{ア}}}{\boxed{\text{イ}}\boxed{\text{ウ}}}$ である。

(2)　$\left(\sqrt{2}-\sqrt{6}\right)^2-\left(\sqrt{3}+2\right)\left(\sqrt{3}-2\right)$ を計算すると，$\boxed{\text{エ}}-\boxed{\text{オ}}\sqrt{\boxed{\text{カ}}}$ である。

(3)　$\dfrac{1}{3}x+\dfrac{3}{4}y-\left(-\dfrac{1}{2}x+\dfrac{2}{3}y\right)$ を整理すると，$\dfrac{\boxed{\text{キ}}}{\boxed{\text{ク}}}x+\dfrac{\boxed{\text{ケ}}}{\boxed{\text{コ}}\boxed{\text{サ}}}y$ である。

(4)　連立方程式 $\begin{cases}2(x-1)-3(y-1)=5\\4(x-1)+5(y-1)=21\end{cases}$ を解くと，　$x=\boxed{\text{シ}}$，$y=\boxed{\text{ス}}$ となる。

(5)　2次方程式 $\dfrac{1}{2}x^2-\dfrac{1}{4}x-1=0$ を解くと，　$x=\dfrac{\boxed{\text{セ}}\pm\sqrt{\boxed{\text{ソ}}\boxed{\text{タ}}}}{\boxed{\text{チ}}}$ となる。

(6)　$(-2x+3y)^2-(x+2y)(x+4y)$ を計算すると，$\boxed{\text{ツ}}x^2-\boxed{\text{テ}}\boxed{\text{ト}}xy+y^2$ である。

(7)　$x=4+\sqrt{12}$，$y=2-\sqrt{3}$ のとき，x^2-2xy の値は $\boxed{\text{ナ}}\boxed{\text{ニ}}+\boxed{\text{ヌ}}\boxed{\text{ネ}}\sqrt{\boxed{\text{ノ}}}$ である。

(8)　下の図において，点Oは円の中心とする。このとき，$x=\boxed{\text{ハ}}\boxed{\text{ヒ}}^\circ$ である。

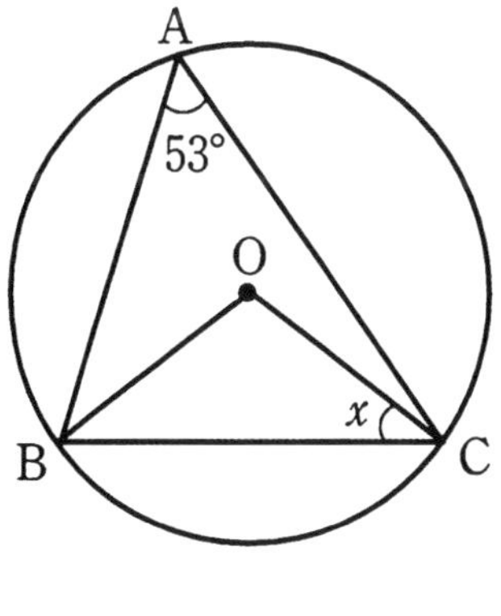

2　Ａ店とＢ店ではセールを行っており，セールの内容は以下のとおりである。

Ａ店　全品が定価より70％値引きされ，さらにレジにて30％値引きされる。
Ｂ店　全品が定価より80％値引きされる。

実際に購入するときにかかる金額を購入金額というとき，次の問いに答えなさい。

（１）Ａ店での定価をx円，購入金額をy円とするとき，yをxの式で表しなさい。

（２）同じ定価の商品をＡ店，Ｂ店で購入すると，どちらの方が安いか答えなさい。

（３）Ａ店とＢ店では同じ商品が同じ定価で売られている。Ａ店で購入したときの購入金額が2520円であるとき，この商品をＢ店で購入すると，購入金額はいくらになるか答えなさい。

3　１辺の長さが２の正方形ＡＢＣＤの辺ＡＢ，ＢＣ，ＣＤ，ＤＡの中点をそれぞれＥ，Ｆ，Ｇ，Ｈとする。Ａ，Ｂ，Ｃ，Ｄ，Ｅ，Ｆ，Ｇ，Ｈの８つの点から３点を結んでできる三角形の面積Sについて考える。ただし，三角形が作れない場合の面積は０とする。

（１）$S=\frac{1}{2}$となる三角形は何個作れるか。

（２）$S=1$となる三角形は何個作れるか。

（３）$S=\frac{3}{2}$となる三角形は何個作れるか。

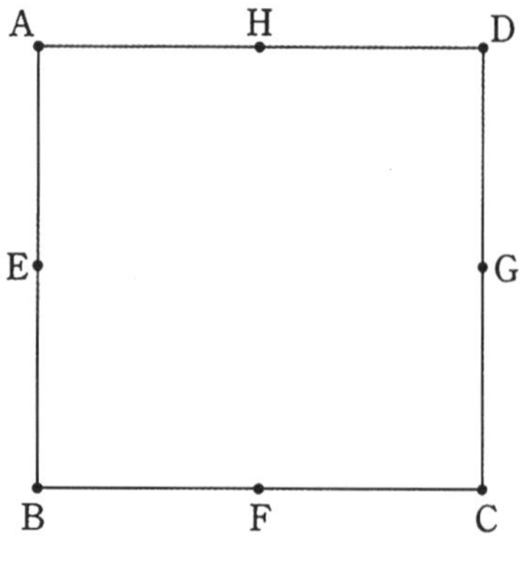

4 図１のように密閉された三角柱の容器があり，ＡＢ＝ＢＣ＝ＡＤ＝５cm，ＡＣ＝ＤＦ＝$5\sqrt{2}$cm，∠ＡＢＣ＝∠ＤＥＦ＝90°である。ただし，容器の厚さは考えないものとする。

（１）図１の三角柱の容器の容積を求めなさい。

図１の容器に $25\mathrm{cm}^3$ の水を入れて，水面が底面ＡＢＣに対して水平になるように固定して，再び密閉した。

（２）このときの水の深さを求めなさい。

（３）図２のように向きを変え，水面が底面ＢＣＦＥに対して水平になるように容器を固定した。このとき，水の深さを求めなさい。

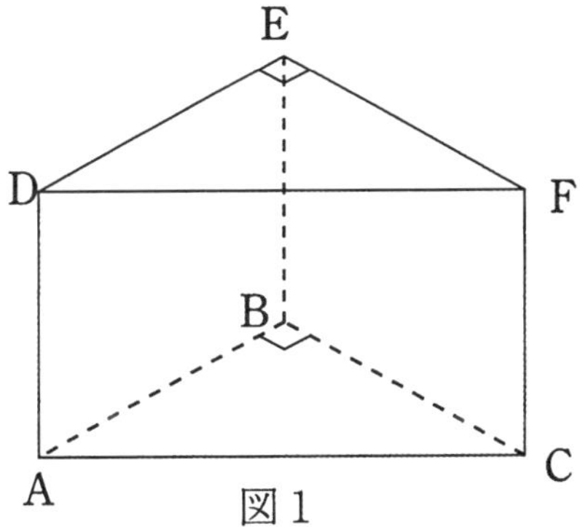

図１

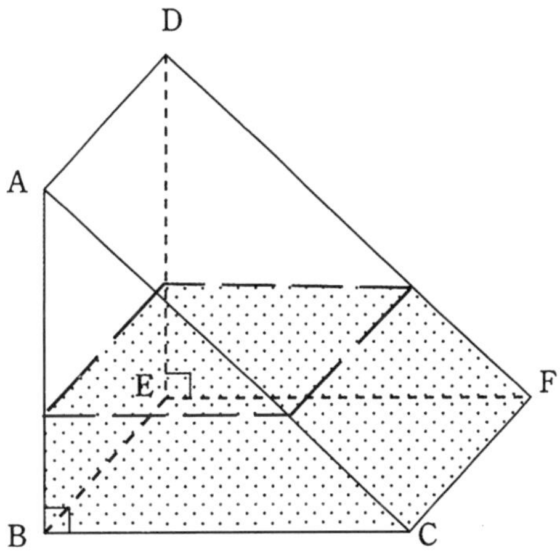

図２

5 原点をＯとする座標平面上に３点Ａ（０，４），Ｐ（２，２），Ｑと放物線 $y=ax^2$ …①があり，点Ｐ，Ｑはともに放物線①上にある。
四角形ＯＰＡＱが正方形であり，放物線①と直線ＡＰの交点のうち，点Ｐと異なる点をＲとする。次の問いに答えなさい。

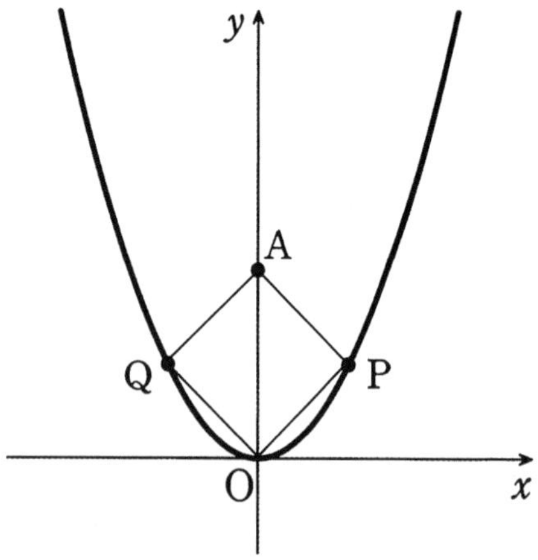

（１）定数 a の値を求めなさい。

（２）点Ｒの座標を求めなさい。

（３）直線ＯＲとＡＱの交点をＳとする。
三角形ＱＲＳの面積は正方形ＯＰＡＱの面積の何倍か求めなさい。

愛知啓成高等学校

令和5年度　入学試験問題（1月20日実施）

英　語

試験開始の合図があるまで，この問題冊子を開かず，
下記の注意事項をよく読むこと。

注　意　事　項

(1) 時間は45分とする。

(2) [1] と [2] は選択問題です。[1] のリスニング問題はサミッティアコースとグローバルコースの受験者が解答すること。アカデミアコースの受験者は [2] を解答すること。

(3) 机上は受験票・筆記用具のみとし，定規・分度器などの使用は禁止します。

(4) 答えはすべて解答用紙に記入すること。

(5) 解答にはマークする問題が含まれています。ＨＢの鉛筆でしっかりマークすること。

(6) 訂正する場合は消しゴムできれいに消すこと。

(7) この問題冊子は11ページあります。試験開始後，総ページ数を確認すること。本冊子に脱落や印刷不鮮明の箇所および解答用紙に汚れ等があれば，試験監督者に申し出ること。

(8) 試験開始の合図で解答用紙の所定欄に，受験番号・氏名・中学校名を明確に記入し，解答を始めること。また，受験番号にはマークもすること。

(9) 試験終了の合図で上記 (8) の事項を再度確認し，試験監督者の指示に従うこと。

マークシートの書き方

良い例	悪い例

［選択問題］　サミッティアコース・グローバルコース　　　※音声は収録しておりません

1　放送を聞いて，次のPart1とPart2の問いに答えなさい。なお，すべての問題でメモをとってもかまいません。

Part1　対話と質問を聞き，その答えとして適切なものを１つ選び，マークしなさい。対話と質問は１度だけ流れます。

No.1　① She practices the guitar.　② She reads rock magazines.
③ She writes songs.　④ She teaches music.

No.2　① Order baseballs from the man.　② Go to Winning Sports Store.
③ Make a call to a different store.　④ Check a sports catalog.

No.3　① He didn't cook dinner.　② He didn't clean the kitchen floor.
③ He didn't turn off the gas.　④ He didn't buy a frying pan.

No.4　① She borrowed the wrong book.　② She went to the wrong library.
③ She couldn't find a restroom　④ She lost her notebook.

No.5　① He likes buying summer clothes.　② He likes wearing black clothes.
③ He likes traveling in summer.　④ He likes going shopping with his mother.

Part2　英文と質問を聞き，その答えとして適切なものを１つ選び，マークしなさい。質問はNo.1 ～ No.5まで５題あります。英文と質問は２度流れます。

No.1　① One to make schools cleaner.　② One to save the environment of the city.
③ One to talk with people.　④ One to solve problems at schools.

No.2　① How to learn more about the city.　② How to make their school cleaner.
③ How to find trash at school.　④ How to visit the city every week.

No.3　① Pick up trash when they find it.　② Think about the campaign.
③ Get money for saving the environment.　④ Talk about environmental problems.

No.4　① Last week.　② For a day.
③ For a week.　④ For two months.

No.5　① It is very important for us to make our school cleaner.
② We should have a cleaning day to save the environment of the city.
③ We should do small things to save the environment of the city.
④ It is very important for all of us to talk about the problems of the environment.

［選択問題］ アカデミアコース

2 次の（1）～（3）の問いに答えなさい。

（1）左の語の下線部と同じ発音を含む語を1つ選び，マークしなさい。

（ア） food　① soon　② book　③ foot　④ look

（イ） family　① famous　② language　③ around　④ change

（ウ） wanted　① opened　② talked　③ needed　④ watched

（2）次の①～④の語のうち，アクセントの位置が他と異なるものを1つ選び，マークしなさい。

（ア） ① re – mem – ber　② eve – ry – one　③ yes – ter – day　④ an – i – mal

（イ） ① wom – an　② be – tween　③ ad – vice　④ gui – tar

（3）次の対話文を読み，あとの問いに答えなさい。

Jane : Hello. This is Jane. May I speak to Kaito?

Kaito : It's me. How are you Jane?

Jane : Just fine, thanks. The reason I called is to invite you to my brother's birthday party tomorrow. Can you come?

Kaito : That sounds great! I'd love to. I want to give him a present. Do you have any good ideas?

Jane : Hm... He has wanted a new pair of *sneakers.

Kaito : Good! I'll get him nice sneakers.

Jane : O.K. I'm going to make a birthday cake for him and put eighteen candles on it.

Kaito : I hope that the party will be *successful.

Jane : I hope so. *By the way, Kaito, how are your classes going?

Kaito : Almost all subjects are O.K., but English is really difficult for me. I'm worrying about the next tests.

Jane : Don't worry. I'll help you if you want.

Kaito : Thank you. I'll try to study hard to understand my English class. Will your brother Mike go to university next year?

Jane : Yes. He is planning to study law. He wants to be a lawyer. Do many students go to university in Japan?

Kaito : Yes, they do. More and more students go to university these days.

Jane : Is it easy to *enter any university you want?

Kaito ： No, it isn't. We have to pass a difficult test to enter university. We call it "*examination hell."

Jane ： In America, you can't *graduate if you don't study very hard, and many students leave university before they graduate.

Kaito ： Oh, really? Students always have to study hard in any country. Anyway, I'm looking forward to seeing you tomorrow. Thank you for calling.

Jane ： See you tomorrow. Say hello to your host family.

Kaito ： Sure, I will. Bye-bye.

（注）sneakers　スニーカー　　successful　成功した　　by the way　ところで
enter　入学する　　examination hell　受験地獄　　graduate　卒業する

（ア）対話文に合うように,（　　　）に入る適切なものを1つ選び, マークしなさい。

1. Kaito is going to（　　　）.

① make a birthday cake　　② join the party
③ invite his host family　　④ buy some candles

2. Mike will（　　　）at the party.

① get a pair of sneakers　　② say, "Happy birthday!"
③ put eighteen candles on the cake　　④ help Jane with her homework

3. Jane didn't know（　　　）to enter universities in Japan.

① why it is necessary　　② why they want
③ how　　④ how hard it is

4. Jane and Kaito are talking about（　　　）.

① their host family and examination　　② school life and host family
③ a birthday party and other things　　④ shopping and cooking

（イ）本文の内容に合うものを2つ選び, マークしなさい。

① Jane is asking Kaito to come to her own birthday party.
② Kaito would like to accept the *invitation.　（注）招待
③ Kaito and Jane will buy a pair of sneakers for Mike.
④ Mike will go on to a Japanese university to be a lawyer.
⑤ In Japan, the number of the students going to university is getting larger.
⑥ In America, many students leave university if they study very hard.

［必答問題］ 全コース

3 次の英文とメールを読み，あとの問いに答えなさい。

From : Ben Smith	
To : ABC Pet Shop	
Date : November 20, 2022 17:49	
Subject : Dog training	

Dear ABC Pet Shop,
My sister Lilly moved to Paris to learn art three years ago. She couldn't take her dog Max, so she asked me to take care of him. I love Max, but sometimes he's a bad dog. At dinner time, he tries to eat our food. He sleeps on my favorite chair. Sometimes, he even sleeps on my parents' bed. They get angry when they see that. Maybe Max doesn't know that he's doing bad things. How can I teach him to be a better dog?
*Sincerely,
Ben Smith

（注）Sincerely　敬具

From : ABC Pet Shop	
To : Ben Smith	
Date : November 21, 2022 10:08	
Subject : Your question	

Dear Ben,
Thank you for your e-mail. Some dogs learn new things slowly. It'll take time for Max to stop doing bad things. If Max does something good, be kind to him. Before you start eating dinner, take Max to a different room. Tell him to stay there and say, "Good dog." If he comes back, take him back and tell him to stay there. You have to do this many times. Then he will stay in the room. After you finish eating, go to Max and say, "Good dog." Then give him a *treat. When Max sits on the chair or the bed, tell him to *get off right away. Then tell him to *lie down on the floor. When he lies down, tell him, "Good dog." It will probably take some time, but Max will learn. I hope this helps.
Sincerely,
ABC Pet Shop
Ella Kim

（注）treat　ごほうび　　get off　降りる　　lie down　横になる

(1) Who gave Max to Ben?

① Ben's parents.

② Ben's brother.

③ Ben's sister.

④ A friend in Paris.

(2) Why do Ben's parents sometimes get angry?

① Because Max sometime doesn't eat his food.

② Because Max eats his food with them.

③ Because Max sleeps on their chair.

④ Because Max sleeps on their bed.

(3) At dinner time, what should Ben do?

① Tell Max to stay on the bed.

② Keep saying, "Good dog."

③ Put Max in another room.

④ Sit on the chair with Max.

(4) Which of the following is true?

① Ella Kim is a member of ABC Pet Shop staff.

② Max is always a bad dog, so Ben doesn't like him.

③ Max is old, so he learns slowly.

④ Lilly has known Ella Kim for three years.

4 高校生のBobbyとAkioがwater basketballのチラシ（leaflet）を見ながら話をしています。チラシと対話文を読み，あとの問いに答えなさい。

Let's Play Water Basketball in the Red North Swimming Pool!

Why should you play Water Basketball?

Water basketball is a lot of fun. Make history by playing now.

Is it difficult to play Water Basketball?

No. You swim with a ball, pass it or throw it into a *hoop. It's simple! And the rules are simple, too. So you can learn them through games.

Who plays Water Basketball?

Young and old, men and women – anyone can play this sport!

What do you need to bring?

You don't have to worry at all. Just bring *swimwear! Balls and hoops are ready to use.

How many players are needed to play a game?

Each team needs three or more players. The cost is $3 for each team.

Practice Time

Monday	Tuesday	Wednesday	Thursday	Friday	Saturday
×	5:00 p.m. ~7:00 p.m.	×	6:00 p.m. ~8:00 p.m.	5:00 p.m. ~7:00 p.m.	9:00 a.m. ~11:00 a.m.

GAMES on SUNDAYS!!

（注）hoop　輪　　swimwear　水着

Bobby：I saw you at the gym yesterday. You were playing basketball very well.

Akio　：Thank you. I played basketball when I was in junior high school.

Bobby：Akio, have you heard of 'water basketball'?

Akio　：Water basketball? What's that?

Bobby：It's like basketball but played in a swimming pool. It's easy. You swim and try to throw the ball into a hoop. You should try it.

Akio　：Sure, is there anything I should bring?

Bobby：Yes, (　a　)

Akio　：Alright, that sounds good. Do you play?

Bobby：Yes, my brother and I have been practicing and playing since last month. It's a lot of fun. I especially like practicing with old people.

: I don' t like to wear other colors, Mom.

But you look so nice in bright colors. You should wear those clothes I got you last month.

: Sorry, Mom. They are not my style.

ıestion: What do we learn about the boy?

He likes buying summer clothes. ② He likes wearing black clothes.

He likes travelling in summer. ④ He likes going shopping with his mother.

ırt 2 英文と質問を聞き、その答えとして適切なものを１つ選び、マークしなさい。質問は No.1 No.5 まで５題あります。英文と質問は２度流れます。

Our city has started a campaign to save the environment of the city. All of us must think ıbout how to solve the problems of the environment. Last week we talked in our class about ıow to make our school cleaner as part of the campaign. We talked and talked and found some vays to do so. For example, we should have a cleaning day. Finally we chose the easy way. 'When we find trash at school, let's pick it up." It is a small thing, but a useful one. We have lone so for a week, and our school has become very clean. When I think about how we chose to ceep our school clean, I think it's very important for all of us to do something to save the ›nvironment of the city. The things we can do are small, but we should do them.

ıestion NO.1: What kind of campaign has this city started?

① One to make schools cleaner. ② One to save the environment of the city.
③ One to talk with people. ④ One to solve problems at schools.

ıestion NO.2: What did the students talk about as part of the campaign?

① How to learn more about the city. ② How to make their school cleaner.
③ How to find trash at school. ④ How to visit the city every week.

ıestion NO.3: What did the boy's class decide to do?

① Pick up trash when they find it. ② Think about the campaign.
③ Get money for saving the environment. ④ Talk about environmental problems.

ıestion NO.4: How long have they continued this activity?

① Last week. ② For a day.
③ For a week. ④ For two months.

ıestion NO.5: What is the message of this speech?

① It is very important for us to make our school cleaner.
② We should have a cleaning day to save the environment of the city.
③ We should do small things to save the environment of the city.
④ It is very important for all of us to talk about the problems of the environment.

※音声は収録しておりませ

1　放送を聞いて、次の Part1 と Part2 の問いに答えなさい。なお、すべての問題でメモをとっ
もかまいません。

Part 1　対話と質問を聞き、その答えとして適切なものを１つ選び、マークしなさい。対話と質問
１度だけ流れます。

NO.1

M:　Why do you practice playing the guitar so much, Bianca?

F:　My dream is to become a rock musician someday, so I have to practice every day.

M:　Do you write your own songs, too?

F:　Not yet.　Now, I just play famous songs, but I want to start writing songs soon.

Question:　What does Bianca do every day?

① She practices the guitar.　② She reads rock magazines.

③ She writes songs.　④ She teaches music.

NO.2

F:　Winning Sports Store.

M:　Hi.　I'd like to buy many baseballs for my team.　Can you tell me how much they cos

F:　They cost $3 each.　But, I'm sorry, sir, we only have two baseballs left.　May I make
order for you?

M:　No, I'll just call another store.　I need them right away.

Question:　What will the man do next?

① Order baseballs from the man.　② Go to Winning Sports Store.

③ Make a call to a different store.　④ Check a sports catalog.

NO.3

F:　Honey, did you burn this frying pan?

M:　Yeah, sorry.　I was going to tell you.　I didn't turn off the gas when I finished cooki
lunch.

F:　The pan is all black.　You're lucky the house didn't burn down.

M:　I know.　I'll be more careful next time.

Question:　What mistake did the man make?

① He didn't cook dinner.　② He didn't clean the kitchen floor.

③ He didn't turn off the gas.　④ He didn't buy a frying pan.

NO.4

F:　Excuse me.　I can't find my notebook.　I think maybe I left it somewhere in this library.

M:　Oh, someone found one 10 minutes ago.　What does yours look like?

F:　It's small and brown, and it has my name written on it – Emilly Watson

M:　Yes, that's the one we have.　Here it is.

Question:　What problem did the girl have?

① She borrowed the wrong book.　② She went to the wrong library.

③ She couldn't find a restroom.　④ She lost her notebook.

NO.5

F:　Michael, it's summer.　Why do you only wear black clothes every day?

They're quite good.

Akio : Oh, you play in games?

Bobby : Yes! But the team is just my brother and me. So, we need (b) to play games. So, would you like to join our water basketball team?

Akio : Actually, I take piano lessons on Mondays and Tuesday evenings.

Bobby : That's O.K. Here's the practice schedule.

Akio : Oh! I also go to English school on Saturday mornings.

Bobby : In that case, you can join the practice on (c).

(1) Choose the best answer to (a).

① You only need swimwear. You can get it cheap on the Internet.

② We don't have to pay money for swimwear, so we take only some balls to the pool.

③ We take some balls and swimwear to the swimming pool.

④ You don't have to bring a ball because it is not necessary for water basketball.

(2) Choose the best answer to (b).

① four more players

② three more players

③ two more players

④ one more player

(3) Choose the best answer to (c).

① Thursday, Friday and Saturday

② Tuesday, Thursday and Saturday

③ Tuesday and Friday

④ Thursday and Friday

(4) According to the leaflet and their talking, which of the following is true?

① Water basketball is too hard for old people to play.

② Water basketball games are held every Sunday.

③ People don't need to pay money for the swimming basketball game.

④ People can learn the history of water basketball through the games.

5 次の英文を読み，あとの問いに答えなさい。

Wearing a *mask has been a natural thing over the past two and a half years as a "new *lifestyle." But should you keep wearing masks even after the *COVID-19 has finished?

According to (a)a survey in 2022, only 14 % of Japanese want to stop wearing masks. For even such a small group of people, it may be difficult to (b)do so because in Japan, there is (c)a big society *pressure to (f　　) the things many others do. (d), more and more people in foreign countries can decide *on their own to wear a mask or not, because COVID-19 is not as dangerous as it was. 22% of Japanese people think that they should always wear a mask in everyday life. Some of them like this easy way of life; they do not have to (e). Some people even think that they look better with masks. They think that a part of their faces is more beautiful if (f) it is not seen. However, others have *depended on (g)(they / much / of / masks / are / that / afraid / so) showing their faces to others. One such student had a job interview over the Internet, but she did not take off her mask. (h)This is going too far.

We should know that nothing bad happens if we remove our masks. Also, it is important not only to try to be the same but also to listen to the opinions of the few people. If we don't, we may not say good-bye to masks forever.

（注）mask　マスク　　lifestyle　生活様式
COVID-19　新型コロナウイルス感染症　　pressure　圧力
on their own　自分で　　depend on　～に依存する

（1）下線部(a)の調査によるグラフとして適切なものを１つ選び，マークしなさい。

新型コロナ収束後のマスク着用の意向（日本インフォメーションの 2022 年 2 月の調査から）

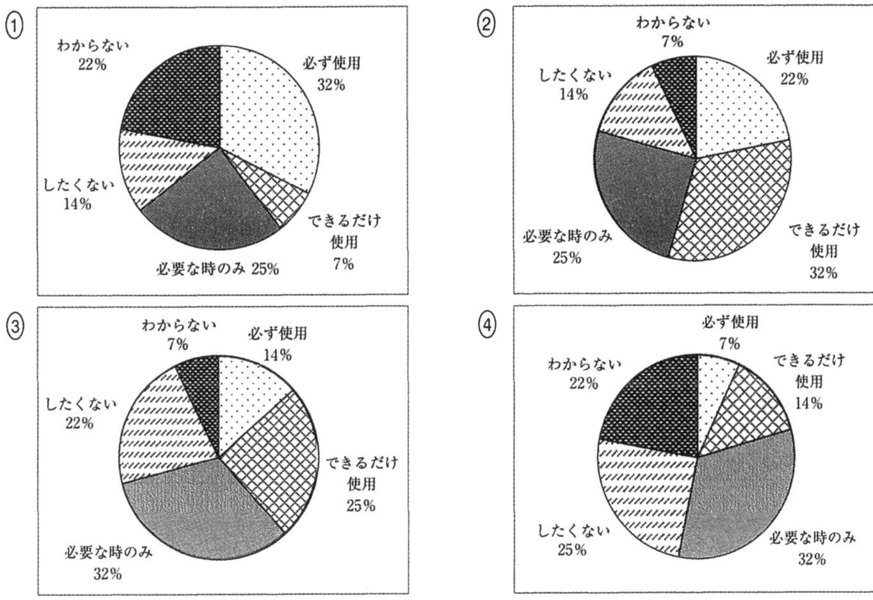

（2）下線部 (b) が示すものを文中より３語で抜き出しなさい。

（3）下線部 (c) が「同調圧力」を意味するように，(　　) 内に与えられた頭文字で始まる適切な語を入れなさい。

（4）(　d　) に入る適切なものを１つ選び，マークしなさい。

① For example　② So　③ On the other hand　④ Moreover

（5）本文の流れに合うように，(　e　) に入る適切なものを１つ選び，マークしなさい。

① take care of their faces in the morning
② set their hair
③ take trains with many people to their working places
④ keep quiet during lunch time

（6）下線部 (f) が示すものを文中より５語で抜き出しなさい。

（7）下線部 (g) 内の語を並べかえ，適切な英文を完成させなさい。

（8）下線部 (h) の内容に合うように，(　　) 内に適切な語を日本語で答えなさい。

（ 1 ）の（ 2 ）をオンラインで受けた時，マスクを（ 3 ）こと

（9）本文の内容に合うものを2つ選び，マークしなさい。

① We have been on a new lifestyle for 250 days.

② More people abroad make their own decisions about wearing masks.

③ All of us should understand that COVID-19 is not so dangerous.

④ Some Japanese people who still need masks think their faces are not good enough for others.

⑤ It is important that we should ask others around us and choose safer lifestyles.

（10）各国のマスク着用率に関する以下のグラフと合うものに○，合わないものには × と答えなさい。

新型コロナウイルスに対する予防策として、「公共の場ではマスクを着用する」回答割合（%）
（日本リサーチセンター /YouGov 調べ）

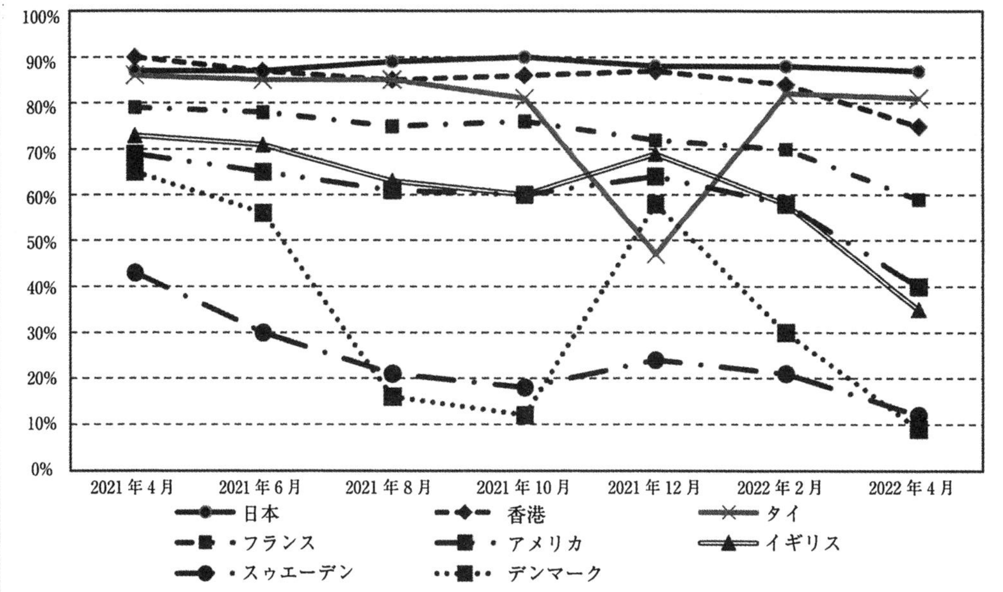

（ア）Japanese *percentage was higher than that of any other country at the beginning.

（イ）About one out of three people in the U.K. chose to wear masks on April 2022.

（ウ）The percentages sometimes went up and down, but many people in *Asian countries still kept wearing masks.

（エ）More than fifty percent of the people in *Europe never wore masks.

（オ）The percentage of *Thailand changed the most during the year of all the countries above.

（注）percentage 割合　Asian アジアの　Europe ヨーロッパ　Thailand タイ

6 次の英文が表すものを日本語で答えなさい。

（1） It is a wooden tablet with a picture on it. It is used when you pray or give thanks for something at a shrine or a temple.

（2） It is a Japanese leg warmer. It is a low table with a heater under it, and is covered with a *futon*.

（3） It is held in summer. People write their wishes on pieces of paper and hang them on bamboo.

7 次の日本文に合うように，（　　　）内に適切な語を１語ずつ入れなさい。

（1） メアリーはこの料理を故郷にちなんで名付けた。

Mary (　　　) this dish (　　　) her hometown.

（2） 私は大好きな歌手について話したい気分だった。

I (　　　) (　　　) talking about my favorite singer.

（3） 別のものを見せましょうか。

(　　　) (　　　) show you another?

（4） 昨日私たちの学校では避難訓練が行われた。

Our school had an (　　　) (　　　) yesterday.

8 次の日本文に合うように，（　　　）内の語を並べかえて，英文を完成させなさい。ただし，文頭の語も小文字で示されています。

（1） きっとそれは多くの人を助けるでしょう。

(many / help / sure / I'm / people / that / it / will).

（2） ケンは友達のひとりにそのトラブルについて謝った。

(apologized / to / for / his / of / friends / Ken / one) the trouble.

（3） シン・ゴジラは２番目に人気がある映画かもしれない。

(be / most / movie / may / Shin Gozilla / the / popular / second).

（4） この建物は私の家から見えない。

(this / seen / house / be / can't / my / building / from).

愛 知 啓 成 高 等 学 校

令和５年度　入学試験問題（1月20日実施）

理　科

試験開始の合図があるまで，この問題冊子を開かず，

下記の注意事項をよく読むこと。

注　意　事　項

(1)　時間は30分とする。

(2)　机上は受験票・筆記用具のみとし，定規・分度器などの使用は禁止します。

(3)　答えはすべて解答用紙に記入すること。

(4)　解答にはマークする問題が含まれています。ＨＢの鉛筆でしっかりマークすること。

(5)　訂正する場合は消しゴムできれいに消すこと。

(6)　この問題冊子は14ページあります。試験開始後，総ページ数を確認すること。本冊子に脱落や印刷不鮮明の箇所および解答用紙に汚れ等があれば，試験監督者に申し出ること。

(7)　試験開始の合図で解答用紙の所定欄に，受験番号・氏名・中学校名を明確に記入し，解答を始めること。また，受験番号にはマークもすること。

(8)　試験終了の合図で上記 (7) の事項を再度確認し，試験監督者の指示に従うこと。

マークシートの書き方

良い例	悪い例

1 問１～問４に答えなさい。

問１．次の図のように銅線をガスバーナーの炎の中に入れて熱すると，銅の色は変化した。次に熱した銅線を水素の入っている試験管に入れたり出したりしたところ，銅の色がもとにもどり，試験管の中はくもって水滴ができた。これについて，下の問いに答えなさい。

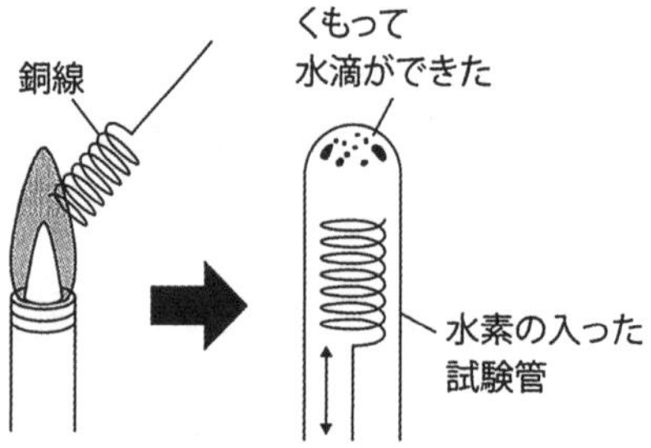

（１）この実験において，試験管の中で起きた化学変化をモデルで正しく表しているものはどれか。最も適当なものを，次の①～④のうちから１つ選び，マークしなさい。ただし，銅原子を●，酸素を○，水素原子を◎とする。 1

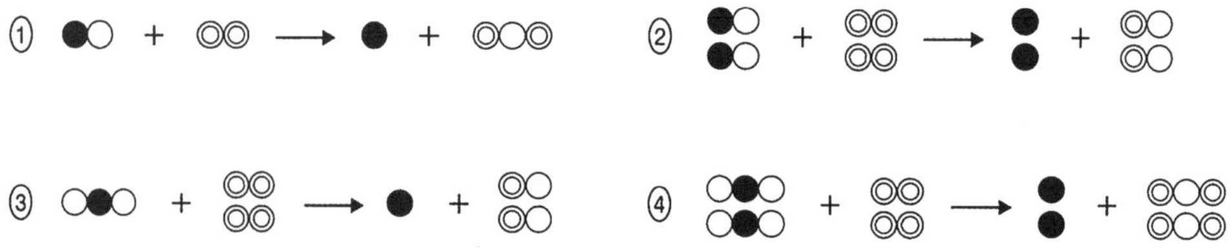

（２）試験管の中で起きた化学変化において，酸化された物質は何か。化学式で答えなさい。 2

問２．次の①～③のうちから正しいものを**すべて選び**，マークしなさい。

3

① ガスバーナーの炎が黄色の場合は，空気の量が不足しているため，空気調節ねじを少しずつ開く。

② 食用油は水に比べて密度が大きいため，水に浮く。

③ 上皿てんびんがつり合ったかどうか判断するとき，針が完全に止まるまで待つ必要はない。

問３．水の温度が 20℃ のとき，水 100g に溶かすことができる食塩の質量の限度は 36g である。20℃ の水 50g に，食塩 25g を入れてよくかき混ぜ，食塩の飽和水溶液をつくった。この飽和食塩水の質量パーセント濃度は何％か。小数第１位を四捨五入し，整数値で答えなさい。

4	5

〔%〕

注意：解答欄 4 5 の答えが 20 なら，4 は②，5 は⓪にマークしなさい。

問4.　大きさや形の異なる6つの純粋な物質の固体 P ～ U の中に，同じ物質が含まれているかどうかを調べるため，それぞれの質量と体積を測定したところ，結果が次のグラフのようになった。これについて，下の問いに答えなさい。

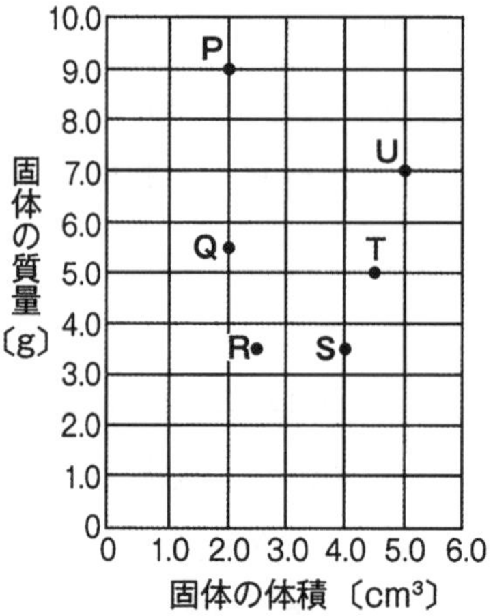

（1）6つの固体 P ～ U の中に，同じ物質の固体が2つ含まれていることがわかった。このとき，同じ物質と考えられるものを，次の①～⑥のうちから**2つ選び**，マークしなさい。［6］

① P　② Q　③ R　④ S　⑤ T　⑥ U

（2）次の**図1**のようにして，水 65cm³ に固体 R の小片を入れて体積を測定した。**図2**は，**図1**の一部を拡大したものである。このとき，この固体 R の小片の質量は何 g か。小数第2位を四捨五入し，小数第1位まで答えなさい。

［7］［8］.［9］〔g〕

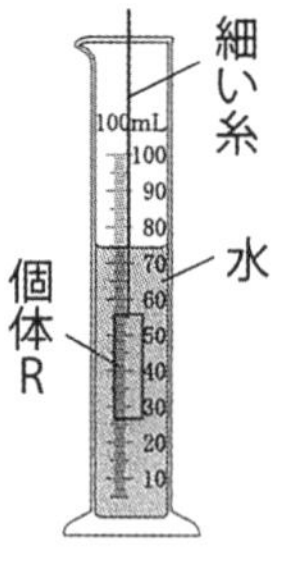

図1

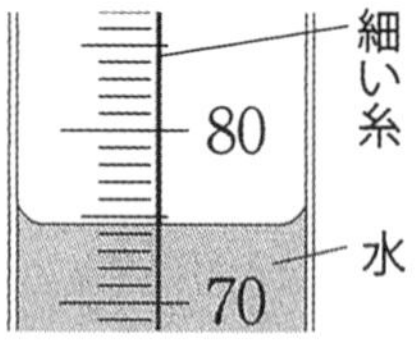

図1の70㎤から80㎤までの部分を、液面と同じ高さから見て、模式的に表している。

図2

注意：解答欄［7］［8］.［9］の答えが 52.0 なら，［7］は⑤，［8］は②，［9］は⓪にマークしなさい。

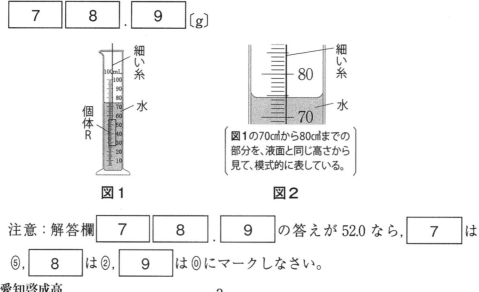

2 問1・問2に答えなさい。

問1．コイルを流れる電流と磁界の関係を調べるために，次の**【実験1】**，**【実験2】**を行った。これについて，下の問いに答えなさい。

【実験1】 N極を上にしたU字磁石を用いて**図1**のような装置をつくった。スイッチははじめ開いたままであったが，実験の開始と同時に閉じて，回路に電流を流した。**図2**は，**図1**のU字磁石とエナメル線でつくったコイルの一部分を拡大したものである。

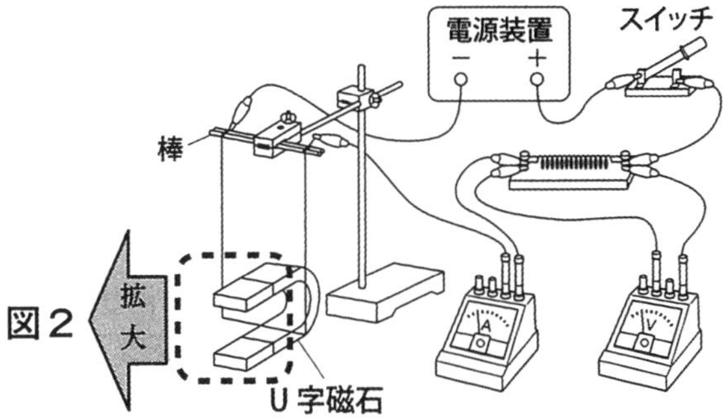

図1

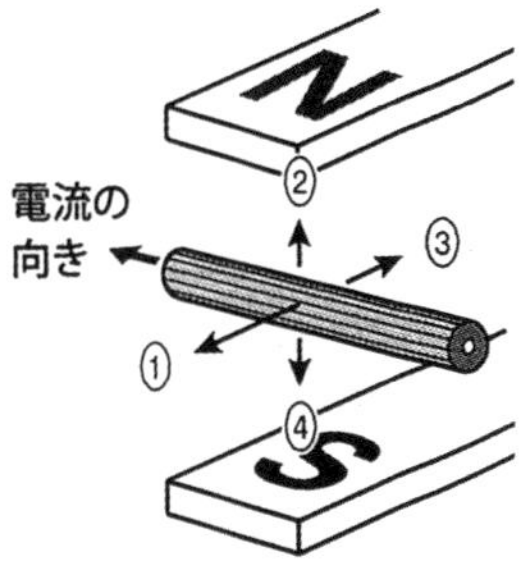

図2

（1）回路に電流を流したとき，**図1**の電源電圧は 12V，電流計は 400mA を示した。このとき消費された電力はいくらか。単位も（ ）に答えなさい。

| 1 |

（2）電流を流したとき，コイルの動く方向として最も適当なものを，**図2**の①～④のうちから1つ選び，マークしなさい。 | 2 |

【実験2】 **図3**のように，束ねたコイルに棒磁石のN極を近づけた。すると，コイルに電流が流れた。

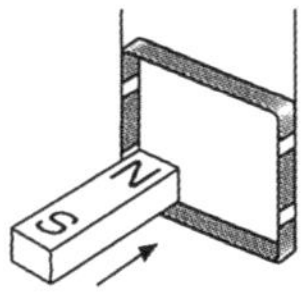

図3

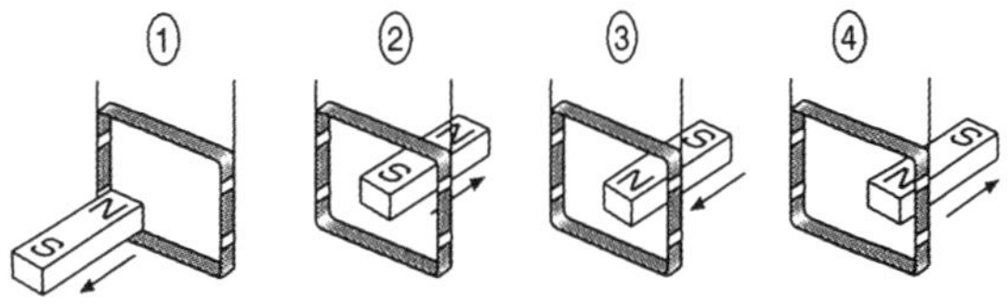

図4

（3）**図3**と同じ向きに電流が流れるものとして最も適当なものを，**図4**の①～④のうちから1つ選び，マークしなさい。 | 3 |

問 2.　力と運動に関する次の問いに答えなさい。

（1）　次の文章中の（ア）～（ウ）にあてはまる語句の組み合わせとして最も適当なものを，下の①～⑧のうちから1つ選び，マークしなさい。 4

人ははやく走りたいと思うとき，地面をける力を大きくする。これは他の物体に力を加えたときには，同じ（　ア　）で，（　イ　）の力を受けることになるからであり，これを（　ウ　）という。

	（ア）	（イ）	（ウ）
①	向き	最大	運動の法則
②	向き	最大	作用反作用の法則
③	向き	逆向き	運動の法則
④	向き	逆向き	作用反作用の法則
⑤	大きさ	最大	運動の法則
⑥	大きさ	最大	作用反作用の法則
⑦	大きさ	逆向き	運動の法則
⑧	大きさ	逆向き	作用反作用の法則

（2）　水平に置かれた軽いばねにおもりを下げ，**図１**は他方を壁に固定し，**図２**はおもりを使ってつるした。これについて述べた下の①～④のうちから正しいものを１つ選び，マークしなさい。ただし，おもりの重さはすべて等しいとする。　5

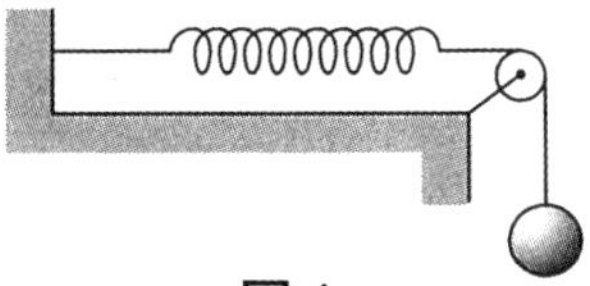
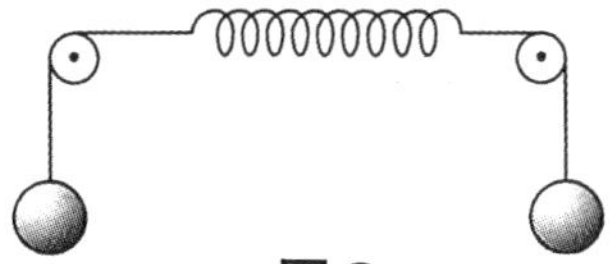

図１　　　　**図２**

① **図１**のばねは動かない壁で一方を固定されているため，**図２**のばねよりばねの伸びが大きい。

② **図２**は,２つのおもりが１つのばねを引き合っているため，ばねの伸びは**図１**のばねの伸びの２倍である。

③ **図１**は,**図2**に比べておもりの数が半分なので,ばねの伸びは**図2**より小さくなる。

④ **図1**,**図2**ともに，ばねの両端を引く力の大きさが等しいので，伸びは等しい。

（3）　天井につるされた同じ強さのばねを２つ用いて，**図３**は２つのばねを横に，**図４**と**図５**は２つのばねを縦に連結して，それぞれ１つか，または２つのおもりを支えた。これについて述べた下の①～④のうちから正しいものを１つ選び，マークしなさい。ただし，おもりの重さはすべて等しく，ばねは軽いものとする。　6

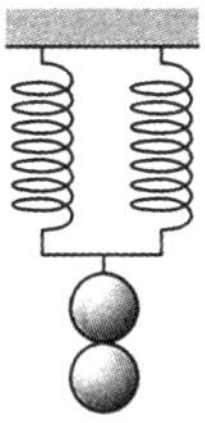

図３　　**図４**　　**図５**

① おもりをつるした状態で，連結したばねは**図３～５**のすべてにおいて，互いに同じ伸びをしている。

② **図４**,**図５**では，互いに下側のばねが上側のばねより伸びが大きい。

③ １つ当たりのばねの伸びが最も小さいのは,**図3**や**図5**ではなく**図4**である。

④ １つ当たりのばねの伸びが最も大きいのは,**図3**や**図4**ではなく**図5**である。

3 問１・問２に答えなさい。

問１. オオカナダモを用いて次の**【操作１】**・**【操作２】**を行った。これについて，下の問いに答えなさい。

【操作１】 青色の BTB 液に息を吹きこみ，二酸化炭素を溶けこませて緑色にした。用意した４本の試験管 **A** ～ **D** のうち，試験管 **A**，**B** の２本にはオオカナダモを入れてゴム栓をした。このうち１本はそのままにし（**A**），もう１本は試験管をアルミニウムはくでおおった（**B**）。残りの２本のうち１本は何も入れずにゴム栓をし（**C**），もう１本は何も入れずにゴム栓をしたのちアルミニウムはくでおおった（**D**）。

【操作２】 この４本の試験管を，光のあたる場所に十分な時間置き，しばらくして色の変化を観察した。

（１） **【操作２】**で観察された各試験管内の BTB 溶液の色として最も適当なものを，次の①～⑤のうちからそれぞれ１つずつ選び，マークしなさい。同じものを何度選んでもよい。

A [1]　B [2]　C [3]　D [4]

①　赤色　②　黄色　③　青色　④　緑色　⑤　無色

（２） オオカナダモの光合成のはたらきによって，色が変化したことを比較する試験管の組み合わせとして正しいものを，次の①～⑥のうちから１つ選び，マークしなさい。 [5]

① A と B　② A と C　③ A と D　④ B と C　⑤ B と D　⑥ C と D

（3） 試験管 B の色の変化から分かることとして正しいものを，次の①～⑥のうちから**すべて選び**，マークしなさい。 6

① 試験管内がアルカリ性になった。

② 試験管内が中性になった。

③ 試験管内が酸性になった。

④ オオカナダモによって光合成が行われた。

⑤ オオカナダモによって呼吸が行われた。

⑥ オオカナダモによって光合成と呼吸が行われた。

問２．光学顕微鏡に関する次の文章を読み，下の問いに答えなさい。

顕微鏡を持ち運ぶときは，片手でアームを，他方の手で鏡台を支える。顕微鏡は直接日光の当たらない明るく水平な場所に置く。鏡筒の中にほこりが入らないように（　ア　）レンズ，（　イ　）レンズの順に取り付ける。レボルバーを回して一番（　ウ　）倍率にする。反射鏡の角度としぼりを調節して，視野全体が明るくなるようにする。プレパラートをステージの上にのせ，対物レンズを横から見ながら，プレパラートと対物レンズをできるだけ近づける。接眼レンズをのぞきながら，調節ねじを反対方向にゆっくり回してピントを合わせる。その後，よく見えるようにしぼりを調節する。また，倍率を高くする場合は，見るものが中央にくるようにしてから，レボルバーを回して，対物レンズをかえる。高倍率にすると，見える範囲は（　a　）なり，視野の明るさは（　b　）なるので，しぼりや反射鏡で光の強さを調節する。

（1）　文章中の（ア）～（ウ）にあてはまる語句の組み合わせとして正しいものを，次の①～④のうちから１つ選び，マークしなさい。 [7]

	（ア）	（イ）	（ウ）
①	接眼	対物	高い
②	接眼	対物	低い
③	対物	接眼	高い
④	対物	接眼	低い

（2）　下線部について，次の図のように視野の右下に見える像を中心に動かしたい場合は，プレパラートをどの方向に動かせばよいか。正しいものを，下の①～④のうちから１つ選び，マークしなさい。 [8]

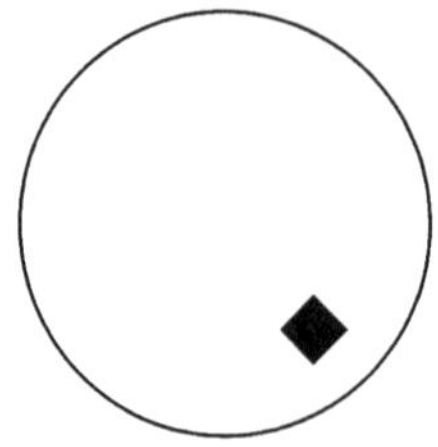

①　右上　　②　右下　　③　左上　　④　左下

（3） 文章中の (a)・(b) にあてはまる語句の組み合わせとして正しいものを，次の①～④のうちから1つ選び，マークしなさい。 9

	(a)	(b)
①	広く	明るく
②	広く	暗く
③	狭く	明るく
④	狭く	暗く

（4） インクジェットプリンターで印刷した，均一に色のついた図形を顕微鏡で観察すると，たくさんの小さな点の集まりであることが観察できる。倍率100倍のとき，視野に点が160個見えていたとする。倍率を400倍にした場合，見える点は何個になるか。 10

4 問1・問2に答えなさい。

問1．低気圧についての次の文章を読み，下の問いに答えなさい。

日本付近のような温帯にできる低気圧は，（　ア　）側に温暖前線，（　イ　）側に寒冷前線をともなうことが多い。温暖前線付近では暖気が寒気の（　ウ　）ように進み，寒冷前線付近では，寒気が暖気の（　エ　）ようにして進む。寒冷前線は温暖前線より進み方が速いことが多いため，寒冷前線は温暖前線に追いつき，（　オ　）ができる。

（1）　文章中の（ア），（イ）にあてはまる語句の組み合わせとして正しいものを，次の①～⑥のうちから1つ選び，マークしなさい。 1

	（ア）	（イ）		（ア）	（イ）
①	東	西	②	東	南
③	西	東	④	西	南
⑤	南	東	⑥	南	西

（2）　（ウ），（エ）にあてはまる内容と，（オ）にあてはまる語句の組み合わせとして正しいものを，次の①～④のうちから1つ選び，マークしなさい。 2

	（ウ）	（エ）	（オ）
①	上にはい上がる	下にもぐりこむ	閉そく前線
②	上にはい上がる	下にもぐりこむ	停滞前線
③	下にもぐりこむ	上にはい上がる	閉そく前線
④	下にもぐりこむ	上にはい上がる	停滞前線

（3） 2022 年夏，日本では『線状降水帯』の発生に伴い，数時間にわたって猛烈な雨が降り続き，河川の氾濫《はんらん》や土砂崩れが全国各地で起きた。『線状降水帯』について述べた次の ①～④ のうちから**誤っているもの**を 1 つ選び，マークしなさい。 3

① 地上付近の風が上昇することで次々と積乱雲が並び，発達して線状に並んだものをいう。

② 発達した雨雲が同じ場所を通過，停滞する。

③ 線状に伸びた積乱雲が 50 ～ 300km に達し，雨域は幅 20 ～ 50km 程度である。

④ 発生する場所や時間は予測できるため，発生してから安全に避難することができる。

問２．地層についての次の文章を読み，下の問いに答えなさい。

地層や岩石を調べることによって，その土地の歴史や年代などを知ることができる。とくに大きな噴火が起こった際には，火山灰が広い範囲に降り積もるため，離れた地域との地層の関係や年代を知る手がかりとなる。

ある山のがけの地層を調べたところ，下の図のようになっており，上に行くほど新しい地層になっていた。各地層の特徴を次にまとめた。

(あ)：砂でできた地層で，アンモナイトや三角貝の化石があった。
(い)：1/16mm より大きさの小さい粒からなる地層であった。
(う)：火山灰などの火山噴出物を含む地層であった。
(え)：大きさが 2mm 以上の粒からなる地層であった。

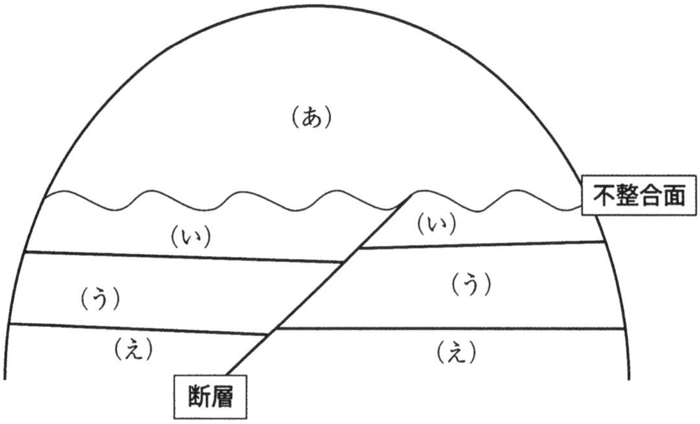

（１） 下線部について，地層の年代を知る手がかりとなる化石を何というか。
4

（２） 火山灰が堆積した地層は，離れた地域との地層のつながりを考える手がかりとなる。このような層を何というか。 5

（３） (あ) の地層で見つかった化石は，約何万年前の生物であるか。最も適当なものを，次の①～④のうちから１つ選び，マークしなさい。 6

① 約１億 5000 万年前　　② 約 1500 万年前
③ 約 200 万年前　　④ 約 20 万年前

（4） 図の不整合面と断層について述べた次の①～④のうちから最も適当なものを1つ選び，マークしなさい。 7

① （あ）の地層は，土地が隆起してから，地上で形成された。
② （い）の地層は，一度土地が隆起したのち，沈降して形成された。
③ （い）～（え）の地層ができるまえに，断層が形成されている。
④ 断層が形成されたのち，土地が隆起し，その後沈降した。

愛知啓成高等学校

令和５年度　入学試験問題（1月20日実施）

社　会

試験開始の合図があるまで，この問題冊子を開かず，
下記の注意事項をよく読むこと。

注　意　事　項

(1) 時間は 30 分とする。

(2) 机上は受験票・筆記用具のみとし，定規・分度器などの使用は禁止します。

(3) 答えはすべて解答用紙に記入すること。

(4) 解答にはマークする問題が含まれています。ＨＢの鉛筆でしっかりマークすること。

(5) 訂正する場合は消しゴムできれいに消すこと。

(6) この問題冊子は 14 ページあります。試験開始後，総ページ数を確認すること。本冊子に脱落や印刷不鮮明の箇所および解答用紙に汚れ等があれば，試験監督者に申し出ること。

(7) 試験開始の合図で解答用紙の所定欄に，受験番号・氏名・中学校名を明確に記入し，解答を始めること。また，受験番号にはマークもすること。

(8) 試験終了の合図で上記 (7) の事項を再度確認し，試験監督者の指示に従うこと。

マークシートの書き方

良い例	悪い例

1　下の表は，各時代とその時代に活躍した人物とその政策についてまとめたものである。下の表を見て，あとの問１～問９までの問いに答えなさい。

表

時代	人物名	左の人物が行った内政・外交		文化名
奈良	聖武天皇	（ウ）墾田永年私財法が出される	東大寺（大仏）を建てる	天平文化
平安	藤原道長	（エ）摂関政治が安定する	四人の娘を天皇のきさきにする	（ケ）国風文化
鎌倉	北条泰時	（オ）御成敗式目が制定される	評定での会議を設置する	鎌倉文化
室町	（　ア　）	南北朝を統一する	（キ）勘合貿易を始める	（コ）室町文化
安土桃山	織田信長	（カ）	長篠の戦いがおこる	桃山文化
江戸	（　イ　）	参勤交代を制度化する	（ク）鎖国が完成する	江戸の文化

問１　表中の空らん**ア**・**イ**に入る人物名を，表中の内政・外交などのことがらを見ながらそれぞれ答えなさい。

問２　表中の下線部**ウ**について述べた文として正しいものを，下の①～④の中から１つ選び，マークしなさい。

①　この法では，開墾した土地の個人の所有を認めたが，後に国に返さなくてはならなかった。

②　この法により貴族や寺院，郡司などは，周りの農民を使って開墾を行ったため，口分田が増え，くずれかけていた公地・公民の原則は立て直された。

③　この法が出た後，貴族や寺院，郡司などは，周りの農民を使って開墾を行ったり，墾田を買い取ったりして，盛んに私有地を広げていった。

④　この法により，６歳以上になると身分や男女ごとに決められた口分田が与えられた。

問3　下の文章は，表中の下線部**エ**の政治について述べたものである。文章中の空らん（**A**）・（**B**）にあてはまる語句をそれぞれ答えなさい。

天皇が幼いときには（　**A**　）に，成長すると（　**B**　）という天皇を補佐する職に就いて，政治の実権をにぎること。

問4　表中**オ**は，「ある事件」のあと，北条泰時の時代に制定された法律である。「ある事件」について説明した文として正しいものを，下の①～④の中から1つ選び，マークしなさい。

①　元大阪町奉行所の役人で陽明学者でもある人物が，奉行所の対応に不満を持ち，弟子など300人ほどで大商人をおそい，米や金をききんで苦しむ人々に分けようとした事件。

②　将軍のあとつぎ問題をめぐって，有力な守護大名の細川氏と山名氏が対立し，11年にわたって京都を中心に戦った事件。

③　上皇方と天皇方との対立に，貴族や源氏，平氏の内部での対立がからみ，大きな内乱に発展した事件。

④　朝廷の勢力を回復しようとしていた上皇が，幕府の混乱の中で幕府を倒そうと兵を挙げたが敗れた事件。

問5　表中**カ**に入る織田信長の政策について説明した文として正しいものを，下の①～④の中から1つ選び，マークしなさい。

①　全国を同じ単位と同じ道具を使って統一的な検地を行い，予想される収穫量を，すべて米の体積である石高であらわした。

②　商人や手工業者などの同業者の団体である座を廃止し，誰もが自由に商工業を行えるようにした。

③　武力による一揆を防ぐために，農民や寺社から刀や弓，やり，鉄砲などの不必要な武器を取り上げた。

④　大名が守るべき法を整備し，大名が許可なく城を修理したり，大名どうしが無断で縁組をすることを禁止した。

問６　表中**キ**の貿易の相手国と，相手国からの主な輸入品の組み合わせとして正しいものを，下の①～⑥の中から１つ選び，マークしなさい。

①　清－生糸

②　清－俵物

③　明－木綿

④　明－銅銭

⑤　宋－銅銭

⑥　宋－生糸

問７　表中**ク**に関連して，こうした状況下でも朝鮮とは対馬藩を通じて外交や貿易が行われた。将軍の代がわりごとなどに，これを祝う使節が日本に派遣された。この使節を何というか。

問８　表中**ケ**の頃の作品として**誤っているもの**を，下の①～⑤の中から**２つ**選び，マークしなさい。

①　「源氏物語」

②　「古今和歌集」

③　「万葉集」

④　「平家物語」

⑤　「枕草子」

問９　表中**コ**の頃の絵画・屏風として正しいものを，下の①〜④の中から１つ選び，マークしなさい。

①

②

③

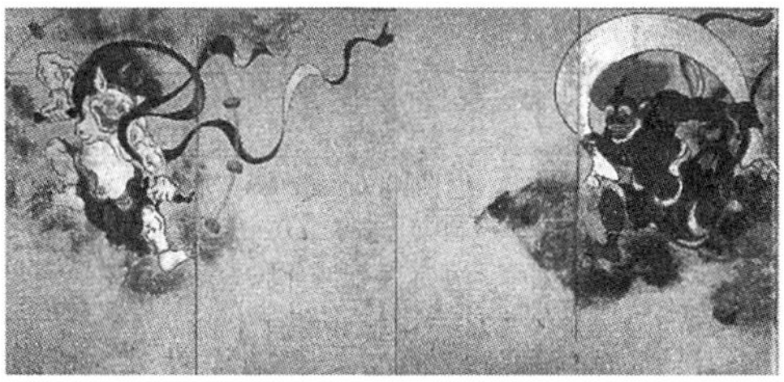

④

2　次の略地図を見て，あとの問１～問５までの問いに答えなさい。

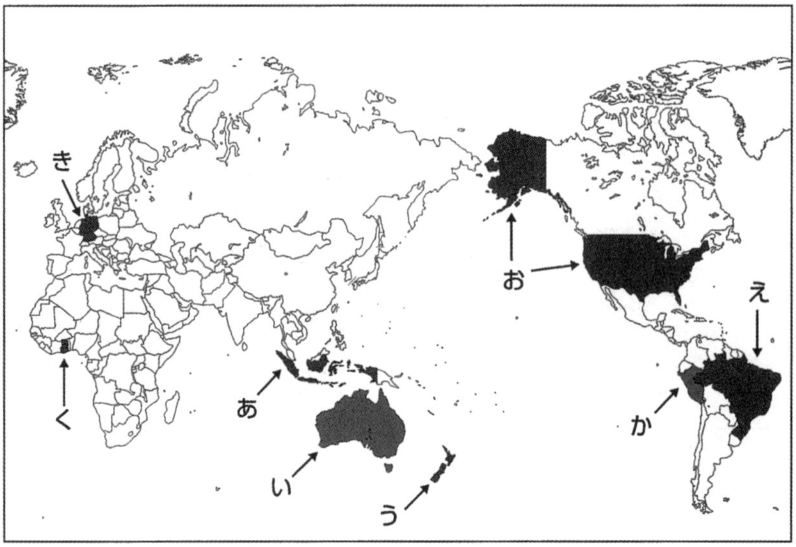

略地図

問１　略地図中**あ**, **い**, **う**, **え**の国の領土の面積と領海および排他的経済水域の面積を示した概念図のうち, **あ**の国に該当するものを, 次の①～④の中から１つ選び，マークしなさい。

領土の面積（万km²）

領海および排他的経済水域の面積（万km²）

①

②

③

④

（「海洋白書」2009 年ほか）

問２　略地図中**お**の国で生活するヒスパニックについて説明した文として**誤っているもの**を，次の①～④の中から１つ選び，マークしなさい。

①　ヒスパニックは，重労働の職場で低い賃金で働く人が少なくない。

②　ヒスパニックには，西インド諸島からの移民も含まれる。

③　ヒスパニックは母国語も英語であり, 移民した先の文化になじみやすい。

④　ヒスパニックは出生率が高く，その人口は増加傾向にある。

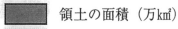

問３　次の雨温図は，略地図中**か**の国の都市であるクスコの気温と降水量を示している。クスコにおける生活の特徴を説明した下の文章中の空らん（Ⅰ）～（Ⅲ）にあてはまる語句の組み合わせとして正しいものを，次の①～⑥の中から１つ選び，マークしなさい。

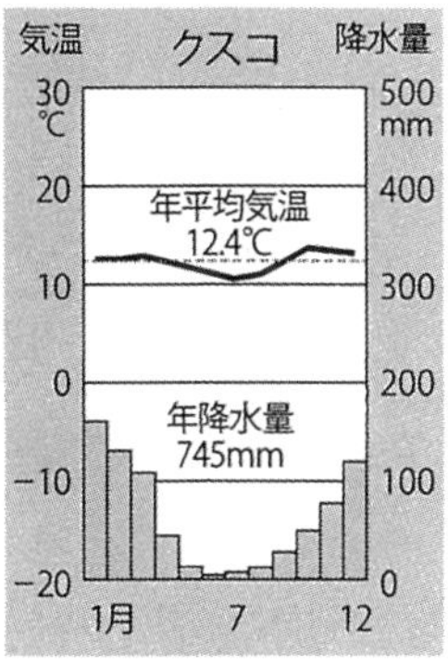

（「理科年表」平成 26 年ほか）

雨温図

クスコは（　Ⅰ　）の影響を受け，東京よりも年平均気温が低く，農産物では主に（　Ⅱ　）を栽培し，家畜では（　Ⅲ　）を飼育していることが多い。

	Ⅰ	Ⅱ	Ⅲ
①	季節風	じゃがいも	羊
②	季節風	米	トナカイ
③	寒流	小麦	リャマ
④	寒流	米	トナカイ
⑤	標高	小麦	羊
⑥	標高	じゃがいも	リャマ

問４　下の地図Ⅰおよび地図Ⅱには，略地図中**き**の国の首都と東京を結んだ線が描かれている。この２点間の距離を正しく表しているかどうかについて述べた文章として正しいものを，次の①～④の中から１つ選び，マークしなさい。

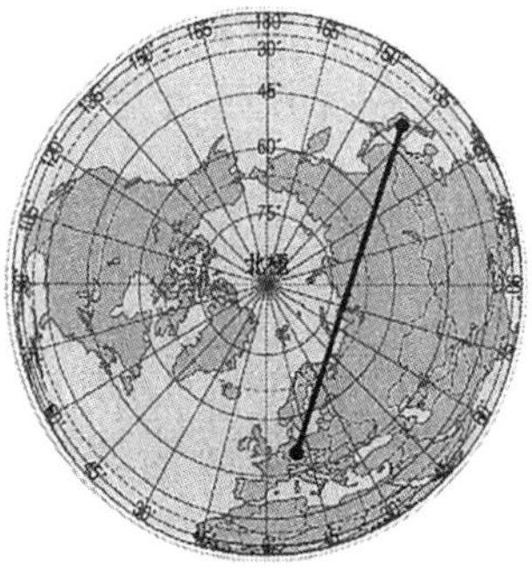

地図Ⅰ

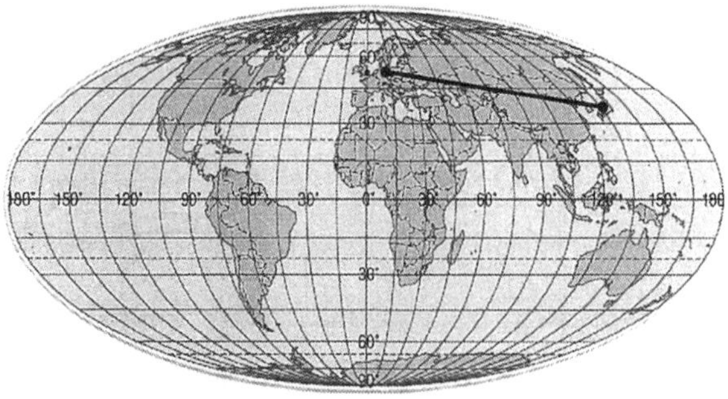
地図Ⅱ

①　地図Ⅰのみ，**き**の国の首都と東京との距離を正しく表している。

②　地図Ⅱのみ，**き**の国の首都と東京との距離を正しく表している。

③　地図Ⅰおよび地図Ⅱのどちらも**き**の国の首都と東京との距離を正しく表している。

④　地図Ⅰおよび地図Ⅱのどちらも**き**の国の首都と東京との距離を正しく表していない。

問５　下の写真は，秋田県にある北緯40度，東経140度の線が交わる地点を示す記念塔である。この記念塔のある地域が２月 10 日の午前６時だったとき，略地図中**く**の国の首都の日時として正しいものを，次の①～④の中から１つ選び，マークしなさい。

写真　　　　　（秋田県大潟村）

①　２月９日午前３時

②　２月９日午後９時

③　２月10日午後３時

④　２月10日午後９時

令和五年度

愛知啓成高等学校入学試験解答用紙

（一月二十日実施）

受験番号				
⓪ ① ② ③ ④ ⑤ ⑥ ⑦ ⑧ ⑨	⓪ ① ② ③ ④ ⑤ ⑥ ⑦ ⑧ ⑨	⓪ ① ② ③ ④ ⑤ ⑥ ⑦ ⑧ ⑨	⓪ ① ② ③ ④ ⑤ ⑥ ⑦ ⑧ ⑨	⓪ ① ② ③ ④ ⑤ ⑥ ⑦ ⑧ ⑨

氏　名

中学校名

合　計

※100点満点

国語

一

問一	
a	① ② ③ ④ ⑤ ⑥
b	① ② ③ ④ ⑤ ⑥

問二	問三	問四	問五
① ② ③ ④	① ② ③ ④	① ② ③ ④	① ② ③ ④

問六

20	30 40

問七	問八
① ② ③ ④	① ② ③ ④

、計

問一．　１点×２
問二．　３点
問三．　３点
問四．　３点
問五．　３点
問六．　10点
問七．　３点
問八．　３点

(8)	ヒ	⊖ ± ⓪ ① ② ③ ④ ⑤ ⑥ ⑦ ⑧ ⑨

計

2

(1)		(2)	
(3)	円		

2 小計

3

(1)	個	(2)	個
(3)	個		

3 小計

4

(1)	cm^3	(2)	cm
(3)	cm		

4 小計

5

(1)	$a=$	(2)	(,)
(3)	倍		

5 小計

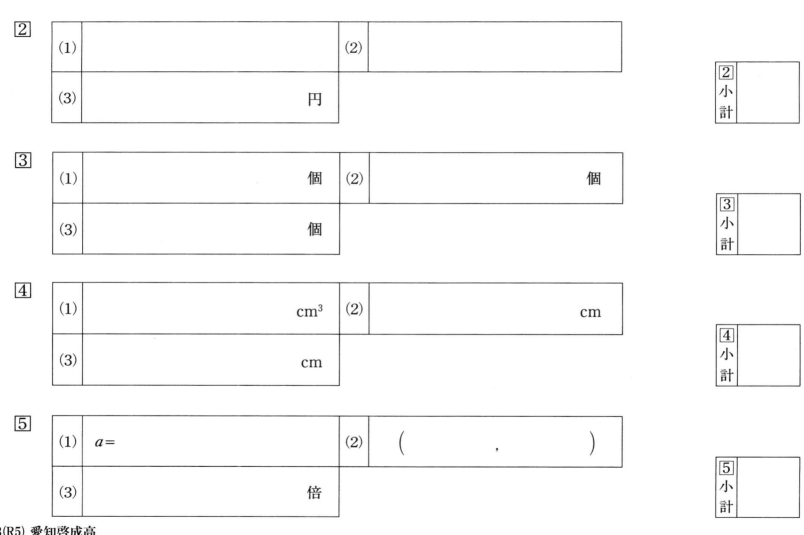

5

(1)	① ② ③ ④	(2)			
(3)	f	(4)	① ② ③ ④	(5)	① ② ③ ④
(6)					
(7)					

(8)	1	2	3

(9)	① ② ③ ④ ⑤	(10)	(ア)	(イ)	(ウ)	(エ)	(オ)

5 小計	

２点×３

6

(1)		(2)		(3)	

6 小計	

３点×４

7

(1)			(2)		
(3)			(4)		

7 小計	

３点×４

8

(1)	.
(2)	the trouble.
(3)	.
(4)	.

8 小計	

2

問1	(1)	1	(　　　)	(2)	2	①②③④	(3)	3	①②③④
問2	(1)	4	①②③④⑤⑥⑦⑧	(2)	5	①②③④	(3)	6	①②③④

問1．⑴3点
⑵2点
⑶2点
問2．⑴2点
⑵3点
⑶3点

2小計	

3

問1	(1)	1	①②③④⑤		2	①②③④⑤			
		3	①②③④⑤		4	①②③④⑤			
	(2)	5	①②③④⑤⑥	(3)	6	①②③④⑤⑥			
問2	(1)	7	①②③④	(2)	8	①②③④	(3)	9	①②③④
	(4)	10	個						

問1．⑴1点
×4
⑵2点
⑶2点
問2．⑴1点
⑵1点
⑶2点
⑷3点

3小計	

4

問1	(1)	1	①②③④⑤⑥	(2)	2	①②③④	(3)	3	①②③④
問2	(1)	4		(2)	5				
	(3)	6	①②③④	(4)	7	①②③④			

問1．2点×3
問2．⑴2点
⑵2点
⑶2点
⑷3点

4小計	

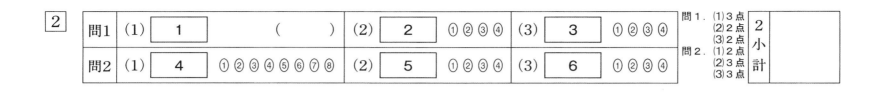

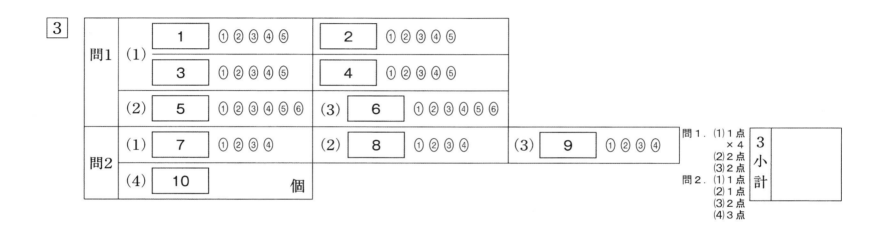

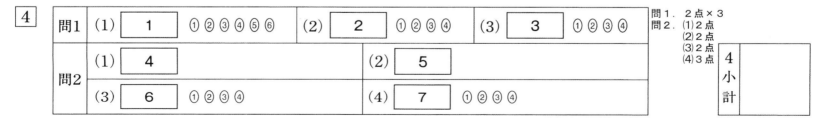

3

問1	

問2	① ② ③ ④

問3	

2点×5

問4	① ② ③ ④

問5	① ② ③ ④

3小計	

4

問1	① ② ③ ④

問2	① ② ③ ④ ⑤ ⑥

問3	① ② ③ ④

問4	① ② ③ ④ ⑤ ⑥

問5	① ② ③ ④

2点×5

4小計	

5

問1	① ② ③ ④

問2	① ② ③ ④

2点×5

問3	(1)	① ② ③ ④	(2)	

問4	① ② ③ ④

5小計	

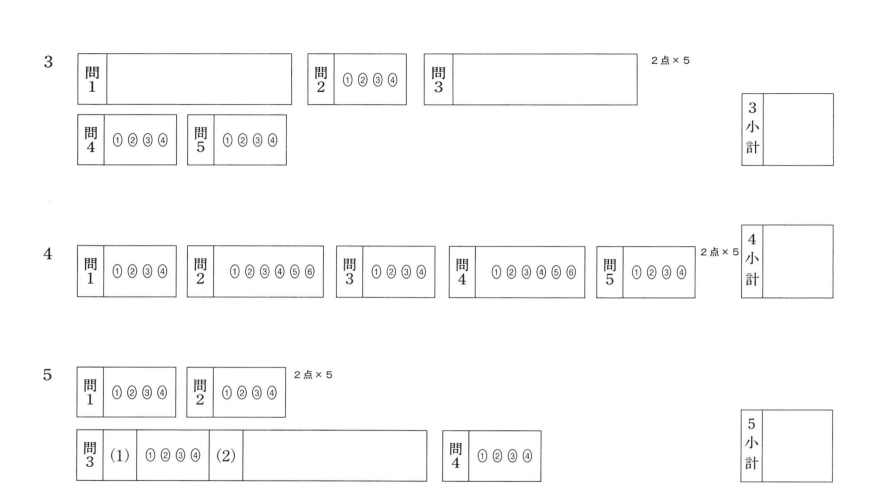

令和５年度　**愛知啓成高等学校一般入学試験解答用紙**

受験番号				
⓪	⓪	⓪	⓪	⓪
①	①	①	①	①
②	②	②	②	②
③	③	③	③	③
④	④	④	④	④
⑤	⑤	⑤	⑤	⑤
⑥	⑥	⑥	⑥	⑥
⑦	⑦	⑦	⑦	⑦
⑧	⑧	⑧	⑧	⑧
⑨	⑨	⑨	⑨	⑨

氏　　名	出身中学校
	中学校

合計	

※60点満点

社　会

1

問1	ア		イ	
問3	A		B	

問2	① ② ③ ④
問4	① ② ③ ④
問5	① ② ③ ④
問6	① ② ③ ④ ⑤ ⑥
問7	
問8	① ② ③ ④ ⑤
問9	① ② ③ ④

問１．２点×２
問２．２点
問３．２点×２
問４．２点
問５．２点
問６．１点
問７．２点
問８．完答２点
問９．１点

1小計	

【解答

令和５年度　**愛知啓成高等学校入学試験解答用紙**（1月20日実施）

受験番号				
⓪①②③④⑤⑥⑦⑧⑨	⓪①②③④⑤⑥⑦⑧⑨	⓪①②③④⑤⑥⑦⑧⑨	⓪①②③④⑤⑥⑦⑧⑨	⓪①②③④⑤⑥⑦⑧⑨

氏　　　名	出身中学校
	中学校

合計	

※60点満点

理　科

1

問1	(1) 1 ①②③④	(2) 2	
問2	3 ①②③		
問3	4 ⓪①②③④⑤⑥⑦⑧⑨ 5 ⓪①②③④⑤⑥⑦⑧⑨		
問4	(1) 6 ①②③④⑤⑥	(2) 7 ⓪①②③④⑤⑥⑦⑧⑨ 8 ⓪①②③④⑤⑥⑦⑧⑨ 9 ⓪①②③④⑤⑥⑦⑧⑨	

問１．２点×２
問２．３点
問３．３点
問４．⑴２点
⑵３点

1小計	

【解答

令和５年度　**愛知啓成高等学校入学試験解答用紙**（１月２０日実施）

受験番号				
⓪ ① ② ③ ④ ⑤ ⑥ ⑦ ⑧ ⑨	⓪ ① ② ③ ④ ⑤ ⑥ ⑦ ⑧ ⑨	⓪ ① ② ③ ④ ⑤ ⑥ ⑦ ⑧ ⑨	⓪ ① ② ③ ④ ⑤ ⑥ ⑦ ⑧ ⑨	⓪ ① ② ③ ④ ⑤ ⑥ ⑦ ⑧ ⑨

氏　　　名	出身中学校
	中学校

英　語

合計	

※100点満点

［選択問題］サミッティアコースとグローバルコース　２点×10

1

Part1	No.1 ① ② ③ ④	No.2 ① ② ③ ④	No.3 ① ② ③ ④	No.4 ① ② ③ ④	No.5 ① ② ③ ④
Part2	No.1 ① ② ③ ④	No.2 ① ② ③ ④	No.3 ① ② ③ ④	No.4 ① ② ③ ④	No.5 ① ② ③ ④

1 小計	

［選択問題］アカデミアコース　２点×10

2

(1)	(ア) ① ② ③ ④	(イ) ① ② ③ ④	(ウ) ① ② ③ ④	(2)	(ア) ① ② ③ ④	(イ) ① ② ③ ④
(3)	(ア) 1 ① ② ③ ④	2 ① ② ③ ④	3 ① ② ③ ④	4 ① ② ③ ④	(イ) ① ② ③ ④ ⑤ ⑥	

2 小計	

［必答問題］全コース　３点×４

3

(1)	① ② ③ ④	(2)	① ② ③ ④	(3)	① ② ③ ④	(4)	① ② ③ ④

3 小計	

【解答

３点×４

令和５年度 **愛知啓成高等学校入学試験解答用紙**（1月20日実施）

サミッティア・グローバル・アカデミアコース

受験番号				
⓪	⓪	⓪	⓪	⓪
①	①	①	①	①
②	②	②	②	②
③	③	③	③	③
④	④	④	④	④
⑤	⑤	⑤	⑤	⑤
⑥	⑥	⑥	⑥	⑥
⑦	⑦	⑦	⑦	⑦
⑧	⑧	⑧	⑧	⑧
⑨	⑨	⑨	⑨	⑨

氏　　名	出身中学校
	中学校

合計	

※100点満点
（配点非公表）

数　学

1

(1)	ア	⊖ ± ⓪ ① ② ③ ④ ⑤ ⑥ ⑦ ⑧ ⑨
	イ	⊖ ± ⓪ ① ② ③ ④ ⑤ ⑥ ⑦ ⑧ ⑨
	ウ	⊖ ± ⓪ ① ② ③ ④ ⑤ ⑥ ⑦ ⑧ ⑨
(2)	エ	⊖ ± ⓪ ① ② ③ ④ ⑤ ⑥ ⑦ ⑧ ⑨
	オ	⊖ ± ⓪ ① ② ③ ④ ⑤ ⑥ ⑦ ⑧ ⑨
	カ	⊖ ± ⓪ ① ② ③ ④ ⑤ ⑥ ⑦ ⑧ ⑨
(3)	キ	⊖ ± ⓪ ① ② ③ ④ ⑤ ⑥ ⑦ ⑧ ⑨
	ク	⊖ ± ⓪ ① ② ③ ④ ⑤ ⑥ ⑦ ⑧ ⑨
	ケ	⊖ ± ⓪ ① ② ③ ④ ⑤ ⑥ ⑦ ⑧ ⑨
	コ	⊖ ± ⓪ ① ② ③ ④ ⑤ ⑥ ⑦ ⑧ ⑨
	サ	⊖ ± ⓪ ① ② ③ ④ ⑤ ⑥ ⑦ ⑧ ⑨

(5)	セ	⊖ ± ⓪ ① ② ③ ④ ⑤ ⑥ ⑦ ⑧ ⑨
	ソ	⊖ ± ⓪ ① ② ③ ④ ⑤ ⑥ ⑦ ⑧ ⑨
	タ	⊖ ± ⓪ ① ② ③ ④ ⑤ ⑥ ⑦ ⑧ ⑨
	チ	⊖ ± ⓪ ① ② ③ ④ ⑤ ⑥ ⑦ ⑧ ⑨
(6)	ツ	⊖ ± ⓪ ① ② ③ ④ ⑤ ⑥ ⑦ ⑧ ⑨
	テ	⊖ ± ⓪ ① ② ③ ④ ⑤ ⑥ ⑦ ⑧ ⑨
	ト	⊖ ± ⓪ ① ② ③ ④ ⑤ ⑥ ⑦ ⑧ ⑨
(7)	ナ	⊖ ± ⓪ ① ② ③ ④ ⑤ ⑥ ⑦ ⑧ ⑨
	ニ	⊖ ± ⓪ ① ② ③ ④ ⑤ ⑥ ⑦ ⑧ ⑨
	ヌ	⊖ ± ⓪ ① ② ③ ④ ⑤ ⑥ ⑦ ⑧ ⑨
	ネ	⊖ ± ⓪ ① ② ③ ④ ⑤ ⑥ ⑦ ⑧ ⑨

【解答

二

問一
a
b
c
d
e

問二
①
②
③
④

問三
①
②
③
④

問四
①
②
③
④

問五
①
②
③
④

問六
①
②
③
④

問七
①
②
③
④

問八
①
②
③
④

問一. 2点×5
問二. 3点
問三. 2点
問四. 3点
問五. 3点
問六. 3点
問七. 3点
問八. 3点

二 小 計

三

問一
1
6

問二
2
①
②
③
④
7
①
②
③
④

問三

問四
①
②
③
④

問五
①
②
③
④

問六

問七
①
②
③
④

問八
①
②
③
④

3点×10

三 小 計

四

1
①
②
③
④

2
①
②
③
④

3
①
②
③
④

4
①
②
③
④

5
①
②
③
④

2点×5

四 小 計

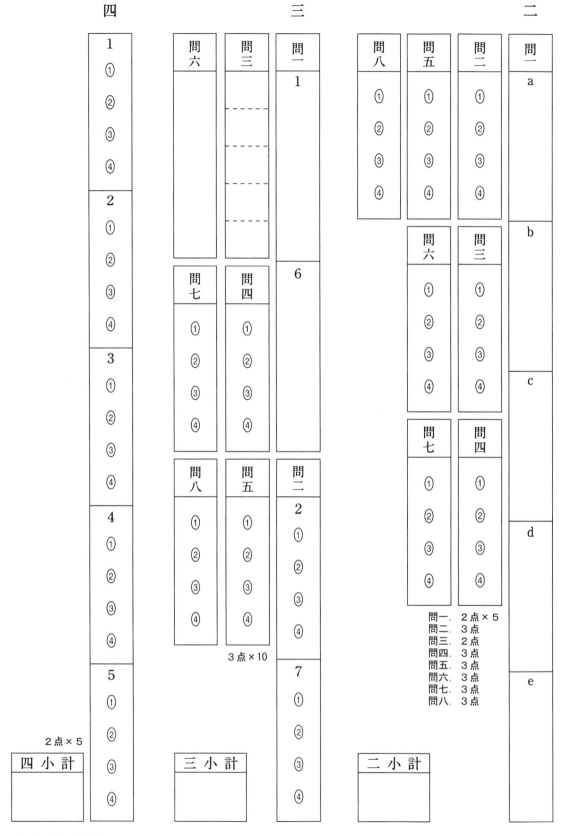

3　次のＡさんとＢさんの会話を読んで，あとの問１～問５までの問いに答えなさい。

Ａさん　Ｂさん，冬休みに（あ）**仙台市**に行ってきたんだってね！どうだった？
Ｂさん　いろいろなことを学んだよ。まずは仙台空港に向かう飛行機の中で学んだことがたくさんあったよ。
Ａさん　飛行機で？
Ｂさん　うん。私は初めて飛行機に乗ったんだけど，窓からの景色に感動したよ。後で（い）**地形図**を確認したら，私の見た景色の通りだった。学校で地形図の勉強をしておいて良かったよ。
Ａさん　どの空港から出発したの？（う）**東京国際空港**？
Ｂさん　そうだよ。離陸してすぐ風力発電の施設が見えたよ。（え）**日本の発電量**を支えているのだね。
Ａさん　あなたの言う通りよ。そういえば仙台市に行った目的は何だったの？
Ｂさん　東日本大震災の影響を受けた地域の（お）**災害**対策について，現地に行って実際に見て学ぼうと思ったんだ。現地じゃないとわからないことがたくさんあったよ。
Ａさん　次はその話を聞かせてね。

問１　下線部**あ**のように，人口 50 万人以上で，市民の健康や福祉に関する多くの事務を都道府県に代わって行う，政府によって指定を受けた市のことを何というか答えなさい。

問２　下線部**い**に関連して，次の写真と地形図について述べた文として**誤っているもの**を，次の①～④の中から１つ選び，マークしなさい。

写真

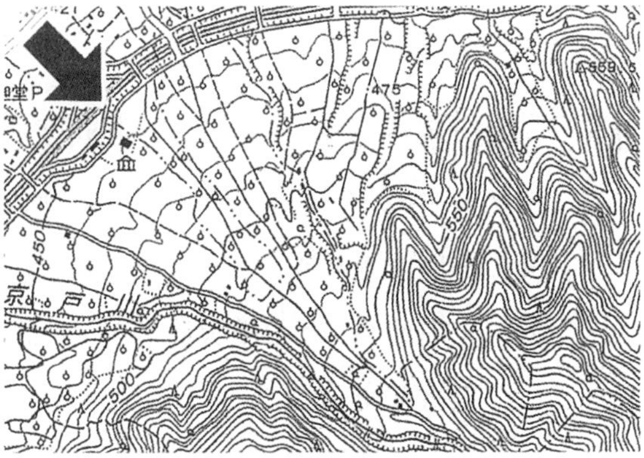

地形図
（山梨県甲州市・笛吹市）

① 写真は，地形図上の矢印の方向で，地形図の地域を撮影したものである。

② 地形図右下の山地は，標高750mを越える山である。

③ 京戸川が山間部から平野に入る地域には，扇状地がみられる。

④ 地形図上における京戸川の周辺には，河川水を活用した水田が広がっている。

問３ 下線部**う**の空港のように，国際線が発着し，周辺の空港への乗り換え便を就航させる拠点となる空港を何というか答えなさい。

問４ 下線部**え**について，次のグラフは日本の発電量の内訳の変化を表している。火力発電，水力発電，原子力発電，太陽光や風力などその他の発電から構成されるが，水力発電に該当するものを，次の①～④の中から１つ選び，マークしなさい。

日本の発電量の内訳（%）

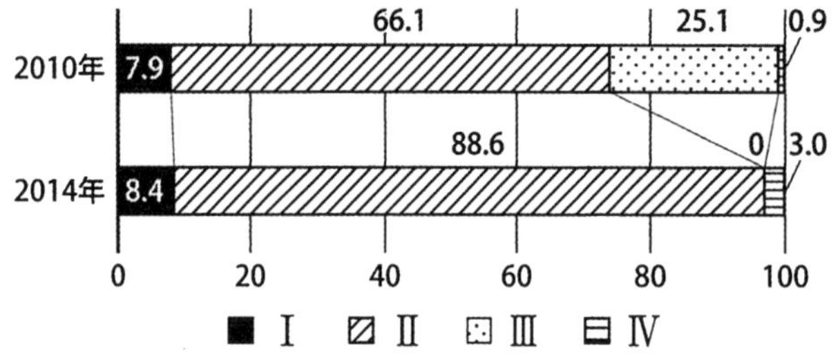

（国際エネルギー機関資料）

① Ⅰ

② Ⅱ

③ Ⅲ

④ Ⅳ

問５ 下線部**お**に関連して，日本における自然災害について述べた文として正しいものを，次の①～④の中から１つ選び，マークしなさい。

① 台風は風や雨だけでなく，海面が上昇する津波も引きおこすことがある。

② 土石流は，火山噴火時特有の，泥や砂と水が混ざり高速で下流へ流れる災害である。

③ 梅雨に起こりやすい集中豪雨は，地盤の液状化現象を引きおこすことがある。

④ 日本では山岳地域での雪崩や，雨の少ない年の干害といった災害も見られる。

4　次の財政について述べた文章を読んで，あとの問１～問５までの問いに答えなさい。

(A) 政府は，市場経済の中で，多くの重要な役割を担っています。政府の収入(歳入)は (B) 税金でまかなわれ，(C) 社会保障などに支出(歳出)します。(D) 少子高齢化の影響で，支出における社会保障費が，年々増加しています。

政府の政策は，主に税金を使って行われます。税金だけではお金が足りない場合は，国は国債，地方公共団体は地方債という (E) 公債を発行し，これを買ってもらう形で，家計や企業から借金をします。

問１　文章中の下線部 (A) について述べた文として正しいものを，次の①～④の中から１つ選び，マークしなさい。

① 利潤の最大化を目的とした公共サービスを提供している。
② 累進課税を採用し，国内の所得格差を減らしている。
③ 市場経済における独占や寡占をうながしている。
④ 労働者や消費者に比べて弱い立場にある企業を保護している。

問２　文章中の下線部 (B) に関して述べた下の文章中の空らん［ 1 ］～［ 4 ］にあてはまる語句の組み合わせとして正しいものを，次の①～⑥の中から１つ選び，マークしなさい。

納税者と担税者が同じ税金を［ 1 ］といい，これに対して，納税者が生産者や販売者，担税者が消費者という形で，納税者と担税者が異なる税金を［ 2 ］という。［ 1 ］にあてはまる税金としては［ 3 ］など，［ 2 ］にあてはまる税金としては［ 4 ］などが挙げられる。

	1	2	3	4
①	間接税	直接税	所得税	消費税
②	間接税	直接税	消費税	所得税
③	間接税	直接税	酒税	法人税
④	直接税	間接税	所得税	酒税
⑤	直接税	間接税	消費税	所得税
⑥	直接税	間接税	酒税	法人税

問３　文章中の下線部（C）について述べた文として**誤っているもの**を，次の①～④の中から１つ選び，マークしなさい。

① 社会保険は，企業などに勤める人を対象とした健康保険と農家や個人で商店を経営する人やその家族などを対象とした国民健康保険がある。

② 公衆衛生は，生活環境の改善や感染症の予防などで，人々の健康や安全な生活を守る役割を果たしている。

③ 社会福祉は，高齢者や障がいのある人々，子どもなど，社会の中で弱い立場になりやすい人々を支援する。

④ 公的扶助は，最低限の生活ができない人々に対して，労働基準法に基づいて生活費や教育費などを支給する。

問４　文章中の下線部（D）に関連して，資料A は日本の合計特殊出生率と平均寿命の推移を示したものである。また，グラフⅠ～Ⅲは，日本の1960 年・2015 年・2060 年のいずれかの年齢別人口割合の推移と将来推計を示している。資料A を参考にして，グラフⅠ～Ⅲを年代の古い順に並べ替えたものとして正しいものを，次の①～⑥の中から１つ選び，マークしなさい。

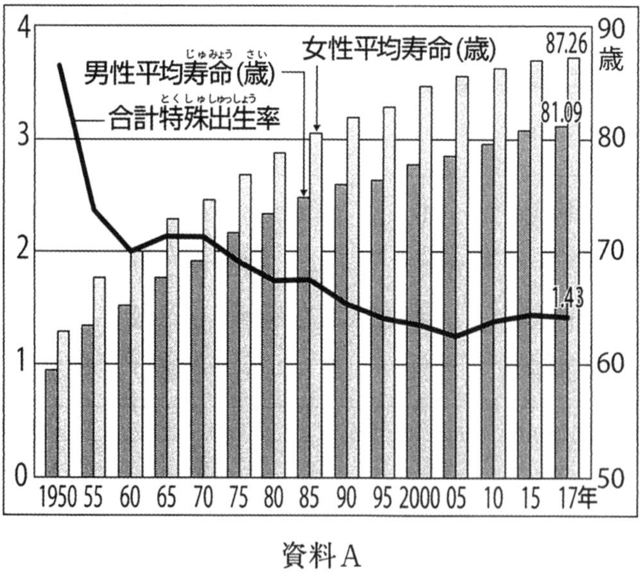

資料A

（国立社会保障・人口問題研究所資料ほか）

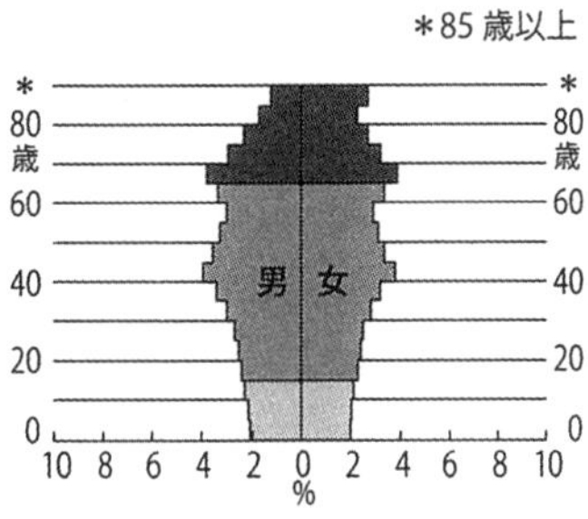

Ⅰ

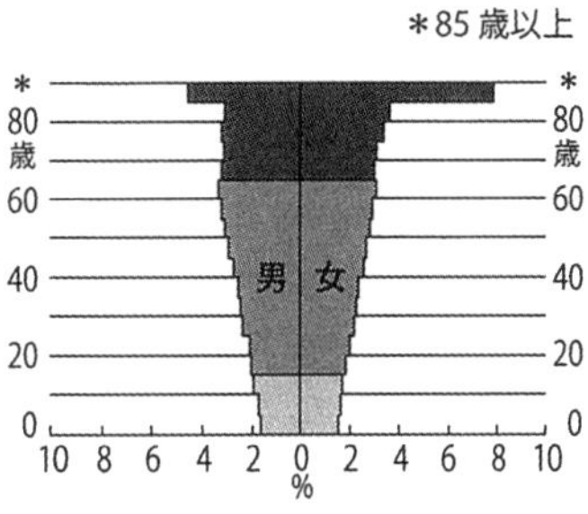

Ⅱ

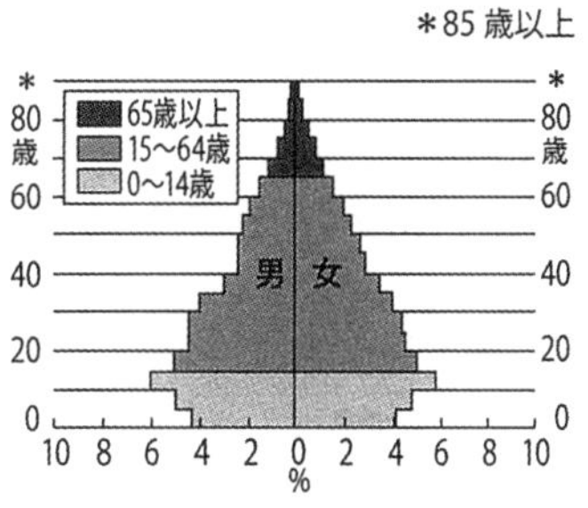

Ⅲ

① Ⅰ → Ⅱ → Ⅲ

② Ⅰ → Ⅲ → Ⅱ

③ Ⅱ → Ⅰ → Ⅲ

④ Ⅱ → Ⅲ → Ⅰ

⑤ Ⅲ → Ⅰ → Ⅱ

⑥ Ⅲ → Ⅱ → Ⅰ

問５　文章中の下線部（E）に関連して，次の資料Ｂ（国の歳入の内訳）は，消費税・法人税・所得税・公債金・その他である。そのうち，公債金を示すものとして正しいものを，次の①～④の中から１つ選び，マークしなさい。

①　イ　　②　ロ　　③　ハ　　④　ニ

資料Ｂ

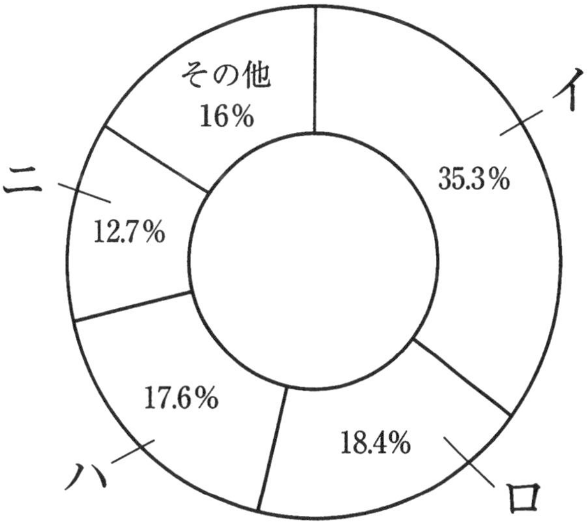

国の歳入の内訳（2017年度当初予算）

5　グローバル化に関連した，問１～問４までの問いに答えなさい。

問１　次のグラフⅠに関連して，下の文章中の空らん（**イ**）・（**ロ**）にあてはまる語句として正しいものを，次の①～④の中から１つ選び，マークしなさい。

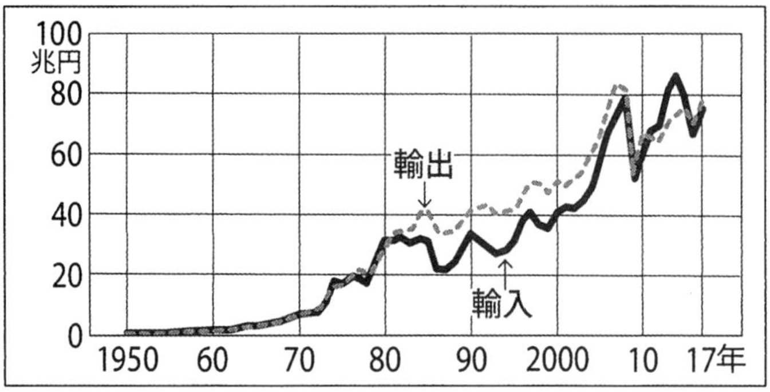

グラフⅠ　日本の貿易額の推移（財務省資料）

戦後の日本の貿易の特徴は（**イ**）で，グラフⅠが示す通り，1980年代から2000年代は（**ロ**）であった。

	イ	**ロ**
①	原材料を輸出して，加工された製品を輸入する加工貿易	貿易黒字
②	原材料を輸出して，加工された製品を輸入する加工貿易	貿易赤字
③	原材料を輸入して加工し，製品を輸出する加工貿易	貿易黒字
④	原材料を輸入して加工し，製品を輸出する加工貿易	貿易赤字

問２　次の会話文を読み，会話文中の空らん（**a**）（**b**）（**c**）にあてはまる語句として正しいものを，次の①～④の中から１つ選び，マークしなさい。

Ａさん：来月，海外旅行をするから，為替相場について調べているよ。
Ｂさん：今日の為替相場は１ドル＝140円だったね。
Ａさん：そうだね。２年前は１ドル＝103円だったから，２年前と比べると（**a**）ということだよね。
Ｂさん：海外旅行をするのであれば，（**b**）だけど，輸出中心の日本にとっては（**c**）と言えるね。

① **a**：円高　**b**：不利　**c**：有利　　② **a**：円高　**b**：有利　**c**：不利
③ **a**：円安　**b**：不利　**c**：有利　　④ **a**：円安　**b**：有利　**c**：不利

問３　（１）次の資料 C は，海外に進出している地域別における日本の企業数をあらわしている。資料 C 中の㋐〜㋓は，北アメリカ・中南アメリカ・アジア・ヨーロッパである。そのうち，アジアにあてはまるものとして正しいものを，次の①〜④の中から１つ選び，マークしなさい。

資料 C

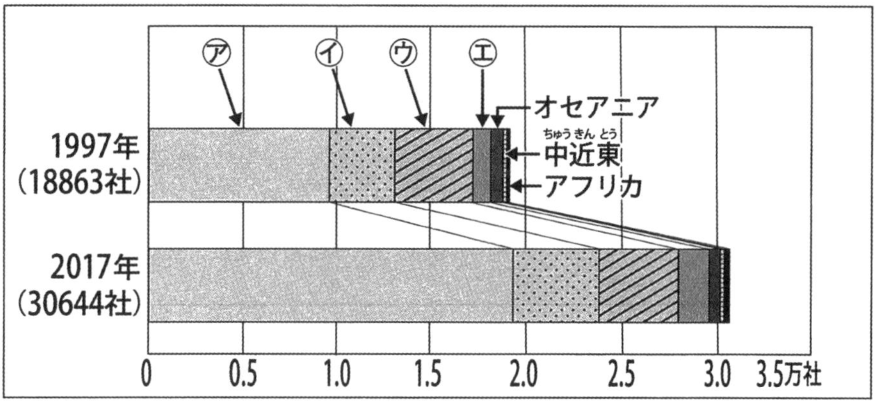

地域別の海外に進出している日本企業数

（「海外進出企業総覧」2018 年ほか）

① ㋐　② ㋑　③ ㋒　④ ㋓

（２）複数の国に生産・販売の拠点をもつ大規模な企業のことを何というか，答えなさい。

問４　日本の文化には，世界に広がっているものが数多くある。これに関連した文として**誤っているもの**を，次の①〜④の中から１つ選び，マークしなさい。

① 国や都道府県，市（区）町村は，文化財保護法に基づいて，有形，無形の文化財の保存に努めている。

② 琉球文化は，沖縄や奄美群島の人々が琉球王国の時代から受け継いできた文化である。

③ 1997 年に制定されたアイヌ文化振興法では，アイヌ民族を先住民族として法的に位置づけた。

④ 日本では能や歌舞伎など，専門家が受け継いできた文化だけでなく，年中行事などの生活文化も伝統文化にふくまれる。

愛知啓成高等学校

令和四年度　入学試験問題　（二月三日実施）

国語

試験開始の合図があるまで、この問題冊子を開かず、左記の注意事項をよく読むこと。

注意事項

(1) 時間は45分とする。
(2) 机上は受験票・筆記用具のみとし、定規・分度器などの使用は禁止します。
(3) 答えはすべて解答用紙に記入すること。
(4) 解答にはマークする問題が含まれています。ＨＢ以上の鉛筆でしっかりマークすること。
(5) 訂正する場合は消しゴムできれいに消すこと。
(6) この問題冊子は20ページあります。試験開始後、総ページ数を確認すること。本冊子に脱落や印刷不鮮明の箇所および解答用紙に汚れ等があれば、試験監督者に申し出ること。
(7) 試験開始の合図で解答用紙の所定欄に、受験番号・氏名・中学校名を明確に記入し、解答を始めること。また、受験番号にはマークもすること。
(8) 試験終了の合図で右記(7)の事項を再度確認し、試験監督者の指示に従うこと。

マークシートの書き方

良い例	悪い例

一　次の文章を読んで、後の問いに答えなさい。設問の都合上、一部原文と変えてあります。

子どもたちを学びの[A]プロセスに投じること、それが私たちに課せられた人類史的な責務であるにもかかわらず、現代日本の教育行政も、[B]メディアを賑《にぎ》わす教育論も、それとはまったく[1]逆の方向に向けて「教育改革」を進めようとしています。教育について語る言葉はひたすらビジネスの用語に接近してきていますし、子どもたちを消費主体としていっそう純化させる方向に教育関係者が全力を尽くしているように僕の目には見えます。

子どもたちの※スポイルがほとんど国策的に遂行されていることは早くから東大の※苅谷剛彦さんが指摘しています。

[2]「自分探し」というのは、それまでの生活をリセットして、どこか遠いところに出かけてしまいたいという若い日本人の欲望に※ジャストフィットしたせいで、ひろく流布《るふ》した言葉です。あまり知られていないことですが、「子供たちの『自分さがしの旅』を扶《たす》ける営み」としての教育という言い方が最初に登場したのは、橋本内閣時代の※中教審答申（『二一世紀を展望した我が国の教育の在り方について』第一次答申）においてなのです。

「自分はほんとうはなにものなのか？」「自分はほんとうはなにをしたいのか？」

ちょっと申し上げにくいのですが、このような問いを軽々《けいけい》に口にする人間が[3]人格的に成長する可能性はあまり高くありません。少し考えてみればわかります。

「自分探しの旅」にでかける若者たちはどこへ行くでしょう？　ニューヨーク、ロサンゼルスへ。あるいはパリへ、ミラノへ。あるいはバリ島やカルカッタへ。あるいはバグダッドやダルエスサラームへ。どこだっていいんです。自分のことを知っている人間がいないところなら、どこだって。自分のことを知らない人間に囲まれて、言語も宗教も生活習慣も違うところに行って暮らせば、自分がほんとうはなにものであるかわかる。たぶん、そんなふうに考えている。

でも、これはずいぶん[4]奇妙な発想法ですね。

X、自分がなにものであるかほんとうに知りたいと思ったら、自分をよく知っている人たち（例えば両親とか）にロング・インタビューしてみる方がずっと有用な情報が手に入るんじゃないでしょうか？　外国の、まったく文化的バックグラウンドの違うところで、言葉もうまく通じない相手とコミュニケーションして、その結果自分がなにものであるかがよくわかるということを僕は信じません。

ですから、この「自分探しの旅」のほんとうの目的は「出会う」ことにはなく、Y私についてのこれまでの外部評価をリセットすることにあるのではないかと思います。

二十年も生きてくれば、どんな人でもそれなりの経験の蓄積があり、その能力や見識について、ある程度の評価は定まってきます。この「自分探し」の方たちは、その評価に不満がある。たぶん、そうだと思います。家庭内や学校や勤め先で、その人自身の言動の積み重ねの結果与えられた「あなたはこういう人ですね」という外部評価に納得がゆかない。自分はもっと高い評価が与えられてしかるべきである。もっと敬意を示されてよいはずだし、もっと愛されてよいはずだし、もっと多くの権力や威信や財貨を享受してよいはずだ。おそらく、そう思う人たちが「自分探しの旅」に出てしまうのです。

「自分探し」というのは、自己評価と外部評価のあいだにのりこえがたい「ずれ」がある人に固有の出来事だと言うことができます。

自己評価の方が外部評価よりも高い。人間はだいたいそうですから、そのこと自体は別に問題とするには当たりません。その場合に、自分でも納得のゆくくらいの敬意や威信を獲得するように外部評価の好転に努める、というのがふつうの人間的成長の行程であるわけです。でも、中には外部評価を全否定するという暴挙に出る人もいます。「世間のやつらはオレのことをぜんぜんわかっちゃいない」だから、「世間のやつら」が一人もいないところに行って、外部評価をいったんリセットしようというわけです。※通俗的な意味で理解されている「自分探しの旅」というのは、どうもそういうもののようです。でも、これはあまりうまくゆきそうもありません。

それは自分の自分に対する評価の方が、他者が自分に下す評価よりも真実である、という前提に根拠がないからです。自分のことは自分がいちばんよく知っているというのは残念ながらほんとうではありません。

「ほんとうの私」というものがもしあるとすれば、それは、共同的な作業を通じて、私が「※余人を以《もっ》て代え難い」機能を果したあとになって、事後的にまわりの人たちから追認されて、はじめてかたちをとるものです。私の唯一無二性は、私が「オレは誰がなんと言おうとユニークな人間だ」と宣言することによってではなく、「あなたの役割は誰によっても代替《だいたい》できない」と他の人たちが証言してくれたことではじめて確かなものになる。

ですから、「自分探し」という行為がほんとうにありうるとしたら、それは「私自身を含むネットワークはどのような構造をもち、その中で私はどのような機能を担っているのか？」という問いのかたちをとるはずです。

しかし、僕たちが知っている「自分探し」主義者たちが口にする問いはそういうものではありません。彼らの視線は自分の外ではなく、ひたすら自分の内側に向かいます。［Z］、彼ら彼女ら自身がなにものであり、この世界でなすべきことがなにであるかの回答のすべてが、自分の中に書いてあるかのように。この点について苅谷さんはこう書いています。

《人びとが何かを行おうとするとき、その行為の動機がどれだけ個人の心の内側から発するものか。教育心理学の用語を使えば、「※内発的に動機づけられているか」どうかによって、私たちの社会はその行為を価値づけることに慣れ親しんできた。打算や利害によるよりも、自発性が尊ばれる。金儲《もう》けや権力・名声の獲得といった、自己に外在的な目標をめざして行動するよりも、自分の興味・関心にしたがった行為のほうを望ましいとみる。個性を尊重する社会では、自己の内側の奥底にある「何か」のほうが、外側にある基準よりも、行動の指針として尊ばれる。》（苅谷剛彦『階層化日本と教育危機――不平等再生産から意欲格差社会《インセンティブ・デバイド》へ』）

これはたいへんに重要な指摘です。問題は「自己に外在的な目標をめざして行動するよりも、自分の興味・関心にしたがった行為のほうを望ましいとみる」という点です。かりにひろく社会的に有用であると認知されているものであったとしても、「オレ的に見て」有用性が確証されなければ、あっさり棄却される。

そのような手荒な価値づけがあらゆる場面で行われています。それが教育の崩壊のいちばん根本にあることだと思います。

（内田樹『下流志向』による）

（注）※スポイル……だめにすること。
※苅谷剛彦……社会学者。
※ジャストフィット……ぴったり合うこと。
※中教審……教育・学術・文化に関する施策について調査や審議などを行う文部科学省内に置かれた審議会の略称。
※通俗的……誰にでも分かりやすいさま。
※余人……他の人。
※内発的……内部から自然に生じること。

問一 ━━線A「プロセス」・B「メディア」の意味として最も適当なものを次の中からそれぞれ一つずつ選び、マークしなさい。

A「プロセス」 ① 約束 ② 活動 ③ 過程 ④ 構造

B「メディア」 ① 媒体 ② 世間 ③ 雑誌 ④ 舞台

問二　――線1「逆の方向」とは何を指しているか。その説明として最も適当なものを次の中から一つ選び、マークしなさい。

① 現代の教育改革は、ビジネスの世界で活躍できる力を子どもたちに与えることを目指していること。

② 現代の教育改革は、消費社会で主体的に生きる力を子どもたちに持たせることを目指していること。

③ 現代の教育改革は、子どもたちを学びの流れに入れずに、そこから引き離すことを目指していること。

④ 現代の教育改革は、子どもたちを本来の意味での教育という流れに近づけることを目指していること。

問三　――線2「『自分探し』」とあるが、これはどのような人が、何のために行うことだと筆者は考えているか。本文中の語句を用いて、四十字以上五十字以内でわかりやすく説明しなさい。

問四　――線3「人格的に成長する」とあるが、筆者は例えばどのようにすることが人格的成長につながると述べているか。その説明として最も適当なものを次の中から一つ選び、マークしなさい。

① 自己評価の方が外部評価より高い場合に、他者が納得できるようなレベルでの敬意や威信を他者に伝えるように努力すること。

② 自己評価の方が外部評価より高い場合に、自分が納得できるレベルでの敬意や威信を他者から得るように努力すること。

③ 自己評価の方が外部評価より低い場合に、自分が納得できるレベルでの敬意や威信を他者からもらえるように努力すること。

④ 自己評価の方が外部評価より低い場合に、他者が納得できるようなレベルでの敬意や威信を自己が感じられるように努力すること。

問五 ――線4「奇妙な発想法」とあるが、このように述べるのはなぜか。その理由として最も適当なものを次の中から一つ選び、マークしなさい。

① 自分のことをよく知る人からの方が、ほんとうの自分を知るために役立つ情報が得られるのに、言語や宗教、文化や生活習慣も違う場所で行うコミュニケーションによってほんとうの自分を知ることができると考えているから。

② 自分のことをよく知る人からの方が、ほんとうの自分を知るための正確な情報が得られるはずなのに、言語や宗教、生活習慣が違う場所で、言語の違いによるコミュニケーションの失敗経験を持たないと、ほんとうの自分に出会えないと考えているから。

③ 自分のことをよく知る人に対してロングインタビューをすることでしか、ほんとうの自分を知ることはできないのに、言語や宗教、文化や生活習慣も違うところで生活する人に聞かないと、ほんとうの自分を知ることはできないと考えているから。

④ 自分のことをよく知る人に対してロングインタビューをすることで、ほんとうの自分を知るために有用な情報を探してみるべきなのに、海外における自己表現の経験を多く持つことが、ほんとうの自分を知るために必要不可欠なことだと考えているから。

問六 X ～ Z に入る言葉の組み合わせとして最も適当なものを次の中から一つ選び、マークしなさい。

① X たとえ　Y むしろ　Z まるで

② X たとえ　Y まるで　Z むしろ

③ X もし　Y むしろ　Z まるで

④ X もし　Y まるで　Z むしろ

問七　――線５「『ほんとうの私』」とあるが、それはどういうものか。その説明として最も適当なものを次の中から一つ選び、マークしなさい。

① 他者との共同作業を通じて、他の人が代わるのは難しい機能を果たすことで、初めて他者によってつくり上げられるもの。

② 他者との共同作業を通じて、他の誰も代わることができない働きをしたと他者から認められることで、初めて確かになるもの。

③ 他者との共同作業を通じて、他の人が代わることができないユニークな面を宣言して、初めて他者から認められるもの。

④ 他者との共同作業を通じて、他の誰も代わることができない役割を他者に与えることから、初めて自己がつくり上げていくもの。

問八　本文の内容に合うものとして最も適当なものを次の中から一つ選び、マークしなさい。

① 現代日本の教育行政は、子どもたちに対する教育の方向性としてビジネス活動との連携を充実させることに全力を尽くしている。

② 現代の「自分探し」主義者たちは、自分の興味・関心が何かを探し求める「自分探し」をすることで、外部評価の好転を目指す。

③ 「ほんとうの自分探し」というものがあるならば、それは自分を含む社会構造において、自己の役割を自分の内側から探し出すものである。

④ 自分の興味・関心に合う有用なものでなければ認めないとする価値づけが、いたるところで行われていることが、教育崩壊の根本にある。

二　本文は成田名璃子の小説『ひとつ宇宙《そら》の下』の一部である。主人公である井上亘《わたる》（＝「俺《おれ》」）は医療機器メーカーに勤めるサラリーマンで、大学時代に天文サークルで知り合った妻の一華《いちか》と、息子の彼方《かなた》の三人で暮らしている。亘は大学院生の時に家業の倒産によって天文学者になるという夢をあきらめ、現在の会社に就職したという過去を持っているが、彼方にはそれを隠し、天文については全くの素人であるように装《よそお》っている。ある日亘は彼方がサッカークラブをサボって「伊丹《いたみ》」という老人の家に通っていることを知り、彼方と共にそこを訪ねる。老人は自宅に巨大な電波望遠鏡を設置して宇宙人を探している研究者だった。亘は老人に息子が迷惑をかけていることを詫《わ》び、彼方と共に老人の家を出る。以下は、それに続く場面である。
これを読んで、後の問いに答えなさい。なお、設問の都合上、一部原文と変えてあります。

お詫び

著作権上の都合により、文章は掲載しておりません。
ご不便をおかけし、誠に申し訳ございません。

教英出版

お詫び

著作権上の都合により、文章は掲載しておりません。
ご不便をおかけし、誠に申し訳ございません。

教英出版

お詫び

著作権上の都合により、文章は掲載しておりません。
ご不便をおかけし、誠に申し訳ございません。

教英出版

お詫び

著作権上の都合により、文章は掲載しておりません。
ご不便をおかけし、誠に申し訳ございません。

教英出版

お詫び

著作権上の都合により、文章は掲載しておりません。
ご不便をおかけし、誠に申し訳ございません。

教英出版

（注）※サッカークラブを辞めさせるよう説得しなくちゃならない……伊丹氏の家に入る前に、彼方はサッカークラブを辞めたがっているが、一華が許してくれないということを亘に話している。

※彼方を尾けた夜……この場面の前日の夜、亘と一華は夜中の二時に家を出ていく彼方を尾行して、近所の公園で友人と共に天体観測をしているのを見つけた。

※宇宙人はいると心底信じている……一華は亘に、子どもの頃ＵＦＯと遭遇したと話している。

※会社でやった評価面談の研修……亘が会社で受けた研修で、評価の低い部下に対し、彼らを傷つけず、その評価を前向きにとらえられるように告げるトレーニング。

※欺瞞……あざむきだますこと。

※ドームハウス……伊丹氏の家を指す。ドーム状の屋根の半分がガラス製で、星が観測できるようになっている。

※踵を返した……「踵」はかかとのことで、「踵を返す」で引き返すという意味。

問一 ══線ａ～ｅの漢字は読みをひらがなで、カタカナは漢字で書きなさい。

問二 ――線１「俺には、ただの刃だった」とあるが、それはなぜか。最も適当なものを次の中から一つ選び、マークしなさい。

① 父親として必死に仕事を頑張ってきたので、息子につまらなそうに仕事をしていると思われることは心外だから。
② 父親として息子を気遣うべき立場の自分が逆に息子に気遣われることで、自分の情けなさを思い知らされるから。
③ 父親としては息子の優しさに感動すべきだとは思ったが、家計が苦しいために心から感動することができないから。
④ 父親としては一家の主としての威厳を保ちたいのに、息子に憐れみをかけられたことで屈辱的な気分になったから。

問三　――線2「一華はひゅっと息を吸い込んだあと、複雑な表情をした」とあるが、この時の「一華」の気持ちを説明した次の文の□にあてはまる二字の熟語を、本文中から抜き出して書きなさい。

望遠鏡には興味があるが、天体観測との関わりを避けている亘に□して、それを表に出すことを我慢している。

問四　――線3「一華が、真面目だった表情をさらに引き締めた」とあるが、この時の「一華」の気持ちの説明として、最も適当なものを次の中から一つ選び、マークしなさい。

① 亘につらい気持ちを打ち明けてもらうと共に、もっと楽しく仕事に取り組むように説得しようと決意している。
② 気をつけていたつもりではあったが、亘の気持ちを傷つけてしまい、慎重に言葉を選んで話そうと考えている。
③ 不本意な仕事でも家族のために我慢している亘に、自分の思いのままに生きてほしいと真剣に伝えようと思っている。
④ 話の途中でふざけて笑う亘に、真剣に話を聞いてもらうために、にらみつけて動けなくしようとたくらんでいる。

問五　――線4「精一杯の強がりが、ぽろりとこぼれて床に落ちる」とあるが、このような表現技法を何というか。最も適当なものを次の中から一つ選び、マークしなさい。

①　隠喩法　②　直喩法　③　擬人法　④　倒置法

問六 [X] にあてはまる一文として最も適当なものを次の中から一つ選び、マークしなさい。

① 仕事がつまんないなら、早く転職すればいいのに。
② どんな仕事でも、楽しく取り組む方法はあるでしょうに。
③ 自分の人生がつまんないのを、私達のせいにしないでよ。
④ 私達のことより、もっと自分のことを大事にしてよ。

問七 〰〰線「たしなめて」の本文中の意味として最も適当なものを次の中から一つ選び、マークしなさい。

① 理解を示して　② なぐさめて　③ さげすんで　④ いましめて

問八 ——線5「それなのに、足が県道を横切っていく」についての説明として最も適当なものを次の中から一つ選び、マークしなさい。

① 意志とは裏腹に体が勝手に動いているかのような表現によって、亘が今までごまかしてきた自分の本当の気持ちに向き合いはじめていることを示している。
② 思い通りに体が動かないことを意味する表現によって、亘以外の誰かが亘を意のままに操り、亘の意に反した行動を取らせようとしていることを示している。
③ 疲労が極限でもまだ体が元気に動くということを強調する表現によって、亘が自分の気持ちにまっすぐに向き合って行動していることを示している。
④ 引き返したいという亘の願いもむなしく、体が勝手に動いているかのような表現によって、何事も思い通りにならないものだという亘の思いを示している。

三　次の文章を読んで、後の問いに答えなさい。設問の都合上、一部原文と変えてあります。

三条の右の大臣《おとど》、中将に※いますかりける時、祭の使《つかひ》に※さされて※いでたちたまひけり。通ひたまひける女の、絶えて久しくなりにけるに、「[1]かかることにてなむいでたつ。扇もたるべかりけるを、※さわがしうてなむ忘れにける。[2]ひとつたまへ」といひやりたまへりける。※よしある女なりければ、※よくておこせてむと[3]思ひたまひけるに、色などもいと[4]清らなる扇の、香などもいと[a]かうばしくて[5]おこせたる。[6]ひき返したる裏のはしの方に書きたりける。

A　※ゆゆしとて※忌むとも今は[b]かひもあらじ憂きをばこれに思ひ寄せてむ

とあるを[7]見て、いと[8]あはれとおぼして、※返し、

ゆゆしとて忌みけるものをわがためになしといはぬはたがつらきなり

（扇を送るのは不吉であるといって世間では忌み嫌っていることなのに、私のために扇はないとおっしゃらないのは、いったい、だれがつらいことになるのでしょうか）

（注）※いますかりける……いらっしゃった。

※さされて……指名されて。

※いでたちたまひけり……お出かけになった。

※さわがしうて……忙しくて。

※よしある女……風流な趣味がある女。

※よくておこせてむ……適切なものを送ってくるだろう。

※ゆゆし……不吉だ。

※忌む……扇は秋風が吹けば捨てられることから、恋愛関係にある男女の間で扇を送ることは忌み嫌われていた。

※おぼして……お思いになって。

※返し……返しの歌。

（『新編日本古典文学全集十二『竹取物語　伊勢物語　大和物語　平中物語』所収　大和物語による）

問一　――線a「かうばしくて」、b「かひ」を現代仮名遣いに直し、それぞれひらがなで書きなさい。

問二　――線1「かかること」とは「このようなこと」という意味だが、その内容にあたる箇所を本文中から三文字で探し、抜き出して書きなさい。（ただし、句読点・記号は含まない）

問三　――線2「ひとつたまへ」とあるが、この時の大臣の気持ちの説明として最も適当なものを次の中から一つ選び、マークしなさい。

① 女がいつも家で使用している扇をお守りとして持っていたいという願望。

② 扇をたくさん持っている女なら一つぐらい分けてくれるだろうという甘え。

③ 女の家に置き忘れてきてしまった大切な扇を早く届けてほしいという焦り。

④ 今の自分の状況にふさわしい扇を女なら届けてくれるだろうという期待。

問四　――線3「思ひ」、5「おこせたる」、6「ひき返したる」、7「見て」のうち、一つだけ主語が違うものがある。主語が違うものとして最も適当なものを次の中から一つ選び、マークしなさい。

①　3　②　5　③　6　④　7

問五　――線4「清らなる」、8「あはれ」の本文中の意味として最も適当なものを次の中からそれぞれ一つずつ選び、マークしなさい。

4「清らなる」　①　美しい　②　複雑な　③　豊かな　④　みずみずしい

8「あはれ」　①　不愉快だ　②　頼りない　③　趣深い　④　上品だ

問六　Aの和歌の説明として最も適当なものを次の中から一つ選び、マークしなさい。

①　女が詠んだもので、恋愛関係にある男女の間で扇をやり取りするのは不吉なのだが、大臣からの訪れが久しく絶えている今の自分には扇を今更気にしても仕方がないため、大臣に訪れてもらえない辛さを扇に託して送ろうと述べている。

②　女が詠んだもので、恋愛関係にある男女の間で扇をやり取りするのは不吉なのだが、久しぶりに大臣とやり取りをするきっかけとなったため、再び大臣が訪れてくれるようになるという嬉しさを扇の裏のはしに書いて送ろうと述べている。

③　大臣が詠んだもので、恋愛関係にある男女の間で扇をやり取りするのは不吉なのだが、久しぶりに女とやり取りをするきっかけとなったため、再び女の家に訪れることができる嬉しさを扇の裏のはしに書いて送ろうと述べている。

④　大臣が詠んだもので、恋愛関係にある男女の間で扇をやり取りするのは不吉なのだが、女と久しく会っていない今の自分には扇を今更気にしても仕方がないため、女の家を訪れてあげられない辛さを扇に託して送ろうと述べている。

問七　本文の内容に合致するものを次の中から一つ選び、マークしなさい。

① 三条の右の大臣が中将だったとき、ずっと通い続けていた魅力的な女がいた。
② 女は身分の高い貴族の娘だったので、急なやり取りにも財力を駆使して対応した。
③ 女は大臣の依頼に対して、工夫をこらして色も香りもすばらしい扇を送った。
④ 女とのやり取りを通じて、女のすばらしさに感動した大臣はまた通うようになった。

問八　『大和物語』は平安時代に成立した作品である。これと同じ時代に成立した作品を次の中から一つ選び、マークしなさい。

① 平家物語　② 枕草子　③ 方丈記　④ 宇治拾遺物語

四　次の言葉の対義語をそれぞれ漢字で書きなさい。

1 消費　2 主観　3 拡大　4 需要　5 過去

解　答　上　の　注　意

(1) ア，イ，ウ，・・・・の一つ一つには，それぞれ０～９までの数字，または－，± のいずれか一つが対応します。それらをア，イ，ウ，・・・・で示された解答欄にマークしなさい。

例，解答欄 [ア][イ] に対し－２と答えたいとき，

(1)	ア	**－**	±	0	1	2	3	4	5	6	7	8	9
	イ	－	±	0	1	**2**	3	4	5	6	7	8	9

(2) 分数形で解答が求められているときは，それ以上，約分ができない分数で答えます。符号は分子につけ，分母につけてはいけません。

例，解答欄 $\frac{[ウ][エ]}{[オ]}$ に対し $-\frac{1}{8}$ と答えたいとき，$\frac{-1}{8}$ と答える。

(2)	ウ	**－**	±	0	1	2	3	4	5	6	7	8	9
	エ	－	±	0	**1**	2	3	4	5	6	7	8	9
	オ	－	±	0	1	2	3	4	5	6	7	**8**	9

(3) 根号を含む形で解答する場合は，根号の中に現れる自然数が最小となる形で答えます。

例，[カ] $\sqrt{[キ]}$，$\frac{\sqrt{[ク][ケ]}}{[コ]}$ に $6\sqrt{2}$，$\frac{\sqrt{13}}{3}$ と答えるところを，

$3\sqrt{8}$，$\frac{\sqrt{52}}{6}$ のように答えてはいけません。

5 直線 $y=6x+8$ と放物線 $y=2x^2$ の交点を x 座標が大きい順にA，Bとする。
直線 $y=6x+8$ と放物線 $y=ax^2$ が２点で交わるとし，その交点を x 座標が大きい順にC，Dとする。
ただし $a<0$ とし，点Oを原点とする。このとき，次の問いに答えなさい。

（１） A，Bの座標をそれぞれ求めなさい。

（２） △ＯＡＢの面積を求めなさい。

（３） △ＯＡＤの面積が３２であるとき，点Cの座標を求めなさい。

[3] ３つの箱A, B, Cがある。箱Ａの中には玉が３個入っており，それぞれ１，２，３と数字が書かれている。同様に箱Ｂには玉が３個入っており，それぞれ２，３，４，箱Ｃには玉が４個入っており，それぞれ１，２，３，４と数字が書かれている。３つの箱から１個ずつ玉を取り出し，箱Ａ，箱Ｂ，箱Ｃから取り出した玉に書かれている数をそれぞれ百の位，十の位，一の位として３けたの自然数をつくるとき，次の確率を求めなさい。

（１）３けたの自然数が２の倍数になる

（２）３けたの自然数が３の倍数になる

（３）３けたの自然数がある整数の平方（２乗）になる

[4] 図のようにＡＤ//ＢＣの台形ＡＢＣＤがある。辺ＣＤ，ＤＡ上にそれぞれ点Ｅ，Ｆを，ＡＣ//ＦＥとなるようにとる。また，線分ＡＥと線分ＣＦとの交点をＧとする。ＡＧ：ＧＥ＝３：２となるとき，次の三角形の面積の比を，最も簡単な整数の比で表しなさい。

（１）△ＡＦＧ：△ＡＧＣ

（２）△ＧＡＣ：△ＧＥＦ

（３）△ＡＢＦ：△ＧＥＦ

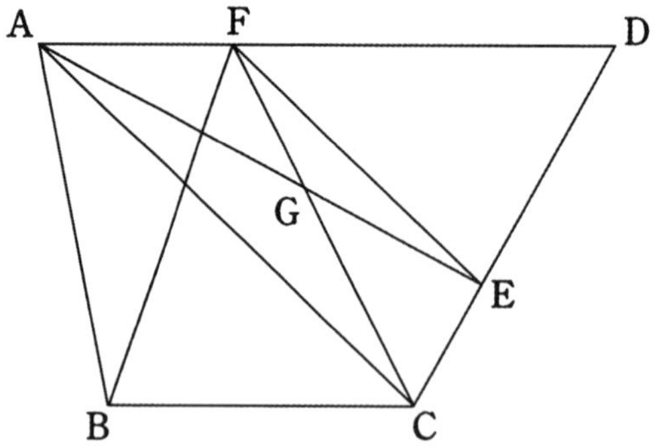

愛 知 啓 成 高 等 学 校

令和４年度　入学試験問題（2月3日実施）

数　学

試験開始の合図があるまで，この問題冊子を開かず，
下記の注意事項をよく読むこと。

注　意　事　項

(1)　時間は45分とする。

(2)　机上は受験票・筆記用具のみとし，定規・分度器などの使用は禁止します。

(3)　答えはすべて解答用紙に記入すること。

(4)　解答にはマークする問題が含まれています。ＨＢの鉛筆でしっかりマークすること。

(5)　訂正する場合は消しゴムできれいに消すこと。

(6)　この問題冊子は４ページあります。試験開始後，総ページ数を確認すること。本冊子に脱落や印刷不鮮明の箇所および解答用紙に汚れ等があれば，試験監督者に申し出ること。

(7)　試験開始の合図で解答用紙の所定欄に，受験番号・氏名・中学校名を明確に記入し，解答を始めること。また，受験番号にはマークもすること。

(8)　試験終了の合図で上記 (7) の事項を再度確認し，試験監督者の指示に従うこと。

マークシートの書き方

良い例	悪い例
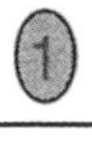	

この注意事項は，問題冊子の裏表紙にも続きます。問題冊子を裏返して必ず読みなさい。

$\boxed{1}$ 次の問いに答え，空欄 $\boxed{\text{ア}}$ ～ $\boxed{\text{ヘ}}$ にあてはまる数や符号を解答用紙にマークしなさい。

(1) $\left(0.3-\frac{1}{2}\right)^2-\frac{12}{25}\div\frac{8}{5}$ を計算すると $\dfrac{\boxed{\text{ア}}\boxed{\text{イ}}\boxed{\text{ウ}}}{\boxed{\text{エ}}\boxed{\text{オ}}}$ となる。

(2) $\frac{4}{\sqrt{3}}(\sqrt{6}-\sqrt{54})-\frac{3}{\sqrt{2}}$ を計算すると $\dfrac{\boxed{\text{カ}}\boxed{\text{キ}}\boxed{\text{ク}}\sqrt{\boxed{\text{ケ}}}}{\boxed{\text{コ}}}$ となる。

(3) $\left(-\frac{3}{2}a^3b^2\right)^2\div\left(-\frac{15}{4}a^2b\right)$ を計算すると $\dfrac{\boxed{\text{サ}}\boxed{\text{シ}}a^{\boxed{\text{ス}}}b^{\boxed{\text{セ}}}}{\boxed{\text{ソ}}}$ となる。

(4) 連立方程式 $\begin{cases} 1.8x-0.5y=7.5 \\ \dfrac{x+1}{3}-\dfrac{y-1}{4}=\dfrac{3}{2} \end{cases}$ を解くと $x=\boxed{\text{タ}}$，$y=\boxed{\text{チ}}$ となる。

(5) $a=2\sqrt{5}$，$b=\frac{2}{\sqrt{3}}$ のとき，$3a(a-2b)-(a-3b)^2$ を計算すると

$\boxed{\text{ツ}}\boxed{\text{テ}}$ となる。

(6) $(x-y)^2-x+y-2$ を因数分解した答えを次の①～⑧から番号で選ぶと

$\boxed{\text{ト}}$ である。

① $(x+y+1)(x+y-2)$　② $(x+y-1)(x+y+2)$　③ $(x+y+1)(x-y-2)$

④ $(x+y-1)(x-y+2)$　⑤ $(x-y+1)(x+y-2)$　⑥ $(x-y-1)(x+y+2)$

⑦ $(x-y+1)(x-y-2)$　⑧ $(x-y-1)(x-y+2)$

(7) 2次方程式 $(3x-2)^2=5$ を解くと $x=\dfrac{\boxed{\text{ナ}}\pm\sqrt{\boxed{\text{ニ}}}}{\boxed{\text{ヌ}}}$ となる。

(8) $a<0$ とする。関数 $y=ax+4$ について，x の変域が $-2\leqq x\leqq 3$ のとき最大値が10，最小値が b であった。このとき $a=\boxed{\text{ネ}}\boxed{\text{ノ}}$，$b=\boxed{\text{ハ}}\boxed{\text{ヒ}}$ である。

(9) 下図において，$\overset{\frown}{BE} : \overset{\frown}{EC} = 2 : 3$であり，線分ＡＢ，ＣＤはともに円の中心Oを通る。このとき，$\angle x=$ フ ヘ °である。

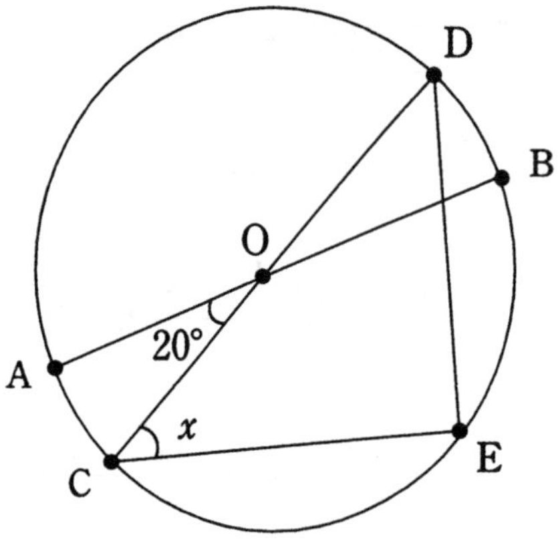

② ジョーカーを除くトランプ５２枚がある。札を１枚引き，赤札（ハート・ダイヤ）のときは赤色のコインを３枚，黒札（スペード・クローバー）のときは赤色と黒色のコインを１枚ずつもらう。
札を何回か引いた後，赤色と黒色のコインの合計は５０枚であった。
ただし，引いた札はもとに戻さないとする。

（１）赤札を引いた回数をx回，黒札を引いた回数をy回としたとき，xとyの方程式を作りなさい。

（２）引いた赤札の枚数ともらった赤色のコインの枚数の合計が４５のとき，札を合計何枚引いたか求めなさい。

愛 知 啓 成 高 等 学 校

令和４年度　入学試験問題（2月3日実施）

英　語

試験開始の合図があるまで，この問題冊子を開かず，
下記の注意事項をよく読むこと。

注　意　事　項

(1) 時間は45分とする。

(2) [1] と [2] は選択問題です。[1] のリスニング問題はサミッティアコースとグローバルコースの受験者が解答すること。アカデミアコースの受験者は [2] を解答すること。

(3) 机上は受験票・筆記用具のみとし，定規・分度器などの使用は禁止します。

(4) 答えはすべて解答用紙に記入すること。

(5) 解答にはマークする問題が含まれています。ＨＢの鉛筆でしっかりマークすること。

(6) 訂正する場合は消しゴムできれいに消すこと。

(7) この問題冊子は12ページあります。試験開始後，総ページ数を確認すること。本冊子に脱落や印刷不鮮明の箇所および解答用紙に汚れ等があれば，試験監督者に申し出ること。

(8) 試験開始の合図で解答用紙の所定欄に，受験番号・氏名・中学校名を明確に記入し，解答を始めること。また，受験番号にはマークもすること。

(9) 試験終了の合図で上記 (8) の事項を再度確認し，試験監督者の指示に従うこと。

マークシートの書き方

良い例	悪い例

【選択問題】 サミッティアコース・グローバルコース ※音声は収録しておりません

1 放送を聞いて，次の Part1 と Part2 の問いに答えなさい。なお，すべての問題でメモをとってもかまいません。

Part1 対話と質問を聞き，その答えとして最も適切なものを①～④の中から1つ選び，マークしなさい。対話と質問は1度だけ流れます。

No.1 ① Go to bed early. ② Do his homework again.
③ Buy a new computer. ④ Find his homework.

No.2 ① 16 dollars. ② 18 dollars. ③ 60 dollars. ④ 80 dollars.

No.3 ① To watch news on TV. ② To be a reporter.
③ To play baseball. ④ To write books.

No.4 ① Go to a cooking class. ② Meet at a restaurant.
③ Cook together. ④ Eat at Laura's house.

No.5 ① Take a shower. ② Eat dinner.
③ Sleep for a while. ④ Run 3 kilometers.

Part2 英文と質問を聞き，その答えとして最も適切なものを①～④の中から1つ選び，マークしなさい。質問は No.1 ～ No.5 まで5つあります。英文と質問は2度流れます。

No.1 ① On the second floor. ② On the third floor.
③ On the fourth floor. ④ On the fifth floor.

No.2 ① Summer clothes. ② Dress shoes.
③ Camping goods. ④ Electronic devices.

No.3 ① At 5. ② At 6. ③ At 7. ④ At 10.

No.4 ① Wednesday. ② Friday. ③ Saturday. ④ Sunday.

No.5 ① The clothing section. ② The sporting corner.
③ The office. ④ The information desk.

【選択問題】 アカデミアコース

2 次の（1）～（3）の問いに答えなさい。

（1）次の①～④の語のうち，他の３つと下線部の発音が異なるものを１つずつ選び，マークしなさい。

（ア） ① reach ② weak ③ reason ④ spread

（イ） ① thank ② there ③ thousand ④ through

（ウ） ① dollar ② college ③ other ④ positive

（2）次の①～④の語のうち，他の３つとアクセントの位置が異なるものを１つずつ選び，マークしなさい。

（ア） ① mom - my ② na - ture ③ col - or ④ e - vent

（イ） ① leg - a - cy ② In - di - an

③ tra - di - tion ④ in - ter - view

（3）次の対話文を読んで，あとの問いに答えなさい。

Alex　：Yesterday I read a Japanese book.

Masato：(a) (　　　　)

Alex　：*Oku no hosomichi.* Now I'm interested in old Japanese books, and I want to know about *Matsuo Basho.*

Masato：Last week, I learned about him in class. Do you (b)(① want / ② to / ③ tell / ④ me / ⑤ about / ⑥ you) him?

Alex　：Yes, please!

Masato：OK. *Basho* is a kind of writer in Edo era. He wrote so many *haiku.* He is one of the most famous writers in Japan. Many people are impressed with his *haiku.*

Alex　：I got it! So, Masato, I have a question. *Basho* wrote "*Furuike ya kawazu tobikomu mizu no oto.*" If you *translate "*kawazu tobikomu*" into English, which do you use, a *frog or frogs?

Masato：Well... maybe I'll use (c) "(　　　　)." In this case, I think that only one frog *dives into the pond.

Alex　：I understand. And I think that (d) (　　　　) is easier than (e) (　　　　) because you don't have to choose one frog or more than one. So Japanese is interesting for me.

Masato：I think so, too.

（注）translate A into B　A を B に翻訳する　　　frog　カエル
dive　飛び込む

（ア）下線部 (a) に入るものとして適切なものを，次の①～④の中から1つ選び，マークしなさい。

① What book?　　　② *Matsuo Basho* wrote this book.

③ Do you like that book?　　　④ I like this book.

（イ）下線部 (b) を意味の通る英文になるよう並びかえたとき，３番目と５番目に来る語として適切なものを，次の①～④の中から１つ選び，マークしなさい。

① ④-⑥　　② ②-⑥　　③ ④-⑤　　④ ②-⑤

（ウ）下線部 (c) に入るものとして適切なものを，次の①～④の中から１つ選び，マークしなさい。

① frog jumps　　② a frog jumps
③ frogs jump　　④ many frogs jump

（エ）下線部 (d) および (e) に入るものの組み合わせとして適切なものを，次の①～④の中から１つ選び，マークしなさい。

① (d) Japanese / (e) English　　② (d) English / (e) Japanese
③ (d) Japan / (e) America　　④ (d) America / (e) Japan

（オ）本文の内容に合うものを，次の①～④の中から１つ選び，マークしなさい。

① Masato is interested in *Matsuo Basho* now.
② Both Masato and Alex think that Japanese is interesting.
③ Alex's teacher taught him about *Matsuo Basho.*
④ *Matsuo Basho* was a very kind person.

【必答問題】 全コース

3 次の対話文を読んで，あとの問いに答えなさい。

Becky ：Hey, look at this! This is an *advertisement for new watches. Which one do you want to get?

Chika ：Oh, I think everything on the list is attractive. Wait, *Type A* looks the coolest and has stylish colors! But it's the most expensive.

Becky ：That's too bad. What color do you want?

Chika ：I want a bright one like red, pink or green.

Becky ：Then how about *Type B*? It has many (a) colors. Also, it is not as expensive as *Type A*.

Chika ：Well..., all right, I'll buy a pink *Type B*. Then, what about you, Becky? Tell me your decision.

Becky ：Hmm... it's hard for me to decide. I think *Type B* may be the best one, but my favorite color is only on the list for *Type C*.

Chika ：Oh, your favorite color is (b), right?

Becky ：That's right. I'll buy *Type C*. Now, let's save some money to get our watches!

Chika ：Well, I think that will take quite a long time, but I'll try.

Type	***Type A*** 	***Type B*** 	***Type C*** 
Price	¥10,000	¥8,000	¥7,000
Color	white black pink	blue yellow black pink	blue white black brown

（注）advertisement 広告

（1）Choose the best word for (a).

① emotional ② famous ③ shiny ④ convenient

（2）Write the best word for (b).

(3) What will these girls do after talking with each other?

① They will buy watches very soon.

② They will go to a shop to sell watches.

③ They will not discover stylish watches.

④ They will not try to spend much money.

4 次の英文を読んで，あとの問いに答えなさい。

Many people visit our town from foreign countries every year. So, our group decided to make an English map. What kind of information does it need? We interviewed 25 visitors at the nearest station about it. They chose three out of five things. Please look at this graph below.

23 visitors needed information about sightseeing *spots in our town. These will be shown on the map. They also said, "I want to know how to get there." It is important to put it on the map, too.

Information about shopping centers is also needed. 20 people answered, "This information is useful." We asked them, "Why do you think so?" They answered, "I want to buy *souvenirs for my family and friends. I hear many kinds of things are sold there."

Many people needed information about restaurants, too. Our town has many places to eat delicious foods.

We asked the same 25 visitors about hotels. 15 of them said this information was not important. They said, "I have already found my hotel before coming to this town."

Only a few people wanted information about banks.

From this research, we will make a map which includes information about sightseeing spots, shopping centers, and restaurants.

Information needed on the map

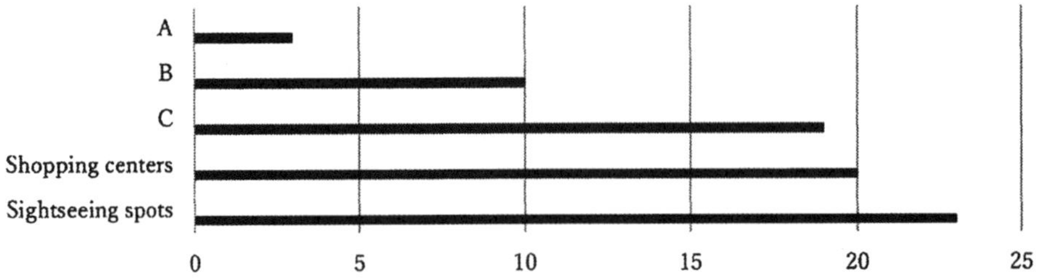

（注）spot　場所　　souvenir　おみやげ

).5

How was school, Hiro?

: Not so good, Mom. It was so cold today, but we had to run 3 kilometers.

Well, you look very tired. Take a hot shower, then you can have dinner.

Thank you, Mom.

uestion: What will Hiro do first?

Take a shower. ② Eat dinner.

Sleep for a while. ④ Run 3 kilometers.

rt 2 英文と質問を聞き、その答えとして最も適切なものを①～④の中から１つ選び、マークしな い。質問は No.1～No.5 まで５つあります。英文と質問は２度流れます。

Good morning, shoppers. Thank you for coming to Keisei Department Store. On the third oor, we have a sale on both men's and women's summer clothes. On the fourth floor, there are any kinds of shoes for any purpose. All running shoes are 30 percent off. Also, on the fifth oor, there's a 20-percent discount on some sporting goods and camping things. Don't miss it. 'e open from 10:00 a.m. to 7 p.m. on weekdays. On Saturdays, we close at 6 p.m. We close arlier at 5 p.m. on Sundays. Sorry for the trouble. You can stay and enjoy shopping until 6 .m. today. If you have any troubles or questions, please come to the information desk near e entrance. Thank you for your attention.

estion NO.1: Which floor can you find running shoes on?

① On the second floor. ② On the third floor.

③ On the fourth floor. ④ On the fifth floor.

estion NO.2: What can you buy at a 20 percent discount?

① Summer clothes. ② Dress shoes.

③ Camping goods. ④ Electronic devices.

estion NO.3: What time is the closing time on Sundays?

① At 5. ② At 6.

③ At 7 . ④ At 10.

estion NO.4: What day is today?

① Wednesday. ② Friday.

③ Saturday. ④ Sunday.

estion NO.5: Where should you go if you lose your way?

① The clothing section. ② The sporting corner.

③ The office. ④ The information desk.

令和４年度　一般入試

※音声は収録しておりませ

Part 1　対話と質問を聞き、その答えとして最も適切なものを①～④の中から１つ選び、マーク
さい。対話と質問は１度だけ流れます。

NO.1

F:　Go to bed, Micheal.　It's getting late.

M:　I can't, Mom.　I have to do my homework.

F:　Didn't you finish it yesterday?

M:　Yeah.　But I had a problem with my computer, and lost the homework.
I have to do it all over again.

Question:　What does Micheal have to do now?

① Go to bed early.　② Do his homework again.

③ Buy a new computer.　④ Find his homework.

NO.2

M:　I'd like to buy this shirt, please.

F:　All right.　Would you like to pay with cash or by card?

M:　Cash, please.　Here you are.

F:　Sorry, sir.　This is only 16 dollars.　I need two more dollars.

Question:　How much is the shirt?

① 16 dollars.　② 18 dollars.　③ 60 dollars.　④ 80 dollars.

NO.3

M:　What do you want to do in the future, Jenny?

F:　I want to be a reporter.　I always watch the news on TV.

M:　That sounds exciting.　What kind of news are you interested in?

F:　Sports.　Especially baseball and football.

Question:　What does Jenny want to do in her future?

① To watch news on TV.　② To be a reporter.　③ To play baseball.　④ To write books.

NO.4

F:　Bob, would you like to come to my house for dinner tomorrow?　I've learned to cook.

M:　Sure, I'd love to come, Lura.　What time should I be there?

F:　Any time after 6:00 would be fine.

M:　OK.　I'll bring something to drink then.

Question:　What will Bob and Lura do tomorrow?

① Go to a cooking class.　② Meet at a restaurant.

③ Cook together.　④ Eat at Lura's house.

(1) Why did Yumi's group decide to make a map?

① Because they wanted to know why people from all over the world came to their town.

② Because they wanted to attach an English article to the map.

③ Because they wanted to help people from other countries travel around their town.

④ Because they wanted to make an instrument to support foreign people.

(2) Choose the best number for A, B, C on the left graph.

①	A: Hotels	B: Banks	C: Restaurants
②	A: Banks	B: Hotels	C: Restaurants
③	A: Restaurants	B: Hotels	C: Banks
④	A: Restaurants	B: Banks	C: Hotels

(3) There are four foreign people at the station below, who will need this map the most?

① Cathy :"We want to eat some seafood. Where can we go?"

② Sam :"Oh, I can't use my card. Where can I take out my money?"

③ Lisa :"All of my friends don't know the way to our hotel. Where is it?"

④ Tom :"I have lived here for three years. I know everything about here."

5 次の英文を読んで，あとの問いに答えなさい。

It is said that *Archimedes first thought of the idea for the elevator. From his idea, the first elevator was made about 2,000 years ago. In those days, the elevator was used for carrying things, not people. The machine was moved by the power of human beings. This type of elevator was used when people made buildings. Because this elevator didn't have much power, it took a long time to send things up.

A long time later, in 1835, *steam power was used for moving elevators. This type of elevator was more powerful and faster than ever before. (1), there was a serious problem: broken *ropes. Of course, these were the most important part of elevators. If the ropes were broken, the elevator fell. So, people still used it only to carry things. To *avoid that, Elisha Graves Otis designed a *stopper for the elevator in 1852. It stopped the elevator when the ropes were broken. Then, this device *allowed people to ride in elevators safely. At the beginning of the 20th century, electricity was introduced. The elevator also used a large weight to move the elevator up. (2)It could move the new elevator *smoother than before.

Now, in the 21st century, a project has started to make an elevator into space.

(注) Archimedes アルキメデス　steam 蒸気　rope ロープ
avoid 避ける　stopper ストッパー　allow ～させる
smoother よりなめらか

（1）What was the elevator used for at first?

① It carried a lot of people using manpower.
② It carried things that could not be moved by manpower.
③ It carried a lot of people who worked in buildings.
④ It carried things that were used for building.

(2) What was the purpose of making a stopper?

① To make elevators smoother than before.
② To make elevators less dangerous.
③ To make time to send things up shorter than before.
④ To make elevators into space.

(3) What is the best word for (1)?

① So ② If ③ However ④ Eventually

(4) What does (2) mean?

① The weight ② The power of human beings
③ The stopper ④ The steam power

(5) What is the title of this story?

① Elevators in the future.
② Dangerous elevators.
③ The safe elevator stopper.
④ The history of elevators.

6 次の "Ant（アリ）and Grasshopper（キリギリス）" の物語を読んで，あとの問いに答えなさい。

It was a beautiful day. A grasshopper was jumping around and singing. He was enjoying the beautiful weather. He didn't even think about working. An ant passed with some food. The ant was working very hard.

"Why are you working so hard?" the grasshopper asked the ant. "Why don't you stop and talk to me? ①It's (A) beautiful today (B) work so hard."

"I can't stop (a)to talk," said the ant. "I have to store food for the winter. All the ants are working (b)to get food for the winter. If we stop and rest when the weather is good, we won't have food in the winter. Do you think you should do the same? If you don't work, you won't have food for the winter, either."

"I don't worry about the winter," the grasshopper said. "I have a lot of food for now. Come on, stay and talk." But the ant kept ②(work).

A few months later, the winter came. The grasshopper was cold and hungry. At the same time, the ants had many things (c)to eat, because they worked hard in the summer (d)to get food for the winter. The grasshopper learned too late that (③).

（1）下線部①が「今日はとてもいい天気なので，一生懸命に働くことはできない」となるように，（　　）内に適切な語を１語ずつ入れなさい。

It is (A) beautiful today (B) work so hard.

（2）下線部②の動詞を適切な形にしなさい。

（3）（ ③ ）に入れるものとして最も適切なものを，次の①～④の中から１つ選び，マークしなさい。

① ants are better than grasshoppers

② having food in the summer is important

③ it is important to make a plan and work for the future

④ it is necessary to both work and enjoy life in the winter

（4）下線部 (a) ～ (d) の中から不定詞の用法として異なるものを１つ選びなさい。

7 次の日本文に合うように，(　　　) 内に適切な語を1語ずつ入れなさい。

(1) この番組は見る価値がある。

This program is (　　　) (　　　).

(2) ナンシーは結果に満足していない。

Nancy isn't (　　　) (　　　) the result.

(3) ティムは2時間ずっとゲームをしている。

Tim (　　　) (　　　) playing the game for two hours.

(4) 私たちの学校では合唱コンクールが行われる。

Our school has a (　　　) (　　　).

(5) メアリーは人権のために戦った。

Mary fought for (　　　) (　　　).

8 次の日本文に合うように，(　　　) 内の語を並べかえて英文を完成させなさい。ただし，文頭の語も小文字で示されています。

(1) この写真は私たちに幸せな日々を思い出させる。

(picture / days / of / us / our / happy / reminds / this).

(2) あなたはインターネットで彼を調べるべきです。

(should / Internet / you / check / out / him / the / on).

(3) 彼はケンの助けで逆立ちをした。

(on / Ken's / he / his / hands / stood / help / with).

(4) テレビでのあなたの最後の演奏は本当に素晴らしかった。

(last / TV / awesome / on / your / really / performance / was).

(5) 多くの鳥は森林に深刻な被害を与えるだろう。

(do / forests / many / will / birds / serious / to / damage).

2022(R4) 愛知啓成高
教英出版

愛 知 啓 成 高 等 学 校

令和４年度　入学試験問題（2月3日実施）

理　科

試験開始の合図があるまで，この問題冊子を開かず，
下記の注意事項をよく読むこと。

注　意　事　項

(1) 時間は 30 分とする。

(2) 机上は受験票・筆記用具のみとし，定規・分度器などの使用は禁止します。

(3) 答えはすべて解答用紙に記入すること。

(4) 解答にはマークする問題が含まれています。ＨＢの鉛筆でしっかりマークすること。

(5) 訂正する場合は消しゴムできれいに消すこと。

(6) この問題冊子は 13 ページあります。試験開始後，総ページ数を確認すること。本冊子に脱落や印刷不鮮明の箇所および解答用紙に汚れ等があれば，試験監督者に申し出ること。

(7) 試験開始の合図で解答用紙の所定欄に，受験番号・氏名・中学校名を明確に記入し，解答を始めること。また，受験番号にはマークもすること。

(8) 試験終了の合図で上記 (7) の事項を再度確認し，試験監督者の指示に従うこと。

マークシートの書き方

良い例	悪い例
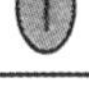	

1 問1～問3に答えなさい。

問1．炭酸水素ナトリウムと塩酸を用いて次の**実験1，2**を行った。これについて，以下の問いに答えなさい。

【実験1】 次の操作1～3を行った。

操作1　図1のように，ペットボトルに炭酸水素ナトリウム 1.00 g とうすい塩酸 10 cm^3 が入った試験管を入れ，ふたをしっかり閉めて全体の質量をはかると W_1〔g〕であった。

図1

操作2　図2のように，ペットボトルをかたむけて炭酸水素ナトリウムとうすい塩酸を混ぜ合わせ，気体が発生しなくなってから全体の質量をはかると W_2〔g〕であった。

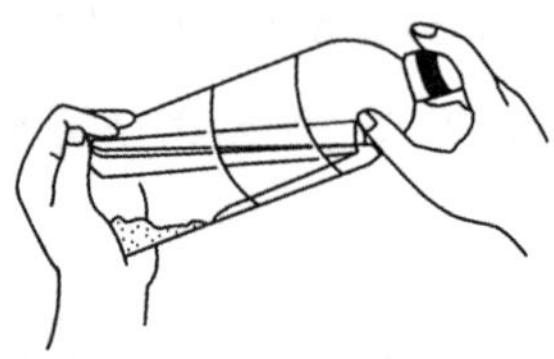

図2

操作3　ペットボトルのふたをゆるめて気体を逃してから，ふたをしっかり閉めて全体の質量をはかると W_3〔g〕であった。

（1） W_1 と W_2 の関係はどのようになるか。解答欄の（　）に等号または不等号を記入しなさい。 $\boxed{1}$

（2） W_2 に比べて W_3 の値が小さいのはなぜか。最も適当なものを，次の記述①〜⑤のうちから1つ選び，マークしなさい。 $\boxed{2}$

① 発生した気体が逃げたから。

② 炭酸水素ナトリウムが塩酸に溶けたから。

③ 炭酸水素ナトリウムが分解したから。

④ 炭酸水素ナトリウムが気体になったから。

⑤ 気体が発生しなくなったから。

【実験２】

薬包紙にはかりとったいろいろな質量の炭酸水素ナトリウムを，うすい塩酸 20cm³ が入ったビーカーA〜Eにそれぞれ加えた。このとき，加える前と加えた後に薬包紙とビーカーを含めた全体の質量をはかった。また，炭酸水素ナトリウムを加えた後の水溶液のようすも調べた。

結果　　　　　　　　　　(注)　○：全部とけた　△：全部はとけなかった

	ビーカーA	ビーカーB	ビーカーC	ビーカーD	ビーカーE
加えた炭酸水素ナトリウムの質量〔g〕	1.00	2.00	3.00	4.00	5.00
炭酸水素ナトリウムを加える前の全体の質量〔g〕	82.47	85.22	82.03	81.88	84.91
炭酸水素ナトリウムを加えた後の全体の質量〔g〕	81.95	84.18	80.77	80.62	83.65
炭酸水素ナトリウムを加える前後の質量の差〔g〕	0.52	1.04	(　　)	1.26	1.26
炭酸水素ナトリウムを加えた後の水溶液のようす	○	○	△	△	△

注意：解答欄 $\boxed{3}.\boxed{4}\boxed{5}$ の答えが5.20なら，$\boxed{3}$ は⑤，$\boxed{4}$ は②，$\boxed{5}$ は⓪にマークしなさい。

（3） 結果を示した表の（　　）にあてはまる数は何か。

$\boxed{3}.\boxed{4}\boxed{5}$

（4） うすい塩酸 20cm³ と過不足なく反応する炭酸水素ナトリウムの質量は何gか。小数点以下第3位を四捨五入し，第2位まで答えなさい。

$\boxed{6}.\boxed{7}\boxed{8}$〔g〕

問２．次の表は，水，エタノールおよび物質Ａ～Ｄの沸点と融点を示したものである。これについて，以下の問いに答えなさい。

物質	水	エタノール	A	B	C	D
沸点〔℃〕	（　あ　）	78	−183	−196	−0.5	217
融点〔℃〕	（　い　）	−115	−218	−210	−138	43

（1）表の（　あ　），（　い　）にあてはまる数値をそれぞれ答えなさい。

（あ） 9 　（い） 10

（2）ポリエチレンの袋に20℃のエタノールを少量入れ，空気をぬいて密閉し，熱湯をかけた。このとき，袋はどうなったか。最も適当なものを，次の①～③のうちから１つ選び，マークしなさい。 11

① 大きく膨らんだ。　② 小さくしぼんだ。　③ 変化しなかった。

（3）（2）のとき，袋の中のエタノールについての記述①～④のうち，最も適当なものを１つ選び，マークしなさい。 12

① 質量は小さくなり，粒子どうしの間隔は大きくなった。
② 質量は変わらず，粒子どうしの間隔は小さくなった。
③ 質量は大きくなり，粒子どうしの間隔は小さくなった。
④ 質量は変わらず，粒子どうしの間隔は大きくなった。

（4）物質Ａ～Ｄについて，温度が−190℃のとき液体であるものを次の①～④から１つ選び，マークしなさい。 13

① A　② B　③ C　④ D

問3．次の図のような，液体の中に金属板 A，B をいれた装置を組み立てる。下の表の①～⑤の組み合わせで装置を組み立てて導線をつないだとき，電子オルゴールが鳴る金属板 A，B と液体の組み合わせを**すべて選び**，マークしなさい。 14

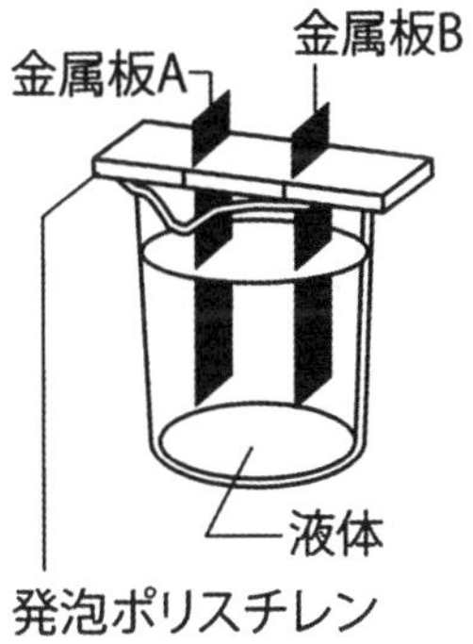

	①	②	③	④	⑤
金属板A	銅板	銅板	銅板	亜鉛板	銅板
金属板B	銅板	亜鉛板	亜鉛板	亜鉛板	亜鉛板
液体	うすい塩酸	うすい塩酸	純粋な水	濃い食塩水	濃い食塩水

2 問1・問2に答えなさい。

問1．図1～3のように，点Oにある壁から少し離れた点Aに啓人君がいる。啓人君がブザーを鳴らすとその音は壁で跳ね返り，啓人君や成子さんに聞こえる。音速は340 m/秒であるとしたとき，以下の問いに答えなさい。

（1）図1のように，啓人君が一人で壁のそばにいる場合について考える。啓人君がブザーを鳴らしてから，壁に跳ね返ったブザーの音を聞いたのが4.0秒後だったとき，点Aと壁の距離は何mか。最も適当なものを，下の①～⑤のうちから1つ選び，マークしなさい。 1

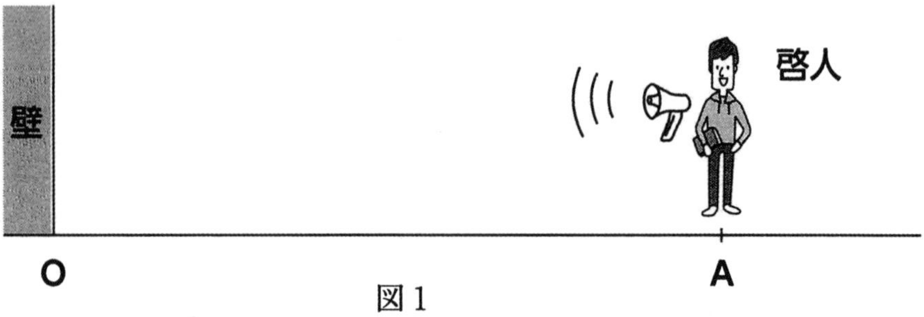

図1

① 340m　② 680m　③ 1020m　④ 1360m　⑤ 1700m

（2）図2のように，点Aの啓人君と点Oの壁との間の点Bに成子さんがいる場合について考える。啓人君がブザーを鳴らしたとき，成子さんには直接聞こえる一度目の音と，壁に跳ね返った二度目の音が聞こえた。一度目の音が聞こえてから2.0秒後に二度目の音が聞こえたとき，点Aと点Bの間の距離は何mか。最も適当なものを，下の①～⑤のうちから1つ選び，マークしなさい。 2

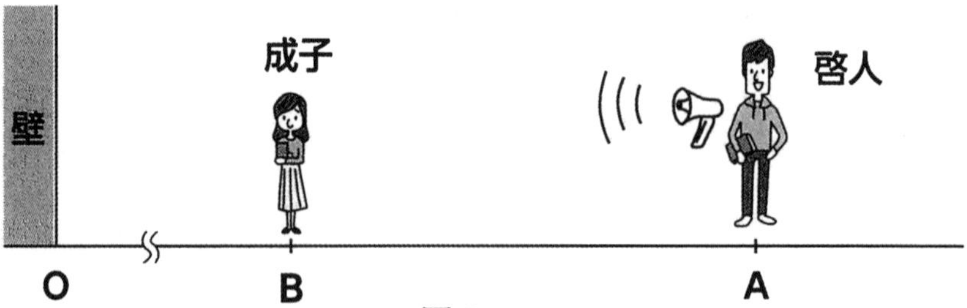

図2

① 170m　② 340m　③ 510m　④ 680m　⑤ 850m

（3） 図3は啓人君と, 移動して点Cにいる成子さんを上空から映した図である。点 A にいる啓人君がブザーを鳴らすと, 点 C の成子さんには 3.0 秒後 に一度目の音が聞こえた。成子さんに壁から跳ね返った二度目の音が聞こえ始めるのは, 一度目を聞いた何秒後か。最も適当なものを, 下の①～⑤のうちから1つ選び, マークしなさい。ただし, 啓人君と成子さんは壁に対して平行に並んでいるものとする。 3

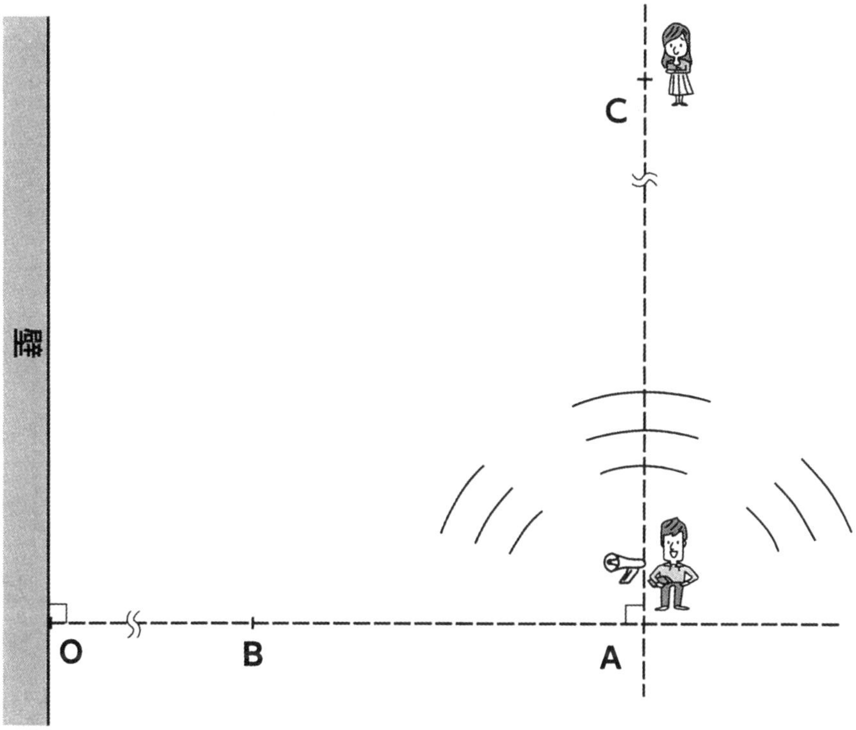

図3

① 1.0 秒後　② 2.0 秒後　③ 3.0 秒後　④ 4.0 秒後　⑤ 5.0 秒後

（4） 音の性質についての次の記述①～④のうち, 最も適当なものを1つ選び, マークしなさい。 4

① 波が1回振動するのにかかる時間のことを振動数という。
② 音は, 気体や液体のみならず, 固体中も伝えることができる。
③ 振幅を大きくすると音の高さは高くなる。
④ 音は, 音源のまわりの空気が遠くまで移動することで伝わっている。

問2．コイルとU字形磁石，電源装置，スイッチ，抵抗器，電流計，電圧計を用いて，図4のような装置を作り電流を流したところ，コイルが矢印の向きに動いた。以下の問いに答えなさい。

（1）図4の（ア）の装置，（イ）極の名前はそれぞれ何か。その組み合わせとして最も適当なものを，下の①～④のうちから1つ選び，マークしなさい。

5

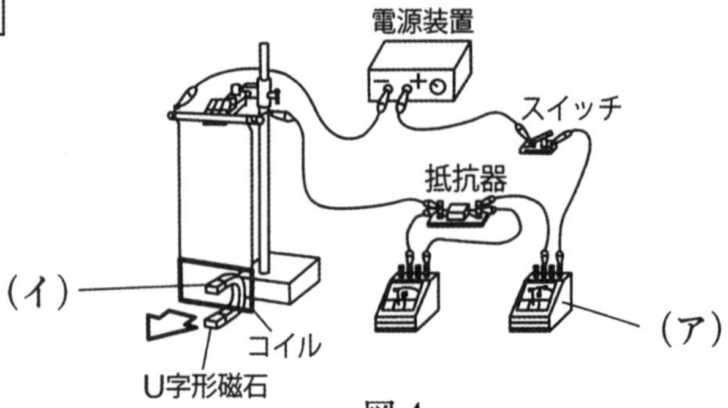

図4

	（ア）	（イ）
①	電流計	N極
②	電流計	S極
③	電圧計	N極
④	電圧計	S極

（2）図4のコイルが動いた向きと反対の向きにコイルが動くのは，どのような操作を行った場合か。次の記述①～⑤のうちから**すべて選び**，マークしなさい。また，**すべて適当でない場合は解答欄の⑥にマークしなさい**。 6

① コイルに流れる電流の向きを逆向きに変え，磁石の上下を入れ替える。

② コイルに流れる電流の向きを逆向きに変え，電源装置の電圧を大きくする。

③ 電源装置の電圧を大きくし，抵抗器の抵抗を大きくする。

④ コイルの巻き数を増やし，磁石の上下を入れ替える。

⑤ コイルの巻き数を増やし，抵抗器の抵抗を大きくする。

（3）電磁誘導を利用して電流を得ているものはどれか。最も適当なものを，次の①～④のうちから1つ選び，マークしなさい。 7

① 電磁石　② 乾電池　③ 発電機　④ 光電池

3 問1～問3に答えなさい。

問1．マツの花のつくりを調べるために，雌花と雄花からりん片をはぎ取り観察した。次の図は雌花と雄花の模式図である。以下の問いに答なさい。

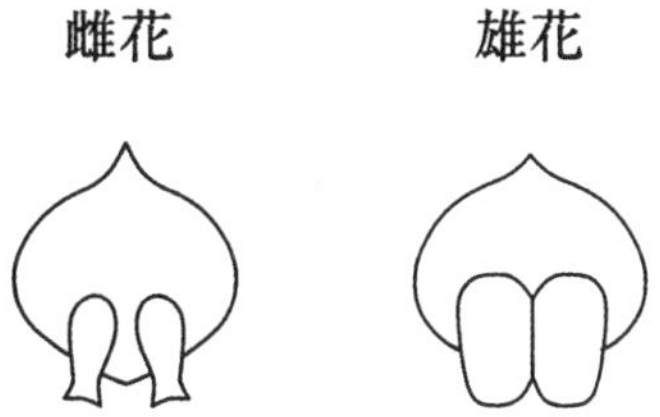

（1）マツの花には子房がなく，胚珠がむき出しになっている。図の中で胚珠にあたる部分を黒く塗りつぶしなさい。 1

（2）マツのように子房がなく，胚珠がむき出しになっている植物はどれか。次の①～⑤のうちから**すべて選び**，マークしなさい。 2

① スギ　② ヘゴ　③ サクラ　④ イチョウ　⑤ ソテツ

（3）マツは子房を持たないことから，受粉してもあるものが形成されない。何が形成されないのか。最も適当なものを，次の①～④のうちから1つ選び，マークしなさい。 3

① 花粉　② 胞子　③ 果実　④ 種子

問2．次の図は，ヒトの眼を暗い場所で観察したときの模式図である。黒く塗りつぶした部分は，このときのひとみの大きさを示している。以下の問いに答えなさい。

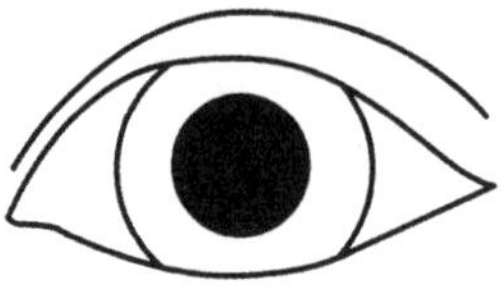

（1）目や耳のような，外界から刺激を受け取ることのできる器官を何というか。

[4]

（2）明るい場所にいるときのひとみの大きさを，解答欄の図の中に黒く塗りつぶして示しなさい。ただし，解答欄の図中の点線は，暗い場所で観察したときのひとみの大きさである。 [5]

（3）行動についての次の記述①～④のうち，反射による反応を**すべて選び**，マークしなさい。 [6]

① 目の前にボールが飛んできたので，とっさに目を閉じた。
② 帽子が風で飛ばされそうになり，とっさに帽子を押さえた。
③ 冬に熱いストーブに触れてしまい，思わず手をひっこめた。
④ 雷が鳴った途端，空を見上げた。

問3．エンドウマメを用いて実験を行った。エンドウマメのさやを膨らませる遺伝子を A，くびれさせる遺伝子を a とし，さやが膨らんでいる純系の個体とさやがくびれている純系の個体をかけ合わせたところ，子はすべてさやが膨らんでいるものが得られた。以下の問いに答えなさい。

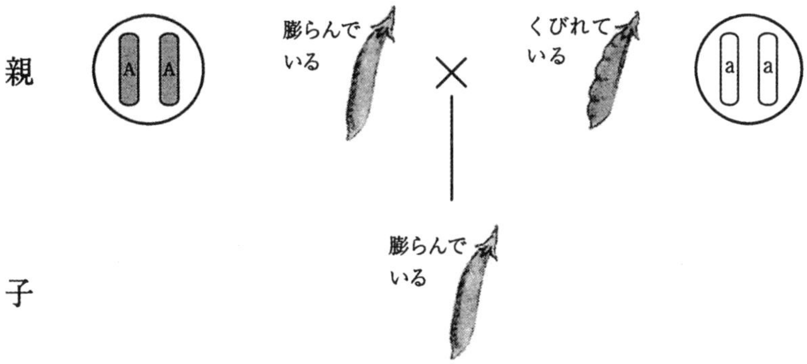

（1）形質の異なる純系どうしをかけ合わせたとき，子に現れる形質を現れないものに対して何というか。 [7]

（2）子を自家受精して孫を得た。孫の遺伝子の組み合わせとしてあり得るものを，次の①～⑤のうちから**すべて選び**，マークしなさい。 [8]

① A　　② a　　③ AA　　④ Aa　　⑤ aa

（3）孫では，さやが膨らんでいる形質とくびれている形質の個体数の比はおよそ何対何になるか。最も適当なものを，次の①～⑦のうちから 1 つ選び，マークしなさい。

膨らんでいるもの：くびれているもの＝ [9]

① 1：0　　② 0：1　　③ 1：1　　④ 2：1　　⑤ 1：2
⑥ 3：1　　⑦ 1：3

4 問1～問3に答えなさい。

問1．次の文章を読み，以下の問いに答えなさい。

1783 年，現在の長野県と群馬県の境にある (A) 浅間山が大噴火を起こしました。この (B) 火山噴出物によってもたらされた被害のうち，鎌原火砕流と呼ばれる火砕流は流下量 1 億 m^3 と推定されています。大量に堆積した火山灰は農作物への影響も及ぼし，さらに大量の土砂を流出させる水害にも繋がったと考えられています。

同時期にはアイスランドでも大噴火が起こり，膨大な量の (C) 火山ガスなどが成層圏まで上昇し，地球の北半球を覆い，気温を下げて冷害を招いたと考えられています。日本では江戸時代の天明の大飢饉《ききん》が起こり，火山の噴出物による直接的な被害以外にも大きな影響をもたらしたといえます。

（1）下線部（A）について，浅間山はマグマのねばりけが中間の性質の火山である。火山の形状として浅間山と同じ形をとる火山はどれか。最も適当なものを，次の①～④のうちから1つ選び，マークしなさい。 [1]

① マウナロア　② 桜島　③ 雲仙普賢岳　④ エベレスト

（2）下線部（B）について，火山噴出物の一つである軽石には多くの穴が観察できる。この穴はなぜできるのか，理由を簡潔に述べなさい。 [2]

（3）下線部（C）について，気温が下がる理由として最も適当なものを，次の記述①～④のうちから1つ選び，マークしなさい。 [3]

① 火山ガスによって，太陽から届くはずの熱エネルギーが減少したため。
② 火山ガスによって，太陽から届いた光エネルギーが増幅されたため。
③ 火山ガスが大気によって，冷やされたため。
④ 北半球を覆った火山ガスから，地表を冷やす物質が散布されたため。

問２．５月のある２日間，愛知県のある地点で，６時から18時までの３時間ごとの気象を観察し，次の表にまとめた。以下の問いに答えなさい。

	時刻	天気	風向	風力	湿度〔%〕	温度〔℃〕
1日目	6:00	くもり	南南西	2	76	12
	9:00	くもり	南	3	70	17
	12:00	くもり	南西	2	73	21
	15:00	くもり	南	3	68	21
	18:00	晴れ	南西	4	70	17
2日目	6:00	くもり	南西	5	70	12
	9:00	くもり	南西	5	72	15
	12:00	くもり	南西	3	70	16
	15:00	雨	北西	2	80	16
	18:00	くもり	北東	3	85	14

（１）乾湿計で測定するときの条件ついて述べた次の記述①～④のうち，最も適当なものを１つ選び，マークしなさい。 4

① 風通しをよくし，乾湿計に直射日光が当たるようにする。

② 風通しをよくし，乾湿計に直射日光が当たらないようにする。

③ 風が通らないようにし，乾湿計に直射日光が当たるようにする。

④ 風が通らないようにし，乾湿計に直射日光が当たらないようにする。

（２）観察を行った場所で，１日目 18 時の天気，風向，風力の記号を，下の例にならってかきなさい。 5

例

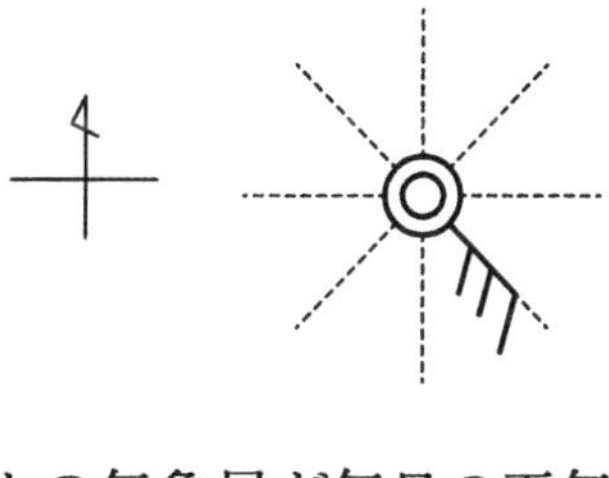

（３）不快指数は，アメリカの気象局が毎日の天気予報の中で暖房や冷房に必要な電力を予測するために使い始めたのが始まりと言われている。２日目の15 時において，不快指数を計算して，小数点以下を四捨五入し，整数値で答えなさい。ただし，不快指数の計算は次式で表わされ，T は温度，H は湿度の値を用いるものとする。 6

$$不快指数 = 0.81 \times T + 0.01 \times H \times (0.99 \times T - 14.3) + 46.3$$

問３．次の文章を読み，以下の問いに答えなさい。

地球の表面は十数枚のかたい板で覆われている。内部の構造は物質の性質，特に流動のしやすさによって区分が決まっている。ちょうどスイカの断面を地球の断面と考えてみよう。かたい皮の部分は (A) プレートで，やわらかい果肉の部分はマントル，さらに中心部分は核と呼ばれている。地表のプレートは流動性のあるマントルに乗っており，地球内部のプルームと呼ばれる動きによって (B) 移動している。大陸プレートと海洋プレートは沈み込んだり，衝突したりすることで，地震や (C) 造山活動などを起こしている。

（１）下線部 (A) について，日本付近では４枚のプレートが押し合っている。その４枚のプレートに**含まれないもの**を，次の①～⑤のうちから１つ選び，マークしなさい。 7

① 太平洋プレート　② 北アメリカプレート　③ フィリピン海プレート
④ ユーラシアプレート　⑤ 南アメリカプレート

（２）下線部 (B) について，日本とハワイは 6573km 離れているが，太平洋プレート上にできた火山からなるハワイ島は，年間 8cm の速さで日本に向かって移動している。日本とハワイは 10 万年後，計算上何 km の距離となっていると考えられるか。 8

（３）下線部 (C) について，今から 6600 万年前，中生代において，インド亜大陸とユーラシア大陸の間にはテチス海と呼ばれる海があった。現在ではプレートの衝突からの造山活動により，アルプス・ヒマラヤ山脈ができたと考えられている。この考えの証拠となる事柄として，最も適当なものを次の記述①～④のうちから１つ選び，マークしなさい。 9

① テチス海で生息していた生物の祖先がインド洋で生息しているから。
② テチス海の水が残った湖があるから。
③ アルプス・ヒマラヤ山脈の地層において，海の生物の化石とサイの化石が同時に見つかったから。
④ アルプス・ヒマラヤ山脈の火口で，海の生物の化石が発見されたから。

愛 知 啓 成 高 等 学 校

令和４年度　入学試験問題（2月3日実施）

社　会

試験開始の合図があるまで，この問題冊子を開かず，

下記の注意事項をよく読むこと。

注　意　事　項

(1)　時間は30分とする。

(2)　机上は受験票・筆記用具のみとし，定規・分度器などの使用は禁止します。

(3)　答えはすべて解答用紙に記入すること。

(4)　解答にはマークする問題が含まれています。ＨＢの鉛筆でしっかりマークすること。

(5)　訂正する場合は消しゴムできれいに消すこと。

(6)　この問題冊子は15ページあります。試験開始後，総ページ数を確認すること。本冊子に脱落や印刷不鮮明の箇所および解答用紙に汚れ等があれば，試験監督者に申し出ること。

(7)　試験開始の合図で解答用紙の所定欄に，受験番号・氏名・中学校名を明確に記入し，解答を始めること。また，受験番号にはマークもすること。

(8)　試験終了の合図で上記（7）の事項を再度確認し，試験監督者の指示に従うこと。

マークシートの書き方

良い例	悪い例
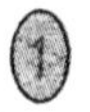	

1　中学生のＡくんとＢさんは，次の３つの資料を見ながら先生と会話をしています。この会話に関する問１～問６までの問いに答えなさい。

ア

イ

ウ

先 生：この３つの資料は，世界三大宗教に関する美術作品です。世界三大宗教と呼ばれる３つの宗教とは何か知っているかな？

Ａくん：仏教，キリスト教，イスラム教の３つです。

先 生：その通り。アの資料は仏教の開祖［ Ⅰ ］の像です。［ Ⅰ ］は①四大文明の１つがおこったインドで生まれ，②その教えは東南アジアや中国，日本にも伝えられました。

Ｂさん：イの資料は，十字架にかけられたイエスですね。彼の教えがのちのキリスト教になったのよね。

先 生：その通り！また，ウのイスラム世界で作られたガラス工芸の壺は，③フランスの美術館に収められているものです。この３つの資料を比べて気づくことはあるかな？

Ａくん：この３つの資料を見比べると，ウだけ人物が描かれたものではないね。

先 生：良いところに気づきましたね。イスラム教では，「［ Ⅱ ］」という教えがあるので，仏教やキリスト教のような宗教美術は発達せず，写実的な絵画も生まれなかったのです。そのかわりにさまざまな色彩や複雑な文様による装飾が発達しました。

Ｂさん：イスラム世界は，中国やインドとヨーロッパとの中間に位置したから，古代ギリシャの文化を受け継いで発展させると同時に，④豊かなアジアの文化をヨーロッパに伝える窓口にもなってきたのよね。

先 生：かつてのイスラム世界は，ヨーロッパを後《おく》れた世界とみなしていました。しかし⑤ルネサンス以降次第にヨーロッパが力を持つようになっていきます。

Aくん：こういった歴史的な背景や，宗教観の違いが対立を生んだりもしてきたんだね。

先 生：そうですね。歴史を学ぶみなさんには，歴史を学ぶことを通してお互いの理解を深め，共生できる社会をめざしていってもらいたいですね。

問1　文章中の空らん［ Ⅰ ］・［ Ⅱ ］に入ることばの組み合わせとして正しいものを，次の①～④の中から1つ選び，マークしなさい。

① Ⅰ：シャカ　　Ⅱ：神の像を造って拝んではならない
② Ⅰ：ムハンマド　　Ⅱ：人はみな罪を負っているが，神の愛を受けられる
③ Ⅰ：シャカ　　Ⅱ：人はみな罪を負っているが，神の愛を受けられる
④ Ⅰ：ムハンマド　　Ⅱ：神の像を造って拝んではならない

問2　下線部①について，インダス川の流域でインダス文明は生まれたが，そのインダス川を，略地図中㋐～㋔の中から1つ選び，それに該当する番号をマークしなさい。

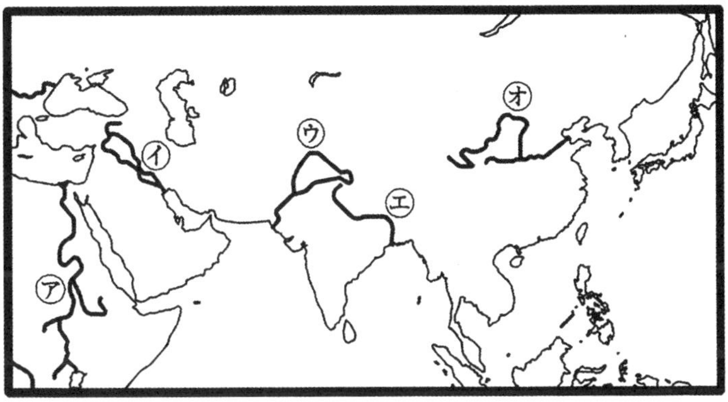

略地図

① ㋐
② ㋑
③ ㋒
④ ㋓
⑤ ㋔

問3　下線部②に関連して，日本の仏教について述べた文として正しいものを，次の①～④の中から1つ選び，マークしなさい。

① 奈良時代に，天武天皇は仏教の力で国を治めるため，国ごとに国分寺・国分尼寺を建てた。
② 9世紀の初め，最澄が比叡山に金剛峯寺を建てて，天台宗を広めた。
③ 織田信長は，キリスト教宣教師を優遇する一方，仏教勢力には厳しい態度をとった。
④ 19 世紀後半に，神への信仰を仏教に取り込んだ考え（神仏習合）をすすめる運動がおこった。

問4　下線部③について，フランスでおこったことを述べた文として正しいものを，次の①～④の中から1つ選び，マークしなさい。

① 大西洋を横断してアジアに向かおうとするコロンブスの計画を援助した。

② クロムウェルの指導する議会側が内戦に勝利し，国王を処刑して共和制を始めた。

③ 軍人のナポレオンが皇帝となり，法の下の平等・経済活動の自由・家族の尊重を定めた民法を制定した。

④ 19 世紀に入ると，積極的な南下政策をとり，黒海や地中海の沿岸，中央アジア，中国東北部へも進出を始めた。

問5　下線部④に関連して，アジアからヨーロッパにもたらされたものとして**誤っているもの**を，次の①～④の中から1つ選び，マークしなさい。

① 火薬

② ジャガイモ

③ こしょう

④ 羅針盤

問6　下線部⑤のルネサンス以前に起こった次のできごと①～④を古い順に並べたとき，**3番目**にくるものを選び，マークしなさい。

① 聖徳太子が摂政となった。

② 都が平城京に移った。

③ 源頼朝が征夷大将軍になった。

④ 唐がほろびた。

2　次の略年表を見て，あとの問１～問４までの問いに答えなさい。

西　暦	で　き　ご　と	
1868	五箇条の御誓文	
		a
1905	ポーツマス条約が結ばれる	
		b
1923	関東大震災がおこる	
		c
1941	太平洋戦争勃発	
		d
1965	①日韓国交正常化	

略年表

問１　略年表中の下線部①の「韓」にあたる国名を，**正式名称**で答えなさい。

問２　次の資料に関係するできごとがおこった期間として正しいものを，略年表中のａ～ｄの中から１つ選び，マークしなさい。

資料

① a
② b
③ c
④ d

問３　略年表中 a の期間におこったできごととして**誤っているもの**を，次の①～④の中から１つ選び，マークしなさい。

① 藩閥の桂太郎が首相になったことにより，第一次護憲運動がおこった。
② 渋沢栄一が設営に力をつくした官営富岡製糸場が操業を開始した。
③ 琉球藩を廃止して沖縄県を設置する琉球処分がおこなわれた。
④ 陸奥宗光が日英通商航海条約を結び，領事裁判権の撤廃に成功した。

問４　略年表中ｃの期間におこった五・一五事件について説明したⅠ・Ⅱの文の正誤の組み合わせとして正しいものを，次の①～④の中から１つ選び，マークしなさい。

Ⅰ：この事件は，陸軍の青年将校が大臣などを殺傷し，東京の中心部を占拠した事件である。

Ⅱ：この事件によって，政党内閣の時代が終わり，軍人が首相になることが多くなった。

①　Ⅰ－正　Ⅱ－正　　②　Ⅰ－正　Ⅱ－誤

③　Ⅰ－誤　Ⅱ－正　　④　Ⅰ－誤　Ⅱ－誤

3　次の略地図を見て，あとの問１～問４までの問いに答えなさい。

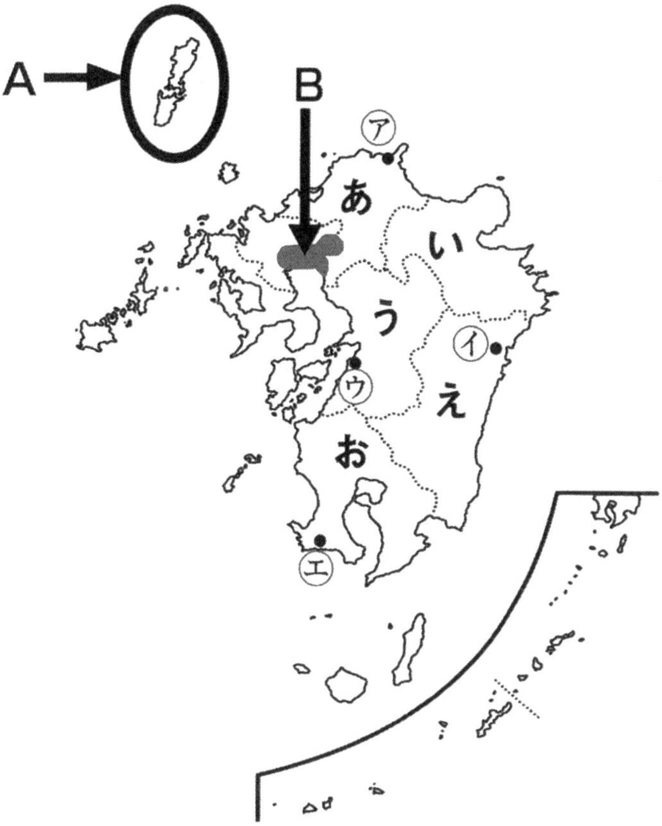

略地図

問１　略地図中の**A**の島，**B**の平野の名称として正しい語句の組み合わせを，次の①～④の中から１つ選び，マークしなさい。

① **A**－種子島　　**B**－筑紫平野

② **A**－種子島　　**B**－熊本平野

③ **A**－対馬　　**B**－筑紫平野

④ **A**—対馬　　**B**－熊本平野

問２　略地図中の地域の自然環境について述べたⅠ・Ⅱの文の正誤の組み合わせとして正しいものを，次の①～④の中から１つ選び，マークしなさい。

Ⅰ：九州地方の東西には，それぞれ暖流の黒潮と親潮が流れており，冬でも比較的温暖である。

Ⅱ：九州地方の南部には，火山活動にともなう噴出物が積み重なって生まれたカルストと呼ばれる地層が広がっている。

① Ⅰ－正　Ⅱ－正　　　② Ⅰ－正　Ⅱ－誤
③ Ⅰ－誤　Ⅱ－正　　　④ Ⅰ－誤　Ⅱ－誤

問３　略地図中にある宮崎県に関する（１）～（２）の問いに答えなさい。

（１）　宮崎県の位置として正しいものを，略地図中の**あ**～**お**の中から１つ選び，マークしなさい。

① **あ**
② **い**
③ **う**
④ **え**
⑤ **お**

（２）　次の資料は，それぞれ宮崎県でのピーマン栽培に関するものである。それぞれの資料から読み取れることとして**誤っているもの**を，次の①～④の中から１つ選び，マークしなさい。

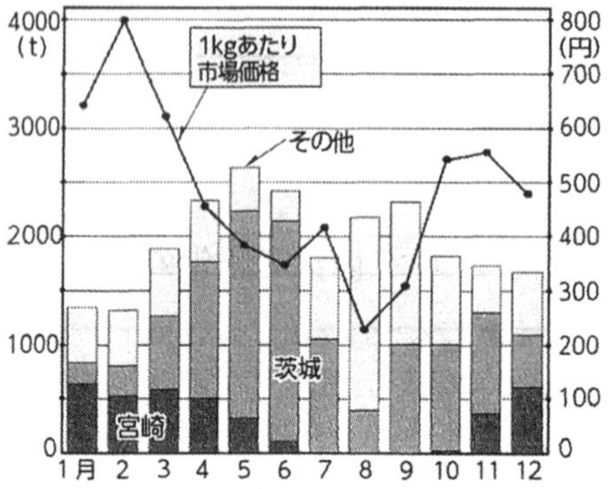

「東京市場のピーマンの入荷量と市場価格（2016年）」
（東京都中央卸売市場資料）

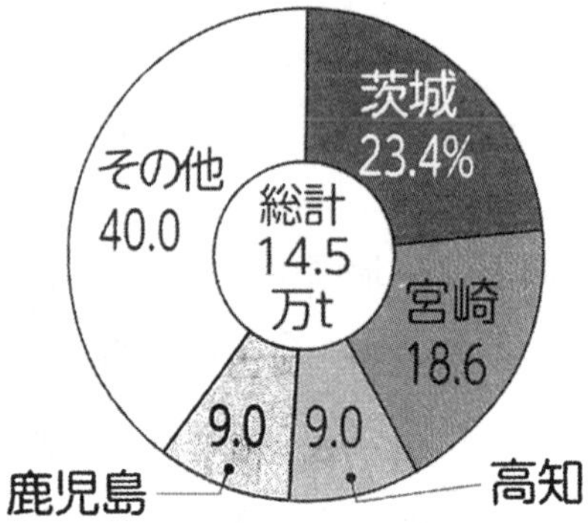

「ピーマンの出荷量(2016年)」
（野菜生産出荷統計）

① 九州地方の中で，宮崎県はピーマン出荷量が最も多い。
② 宮崎県は，ピーマンの促成栽培がさかんである。
③ 東京市場のピーマンの入荷量において，年間を通して宮崎県のピーマンの入荷量が茨城県のピーマンの入荷量を下回っている。
④ 宮崎県のピーマンは，１kgあたりの市場価格が高くなる時期に出荷をしている。

令和四年度

愛知啓成高等学校入学試験解答用紙

（二月三日実施）

受験番号				
⓪	⓪	⓪	⓪	⓪
①	①	①	①	①
②	②	②	②	②
③	③	③	③	③
④	④	④	④	④
⑤	⑤	⑤	⑤	⑤
⑥	⑥	⑥	⑥	⑥
⑦	⑦	⑦	⑦	⑦
⑧	⑧	⑧	⑧	⑧
⑨	⑨	⑨	⑨	⑨

氏　名

中学校名

国語

合　計

※100点満点

一

問一
A ① ② ③ ④
B ① ② ③ ④

問二
① ② ③ ④

問三
20
40
50

問四
① ② ③ ④

問五
① ② ③ ④

問六
① ② ③ ④

問七
① ② ③ ④

問八
① ② ③ ④

問一.　１点×２
問二.　３点
問三.　10点
問四.　３点
問五.　３点
問六.　３点
問七.　３点
問八.　３点

一 小 計

(3)	ス	⊖ ± ⓪ ① ② ③ ④ ⑤ ⑥ ⑦ ⑧ ⑨
	セ	⊖ ± ⓪ ① ② ③ ④ ⑤ ⑥ ⑦ ⑧ ⑨
	ソ	⊖ ± ⓪ ① ② ③ ④ ⑤ ⑥ ⑦ ⑧ ⑨

(9)	フ	⊖ ± ⓪ ① ② ③ ④ ⑤ ⑥ ⑦ ⑧ ⑨
	ヘ	⊖ ± ⓪ ① ② ③ ④ ⑤ ⑥ ⑦ ⑧ ⑨

1小計

2

(1)		(2)	

2小計

3

(1)		(2)	
(3)			

3小計

4

(1)	△AFG：△AGC＝　：	(2)	△GAC：△GEF＝　：
(3)	△ABF：△GEF＝　：		

4小計

5

(1)	A（　，　），B（　，　）	(2)	
(3)	C（　，　）		

5小計

計

3点×5

5

(1)	① ② ③ ④	(2)	① ② ③ ④	(3)	① ② ③ ④	(4)	① ② ③ ④	(5)	① ② ③ ④

5 小計

(1)3点 (2)3点 (3)2点 (4)3点

6

(1)	A	B	(2)		(3)	① ② ③ ④	(4)	

6 小計

3点×5

7

(1)			(2)		
(3)			(4)		
(5)					

7 小計

3点×5

8

(1)	.
(2)	.
(3)	.
(4)	.
(5)	.

8 小計

問1	(1) 1 ①②③④⑤	(2) 2 ①②③④⑤		
	(3) 3 ①②③④⑤	(4) 4 ①②③④		
問2	(1) 5 ①②③④	(2) 6 ①②③④⑤⑥	(3) 7 ①②③④	

問2．２点×３

2 小計	

3

問1	(1) 1	(2) 2 ①②③④⑤	
		(3) 3 ①②③④	
問2	(1) 4	(2) 5	
	(3) 6 ①②③④		
問3	(1) 7	(2) 8 ①②③④⑤	(3) 9 ①②③④⑤⑥⑦

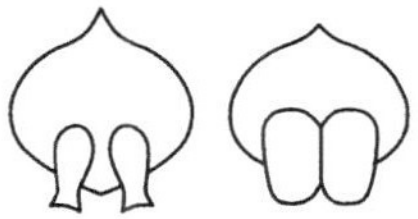

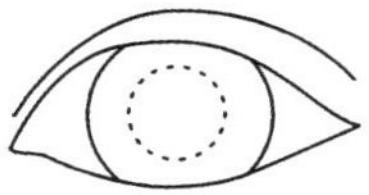

問１．⑴２点
⑵２点
⑶１点
問２．⑴１点
⑵２点
⑶２点
問３．⑴１点
⑵２点
⑶２点

3 小計	

4

問1	(1) 1 ①②③④		
	(2) 2		
	(3) 3 ①②③④		
問2	(1) 4 ①②③④	(2) 5	
	(3) 6		
問3	(1) 7 ①②③④⑤	(2) 8 km	(3) 9 ①②③④

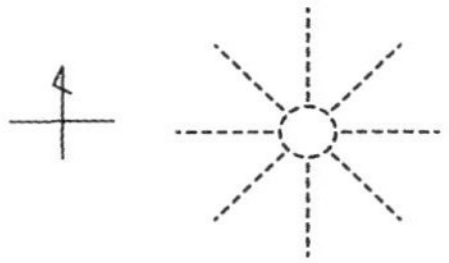

問１．１点×３
問２．２点×３
問３．２点×３

4 小計	

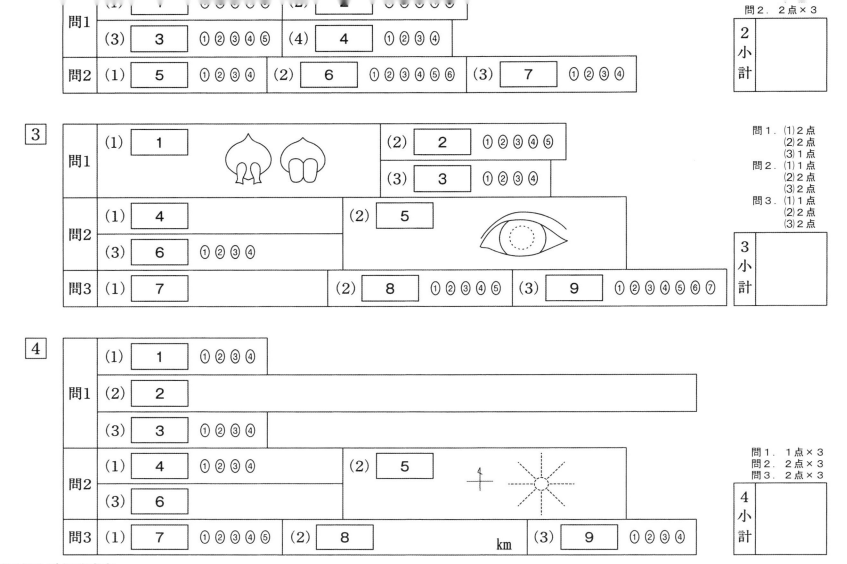

問1	①②③④	問2	①②③④	問3	(1)	①②③④⑤	(2)	①②③④		
問4	(1)	①②③④	(2)							

3小計	

4

問1	①②③④	問2	①②③④	問3	(1)		(2)	①②③④⑤⑥

4小計	

5

問1	(1)	A	①②③④⑤⑥⑦⑧	B	①②③④⑤⑥⑦⑧	C	①②③④⑤⑥⑦⑧
	(2)						

問2	①②③④

問3	A		B		C	

問4	①②③④⑤⑥	問5	①②③④

5小計	

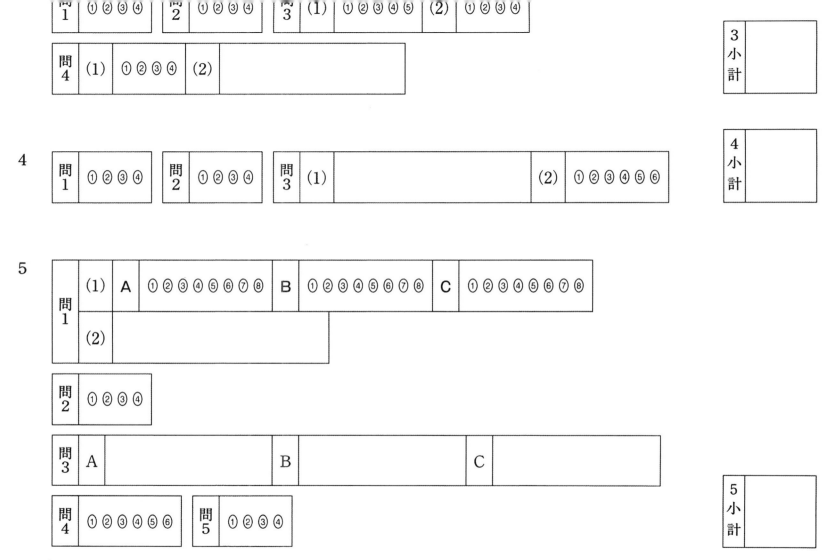

令和４年度　**愛知啓成高等学校一般入学試験解答用紙**

受験番号				
⓪①②③④⑤⑥⑦⑧⑨	⓪①②③④⑤⑥⑦⑧⑨	⓪①②③④⑤⑥⑦⑧⑨	⓪①②③④⑤⑥⑦⑧⑨	⓪①②③④⑤⑥⑦⑧⑨

氏　　名	出 身 中 学 校
	中学校

合計	

※60点満点

社　会

２点×30

1

問1	① ② ③ ④
問2	① ② ③ ④ ⑤
問3	① ② ③ ④
問4	① ② ③ ④
問5	① ② ③ ④
問6	① ② ③ ④

1小計	

2

問1	
問2	① ② ③ ④
問3	① ② ③ ④
問4	① ② ③ ④

2小計	

【解答

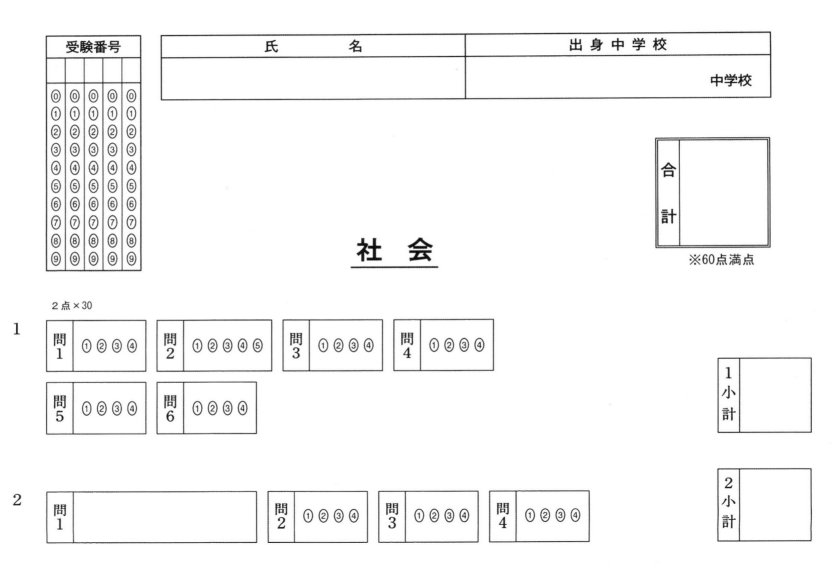

令和４年度　愛知啓成高等学校入学試験解答用紙（２月３日実施）

受験番号				
⓪①②③④⑤⑥⑦⑧⑨	⓪①②③④⑤⑥⑦⑧⑨	⓪①②③④⑤⑥⑦⑧⑨	⓪①②③④⑤⑥⑦⑧⑨	⓪①②③④⑤⑥⑦⑧⑨

氏　名	出身中学校
	中学校

合計	

※60点満点

理　科

1

問1	(1) 1　W_1(　　　)W_2	(2) 2　①②③④⑤	
	(3) 3　⓪①②③④⑤⑥⑦⑧⑨	(4) 6　⓪①②③④⑤⑥⑦⑧⑨	
	4　⓪①②③④⑤⑥⑦⑧⑨	7　⓪①②③④⑤⑥⑦⑧⑨	
	5　⓪①②③④⑤⑥⑦⑧⑨	8　⓪①②③④⑤⑥⑦⑧⑨	
問2	(1)(あ) 9	(い) 10	
	(2) 11　①②③	(3) 12　①②③④	(4) 13　①②③④
問3	14　①②③④⑤		

問１．⑴１点
⑵２点
⑶完答２点
⑷完答３点
問２．⑴１点×２
⑵１点
⑶１点
⑷１点
問３．２点

1小計	

【解答

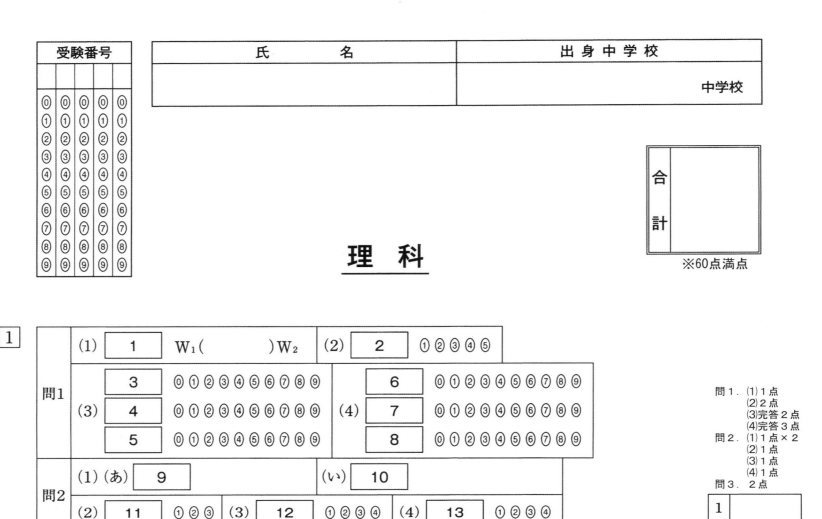

令和４年度　**愛知啓成高等学校入学試験解答用紙**（２月３日実施）

受験番号				
⓪①②③④⑤⑥⑦⑧⑨	⓪①②③④⑤⑥⑦⑧⑨	⓪①②③④⑤⑥⑦⑧⑨	⓪①②③④⑤⑥⑦⑧⑨	⓪①②③④⑤⑥⑦⑧⑨

氏　名	出身中学校
	中学校

英　語

合計	

※100点満点

［選択問題］サミッティアコースとグローバルコース　２点×10

1

Part1	No.1 ①②③④	No.2 ①②③④	No.3 ①②③④	No.4 ①②③④	No.5 ①②③④
Part2	No.1 ①②③④	No.2 ①②③④	No.3 ①②③④	No.4 ①②③④	No.5 ①②③④

1 小計	

［選択問題］アカデミアコース　２点×10

2

(1)	(ア) ①②③④	(イ) ①②③④	(ウ) ①②③④	(2) (ア) ①②③④	(イ) ①②③④
(3)	(ア) ①②③④	(イ) ①②③④	(ウ) ①②③④	(エ) ①②③④	(オ) ①②③④

2 小計	

［必答問題］全コース　４点×３

3

(1)	①②③④	(2)		(3)	①②③④

3 小計	

【解答

令和４年度　**愛知啓成高等学校入学試験解答用紙**（２月３日実施）

受験番号				
⓪	⓪	⓪	⓪	⓪
①	①	①	①	①
②	②	②	②	②
③	③	③	③	③
④	④	④	④	④
⑤	⑤	⑤	⑤	⑤
⑥	⑥	⑥	⑥	⑥
⑦	⑦	⑦	⑦	⑦
⑧	⑧	⑧	⑧	⑧
⑨	⑨	⑨	⑨	⑨

氏　　名	出身中学校
	中学校

合計	

※100点満点

数　学

５点×20

1

(1)	ア	⊖ ± ⓪ ① ② ③ ④ ⑤ ⑥ ⑦ ⑧ ⑨
	イ	⊖ ± ⓪ ① ② ③ ④ ⑤ ⑥ ⑦ ⑧ ⑨
	ウ	⊖ ± ⓪ ① ② ③ ④ ⑤ ⑥ ⑦ ⑧ ⑨
	エ	⊖ ± ⓪ ① ② ③ ④ ⑤ ⑥ ⑦ ⑧ ⑨
	オ	⊖ ± ⓪ ① ② ③ ④ ⑤ ⑥ ⑦ ⑧ ⑨
(2)	カ	⊖ ± ⓪ ① ② ③ ④ ⑤ ⑥ ⑦ ⑧ ⑨
	キ	⊖ ± ⓪ ① ② ③ ④ ⑤ ⑥ ⑦ ⑧ ⑨
	ク	⊖ ± ⓪ ① ② ③ ④ ⑤ ⑥ ⑦ ⑧ ⑨
	ケ	⊖ ± ⓪ ① ② ③ ④ ⑤ ⑥ ⑦ ⑧ ⑨
	コ	⊖ ± ⓪ ① ② ③ ④ ⑤ ⑥ ⑦ ⑧ ⑨

(4)	タ	⊖ ± ⓪ ① ② ③ ④ ⑤ ⑥ ⑦ ⑧ ⑨
	チ	⊖ ± ⓪ ① ② ③ ④ ⑤ ⑥ ⑦ ⑧ ⑨
(5)	ツ	⊖ ± ⓪ ① ② ③ ④ ⑤ ⑥ ⑦ ⑧ ⑨
	テ	⊖ ± ⓪ ① ② ③ ④ ⑤ ⑥ ⑦ ⑧ ⑨
(6)	ト	⊖ ± ⓪ ① ② ③ ④ ⑤ ⑥ ⑦ ⑧ ⑨
(7)	ナ	⊖ ± ⓪ ① ② ③ ④ ⑤ ⑥ ⑦ ⑧ ⑨
	ニ	⊖ ± ⓪ ① ② ③ ④ ⑤ ⑥ ⑦ ⑧ ⑨
	ヌ	⊖ ± ⓪ ① ② ③ ④ ⑤ ⑥ ⑦ ⑧ ⑨
(8)	ネ	⊖ ± ⓪ ① ② ③ ④ ⑤ ⑥ ⑦ ⑧ ⑨
	ノ	⊖ ± ⓪ ① ② ③ ④ ⑤ ⑥ ⑦ ⑧ ⑨

【解答

二

問一 a んで b c d って e

問二 ① ② ③ ④

問三

問四 ① ② ③ ④

問五 ① ② ③ ④

問六 ① ② ③ ④

問七 ① ② ③ ④

問八 ① ② ③ ④

問一. 2点×5
問二. 3点
問三. 3点
問四. 3点
問五. 3点
問六. 3点
問七. 2点
問八. 3点

二小計

三

問一 a b

問二

問三 ① ② ③ ④

問四 ① ② ③ ④

問五 4 ① ② ③ ④ 8 ① ② ③ ④

問六 ① ② ③ ④

問七 ① ② ③ ④

問八 ① ② ③ ④

3点×10

三小計

四

1 2 3 4 5

2点×5

四小計

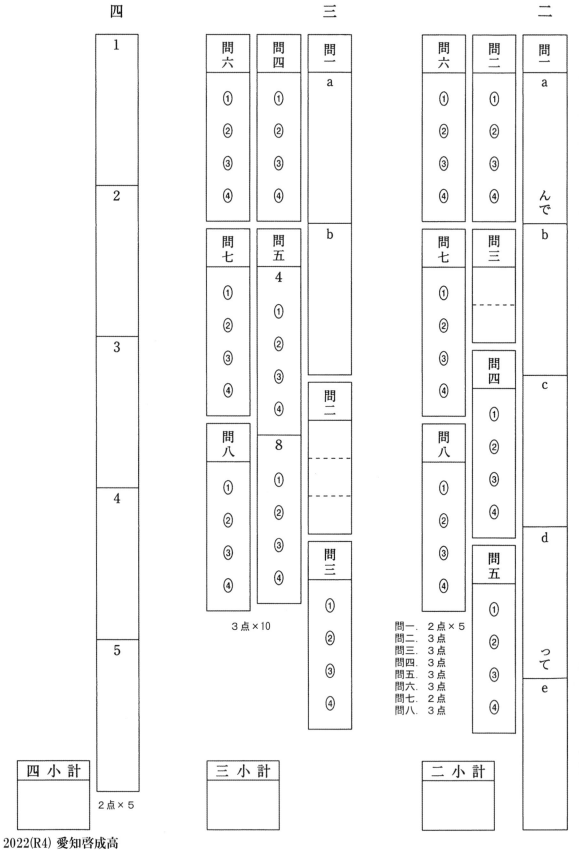

問４　略地図中の㋐～㋓の都市は，枕崎市・北九州市・延岡市・八代市を示している。これらの都市に関する（１）・（２）の問いに答えなさい。

（１）　次の年表は，略地図中の㋐～㋓のある都市のできごとをまとめたものである。この年表が㋐～㋓のどの都市のことをあらわしているのか，次の①～④の中から１つ選び，マークしなさい。

年代	できごと
20 世紀の初め	日本初の本格的な製鉄所が建設される
1960 年代	工場から出るけむりによる大気汚染や，工場排水による水質汚濁が進む エネルギー革命により，石炭の需要が減少する
1970 年代	政府が法律で有害物質の排出を規制する
1980 年代	鉄鋼業に代わり，ＩＣ（集積回路）や自動車などの機械工業が栄える
現在	廃棄物を処理する産業が盛んになる

年　表

①　㋐
②　㋑
③　㋒
④　㋓

（２）設問（１）の都市では，持続可能な社会の実現のためにペットボトルやパソコン，自動車部品などの廃棄物をリサイクルする，資源循環型工場が形成されている。このような地域のことを何と呼ぶか答えなさい。

4　次の略地図について，あとの問１～問３までの問いに答えなさい。

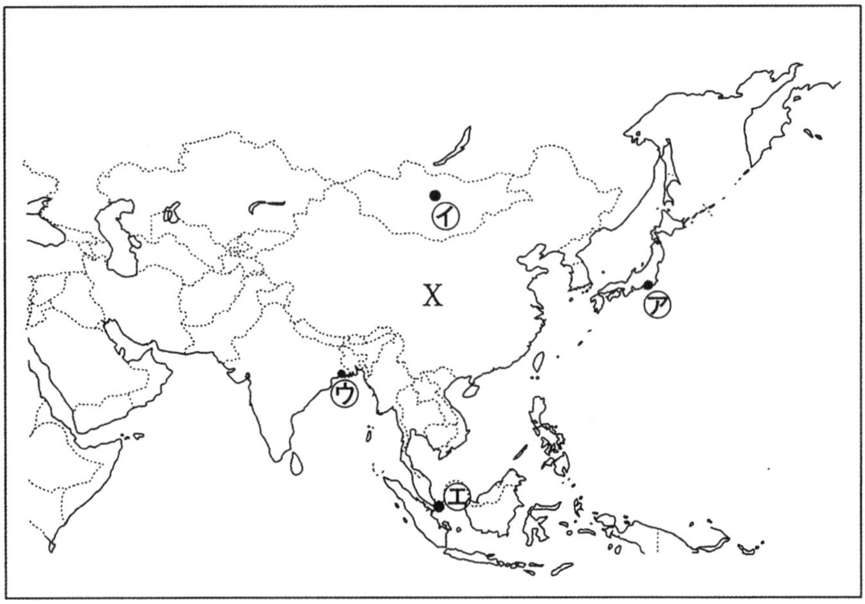

略地図

問１　次の図は，略地図中の㋐～㋓の都市の年間の気温と降水量を示したものである。この都市はそれぞれ，ウランバートル，シンガポール，東京，コルカタを示している。このうち，コルカタの図として正しいものを，次の①～④の中から１つ選び，マークしなさい。

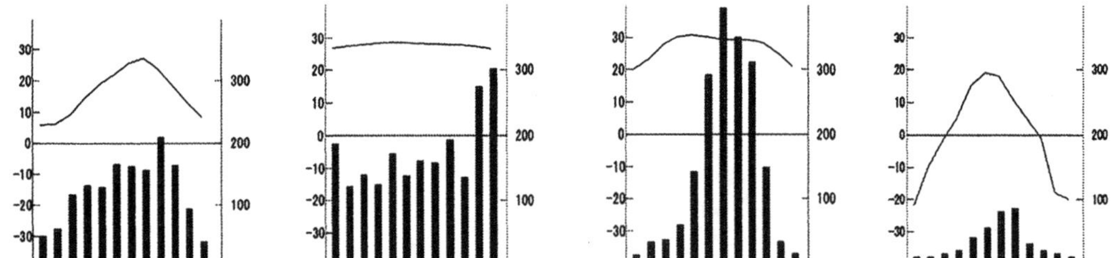

①　②　③　④

（帝国書院 2016 ～ 21 年）

問２　次の円グラフは世界の州の人口比を表している。アジア州(ロシアは除く)を示すものとして正しいものを，次の①～④の中から１つ選び，マークしなさい。

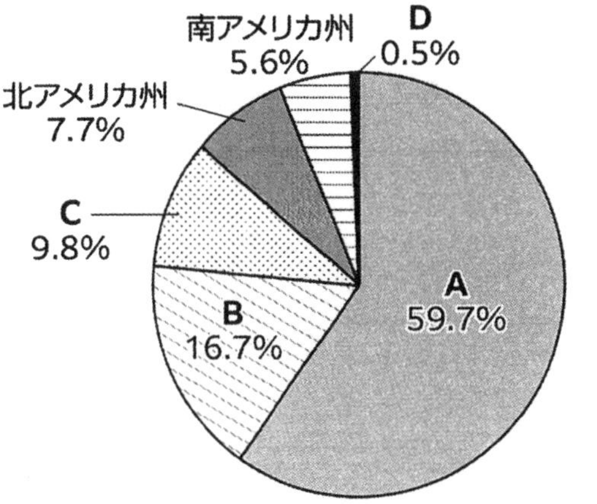

(世界人口年鑑 2017 年版ほか)

①　A

②　B

③　C

④　D

問３　略地図中Ｘの国について，（１）・（２）の問いに答えなさい。

（１）Ｘの国が 1979 年以降，対外開放政策の一つとして，海外の資本や技術を導入するために開放した地域のことを何というか，**漢字４文字**で答えなさい。

（２）次の表は，農作物のおもな生産国を示している。ⅰ～ⅲにあてはまる農作物の組み合わせとして正しいものを，次の①～⑥の中から１つ選び，マークしなさい。

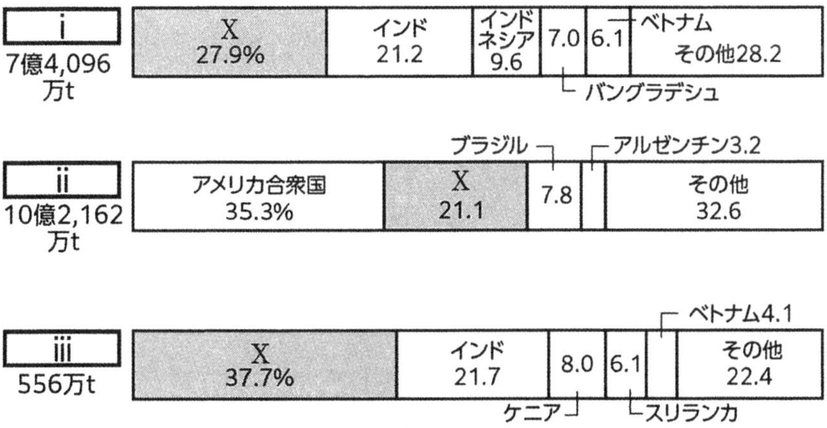

表

(ＦＡＯＳＴＡＴによる, 2014 年)

①	ⅰ：大豆	ⅱ：とうもろこし	ⅲ：米
②	ⅰ：大豆	ⅱ：茶	ⅲ：米
③	ⅰ：とうもろこし	ⅱ：大豆	ⅲ：茶
④	ⅰ：とうもろこし	ⅱ：米	ⅲ：大豆
⑤	ⅰ：米	ⅱ：とうもろこし	ⅲ：茶
⑥	ⅰ：米	ⅱ：大豆	ⅲ：茶

5　Ａさんのクラスでは，公民の授業で班ごとにテーマを決めて調べ学習に取り組んだ。次の表はそれぞれの班が調べた内容についての一覧である。この表を見て，あとの問１～問５までの問いに答えなさい。

班	調べた内容
１班	大日本帝国憲法と日本国憲法について
２班	銀行の仕組みと日本銀行の役割について
３班	需要量・供給量・価格の関係について
４班	裁判員制度について

問１　１班は大日本帝国憲法と日本国憲法について調べ，これらの憲法を比較した表を作成した。この表を見て，次の（１）～（２）の問いに答えなさい。

大日本帝国憲法		日本国憲法
天皇が定める欽定憲法	形式	国民が定める民定憲法
天皇主権	主権	（　Ａ　）
各大臣が天皇を輔弼	（　Ｂ　）	国会に連帯責任を負う
天皇の協賛（同意）機関	国会	国権の最高機関 唯一の（　Ｃ　）機関
「臣民ノ権利」 （法律によって制限）	人権	①おかすことのできない，永久の権利として認められる

表

（１）表中の空らん（　Ａ　）・（　Ｂ　）・（　Ｃ　）にあてはまる語句を，次の①～⑧の中から１つずつ選び，マークしなさい。

①　裁判所　　②　立法　　③　内閣　　④　天皇
⑤　国家　　⑥　国民主権　　⑦　衆議院　　⑧　行政

（２）表中の下線部①のことを何というか答えなさい。

問２　２班は，不景気（不況）の時の銀行と日本銀行の働きについて，下の**図Ⅰ**にまとめた。**図Ⅰ**中の空らんにあてはまる語句として正しいものを，次の①～④の中から１つ選び，マークしなさい。

図Ⅰ

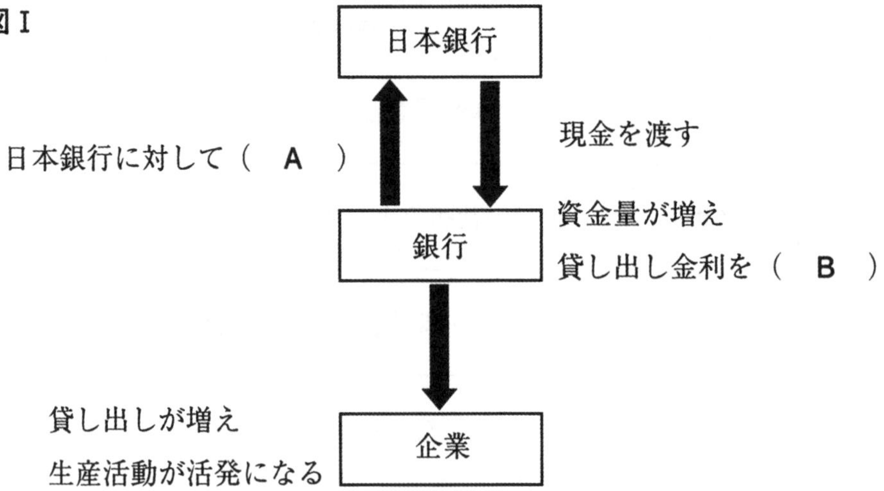

①　（　A　）－　国債などを買う　　（　B　）－　上げる
②　（　A　）－　国債などを買う　　（　B　）－　下げる
③　（　A　）－　国債などを売る　　（　B　）－　上げる
④　（　A　）－　国債などを売る　　（　B　）－　下げる

問３　２班は日本銀行の役割について，次の**文章**を書いた。文章中の空らんにあてはまる語句を答えなさい。

文章

日本銀行は，日本銀行券とよばれる紙幣を発行する（　Ａ　）の役割や，政府が管理するお金が預金され，その出し入れを行う（　Ｂ　）の役割を担います。また，日本銀行は，一般の銀行に対するお金の貸し出しや，預金の受け入れを行う（　Ｃ　）でもあります。

問４　次の**図Ⅱ**は，需要と供給によって価格が変化する様子をあらわしたものである。３班はこれを使用して市場価格の変動を説明するため，次の**文章**を書いた。この**文章**にあてはまる語句の組み合わせとして正しいものを，次の①～⑥の中から１つ選び，マークしなさい。

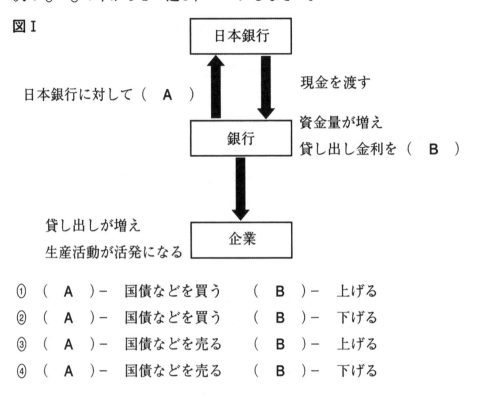

図Ⅱ

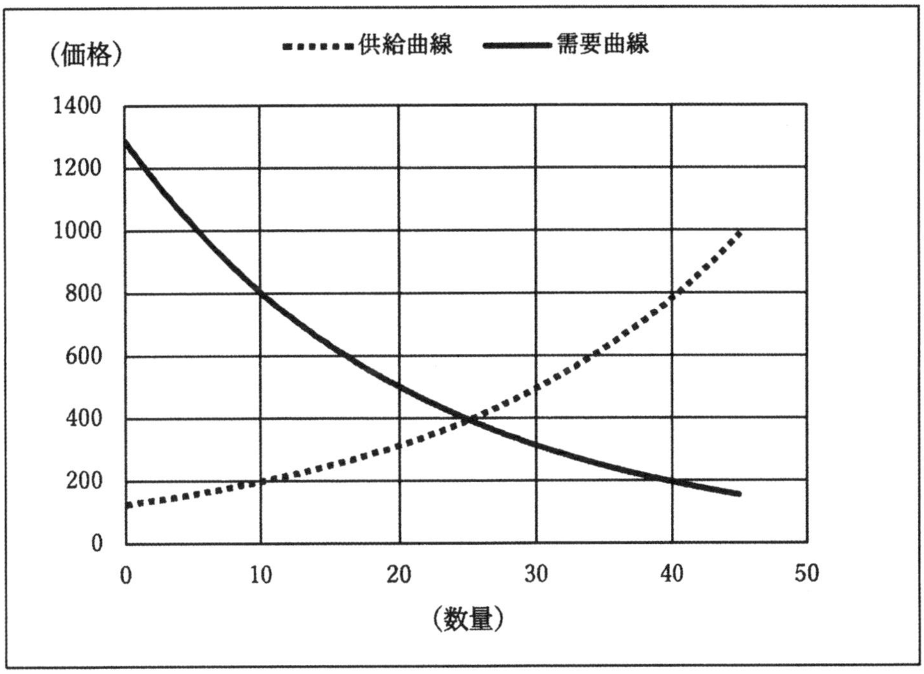

文章

> あるお店ではバナナジュースを，はじめは１杯８００円で販売していました。しかし，需要量が供給量を（　A　）しまい，バナナジュースは（　B　）杯しか売れず，売れ残りが出てしまいました。
>
> お店では，バナナジュースを１日に２５杯以上売りたいと考えているため，今後バナナジュースは(　C　)円以下になることが予想されます。

① （　A　）－　上回って　（　B　）－　４０　（　C　）－　２００

② （　A　）－　上回って　（　B　）－　２０　（　C　）－　４００

③ （　A　）－　上回って　（　B　）－　１０　（　C　）－　４００

④ （　A　）－　下回って　（　B　）－　４０　（　C　）－　２００

⑤ （　A　）－　下回って　（　B　）－　２０　（　C　）－　４００

⑥ （　A　）－　下回って　（　B　）－　１０　（　C　）－　４００

問５　４班が調べた裁判員制度について，その説明として正しいものを，次の①～④の中から１つ選び，マークしなさい。

① 裁判員が参加するのは地方裁判所と高等裁判所で行われる第一審と第二審である。

② 裁判員は裁判官と検察，ほかの裁判員とで話し合い，被告人が有罪か無罪かを決定する。

③ 裁判員が関わるのは，殺人や強盗致死などの重大な犯罪についての刑事裁判である。

④ 裁判員は，満18歳以上の国民の中から，くじと面接と学科試験によって選ばれる。

愛知啓成高等学校

令和三年度　一般入学試験問題　普通科

国語

試験開始の合図があるまで、この問題冊子を開かず、左記の注意事項をよく読むこと。

注意事項

(1) 時間は45分とする。
(2) 机上は受験票・筆記用具のみとし、定規・分度器などの使用は禁止します。
(3) 答えはすべて解答用紙に記入すること。
(4) 解答にはマークする問題が含まれています。ＨＢ以上の鉛筆でしっかりマークすること。
(5) 訂正する場合は消しゴムできれいに消すこと。
(6) この問題冊子は22ページあります。試験開始後、総ページ数を確認すること。本冊子に脱落や印刷不鮮明の箇所および解答用紙に汚れ等があれば、試験監督者に申し出ること。
(7) 試験開始の合図で解答用紙の所定欄に、受験番号・氏名・中学校名を明確に記入し、解答を始めること。また、受験番号にはマークもすること。
(8) 試験終了の合図で右記(7)の事項を再度確認し、試験監督者の指示に従うこと。

マークシートの書き方

良い例	悪い例

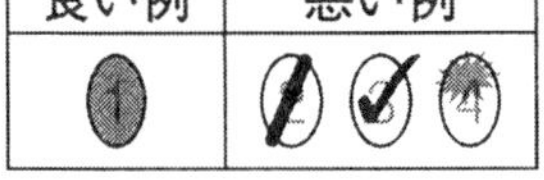

一　次の文章を読んで、後の問いに答えなさい。設問の都合上、一部原文と変えてあります。

ここで、近代的な「知」というものについて、少し遡《さかのぼ》って見てみましょう。

第一章の「私」の発見と同じような説明になるのですが、それは、世界をとらえる主体が「考える我」に置かれてしまったあたりで発生してきます。

広義の人間の知性は、「真」「善」「美」の三つとかかわっているはずです。十八世紀のイマヌエル・カントのころまでは、この三つとかかわる理想的な「全人格的な知性」のイメージがまだ生きていました。

カントは『純粋理性批判』『実践理性批判』『判断力批判』という、いわゆる「三批判」の著作を世に出しますが、そこでは「何を知ることができるのか」「何をなすべきなのか」「何を好ましいと思うのか」が、ともかくも円環《ハーモニー》を描いていました。ところが、1それらは科学や合理化の進展とともに分裂を始めていくのです。

人びとは科学の中に至高の客観性を見出し、その因果律※によって世界をまとめていきました。それによって、かつて世界に意味を与えていた伝統や俗信、宗教や形而上学《けいじじょう》※は、「非科学的」としてどんどん科学の世界から駆逐されていきました。

科学の因果律だけで自立した世界は、カントが考えたものとは明らかに違う世界です。カントは、人間の2頭上に天空の法則があり、もう一つ、それに匹敵するすばらしく尊い世界が人間の内側にもあると言いました。前者は自然の法則であり、後者は人間の道徳律※のようなものです。

しかし、時代はそれらの連関を壊して進みました。先ほどの医学や水車の例のように、科学が教えてくれることは、人間らしい価値観や道徳観念といったものとは無縁のところにあるのです。

このような流れの中で、十九世紀から二十世紀にかけて、多くの学者や思想家が人間の知性と人間社会の行方を必死に探りはじめました。当時のヨーロッパではニューサイエンスの実験のようなものが盛んに行われたのですが、たとえば、エドムント・フッサールの現象学などもそうです。『ヨーロッパ諸科学の危機と超越論的現象学』は、現象学こそ、科学をもう一度、人が何を信じたらいいのかという世界に引き戻すものだという、彼なりのたいへんな決意があらわれた試みでした。

しかし、ウェーバーはフッサールとは違って悲観的で、果てしない科学の進歩の中で、知性の専門分化、断片化が進み、人間がどう生きたらいいのか、どう行動したらいいのか、何を信じたらいいのか、といった切実な「意味問題」が、ますます非合理な決断の領域に押しこめられていくと予想しました。

ウェーバーが予想したのは、言ってみれば3「唯脳論的世界」です。※放縦で、人間中心で、脈絡のない情報が洪水のように満ちた世界。それは、自然の営みとは無関係に、自分勝手な人間の脳が※恣意《しい》的に作り出す世界です。

まさにいまわれわれのまわりにある世界ではないでしょうか。たとえば、自分の部屋のパソコンで、遠い外国でいま起こっている事件の現場を見られるなら、物理的な距離や国境は意味がなくなりますし、二十四時間いつでもお金が下ろせて買い物ができるなら、朝昼晩の区別も無用になりかねません。また生命維持装置によっていつまでも人間を生かせるのであれば、死の意味もなくなってくるかもしれません。唯脳論的世界が現実になっているのです。

このような中で、私たちはどのような知性のあり方を信じ、あるいは選びとっていったらいいのでしょうか。

私は、考え方としては二つの方向性があると思います。

一つは、※『夢十夜』の船で運ばれていく男の話のように、われわれはもう後には戻れない、「何を知るべきなのか」「何をなすべきなのか」「何を好ましいと思うのか」といった事柄がハーモニーを奏でることなどありえないと受け入れたうえで、貪《どん》欲《よく》に知の最先端を走ってみることです。これは相当の「力業」ですし、「知ってるつもり」だけではすまない、決然とした覚悟が必要でしょう。

ちなみに、ウェーバーは、「知」というものが価値から切り離されて専門分化し、そのことで逆に個人の主観的な価値が客観的に根拠づけられなくなり、その結果、諸々の対立する価値が永遠にせめぎあうことを「神々の闘争」と呼びました。

彼は、そうなっていく時代の運命に耐えられない者は古い教会の温かい懐にでも戻ればいい、しかしそうすることで「知性」を生《い》け贄《にえ》にする犠牲は避けられないと言いました。ウェーバーは、そうした運命をぎりぎりのところで受け入れ、とことん悩みぬくことで、「知」の臨界点に到達しようとしました。

これに対して、私はもう一つの方向性を探ってみたいと思います。人類学者のレヴィ＝ストロースが言う「ブリコラージュ」的な知の可能性を探ってみることです。ブリコラージュとは「器用仕事」とも訳されますが、目前にあるありあわせのもので、必要な何かを生み出す作業のことです。私はそれを拡大解釈して、中世で言う※クラフト的な熟練、あるいは身体感覚を通した知のあり方にまで押し広げてはどうかと考えています。

科学万能の流れの中で、迷信や宗教などは駆逐されていきましたが、それらは完全に消えたわけではなく、ニーチェ的に言うと「背面世界」となってこの世の片隅にちりばめられて残りました。その中に「土発的」な知（自然の移ろいの中に生きて、そこから発するような知）の伝統がささやかに息づいていました。

それらは一時絶滅寸前までいったのですが、いままた少しずつ見直されているような気がしています。

じつは、4このことを考えるたびに、私は自分の母のことを思い出すのです。母は、言わば前近代的な宗教の伝統や習慣を守って生きていた人でした。四季の行事、歳時記的なこと、人の生き死に、成長、衰退への考え方など、そのありようはまるで旧暦の世界のようでしたが、驚くべきことに、それは循環を繰り返している自然の摂理とぴったり一致していました。ですから、人間が本当に知るべきことは何なのかを考えるとき、そこにもヒントがあるような気がしています。

[X]、この時期の海に入ってアサリを獲ると、砂が少なくて身が肥えたものが多いとか、この時期に薬草を食べると身体にいいといった知恵です。こうした土発的な知も見直されていいのではないでしょうか。

私たちの社会は、いますべての境界が抜け落ちたような状態になっていて、そこに※尨大《ぼうだい》な情報が漂っています。たしかに、人間の脳というのは際限がなく、放置しておくと限りなく広がって、得手勝手に※ボーダーレスな世界を作り出していきます。

[Y]、現実の肉体や感覚には限界があります。だから、反対に、自分の世界を広げるのではなく、適度な形で限定していく。その場合でも、世界を閉じるのではなく、開きつつ、自分の身の丈に合わせてサイズを限定していく。そして、その世界にあるものについては、ほぼ※知悉《ちしつ》できているというような「知」のあり方——。

それは「反科学」ではありませんが、ある意味では「非科学」でもあります。が、5そういうあり方があってもよいのではないでしょうか。

人は何を知るべきなのか、という問題は、どんな社会が望ましいかということともつながっています。いずれにしても、われわれの知性は何のためにあって、われわれはどんな社会を目指しているのかということを、考え直す必要があるのではないでしょうか。

（姜尚中『悩む力』による）

（注）※因果律……原因と結果の間には一定の関係が存在するという原理。
※形而上学……現象的世界を超越した本体的なものや絶対的な存在者を知的直観などで研究する学問。主要な対象は魂・神など。
※道徳律……道徳的行為の基準となる法則。
※放縦……何の規律もなく勝手にしたいことをすること。
※恣意的……論理的な必然性がなく、思うままにふるまうさま。
※『夢十夜』……夏目漱石が書いた小説。
※クラフト……手芸品や工芸品のこと。
※厖大……非常に多量なようす。

※ボーダーレス……境界がないこと。国境がないこと。ジャンルに分けられないこと。
※知悉……細かい点まで知っていること。

問一　――線1「科学や合理化の進展とともに分裂を始めていくのです」とあるが、その理由として最も適当なものを次の中から一つ選び、マークしなさい。

① 人々は科学の中にある客観性に価値を見出し、科学の因果律で世界をまとめたが、客観性をもたないかつての価値観は無用とされたから。
② 人々は自然の法則の中にある客観性に価値を見出し、天空の法則で世界をまとめたが、因果律をもたないかつての価値観は無用とされたから。
③ 人々は全人格的な知性に価値を見出し、科学の因果律をあてはめて世界をまとめたが、いわゆる「三批判」の思想をもたない世界は無用とされたから。
④ 人々は人間らしい価値観や道徳観念に価値を見出し、人間の道徳律をあてはめて世界をまとめたが、科学の中にある客観性は無用とされたから。

問二　――線2「頭上」と同じ構成になっている熟語を次の中から一つ選び、マークしなさい。

① 無理　② 激動　③ 誕生　④ 閉口

問三 ――――線3「唯脳論的世界」とあるが、その内容を示す例として**誤っているもの**を次の中から一つ選び、マークしなさい。

① オンラインショッピングによって、海外の店の商品を現地に行かずに買うことができる。
② コンビニエンスストアができたので、閉店時間を気にしないでいつでも買い物ができる。
③ インターネットを利用すれば、遠く離れている複数の人と同時に会話ができる。
④ ＡＩ（人工知能）の指示に従って働くことによって、仕事のミスをなくすことができる。

問四 ――――線4「このこと」の指示する内容の説明として最も適当なものを次の中から一つ選び、マークしなさい。

① 時代の流れの中で忘れ去られてしまった迷信や宗教などが、全く違う形で持ち直しているような気がすること。
② 各土地で受け継がれている伝統や習慣などが、様々な考え方の中で最優先されているような気がすること。
③ 「背面的世界」の一部となって残っている迷信や宗教などが、科学によって証明されているような気がすること。
④ 自然の摂理と一体となってささやかに根付いている宗教の伝統や習慣などが見直されているような気がすること。

問五 [X]・[Y]に入ることばとして最も適当なものを次の中からそれぞれ一つずつ選び、マークしなさい。

① なぜなら　② もし　③ たとえば　④ むしろ　⑤ しかし

問六 ――――線5「そういうあり方」とあるが、筆者はどのようなあり方があってもよいと述べているか。本文中の語句を用いて、解答欄に合うように、三十五字以上四十字以内でまとめて書きなさい。

問七　本文の内容として最も適当なものを次の中から一つ選び、マークしなさい。

① カントは、人間らしい価値観や道徳観念を「非科学的」なものと見なし、科学によって世界をまとめていくのがよいと考えた。

② フッサールは、ニューサイエンスの実験を盛んに行い、今後も科学によって人間の知性が排除されていくだろうと考えた。

③ ウェーバーは、科学の進歩の中で人々が特定の立場に捉われず主観的な価値を考えることが難しくなり、様々な価値が対立すると考えた。

④ ストロースは、「ブリコラージュ」というあり合わせのもので目的を達成しようとする合理的な手法が現代には必要であると考えた。

二　町田圭祐は中学時代陸上部に所属しており、優秀な選手であった。しかし事故による怪我《けが》をきっかけに、陸上から遠のいていた。圭祐は入学先の青海学院高校で、同じ中学の出身である宮本正也と出会い、放送部に入部することになる。ある時放送部は、毎年出場している大会へ作品を応募することとなった。その応募作品の一つは、「ケンガイ」というもので正也が手掛けた作品である。「ケンガイ」は予選を通過し、全国大会出場を決める決勝大会に出場した。以下は、部員全員で決勝大会の結果を見に行く場面である。これを読んで後の問いに答えなさい。設問の都合上、一部原文と変えてあります。

決勝の結果は、県民文化ホール、大ホールの前方入り口の扉に掲示された。駆け寄る生徒数は予選のときより少ないため、ダッシュする正也の背中を追いながら、僕もゆるゆると扉の方に向かった。

予選時と同様、各部門につき一枚、A4のコピー用紙が横並びに六枚、貼り出されている。結果が横書きで印字されているけれど、予選時と違うのは、通過した作品だけでなく、決勝に残った全作品の得点と順位が、表形式でaキサイされているという点だ。

※ラジオドラマ部門を探す。得点順ではなく発表順なので、表の一番下の欄を目で追う。

⑩青海学院高等学校、ケンガイ、447、2、赤字で「推薦」——。

五〇〇点満点中の四四七点で、一〇校中、二位。そして……、全国大会へ二校推薦されるうちの、一校に選ばれたということだ。

「正也！」

大声で叫んでバシッと背中を叩き、隣に立った。背中に当てたままの手から、正也の震えが伝わってくる。横顔を見ると、目に溜《た》まった涙が膨れ上がり、今にもこぼれ落ちそうになっていた。僕の鼻もムズムズしてくる。

その横から、鼻を何度もすする音が聞こえてきた。※月村部長がボロボロと涙をこぼしながら泣いている。

普段はもっと感情表現が大袈裟《おおげさ》な、三年生の他の四人の先輩たちの方が、涙ぐむ程度にこらえ、「よかったね、よかったね」と交代で部長の肩をやさしくなでていた。

その向こうに、※ミドリ先輩が見えた。両手で顔を[b]オオって泣いている。

僕はアナウンス部門の結果を確認した。トップバッターのミドリ先輩の順位は七位。全国大会に推薦されるのは六人、あと一人というところで、届かなかったことになる。

※カラヴァッジオをカラヴァッジョと読んでしまったからか、他のところに原因があったのか……。僕が中学の駅伝県大会で、あと三秒と悔やんだときと同様の後悔が、先輩の頭の中だけでなく、全身を駆け回っているかもしれない。いや、もっと悔しいか。六位の人との点差は、わずか二点なのだから。

（中略）

扉の前に集合した、ほとんどの生徒たちが泣いている。一部が嬉《うれ》し涙、大半が悔し涙のはずだ。喜びのあまり「ヤッター」と声を上げる人はいても、その場で大はしゃぎすることはない。[1]戦った相手に敬意を表しているのだと思う。

正也や三年生の先輩たち、そして※久米さんも、二年生の結果を確認して、人ごみから離れ、エントランスから外に出た。と同時に、三年生の先輩たちが肩を組み合って、喜びの声を上げ始めた。

「みんなで東京に行けるね！」

ラジオドラマ部門で全国大会出場が決まったと、帰宅前に、母さんにメールしたため、テーブルの中央には、から揚げをドーンと山盛りにした皿が置かれていた。いったい何人家族なんだと、余所《よそ》の人が見たら［X］をひねるような量だけど、我が家ではこれが、一晩、遅くても翌日の昼にはなくなってしまう。それくらい、母さんも僕もから揚げが大好きだ。そんなお祝いの席を前にして、[2]僕は何だかモヤモヤしている。

どうしてだろう……。

県民文化ホールのエントランス前での、※秋山先生の挨拶が、全国大会出場が決まったというのに、※Jコン本選の詳細は後日郵送で届くとか、講評は来週中には大会ホームページにアップされるといった、業務連絡のようなそっけないものだったからだろうか。

せっかく遠出しているのだし、お祝いを兼ねてパンケーキのおいしいカフェに行こう、という三年生の提案を、二年生が無言ではねのけたからだろうか。

一年生はどうする？ と訊《き》かれたのが、僕には、三年生と二年生のどっちを選ぶかという意味に思えて、一日中座りっぱなしだったため、足が少し痛み始めたのを理由に断ったことが、後ろめたいからだろうか。

久米さんや正也さえも、僕と一緒に帰ると言って辞退したことに、気を遣わせて申し訳ないという思いが生じたからか。

いや、これは違う。［Y］、二人は僕に便乗したような気がする。

帰りの電車の中で、正也に「おめでとう」とは言ったものの、すぐに話を逸《そ》らすようなかたちで、久米さんと一緒に、アナウンス部門の課題原稿が意地の悪いものだったと、正也に報告をしてしまったのは何故《なぜ》だろう。

正也も「俺はそんな画家がいることすら、知らなかった。圭祐、おまえ、来年アナウンス部門を狙ってるなら、今から新聞とか読んでおいた方がいいんじゃないの」などと言いながら、スマホでカラヴァッジョの検索をし始めた。興味がないはずなのに。

全国大会の話をしたくなかったからだ。

――みんなで東京に行けるね！

モヤモヤの原因はこれだ。最初に口にしたのは※アッコ先輩だったと思うけど、三年生の先輩は皆、口ぐちにそう言い合っていた。

行ける、よかった、夢みたい。
この三つのフレーズを、泣きながら繰り返していた。月村部長でさえも。
初めは、よかったですね、なんて思いながら先輩たちを眺めていたけれど、ふと、全国大会は、一部門につき五人分しか学校からの遠征費が出ない、と先輩たちが言っていたことを思い出した。
「ところで、圭祐。全国大会と手術の日は重なっていないの？　今ならまだ、日程の調整をしてもらえるはずよ」
母さんが大きなから揚げを飲み込んでから言った。咀嚼《そしゃく》しているあいだ、僕だけでなく母さんもいろいろ考えていたようだ。
事故から半年となる今年の八月、僕はもう一度、手術を受けることになっている。今まで体育の授業を見学していたのも、この手術に備えるためで、手術が無事成功すると、リハビリを兼ねて少しずつ運動する量を増やしていくことになる。
将来的には走れるようになる、とも医者から説明を受けたけれど、これについては手術が成功するまで、深く考えないことにしている。手術のための入院は八月の第一週、Ｊコン本選は七月の最終週だ。
「大丈夫、重なってないし、そもそも僕は連れて行ってもらえないから」
「でも、圭祐は主役なんでしょう？」
母さんは目を丸くして驚いている。
「演劇コンテストなら、主役は絶対だけど、放送コンテストは、すでに作っているものをオンエアするだけだからね。それに……」
僕は母さんに、学校から遠征費が出る人数と三年生の部員数が同じであることを、簡単に説明した。
「そうなの……。残念ね」
母さんは自分が留守番役にまわされたようにガッカリ顔になったけど、僕は自分自身については、それほど残念に思っていない。

ラジオドラマ制作に一番貢献したのは、正也なのだから。

食事を終えて自室に戻っても、気分はモヤモヤしたままだ。

——じゃあ、正也くんともう一人の女の子と一緒に、記念に遊園地にでも行ってきたら？

母さんはケロッとした顔でそう言ったけど、代わりのもので納得できることではない。そもそも母さんは、Jコン本選出場がd狭き門であることをわかってなさそうだ。【 A 】

まあ、汗も涙も流していない息子を見れば、そんなふうにも思うだろう。【 B 】

ラジオドラマ「ケンガイ」は放送部全員が参加した作品だ。もちろん、皆がんばった。役者、制作、どの役割においても、出来うる限りの努力をした。だけど、[3]全国大会に行けるような高い評価を得られたのは、皆の努力の結晶であったり、化学反応であったりのおかげではないと、僕は思う。【 C 】

※良太を欠いた※三崎中陸上部の駅伝地区大会のときとは違い、決して、凡人のeキセキではないはずだ。

正也の脚本ありき、一人のエースありきの結果だ。【 D 】

つまり、良太に足の故障がなく、県大会に出場していたとして、良太のぶっちぎりの快走で優勝し、全国大会への出場権を得るのと同じ状況と言えるはずだ。その全国大会に良太を出さない、連れて行かない選択など、起きるはずがない。

たとえ、正也が行こうと行くまいと、結果は変わらないにしてもだ。

[Z]、顧問が毎日活動に参加して、それぞれが何をやっているのか見ていたら、作品への貢献度順に五人を選んでくれていたかもしれない。だけど、秋山先生にはまったくそれは期待できない。

久米さんがスマホを持っていたらな……。きっと、同じようなことを考えているような気がする。愚痴《ぐち》を言い合うだけでも気が晴れるのではないか。だけど、この気持ちを正也に伝えることはできない。

俺も※ＪＢＫホールに行きたい。そう言われたら、どう返せばいい？

（湊かなえ『ブロードキャスト』ＫＡＤＯＫＡＷＡによる）

（注）※ラジオドラマ……音声のみのメディア上で制作および発表されるドラマ。
※月村部長……圭祐が所属する放送部の部長。
※ミドリ先輩……放送部の先輩。アナウンス部門に応募していた。
※カラヴァッジオ……ミケランジェロ・メリージ・ダ・ガラヴァッジオ。バロック期のイタリア人画家。
※久米さん……放送部員。同学年。
※秋山先生……放送部の顧問。
※Ｊコン本選……放送部の全国大会。
※アツコ先輩……放送部の先輩。
※良太……圭祐が中学時代に所属していた陸上部の部員。
※三崎中……圭祐が中学時代通っていた学校。
※ＪＢＫホール……全国大会が開催される会場。

問一　＝＝＝線ａ～ｅの漢字はひらがなで、カタカナは漢字で書きなさい。

問二　――線1「戦った相手に敬意を表しているのだと思う」とあるが、この文を単語で区切った時、正しく分けてあるものを次の中から一つ選び、マークしなさい。

①　戦った／相手／に／敬意／を／表して／いる／の／だ／と／思う
②　戦った／相手／に／敬意／を／表し／て／いる／の／だ／と／思う
③　戦っ／た／相手／に／敬意／を／表し／て／いる／の／だ／と／思う
④　戦っ／た／相手／に／敬意／を／表し／て／いる／のだ／と／思う

問三　[X]に入ることばとして、最も適当なものを次の中から一つ選び、マークしなさい。

①　顔　②　首　③　腕　④　足

問四　――線2「僕は何だかモヤモヤしている」とあるが、その理由として最も適当なものを次の中から一つ選び、マークしなさい。

① 顧問の秋山先生の挨拶が、全国大会出場を決めた部員を褒めるようなものではなく、本選の詳細や講評に関する連絡しかないそっけないものだったから。

② 三年生から一、二年生に対してカフェに行こうという誘いがあった時、僕はその誘いを受けたかったが、久米さんや正也は行きたくないように見えたから。

③ 正也からアナウンス部門を目指すには新聞を読んだほうが良いと勧められたが、そのアドバイスが僕にとって受け入れ難いように思えたから。

④ 遠征費の関係によって全国大会へは五人しか行けないため、三年生五人が行くことになると、貢献度の高い正也が全国大会へ行けないから。

問五　Y ・ Z に入ることばとして最も適当なものを次の中からそれぞれ一つずつ選び、マークしなさい。

① なぜなら　② むしろ　③ もし　④ だから　⑤ ところで

問六　――線3「全国大会に行けるような…おかげではない」とあるが、圭祐が考える全国大会に行けるような高い評価を得られた要因は何か。要因にあたる部分を五字で抜き出して書きなさい。

問七　次の一文を入れるのに、最も適当な箇所は本文中の【　A　】～【　D　】のうちのどれか。次の中から一つ選び、マークしなさい。

［才能や努力がなくても、ほどほどにがんばれば届く世界なのだな、と。］

①【　A　】　②【　B　】　③【　C　】　④【　D　】

問八　本文の内容に合うものとして、最も適当なものを次の中から一つ選び、マークしなさい。

① 正也は、自身が応募した「ケンガイ」が推薦され喜んだが、圭祐は同時に二位であることの悔しさを感じている。

② 圭祐は、ミドリ先輩が推薦されなかった悔しさよりも、自身の陸上部時代に味わった悔しさの方が強いと思っている。

③ 秋山先生は、三年生五人を全国大会へ連れて行くことを決定したので、二年生は一人も行くことができない。

④ 圭祐は、自身の全国大会への参加ができなくなりそうなことに対して、母親が言うほど気にしてはいない。

三　次の文章を読んで、後の問いに答えなさい。設問の都合上、一部原文と変えてあります。

※大納言行成卿《だいなごんゆきなりきやう》、いまだ※殿上人《てんじやうびと》にておはしける時、※実方《さねかた》中将、いかなる1いきどほり2かありけん、殿上に参り会ひて、いふこともなく、行成の冠を打ち落して、小庭に投げ捨ててけり。

行成、少しも騒がずして、※主殿司《とのもづかさ》を召して、「冠取りて参れ」とて、冠して、※守刀《まもりがたな》より、※笄《かうがい》抜き出だして、※鬢《びん》かいつくろひて、居直りて、「※いかなることにて候ふやらん。※たちまちに、3かうほどの乱罰にあづかるべきことこそ思え侍らね。4そのゆゑを承はりて、※のちのことにや侍るべからん」と、5ことうるはしく言はれけり。実方はしらけて逃げにけり。

※折りしも、※小蔀《こじとみ》より、※主上《しゆしやう》御覧じて、「行成はいみじき者なり。※かくおとなしき心あらんとこそ、思はざりしか」とて、そのたび※蔵人頭《くらうどのとう》あきけるに、多くの人を越えて、なされにけり。

実方をば、中将を召して6「歌枕見て参れ」とて、※陸奥守《むつのかみ》になして流しつかはされける。やがて、かしこにて失せにけり。

実方、蔵人頭にならでやみにけるを恨みて、※執《しふ》とまりて、雀《すずめ》になりて、殿上の※小台盤《こだいばん》に居て、台盤を食ひけるよし、人いひけり。

7一人は、忍に耐へざるによりて前途を失ひ、8一人は、忍を信ずるによりて褒美にあへると、たとひなり。

（『十訓抄』による）

（注）※大納言行成卿……藤原行成。平安時代中期の貴族。
※殿上人……天皇の日常生活の場である殿上の間に昇ること（昇殿）を許された者。
※実方中将……藤原実方。平安時代中期の貴族・歌人。
※主殿司……宮中の役人で、庭の掃除などを取り仕切った。
※守刀……身を守るために携える短刀。

※笄……男女ともに髪をかきあげるのに用いる道具。
※鬢……耳ぎわの髪の毛。また、頭髪の左右側面の部分。
※いかなることにて候ふやらん……どのようなことでございましょうか。
※たちまち……突然。
※のちのことにや侍るべからん……（どうするかは、その）後のことであるべきではないでしょうか。
※折りしも……ちょうどその時。
※小蔀……小さな窓。
※主上……天皇の敬称。
※おとなしき……落ち着いた。
※蔵人頭……蔵人所（宮中の大小の雑事をつかさどる役所）の長官。
※守……長官。
※執……執着。
※台盤……食物を盛った器をのせる台。

問一　―――線1「いきどほり」、4「そのゆゑ」を現代仮名遣いに直し、それぞれひらがなで書きなさい。

問二　―――線2「かありけん」に使われている表現技法は何か。最も適当なものを次の中から一つ選び、マークしなさい。

①　倒置法　②　体言止め　③　掛詞　④　係り結び

問三　――線3は、「これほどの仕打ちを受ける」という意味である。具体的に何があったのかを示した箇所を、本文中から二十字程度で抜き出して書きなさい。（ただし、句読点・記号も一字とする。）

問四　――線5「うるはしく」の本文中の意味として最も適当なものを次の中から一つ選び、マークしなさい。

① 美しく　② 恨めしく　③ 礼儀正しく　④ 親しく

問五　次に掲げるのは、――線6「歌枕見て参れ」に関して、生徒と教師が交わした授業中の会話である。この会話を受けて四人の生徒から出された発言のうち、本文の内容をふまえた意見として、最も適当なものを次の中から一つ選び、マークしなさい。

教師　この話でよくわからない所はないかな。

生徒　途中で出てくる「歌枕見て参れ」の意味がよくわかりません。それがわからないと話の内容もわからないような気がするのですが。

教師　確かにそうかもしれないね。「歌枕」というのはね、昔から和歌によまれてきた名所のことだよ。

生徒　そうなんですね。でも、どうして突然、和歌のことが出てきたのでしょうか。

教師　実方は、歌人としても有名な人なんだ。だからこそ、そんな言い方をしたんじゃないかな。

生徒　なるほど。でもやっぱり、ここの意味がどうなるのか……。

教師　そうだね。どういう意味になるのか、みんなで意見を出し合ってごらん。その後の話の展開を参考にしてみるといいよ。

① 生徒A――実方は歌人だったんだね。天皇は、名所を実際に訪れてしっかり歌の勉強をして、貴族としてふさわしい力を身につけ、すぐれた人間になってほしいと思っていたんだ。だから、実方に陸奥の歌枕を見て参れって言ったんだね。でも、陸奥ってどこのことなんだろう。

② 生徒B――陸奥って、今で言うと東北のことだよね。実方は、都から離れた生活で大変だったと思うけど、「忍を信ずるによりて褒美にあへる」って書いてある通り、陸奥での生活を忍耐強くがんばったんだ。だから、蔵人頭という褒美を天皇からもらったんだね。

③ 生徒C――そうかなぁ。「実方、蔵人頭にならでやみにけるを恨みて」と書いてあるよ。実方は天皇の命令で陸奥に行き、蔵人頭になれなかったことを恨んでいるんだよ。だから、「歌枕見て参れ」っていうのは、実方に対する罰として考えるべきじゃないかな。

④ 生徒D――私もそう思うな。しかも、そのあとに「雀になりて」って書いてあるよ。実方は、その恨みが強くて、生きているうちに雀に変身して陸奥から都に飛んできたんだよ。「歌枕見て参れ」という罰は、実方にとってそれだけの重みがあったんだね。でも、雀ってちょっとかわいいよね。

問六　――線7および8の「一人」はそれぞれ誰のことか。それぞれ本文中から二字で抜き出して書きなさい。

問七　文章全体から導き出される教訓として最も適当なものを次の中から一つ選び、マークしなさい。

① 慌てず落ち着いて事件に対応することの大切さ
② 嫌なことや辛いことを我慢することの大切さ
③ 君主として状況を的確に判断することの大切さ
④ 臣下として物事に執着しない心を持つことの大切さ

問八　『十訓抄』は、鎌倉時代に成立したものである。この作品と同時代に成立した作品を次の中から一つ選び、マークしなさい。

① 方丈記　② 竹取物語　③ 枕草子　④ 源氏物語

四　次の文の空欄A～Eに体の一部を表す言葉を入れて、文章の意味が通じるように文章を完成させたい。それぞれ当てはまる言葉を漢字で書きなさい。

私の親友で生徒会長を務めた彼女は、目から（　A　）へ抜ける才女だった。両親の愛情を一身に受け、（　B　）塩にかけて育てられた彼女は、何かを決める時にはいつも（　C　）を切り、積極的にみんなを統率した。両親の（　D　）に泥を塗るようなこともあり得ない、何事にも完璧だった彼女に対し、私はいつも自分が見劣りする人間だと感じていた。彼女が転校することになった時、私はなぜかほっとした。電車の乗降口まで彼女を見送りに行った友人もいたが、私は駅のホームの片隅で彼女が電車に乗るのを見ていた。私は、後ろ（　E　）を引かれる思いで彼女を見送りながら、同時に妙な安心感に包まれてもいた。

愛知啓成高等学校

令和3年度　一般入学試験問題

普通科

数学

試験開始の合図があるまで，この問題冊子を開かず，

下記の注意事項をよく読むこと。

注意事項

(1) 時間は45分とする。

(2) 机上は受験票・筆記用具のみとし，定規・分度器などの使用は禁止します。

(3) 答えはすべて解答用紙に記入すること。

(4) 解答にはマークする問題が含まれています。ＨＢの鉛筆でしっかりマークすること。

(5) 訂正する場合は消しゴムできれいに消すこと。

(6) この問題冊子は5ページあります。試験開始後，総ページ数を確認すること。本冊子に脱落や印刷不鮮明の箇所および解答用紙に汚れ等があれば，試験監督者に申し出ること。

(7) 試験開始の合図で解答用紙の所定欄に，受験番号・氏名・中学校名を明確に記入し，解答を始めること。また，受験番号にはマークもすること。

(8) 試験終了の合図で上記(7)の事項を再度確認し，試験監督者の指示に従うこと。

マークシートの書き方

良い例	悪い例
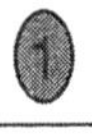	

この注意事項は，問題冊子の裏表紙にも続きます。問題冊子を裏返して必ず読みなさい。

2021(R3) 愛知啓成高
K 教英出版

$\boxed{1}$ 次の空欄 $\boxed{\text{ア}}$ ～ $\boxed{\text{ヌ}}$ にあてはまる数や符号を解答用紙にマークしなさい。

(1) $\left(-\dfrac{3}{2}\right)^3-3\left(2-\dfrac{5}{6}\right)$ を計算すると $\dfrac{\boxed{\text{ア}}\boxed{\text{イ}}\boxed{\text{ウ}}}{\boxed{\text{エ}}}$ である。

(2) $(2+\sqrt{2})^2-\dfrac{1}{\sqrt{2}}$ を計算すると $\dfrac{\boxed{\text{オ}}\boxed{\text{カ}}+\boxed{\text{キ}}\sqrt{2}}{\boxed{\text{ク}}}$ である。

(3) $\dfrac{4x+3}{3}-\dfrac{x-1}{2}$ を整理すると $\dfrac{\boxed{\text{ケ}}x+\boxed{\text{コ}}}{\boxed{\text{サ}}}$ である。

(4) 方程式 $3(x+1)(x+2)=7x+8$ の解は $x=\dfrac{\boxed{\text{シ}}\boxed{\text{ス}}\pm\sqrt{\boxed{\text{セ}}}}{\boxed{\text{ソ}}}$ である。

(5) $2(x+1)(x-2)-(x-3)(x+1)$ を因数分解すると
$(x+\boxed{\text{タ}})(x-\boxed{\text{チ}})$ である。

(6) y は x に比例し，比例定数は2である。また z は y に比例し，その比例定数は3である。このとき，z は x に比例し，その比例定数は $\boxed{\text{ツ}}$ である。

(7) 1枚の硬貨を2回投げる。このとき，1回だけ表が出る確率は $\dfrac{\boxed{\text{テ}}}{\boxed{\text{ト}}}$ である。

(8) 右の図において $l \parallel m$ である。
このとき，$\angle x=\boxed{\text{ナ}}\boxed{\text{ニ}}\,^\circ$ である。

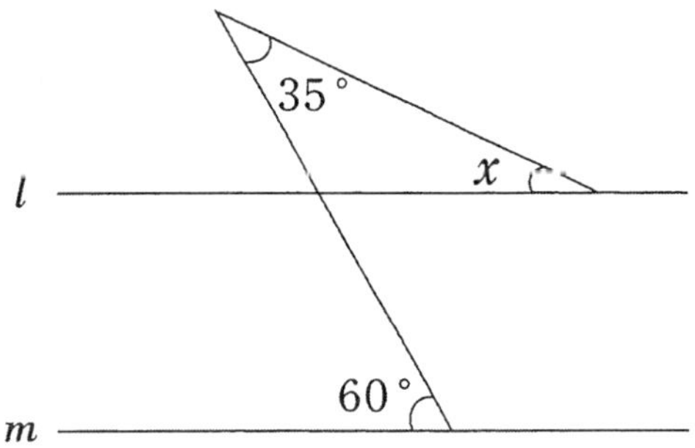

(9) 次の ① から ④ の4つの数の中から，2番目に大きい数を選ぶと $\boxed{\text{ヌ}}$ である。ただし，π は円周率である。

① $\dfrac{8}{9}$　② $\dfrac{\sqrt{3}}{2}$　③ $\dfrac{\pi}{3}$　④ $\dfrac{1}{\sqrt{2}}$

2 製品ＰをＡ，Ｂ，Ｃの３種類の機械を使ってつくる。機械Ａを１台使って製品Ｐを x 個つくるとき，ちょうど12時間かかり，機械Ｂを１台使って y 個つくるとき，ちょうど８時間かかる。また，機械Ａ，Ｃ１台ずつを使って同じ数の製品をつくるとき，機械ＣはＡの３倍の時間がかかる。
機械Ａを３台と機械Ｂを２台使って製品Ｐをつくると，２時間で170個できる。また，機械Ａを１台と機械Ｂを３台と機械Ｃを５台使って製品Ｐをつくると，３時間で300個できる。次の問いに答えなさい。

(1) 機械Ｃ１台を１時間使ってつくることができる製品Ｐの個数を，x を用いて表しなさい。

(2) x，y の値を求めなさい。

3 右の図の円柱Pは，底面の半径が3，高さが4である。次の問いに答えなさい。ただし，円周率をπとする。

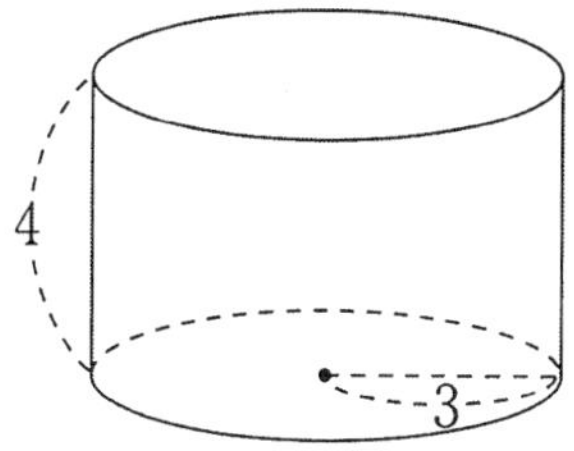

円柱P

(1) 円柱Pの体積を求めなさい。

(2) 円柱Pの表面積を求めなさい。

(3) 円柱Pと表面積が同じで，底面の半径が$\frac{3}{2}$である円柱Qの高さを求めなさい。

4 袋の中に１から６まで数字がかかれたカードが各１枚ずつ，計６枚ある。
袋の中からカードを１枚引き，数字を確認して袋の中に戻す。この操作を２回続けて行う。
１回目に出たカードの数字を a ，２回目に出たカードの数字を b とするとき，次の問いに答えなさい。

（1） $a+b$ が12の約数になる確率を求めなさい。

（2） $a \times b$ が３の倍数になる確率を求めなさい。

（3） $a \div b$ が整数となる確率を求めなさい。

5 右の図のように，2つの関数 $y = x^2$ と $y = ax^2$ のグラフがあり，$0 < a < 1$ とする。2つの関数 $y = x^2$，$y = ax^2$ のグラフと直線 $y = 16$ の $x > 0$ の範囲で交わる点をそれぞれA，Bとし，関数 $y = x^2$ のグラフ上に四角形ＡＣＤＢが平行四辺形となるように2点C，Dをとる。点Cの x 座標が -2 であるとき，次の問いに答えなさい。

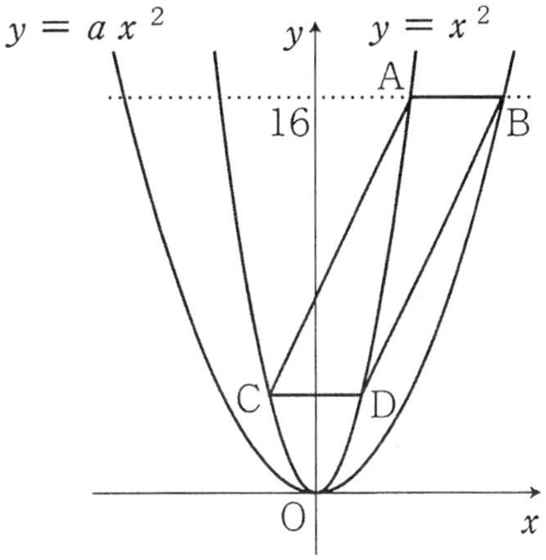

(1) a の値を求めなさい。

(2) 平行四辺形ＡＣＤＢの対角線の交点の座標を求めなさい。

(3) 関数 $y = ax^2$ のグラフ上に点Eをとる。原点Oと点Eを結んだ直線が，平行四辺形ＡＣＤＢの面積を二等分するとき，点Eの座標を求めなさい。

解　答　上　の　注　意

(1) ア，イ，ウ，・・・・の一つ一つには，それぞれ０～９までの数字，または－，±のいずれか一つが対応します。それらをア，イ，ウ，・・・・で示された解答欄にマークしなさい。

例，解答欄 $\boxed{ア}\boxed{イ}$ に対し－２と答えたいとき，

(1)	ア	●	±	0	1	2	3	4	5	6	7	8	9
	イ	－	±	0	1	●	3	4	5	6	7	8	9

(2) 分数形で解答が求められているときは，それ以上，約分ができない分数で答えます。符号は分子につけ，分母につけてはいけません。

例，解答欄 $\dfrac{\boxed{ウ}\boxed{エ}}{\boxed{オ}}$ に対し $-\dfrac{1}{8}$ と答えたいとき，$\dfrac{-1}{8}$ と答える。

(2)	ウ	●	±	0	1	2	3	4	5	6	7	8	9
	エ	－	±	0	●	2	3	4	5	6	7	8	9
	オ	－	±	0	1	2	3	4	5	6	7	●	9

(3) 根号を含む形で解答する場合は，根号の中に現れる自然数が最小となる形で答えます。

例，$\boxed{カ}\sqrt{\boxed{キ}}$，$\dfrac{\sqrt{\boxed{ク}\boxed{ケ}}}{\boxed{コ}}$ に $6\sqrt{2}$，$\dfrac{\sqrt{13}}{3}$ と答えるところを，

$3\sqrt{8}$，$\dfrac{\sqrt{52}}{6}$ のように答えてはいけません。

愛 知 啓 成 高 等 学 校

令和３年度　一般入学試験問題

普通科

英　語

試験開始の合図があるまで，この問題冊子を開かず，

下記の注意事項をよく読むこと。

注　意　事　項

(1) 時間は45分とする。

(2) 1と2は選択問題です。1のリスニング問題はサミッティアコースとグローバルコース受験者が解答すること。アカデミアコース受験者は2を解答すること。

(3) 机上は受験票・筆記用具のみとし，定規・分度器などの使用は禁止します。

(4) 答えはすべて解答用紙に記入すること。

(5) 解答にはマークする問題が含まれています。ＨＢ以上の鉛筆でしっかりマークすること。

(6) 訂正する場合は消しゴムできれいに消すこと。

(7) この問題冊子は12ページあります。試験開始後，総ページ数を確認すること。本冊子に脱落や印刷不鮮明の箇所および解答用紙に汚れ等があれば，試験監督者に申し出ること。

(8) 試験開始の合図で解答用紙の所定欄に，受験番号・氏名・中学校名を明確に記入し，解答を始めること。また，受験番号にはマークもすること。

(9) 試験終了の合図で上記(8)の事項を再度確認し，試験監督者の指示に従うこと。

マークシートの書き方

良い例	悪い例

1 ［2との選択問題］　※音声は収録しておりません

Part1 対話を聞き，その最後の文に対する応答として最も適切なものを，放送される①～③の中から1つ選び，マークしなさい。対話と質問は1度だけ流れます。

No.1 ～ No.4（選択肢はすべて放送されます。）

Part2 対話と質問を聞き，その答えとして最も適切なものを①～④の中から1つ選び，マークしなさい。対話と質問は2度流れます。

No.1 ① 5,000 yen. ② 15,000 yen. ③ 20,000 yen. ④ 25,000 yen.

No.2 ① At Bob's house. ② At Sarah's house.
③ At an Italian restaurant. ④ At a Japanese restaurant.

No.3 ① She took an English class in Japan.
② She read many books.
③ She lived in Australia.
④ She helped Paul.

Part3 英文と質問を聞き，その答えとして最も適切なものを①～④中から1つ選び，マークしなさい。質問は No.1 ～ No.3 まで 3 つあります。英文と質問は2度流れます。

No.1 ① He enjoys lunch. ② He enjoys talking.
③ He enjoys reading. ④ He enjoys listening to music.

No.2 ① For 30 minutes. ② For an hour.
③ For an hour and a half. ④ For two hours.

No.3 ① At 8:00. ② At 9:00. ③ At 10:00. ④ At 11:00.

2 ［1との選択問題］

（1）次の①～④の語のうち，他の3つと下線部の発音が異なるものを1つ選び，マークしなさい。

（ア） ① hate ② hour ③ heal ④ how

（イ） ① please ② sweet ③ evening ④ expensive

（ウ） ① comic ② octopus ③ host ④ body

（2）次の①～④の語のうち，他の3つとアクセントの位置が異なるものを1つ選び，マークしなさい。

（ア） ① hap - pen ② al - so
③ won - der ④ thir - teen

（イ） ① Sep - tem - ber ② am - bu - lance
③ yes - ter - day ④ In - ter - net

（3）次の対話文を読み，あとの問いに答えなさい。

Alex　　: Today I learned about Japanese *war history.

Masato : Japanese war history? What war did you study?

Alex　　: *Nissin Sensou.* In 1894, Japan had a war with China. It continued for about one year, and so many people died.

Masato : I know that. I think it is bad for people to have war. War makes us *unhappy.

Alex　　: (a)(　　　) My teacher told me the same thing as you say. And I was taught an interesting thing about this war. *Nissin Sensou* was in 1894. And *Nichiro Sensou* was in 1904. Then, the World War I was in 1914. So Japan had wars every (b)(　　　) years.

Masato : But why did Japan have wars every (b)(　　　) years?

Alex　　: Well...I don't know, and my teacher didn't tell me.

Masato : I want to know about that, (c)(　　　) I'll go to the library next Sunday.

Alex　　: That's a good idea! Can I go with you?

Masato : Of course. Let's study history.

Alex　　: I can't wait to see you next Sunday!

（注） war　戦争　　　unhappy　不幸な

（ア）下線部（a）に入るものとして適切なものを，次の①～④の中から１つ選び，マークしなさい。

①　I think so, too.　　　②　I don't think so.

③　You know everything.　　　④　I'm against your idea.

（イ）下線部（b）に共通して当てはまる語を，次の①～④の中から１つ選び，マークしなさい。

①　one　　②　five　　③　ten　　④　twenty

（ウ）下線部（c）に入るものとして適切なものを，次の①～④の中から１つ選び，マークしなさい。

① but　② when　③ because　④ so

（エ）次の英文の答えとして適切なものを，あとの①～④の中から１つ選び，マークしなさい。

During twenty years, from 1894 to 1914, how many wars did Japan have?

① One.　② Two.　③ Three.　④ Four.

（オ）本文の内容に合うものを，次の①～④の中から１つ選び，マークしなさい。

① Masato was unhappy because Japan had a war with China.
② Alex is looking forward to next Sunday.
③ *Nichiro Sensou* started before *Nissin Sensou*.
④ Masato knows why Japan had so many wars.

3 次の広告を読んで，あとの問いに答えなさい。

Marcos's great kitchen

We are all new!

New open

Friday, May 21, 2021 | 3:00 p.m. — 11:00 p.m.

Do you like delicious food? If you love it, we are happy to welcome you!
This is the newest and greatest restaurant in Canada!
We give you special service and very nice foods - especially steak - at a low price!
Come visit our website! www.Marcos'sgreatkitchen.com. We are waiting for you!

SPECIAL DINNER MENU

・Salad　　・Onion soup
・Steak（300g）　・Potatoes
・Coffee

Anyone can have this special **20% OFF only on the opening day!**
Don't miss this chance!
We will stop making food thirty minutes before 11:00 p.m.
Don't be late!

300 Victoria St East
Bradford, Toronto
(506) ×××－××××

We are very sorry to say, "No smoking, please."
Because children can enjoy their meals.

(1) What is true about this poster?

① Everyone doesn't know this restaurant because it has just built.

② People can get a special menu if they come to this restaurant on May 25.

③ This restaurant is near a station, so it's easy for people to go there.

④ People can have nice, expensive steak outside.

(2) What does the restaurant NOT give to people on May 21?

① Sweets.　　② Drinks.

③ Vegetables.　　④ Meat.

(3) If you want the 20% OFF special menu, what should you do?

① We should get this poster and bring it to the restaurant.

② We should call the restaurant.

③ We should go to Marcos's great kitchen on the first day.

④ We should check the website, and send an e-mail to the restaurant.

(4) What can people do at this restaurant?

① People can smoke.

② People can make an order until 10:30 p.m.

③ People can enjoy traditional service of Canada.

④ People can play with Marcos in the restaurant.

4 次の英文は，ベティ（Betty）さんが，高校生がどのくらい携帯電話を使っているかについて行った，アンケート調査の結果を発表したものの一部です。グラフ（graph）と表（table）と英文をもとにして，あとの問いに答えなさい。

[Graph] How often do you use cell phones?

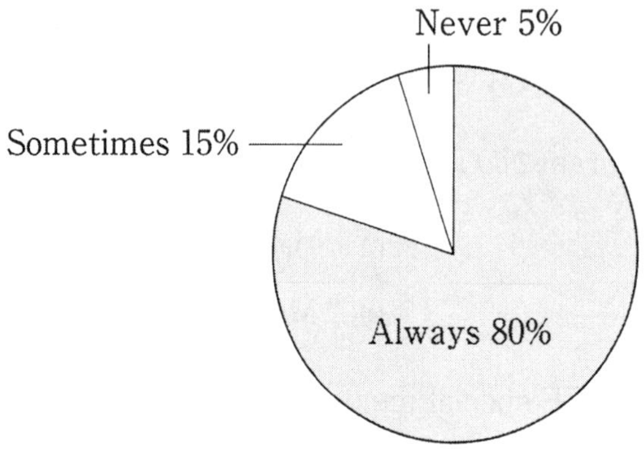

[Table] Why do you use cell phones?

To send messages	32%
To check SNS	42%
To search for information	12%
To play games	10%
Other	4%

When do you use cell phones? When I am on trains, or go to some places, I often see a lot of people using cell phones. Some walkers even use them. It is very dangerous. So, I asked some high school students, "How often do you use phones?" Please look at the Graph. (A) % of students use cell phones all the time! That means that students may sometimes use phones during their meals, and even taking a bath! Also, please look at the Table. The answers to the question are surprising. I think that cell phones were *originally used for searching for something quickly. But now almost all of the students may use them for talking or *connecting with friends. I think their way to use cell phones is, maybe, not very good.

（注） originally　もともと　　connect with ～　～とつながる

NO.2

F: Shall we go out for lunch, Bob?

M: OK, Sarah. Let's eat Japanese food.

F: Well, I had Sushi last night. Do you want to try the Italian place near the station?

M: Sure. That sounds good.

Question: Where will they have lunch?

① At Bob's house. ② At Sarah's house.

③ At an Italian restaurant. ④ At a Japanese restaurant.

NO.3

M: Your English is very good, Michelle.

F: Thanks, Paul. I went to high school in Australia for two years.

M: I have English homework to finish today. Can you help me?

F: Of course.

Question: How did Michelle learn English?

① She took an English class in Japan. ② She read many books.

③ She lived in Australia. ④ She helped Paul.

Part 3

Kenji has a busy schedule on Saturday. He gets up at 6 in the morning and has breakfast at 7. He gets ready and goes to the tennis club at 9:00. He practices tennis for two hours and after that he has a good time talking with his teammates for a while. He comes home for lunch at noon and relaxes until 2 o'clock. From three to half after four, he does his homework. After his homework, he eats dinner at about 8:00. Then he enjoys reading his favorite comic book and listening to music. He finishes that at 10:00. An hour later, he goes to bed.

Question NO.1: What does he do soon after he practices tennis?

① He enjoys lunch. ② He enjoys talking.

③ He enjoys reading. ④ He enjoys listening to music.

QuestionNO.2: How long does he do his homework?

① For 30 minutes. ② For an hour. ③ For an hour and a half. ④ For two hours.

QuestionNO.3: What time does he go to sleep?

① At 8:00. ② At 9:00. ③ At 10:00. ④ At 11:00.

令和三年度 愛知啓成高等学校一般入学試験解答用紙 普通科

国語

受験番号				
⓪①②③④⑤⑥⑦⑧⑨	⓪①②③④⑤⑥⑦⑧⑨	⓪①②③④⑤⑥⑦⑧⑨	⓪①②③④⑤⑥⑦⑧⑨	⓪①②③④⑤⑥⑦⑧⑨

氏名	
中学校名	

一

問一	① ② ③ ④
問二	① ② ③ ④
問三	① ② ③ ④
問四	① ② ③ ④
問五	X ① ② ③ ④ ⑤ / Y ① ② ③ ④ ⑤
問六	35 … 40 という「知」のあり方。
問七	① ② ③ ④

問一. 3点
問二. 2点
問三. 3点
問四. 3点
問五. 2点×2
問六. 12点
問七. 3点

合計

※100点満点

一 小計

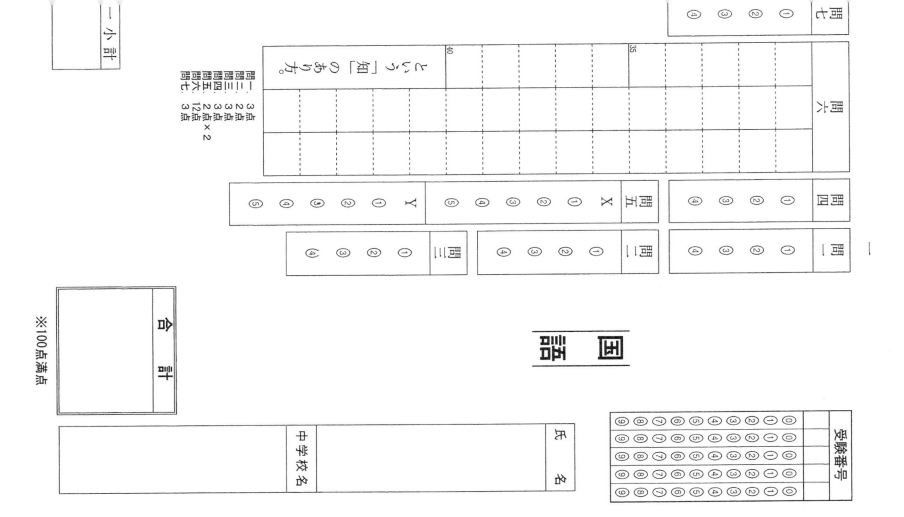

2

(1)	個	(2)	x = , y =

5点×2

2 小計	

3

(1)		(2)	
(3)			

5点×3

3 小計	

4

(1)		(2)	
(3)			

5点×3

4 小計	

5

(1)		(2)	(,)
(3)	(,)		

5点×3

5 小計	

3点×4

4 小計	

4

(1) ① ② ③ ④	(2) ① ② ③ ④	(3) ① ② ③ ④	(4) ① ② ③ ④

5

(1)		(2)		
(3) 1	(4)		(5) b	
(6)				
(7) 1	2	3	4	

(1)〜(6) 3点×6
(7) 2点×4

5 小計	

6

(1)		(2)	
(3)		(4)	
(5)			

3点×5

6 小計	

7

(1) 3番目 ① ② ③ ④ ⑤ ⑥ ⑦ ⑧ 6番目 ① ② ③ ④ ⑤ ⑥ ⑦ ⑧	(2) 3番目 ① ② ③ ④ ⑤ ⑥ ⑦ ⑧ 6番目 ① ② ③ ④ ⑤ ⑥ ⑦ ⑧	(3) 3番目 ① ② ③ ④ ⑤ ⑥ ⑦ ⑧ 6番目 ① ② ③ ④ ⑤ ⑥ ⑦ ⑧
(4) 3番目 ① ② ③ ④ ⑤ ⑥ ⑦ ⑧ 6番目 ① ② ③ ④ ⑤ ⑥ ⑦ ⑧	(5) 3番目 ① ② ③ ④ ⑤ ⑥ ⑦ ⑧ 6番目 ① ② ③ ④ ⑤ ⑥ ⑦ ⑧	

3点×5

7 小計	

令和３年度　**愛知啓成高等学校一般入学試験解答用紙**

普通科

受験番号				
⓪	⓪	⓪	⓪	⓪
①	①	①	①	①
②	②	②	②	②
③	③	③	③	③
④	④	④	④	④
⑤	⑤	⑤	⑤	⑤
⑥	⑥	⑥	⑥	⑥
⑦	⑦	⑦	⑦	⑦
⑧	⑧	⑧	⑧	⑧
⑨	⑨	⑨	⑨	⑨

氏　　名	出身中学校
	中学校

英　語

合計	

※100点満点

[選択問題]　サミッティアコースとグローバルコースの受験者

1

Part1	No. 1　① ② ③	No. 2　① ② ③	No. 3　① ② ③	No. 4　① ② ③
Part2	No. 1　① ② ③ ④	No. 2　① ② ③ ④	No. 3　① ② ③ ④	
Part3	No. 1　① ② ③ ④	No. 2　① ② ③ ④	No. 3　① ② ③ ④	

２点×10
(※1と2は選択問題)

1 小計	

[選択問題]　アカデミアコースの受験者

2

(1)	(ア)　① ② ③ ④	(イ)　① ② ③ ④	(ウ)　① ② ③ ④	(2)	(ア)　① ② ③ ④	(イ)　① ② ③ ④
(3)	(ア)　① ② ③ ④	(イ)　① ② ③ ④	(ウ)　① ② ③ ④	(エ)　① ② ③ ④	(オ)　① ② ③ ④	

2 小計	

【解答

３点×４

令和３年度　**愛知啓成高等学校一般入学試験解答用紙**

普通科

受験番号				
⓪	⓪	⓪	⓪	⓪
①	①	①	①	①
②	②	②	②	②
③	③	③	③	③
④	④	④	④	④
⑤	⑤	⑤	⑤	⑤
⑥	⑥	⑥	⑥	⑥
⑦	⑦	⑦	⑦	⑦
⑧	⑧	⑧	⑧	⑧
⑨	⑨	⑨	⑨	⑨

氏　　名	出身中学校
	中学校

合計	

※100点満点

数　学

1

(1)	ア	⊖ ± ⓪ ① ② ③ ④ ⑤ ⑥ ⑦ ⑧ ⑨
	イ	⊖ ± ⓪ ① ② ③ ④ ⑤ ⑥ ⑦ ⑧ ⑨
	ウ	⊖ ± ⓪ ① ② ③ ④ ⑤ ⑥ ⑦ ⑧ ⑨
	エ	⊖ ± ⓪ ① ② ③ ④ ⑤ ⑥ ⑦ ⑧ ⑨
(2)	オ	⊖ ± ⓪ ① ② ③ ④ ⑤ ⑥ ⑦ ⑧ ⑨
	カ	⊖ ± ⓪ ① ② ③ ④ ⑤ ⑥ ⑦ ⑧ ⑨
	キ	⊖ ± ⓪ ① ② ③ ④ ⑤ ⑥ ⑦ ⑧ ⑨
	ク	⊖ ± ⓪ ① ② ③ ④ ⑤ ⑥ ⑦ ⑧ ⑨
(3)	ケ	⊖ ± ⓪ ① ② ③ ④ ⑤ ⑥ ⑦ ⑧ ⑨
	コ	⊖ ± ⓪ ① ② ③ ④ ⑤ ⑥ ⑦ ⑧ ⑨
	サ	⊖ ± ⓪ ① ② ③ ④ ⑤ ⑥ ⑦ ⑧ ⑨

(4)	シ	⊖ ± ⓪ ① ② ③ ④ ⑤ ⑥ ⑦ ⑧ ⑨
	ス	⊖ ± ⓪ ① ② ③ ④ ⑤ ⑥ ⑦ ⑧ ⑨
	セ	⊖ ± ⓪ ① ② ③ ④ ⑤ ⑥ ⑦ ⑧ ⑨
	ソ	⊖ ± ⓪ ① ② ③ ④ ⑤ ⑥ ⑦ ⑧ ⑨
(5)	タ	⊖ ± ⓪ ① ② ③ ④ ⑤ ⑥ ⑦ ⑧ ⑨
	チ	⊖ ± ⓪ ① ② ③ ④ ⑤ ⑥ ⑦ ⑧ ⑨
(6)	ツ	⊖ ± ⓪ ① ② ③ ④ ⑤ ⑥ ⑦ ⑧ ⑨
(7)	テ	⊖ ± ⓪ ① ② ③ ④ ⑤ ⑥ ⑦ ⑧ ⑨
	ト	⊖ ± ⓪ ① ② ③ ④ ⑤ ⑥ ⑦ ⑧ ⑨
(8)	ナ	⊖ ± ⓪ ① ② ③ ④ ⑤ ⑥ ⑦ ⑧ ⑨
	ニ	⊖ ± ⓪ ① ② ③ ④ ⑤ ⑥ ⑦ ⑧ ⑨

５点×９

1 小	

【解答

二

問一 d e

問二 ① ② ③ ④

問三 ① ② ③ ④

問四 ① ② ③ ④

問五 Y ① ② ③ ④ ⑤ Z ① ② ③ ④ ⑤

問六

問七 ① ② ③ ④

問八 ① ② ③ ④

問一. 2点×5
問二. 2点
問三. 2点
問四. 3点
問五. 2点×2
問六. 3点
問七. 3点
問八. 3点

三

問一 1 4

問二 ① ② ③ ④

問三 20

問四 ① ② ③ ④

問五 ① ② ③ ④

問六 7 8

問七 ① ② ③ ④

問八 ① ② ③ ④

問一. 2点×2
問二. 2点
問三. 4点
問四. 3点
問五. 3点
問六. 4点×2
問七. 3点
問八. 3点

四

A B C D E

2点×5

二 小 計

三 小 計

四 小 計

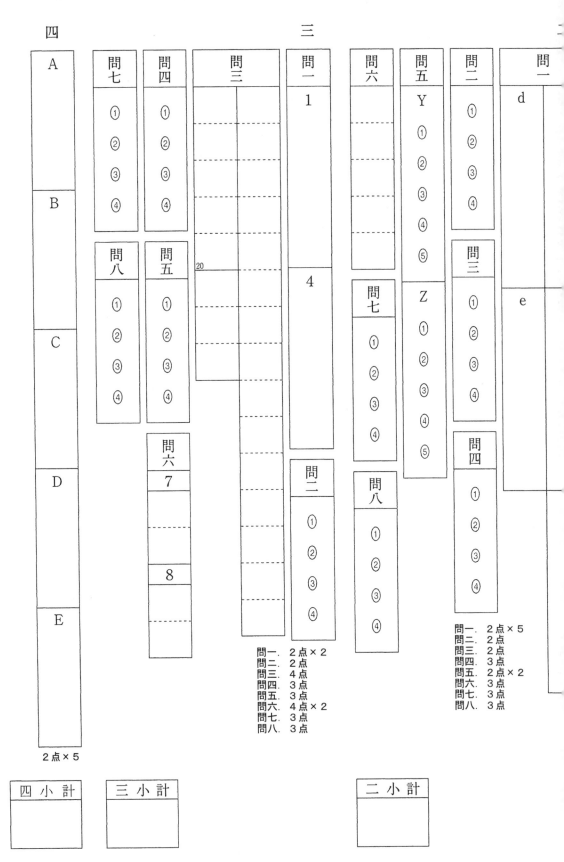

放送原稿

※音声は収録しておりません

令和３年度入試　一般 Part 1

NO.1

F: We have so many old books.

M: I know.

F: Let's give them to the school library?

① I like comic books. ② That's a good idea. ③ Come in.

NO.2

M: Do you still have my CD?

F: Yes, Kevin.

M: Well, I'll need it next week.

① I can bring it tomorrow. ② I think you can buy it. ③ Have a nice weekend.

NO.3

M: Are you in the soccer club?

F: Yes. Would you like to play with us?

M: Maybe. When do you practice?

① Every day after school. ② Baseball is more interesting. ③ I will play outside.

NO.4

M: You look different today, Annie.

F: I got a haircut yesterday.

M: You look pretty.

① I'm fine, thank you. ② Thanks, but I think it's too short. ③ I know what you mea

Part2

NO.1

F: I'm looking for a job to work on Mondays, Wednesdays and Fridays.

M: How much do you want to make a day?

F: I want to get 5,000 yen a day.

M: How about working at the coffee shop near the post office?

Question: How much will the woman get a week?

① 5,000 yen. ② 15,000 yen. ③ 20,000 yen. ④ 25,000 yen.

(1) Why did Betty want to ask the students the questions?

① Because cell phones are used to search for information.

② Because she likes to ask questions.

③ Because she often sees people using cell phones with bad manners.

④ Because it is easy to bring cell phones.

(2) Choose a number in (A).

① 5 ② 15 ③ 42 ④ 80

(3) Why was Betty surprised at the answers to the question on the Table?

① Because she believed that people use cell phones to get information.

② Because the answers were the same as she thought.

③ Because the students didn't use cell phones so much.

④ Because cell phones were helpful for people to use.

(4) What is true about the Graph and Table?

① Some students used cell phones too much.

② The students were afraid of checking SNS.

③ Nothing was more important for the students than to check SNS.

④ A few students used cell phones to have communication with their friends.

5 次の英文を読んで，あとの問いに答えなさい。

Are you happy? Do you feel that there are many problems around you? How can you stop feeling terrible and feel good about yourself? Here is one way to do it: when you have a lemon, make *lemonade! When Mr. A is given a lemon, he says "What can I learn from this bad luck? How can I make my *situation better? How can I change this lemon into lemonade?"

Mr. B, *however, does a different thing. If he finds that life has given him a lemon, he does not try anymore and says, "I haven't got a chance. I've lost *sight of my goal." Then he starts to hate the *world and feel terrible.

One of the most wonderful points of *human beings is their power to make a bad thing into a good thing. The life's work of great people tells us an important story. They were successful because they worked hard (1)<u>to solve</u> their problems. A lot of difficult things happen in our lives, but they help us in an amazing way.

Yes, maybe *Beethoven wrote better music because he could not hear. *Hellen Keller's great work was done because she could not see or hear. *Charles Darwin did much great work because he was so sick and not strong when he was young.

If you want to be successful, try to stand up against difficult situations. Though *fighting with a north wind may be hard for you, just remember, it will *pass and you will be stronger for (2)<u>it</u>.

（注） lemonade　レモネード　　situation　状況　　however　しかし
sight　見えること　　world　世の中　　human beings　人間
Beethoven　ベートーベン　　Hellen Keller　ヘレン・ケラー
Charles Darwin　チャールズ・ダーウィン　　fighting　苦闘
pass　通り過ぎる

Answer the following questions.

(1) When Mr. A gets a lemon, what does he think?

He thinks ( ) ( ) change the lemon into lemonade.

(2) Does Mr. B do the same thing as Mr. A?

( ), ( ) ( ).

(3) What does Mr. B say when he gets a lemon? Begin with the given *letter when you answer.

He says, "There is no (l) a chance. I can't see my goal."

(注) letter 文字

(4) Put (1) to solve into Japanese.

(5) Why did Hellen Keller do great work? Begin with the given letter when you answer.

Because she was (b) and not able to hear.

(6) What does (2) it mean?

It is the ( ) ( ).

(7) Which word is the best for each *blank? Find the answer from the text.

In the text, a lemon means a (1) thing and lemonade means a (2) thing. Although some of the great people had things like a lemon in their lives, they were (3) because they tried hard under difficult situations. In case of Charles Darwin, he was weak at a young age, but he made much great work possible by trying to stand up (4) his situation.

(注) blank 空所

6 次の日本語に合うように，(　　　) 内に適切な語を１語ずつ入れなさい。

（1）私はとても疲れていたので早く寝た。

I was (　　　) tired (　　　) I went to bed early.

（2）リナは今髪をとかしています。

Rina (　　　) (　　　) her hair now.

（3）何百万もの人々が彼らの音楽を聴いた。

(　　　) (　　　) people listened to their music.

（4）ケイはバスケットボールをすることに決めた。

Kei (　　　) (　　　) play basketball.

（5）彼は昨日夜更かしをした。

He (　　　) (　　　) late yesterday.

7 次の日本語に合うように，（　　　）内の語を並べかえて英文を完成させるとき，（　　　）内の３番目と６番目にくる語をそれぞれ選び，マークしなさい。ただし，文頭の語も小文字で示されています。

（1）彼はボストンについての本を持っていた。

（① Boston / ② him / ③ about / ④ a / ⑤ book / ⑥ with / ⑦ had / ⑧ he ）.

（2）できるだけ早く彼女の両親に手紙を書きなさい。

（① as / ② her / ③ write / ④ as / ⑤ possible / ⑥ soon / ⑦ to / ⑧ parents ）.

（3）赤信号で渡ってはいけません。

（① not / ② a / ③ you / ④ go / ⑤ light / ⑥ through / ⑦ must / ⑧ red ）.

（4）私は彼らに私の記憶を伝えてほしい。

（① I / ② my / ③ memories / ④ on / ⑤ to / ⑥ pass / ⑦ want / ⑧ them ）.

（5）マイクに会うという彼女の夢は現実になりつつある。

（① reality / ② Mike / ③ is / ④ her / ⑤ of / ⑥ becoming / ⑦ meeting / ⑧ dream ）.

愛知啓成高等学校

令和３年度　一般入学試験問題

理　科

試験開始の合図があるまで，この問題冊子を開かず，

下記の注意事項をよく読むこと。

注　意　事　項

(1)　時間は30分とする。

(2)　机上は受験票・筆記用具のみとし，定規・分度器などの使用は禁止します。

(3)　答えはすべて解答用紙に記入すること。

(4)　解答にはマークする問題が含まれています。ＨＢの鉛筆でしっかりマークすること。

(5)　訂正する場合は消しゴムできれいに消すこと。

(6)　この問題冊子は13ページあります。試験開始後，総ページ数を確認すること。本冊子に脱落や印刷不鮮明の箇所および解答用紙に汚れ等があれば，試験監督者に申し出ること。

(7)　試験開始の合図で解答用紙の所定欄に，受験番号・氏名・中学校名を明確に記入し，解答を始めること。また，受験番号にはマークもすること。

(8)　試験終了の合図で上記(7)の事項を再度確認し，試験監督者の指示に従うこと。

マークシートの書き方

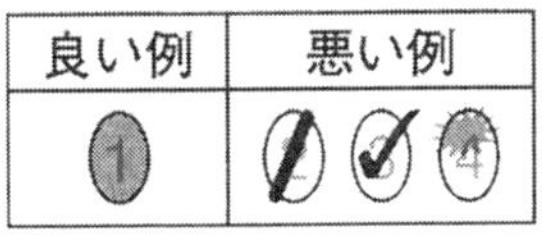

1 問1～問3に答えなさい。

問1．銅とマグネシウムを用いて次の**実験1，2**をおこなった。グラフや表を参考にして，下の問いに答えなさい。

実験1

銅の粉末をステンレス皿にのせ，かきまぜながら十分に加熱した。次のグラフは銅の質量と，加熱後にできた黒色の物質の質量との関係を表したものである。

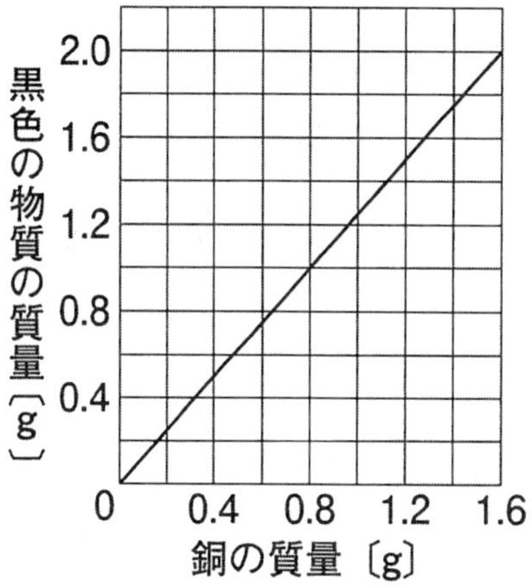

実験2

マグネシウムの粉末をステンレス皿にのせ，かきまぜながら十分に加熱した。次の表は反応したマグネシウムと，マグネシウムと結びついた酸素の質量との関係である。

マグネシウム (g)	0.6	1.2	1.8
マグネシウムと結びついた酸素 (g)	0.4	0.8	1.2

（1）**実験1**で，反応後にできた黒色の物質は何か。化学式で答えなさい。 1

（2）銅の粉末2.8 gを同じように十分に加熱したとき，黒色の物質は何gできるか。 2

（3）マグネシウムと酸素の反応の化学反応式を書きなさい。 3

（4） 次の式は，同じ量の酸素と結びつく銅とマグネシウムの質量の比を示したものである。［　　］に当てはまる数値をそれぞれマークしなさい。

銅 ： マグネシウム ＝ ［ 4 ］ ： ［ 5 ］

問２． 次の図のような簡易型電気分解装置に純水を満たし，水酸化ナトリウムを少量加え，水の電気分解を行ったところ，電極 a，電極 b からそれぞれ気体 A，気体 B が発生した。気体 A の体積は，気体 B の体積のおよそ 2 倍であった。

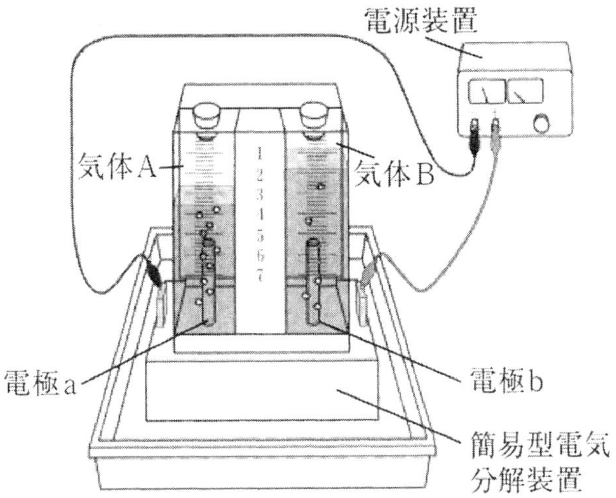

次の表は，気体 A の物質を確かめる方法と，水の電気分解以外に考えられる気体 A の発生方法をまとめたものである。最も適当なものを，次の①～④のうちから１つ選び，マークしなさい。［ 6 ］

	気体 A の物質を確かめる方法	気体 A の発生方法
①	火のついた線香を入れると激しく燃える。	亜鉛や鉄などの金属をうすい塩酸に入れる。
②	火のついた線香を入れると激しく燃える。	うすい過酸化水素水に二酸化マンガンを入れる。
③	マッチの火を近づけると音を出して燃える。	亜鉛や鉄などの金属をうすい塩酸に入れる。
④	マッチの火を近づけると音を出して燃える。	うすい過酸化水素水に二酸化マンガンを入れる。

問3．次の図のように，試験管Ａで二酸化炭素を発生させ，試験管Ｂに水上置換法で集めた。これについて，下の問いに答えなさい。

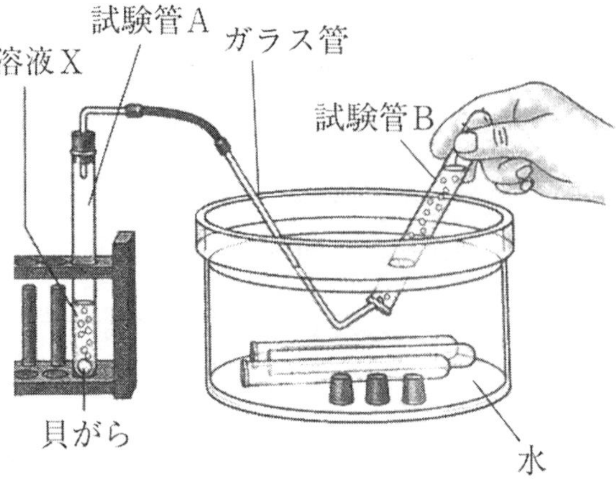

（１）試験管Ａに入れた水溶液Ｘはどれか。最も適当なものを，次の①～④のうちから１つ選び，マークしなさい。 7

① オキシドール　② うすい塩酸
③ うすい水酸化ナトリウム　④ 砂糖水

（２）二酸化炭素の性質として，**誤っているもの**はどれか。最も適当なものを，次の①～④のうちから１つ選び，マークしなさい。 8

① においがない　② 空気よりも密度が小さい
③ 水に少し溶ける　④ 石灰水を白くにごらせる

（３）図のような水上置換法おいて，より純粋な気体を集めるためには，はじめに試験管に水を満たしておくことの他に，どのようなことに注意すればよいか。15字程度で答えなさい。 9

2 問1～問3に答えなさい。

問1．図1のように，火のついたロウソクと凸レンズとスクリーンを光軸に垂直に設置した。その結果，ロウソクの実像がスクリーン上にできた。ロウソク上部からの光の一部分が進行し，像を作る様子が図2である。これについて，下の問いに答えなさい。

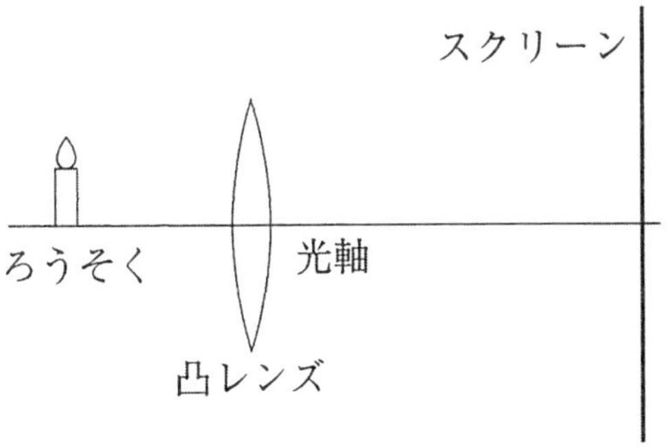

図1

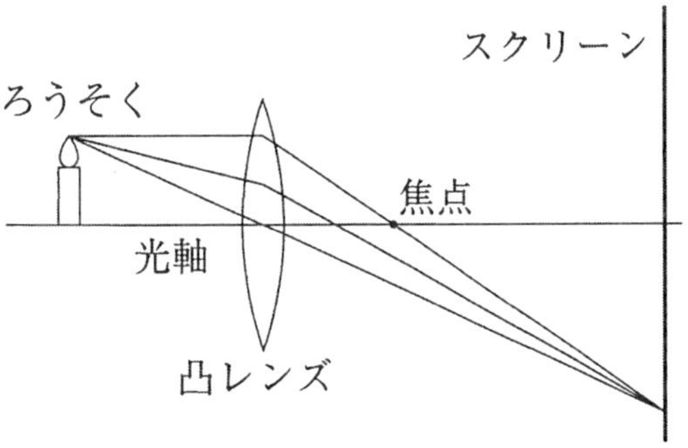

図2

（1）図3は，ロウソクの下部からレンズに向かう二つの光を破線で示したものである。これら二つの光の進行の様子を，解答用紙の図に実線で作図しなさい。 1

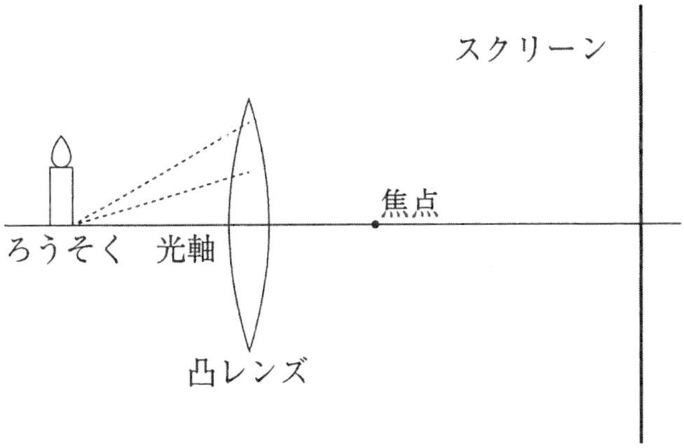

図3

（2） 図 4 のように，凸レンズの一部を黒い不透明な紙でおおったとする。スクリーン上の像の形および像の明るさは，それぞれどのようになるか。その組み合わせとして最も適当なものを，下の①～④のうちから 1 つ選び，マークしなさい。 **2**

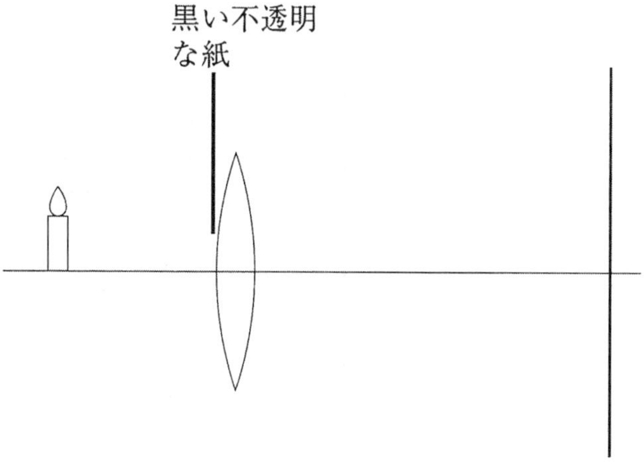

図 4

	像の形	像の明るさ
①	変化しない	変化しない
②	変化しない	減少する
③	一部欠ける	変化しない
④	一部欠ける	減少する

問２．地面上で 20 g のおもりをつるすと 3 cm 伸びるばねがあり，そのばねを X とする。下の問いに答えなさい。

注意：解答欄 [3] [4] . [5] の答えが3なら，[3] は⓪，[4] は③，[5] は⓪にマークしなさい。

（１）地面上で次の図１のように，ばね X に 120g のおもりをつるした場合，ばねの伸びは何 cm になるか。

[3] [4]〔cm〕

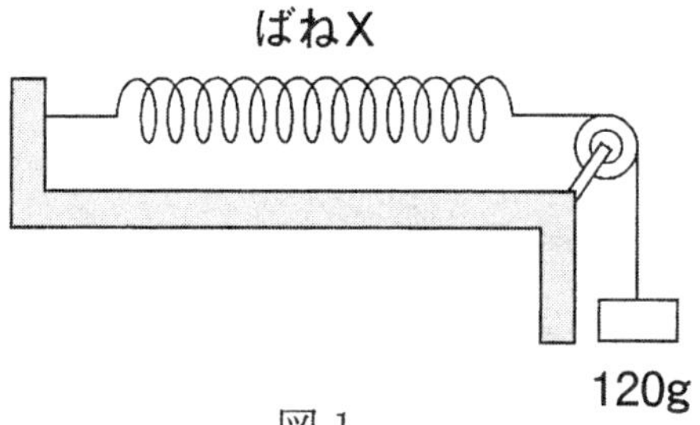

図１

（２）月面上で次の図２のように，ばね X の長さを半分にしてから 120 g のおもりをつるした場合，はねの伸びは何 cm になるか。ただし，地面上の重力は月面上の重力の 6 倍である。

[5] . [6]〔cm〕

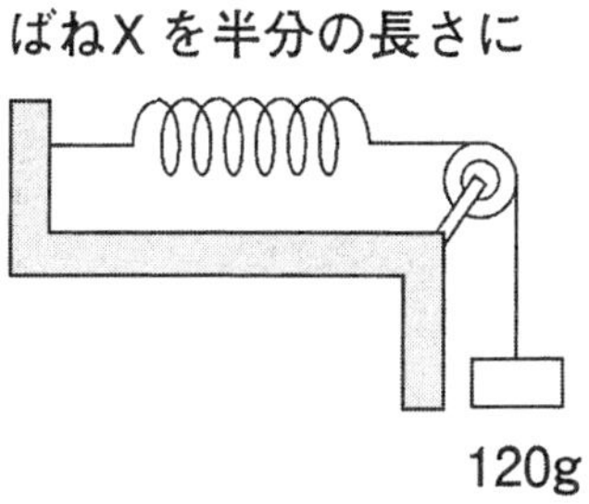

図２

問３．家屋内の階段にある電球の簡単な配線図を考えたい。電球がついているときの配線と，電球がついていないときの配線は次のような書き方ができる。

◎電球がついているときの配線例

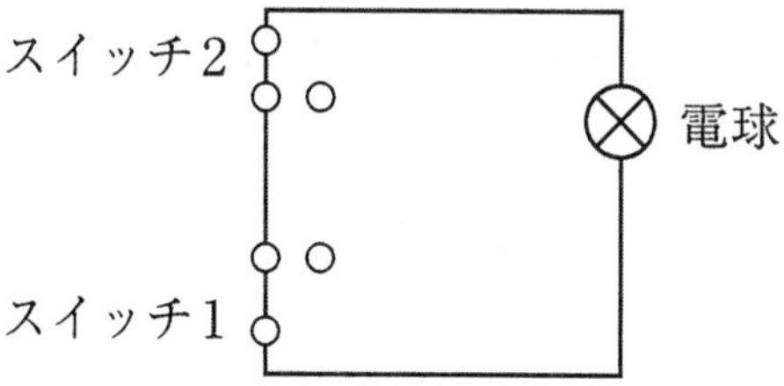

◎電球がついていないときの配線例

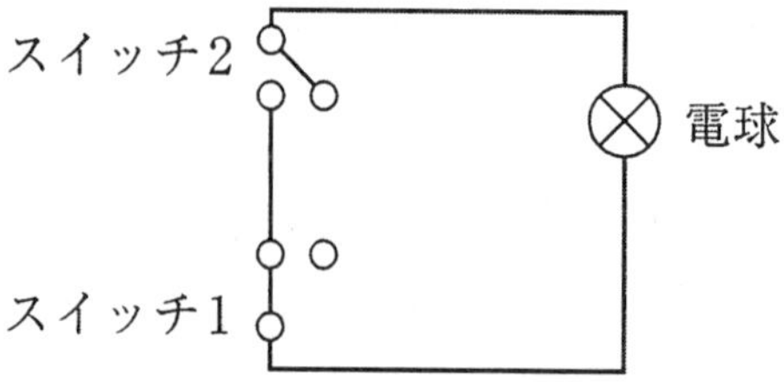

また，スイッチは

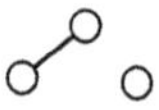 や 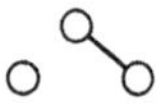

のように切り替えができ，ON，OFF 表示はない。

家屋の 1 階と 2 階にそれぞれスイッチを設置し，1 階でつけた電球を 2 階で消したり，2 階でつけた電球を 1 階で消したりできるようにしたい。このようなしくみにするため，配線はどのようにすべきか。解答欄の□内に導線を記入しなさい。ただし，スイッチの部分は，電球がついている場合の例を記入しなさい。 7

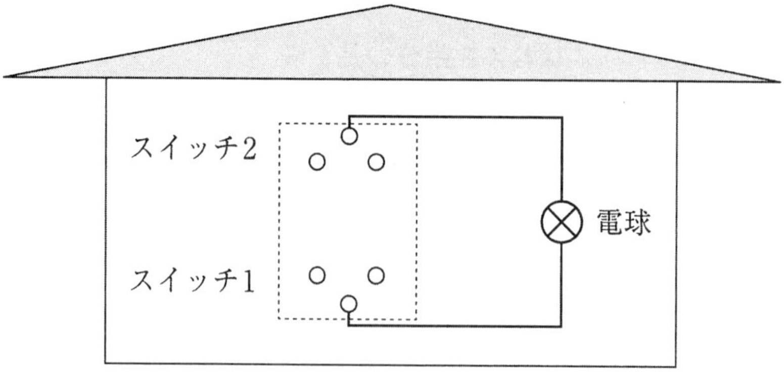

3 問1～問3に答えなさい。

問1． 次の（1）～（3）の植物・動物の特徴として適当なものを，それぞれの選択肢①～④のうちから**すべて選び**，マークしなさい。

（1） イヌワラビ 1

① 種子で増える
② 胞子で増える
③ 維管束をもつ
④ 根・茎・葉の区別がない

（2） ワニ 2

① 肺呼吸を行う
② 卵は水中で育つ
③ 皮ふは湿っている
④ 体温は気温によって変化する

（3） ザリガニ 3

① 背骨がある
② 体の外側がかたい殻におおわれている
③ えら呼吸を行う
④ 脱皮をして成長する

問２． 次の図はカエルの受精の様子を示したものである。これについて，下の問いに答えなさい。

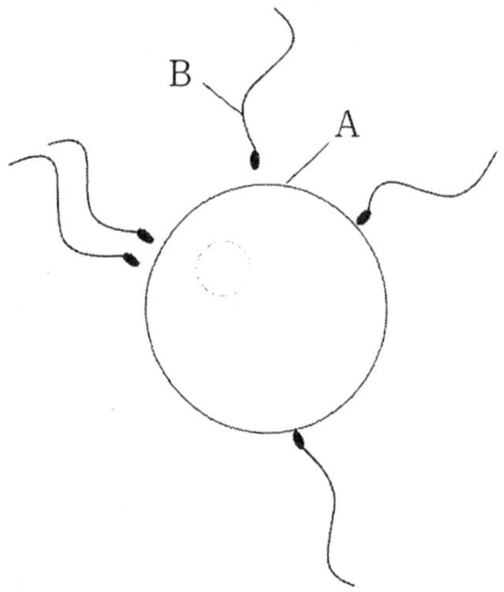

（1） カエルの受精が行われる場所と子の生まれ方について，最も適当なものを，次の①～④のうちから１つ選び，マークしなさい。 4

	受精場所	子のうまれ方
①	体内	卵生
②	体内	胎生
③	体外	卵生
④	体外	胎生

（2） 図のＡ，Ｂはそれぞれ何を指しているか。 5

（3） Ａはカエルの体内のどこで作られるか。 6

（4） Ａは通常いくつのＢと受精するか。最も適当なものを，次の①～④のうちから１つ選び，マークしなさい。 7

① １個　② ２～３個　③ 多数　④ 決まっていない

（5） 親の形質を伝える遺伝子はＡやＢのどこに存在するか。 8

問３．啓子さんは庭に咲いているマツバボタンの花の色の規則性に興味を持ち，独自に調査を行った。その結果，メンデルが発見した遺伝の法則に当てはまることに気が付いた。

≪観察１≫

自家受粉を何代繰り返しても赤い花をつけるマツバボタンの花粉を，自家受粉を何代繰り返しても白い花をつけるマツバボタンのめしべにつけた。できた種子をまくと全ての株が赤い花をつけた。

≪観察２≫

観察１で確認した赤い花を自家受粉させてできた種子をまき，花の色を確認した。

（１）自家受粉によって，親，子，孫と代を重ねてもその形質が全て親と同じである場合，そのような個体を何というか。 9

（２）観察１の赤い花のような，子で現れる形質を，子で現れない白い花の形質に対して何というか。 10

（３）観察１で受粉させてできた赤い花の種子の遺伝子の組み合わせはどれか。最も適当なものを，次の①～⑤のうちから１つ選び，マークしなさい。ただし，赤い花の形質を伝える遺伝子をA，白い花の形質を伝える遺伝子をaとする。 11

① AA　② AAa　③ Aaa　④ Aa　⑤ aa

（４）観察２で確認した花の色の数を簡単な整数比で表すとどのようになるか。最も適当なものを，次の①～⑦のうちから１つ選び，マークしなさい。ただし，株ごとに咲いた花の数は同程度であったとする。 12

① 赤い花のみ
② 白い花のみ
③ 赤い花：白い花＝1：1
④ 赤い花：白い花＝1：2
⑤ 赤い花：白い花＝1：3
⑥ 赤い花：白い花＝2：1
⑦ 赤い花：白い花＝3：1

4 問1～問3に答えなさい。

問1． 地震が発生したときのゆれについて，3つの観測地点の地震計の記録を表に表す。ゆれの大きさや，ゆれの始まった時刻は観測地 A～C で異なっていたが，共通して，図のaのようなはじめは小さなゆれで始まり，その後，図の b のような大きなゆれが観測された。地震の波が伝わる速さは一定であり，地震の発生時刻を22時39分56秒として，次の表の空欄ア～ウについて，最も適切な数値を，注意にあるようにマークしなさい。

観測地	ゆれaの到達時刻	ゆれbの到達時刻	震源からの距離
A	ア	22時40分24秒	98 km
B	22時40分35秒	22時41分14秒	イ
C	22時40分26秒	ウ	210 km

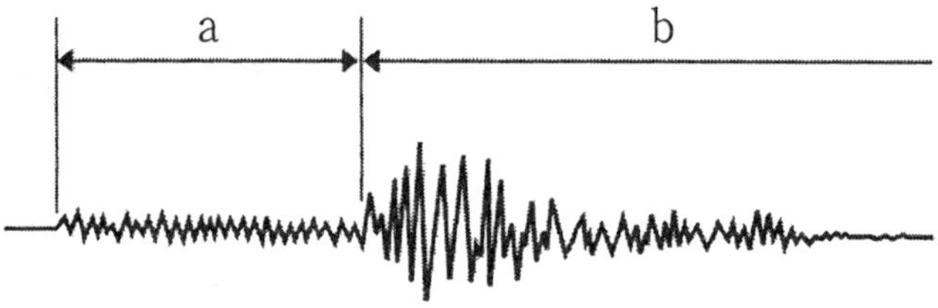

ア 1 2 時 3 4 分 5 6 秒

イ 7 8 9 km

ウ 10 11 時 12 13 分 14 15 秒

注意：すべての解答欄にマークすること。

7 8 9 kmの答えが55 kmなら，7 は⓪，8 は⑤，9 は⑤にマークしなさい。

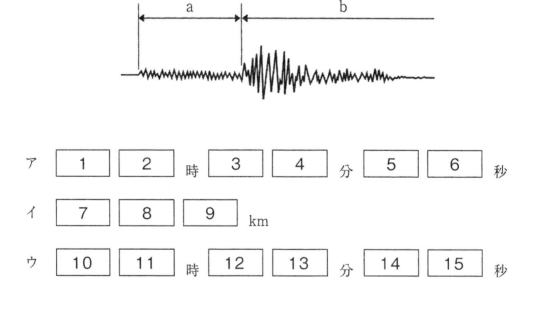

問2． 砂利と水を入れた容器を日当たりのよいところに置き，その間に線香を置いて透明な容器を被せた。線香の煙はどのように動くか。最も適当なものを，次の①～④のうちから1つ選び，マークしなさい。 16

①

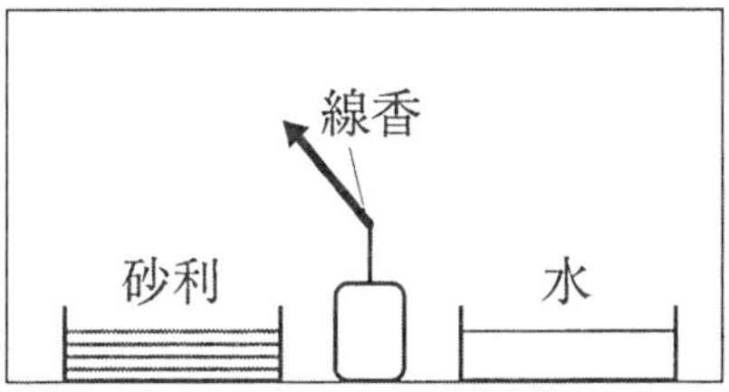

②

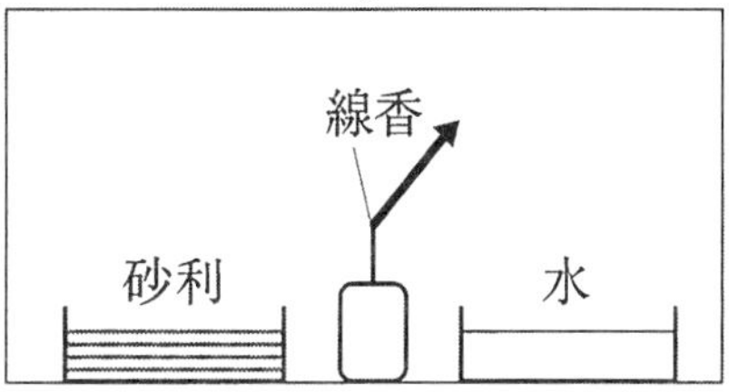

③

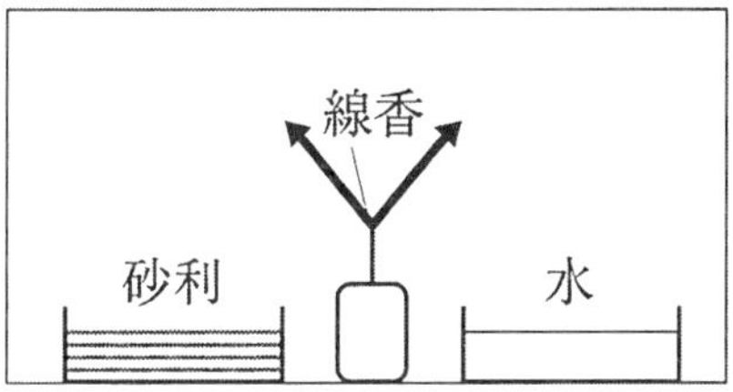

④

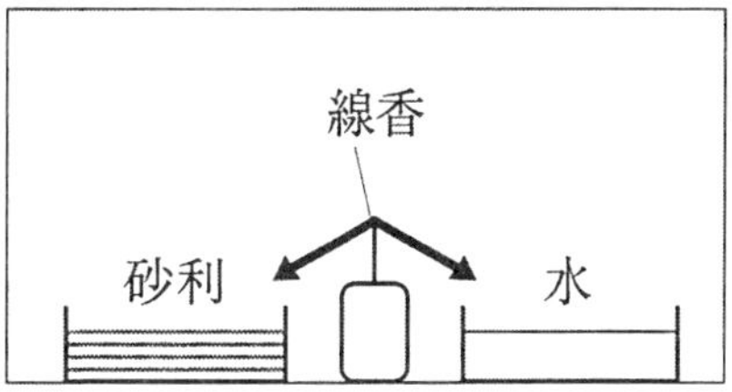

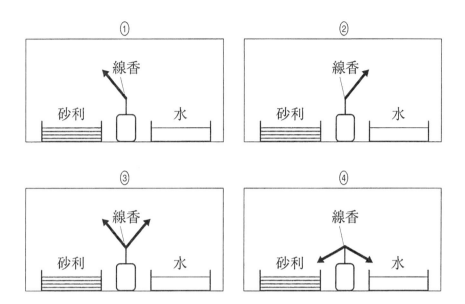

問３．次の図はある日の日本列島付近の天気図を示したものである。これについて，下の問いに答えなさい。

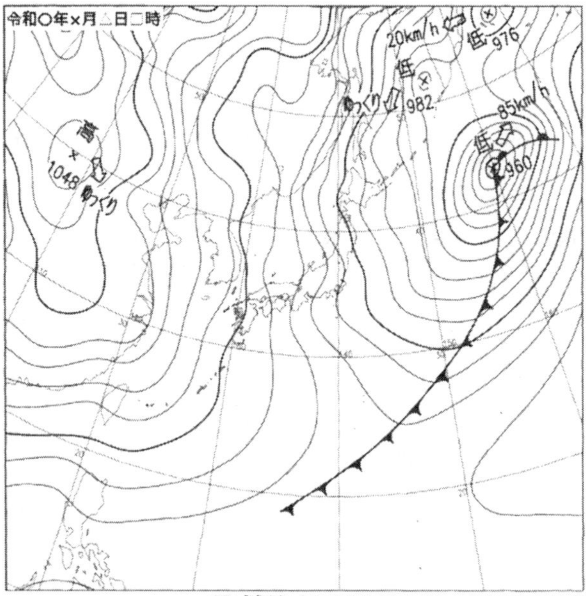

出典：気象庁ホームページ（http://www.jma.go.jp/jma/index.html）
「過去の天気図」を加工して作成

（１）この天気図の季節には，どの風向きの季節風が日本列島にふいているか。最も適当なものを，次の①～④のうちから１つ選び，マークしなさい。

17

①　北東　　②　北西　　③　南東　　④　南西

（２）この天気図の季節には，太平洋側ではどのような天気が続くか。最も適当なものを，次の①～④のうちから１つ選び，マークしなさい。 18

①　雪の日やくもりの日が多い。

②　暑く湿度の高い，晴れた日が続く。

③　２～３日おきに，晴れの日とくもりの日が入れかわる。

④　乾燥した晴れの日が続く。

2021(R3) 愛知啓成高
K 教英出版

愛 知 啓 成 高 等 学 校

令和３年度　一般入学試験問題

社　会

試験開始の合図があるまで，この問題冊子を開かず，
下記の注意事項をよく読むこと。

注　意　事　項

(1) 時間は30分とする。

(2) 机上は受験票・筆記用具のみとし，定規・分度器などの使用は禁止します。

(3) 答えはすべて解答用紙に記入すること。

(4) 解答にはマークする問題が含まれています。ＨＢ以上の鉛筆でしっかりマークすること。

(5) 訂正する場合は消しゴムできれいに消すこと。

(6) この問題冊子は17ページあります。試験開始後，総ページ数を確認すること。本冊子に脱落や印刷不鮮明の箇所および解答用紙に汚れ等があれば，試験監督者に申し出ること。

(7) 試験開始の合図で解答用紙の所定欄に，受験番号・氏名・中学校名を明確に記入し，解答を始めること。また，受験番号にはマークもすること。

(8) 試験終了の合図で上記(7)の事項を再度確認し，試験監督者の指示に従うこと。

マークシートの書き方

良い例	悪い例
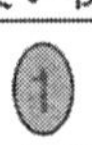	

1　次の**資料A**～**資料D**は日本と諸外国との貿易についてのカードである。これらのカードを読み，あとの問１～問５までの問いに答えなさい。

資料A

平清盛が航路を整え，兵庫の港を整備し，中国の宋との貿易を行い，利益を得た。

資料B

足利義満は正式な貿易船に中国の明よりあたえられた勘合を持たせ，朝貢形式の貿易を行った。

資料C

スペイン・ポルトガルを中心としたヨーロッパの人々と貿易を行った。イエズス会の宣教師たちも貿易船に乗り，日本での布教活動を行った。

資料D

徳川家康が渡航を許可する朱印状を発行し，朱印状を持った船の保護を行った。しかし，その後まもなく鎖国の体制をとった。

問１　**資料Ａ～資料Ｄ**の時代に関連するものを，次の図ア～図エより選び，組み合わせとして正しいものを，次の①～④の中から１つ選び，マークしなさい。

ア

イ

ウ

エ

	資料Ａ	資料Ｂ	資料Ｃ	資料Ｄ
①	ウ	イ	ア	エ
②	ア	エ	ウ	イ
③	イ	ウ	エ	ア
④	エ	ウ	イ	ア

問２　**資料Ａ**の時代よりも前の中国との交流を年代の古い順にならべたとき，**２番目に古いできごと**として正しいものを，次の①～④の中から１つ選び，マークしなさい。

① 卑弥呼は,魏の皇帝から「親魏倭王」という称号と金印を授けられた。
② 倭の奴国の王は，後漢に使いを送り，皇帝から金印を授けられた。
③ 倭の五王は，倭の王としての地位などを認めてもらうため，宋にたびたび使いを送った。
④ 小野妹子をはじめとした遣隋使には，多くの留学生や僧が同行した。

問３　**資料B**に関連して，室町幕府において，将軍の補佐役として置かれた役職は何か。**漢字２文字**で答えなさい。

問４　**資料C**について，貿易品目と主な貿易地を表と地図から選び，組み合わせとして正しいものを，次の①～④の中から１つ選び，マークしなさい。

	日本からの輸出品	日本への輸入品
ア	銀	生糸・時計・ガラス製品
イ	生糸・時計・ガラス製品	銀

①　ア―X　　②　ア―Y　　③　イ―X　　④　イ―Y

問５　**資料D**について，鎖国政策が実施されている中でも，日本と国交があった国の説明文として正しいものを，次の①～④の中から１つ選び，マークしなさい。

①　革命によって国王が処刑され，その後ナポレオンが皇帝の位に就いた。

②　イギリスより独立し，人民主権，連邦制，三権分立を柱とする憲法が定められた。

③　スペインから独立した後，東インド会社を設立するなどヨーロッパの貿易や金融の中心として栄えた。

④　名誉革命によって議会を尊重する国王が選ばれ，「権利章典」が定められた。

2　次の資料は，税の歴史についてまとめたものである。資料を読み，あとの問1～問6までの問いに答えなさい。

資料

税の歴史

1　飛鳥時代・奈良時代
租調庸という税の仕組みができ，実施された。租は (ア)口分田の面積に応じて課せられた。

2　平安時代・室町時代
平安時代には，大きな寺社や貴族の荘園が各地にでき，農民は領主に年貢などを納めた。
室町時代には，(イ)商業活動の発達により商工業者に対しても税が課せられるようになった。

3　安土・桃山時代・江戸時代
豊臣秀吉は，土地を調査して〔　A　〕を行い，農地の面積だけでなく，予想される収穫量を，すべて米の体積である石高で表した。
江戸時代には，田畑に課せられる税を米などで納めた。
また，商工業者は (ウ)株仲間と呼ばれる同業者の組織をつくり，幕府の許可を得て，営業税を納めていた。

4　明治時代
1873 年の地租改正では，地価の〔　B　〕%を税として〔　C　〕で納めさせた。

5　大正時代・(エ)昭和時代
大正時代から昭和初期にかけては，戦費調達のための増税が続いた。

問１　次の文章は，資料中の下線部（ア）について述べたものである。文章中の空らんⅠ，Ⅱ，Ⅲ，Ⅳにあてはまる数字を答えなさい。

戸籍に登録された（　Ⅰ　）歳以上のすべての人々に，性別や良民，賤民の身分に応じてあたえられ，その人が亡くなると国に返すことになっていた。男子には（　Ⅱ　）段，女子にはその３分の（　Ⅲ　），奴婢には良民の男女のそれぞれ（　Ⅳ　）分の１の口分田があたえられた。

問２　資料中の下線部（イ）に関連して，同業者ごとにつくられ，営業を独占する権利を認められていた団体の名称として正しいものを，次の①～④の中から１つ選び，マークしなさい。

①　馬借　　②　問　　③　座　　④　惣

問３　資料中の空らん〔　A　〕にあてはまる語句を**漢字４文字**で答えなさい。

問４　資料中の下線部（ウ）に関連して，１８世紀後半に株仲間を奨励した人物がおこなった政策として**誤っているもの**を，次の①～④の中から１つ選び，マークしなさい。

①　江戸や大阪周辺の農村を幕領にしようとしたが，失敗した。
②　長崎での貿易を活発にするために，銅を専売制にした。
③　蝦夷地の調査を行い，俵物の輸出を拡大した。
④　商人たちの力をかりて，印旛沼の干拓を始めた。

問５　資料中の空らん〔　B　〕と空らん〔　C　〕にあてはまる数字と語句の組み合わせとして正しいものを，次の①～④の中から１つ選び，マークしなさい。

①　B：３　C：現金　　②　B：５　C：米
③　B：３　C：米　　④　B：５　C：現金

問6　下線部（エ）の時代におきたできごとと，当時の内閣総理大臣の組み合わせとして正しいものを，次の①～④の中から1つ選び，マークしなさい。

① サンフランシスコ平和条約によって，日本は独立を回復した。　－　池田勇人

② 日ソ共同宣言が調印され，日本とソ連との国交が回復した。　－　田中角栄

③ 日中共同声明によって，日本と中国との国交が回復した。　－　鳩山一郎

④ 非核三原則が出され，日本の国の方針となった。　－　佐藤栄作

3　次の略地図を見て，あとの問１～問５までの問いに答えなさい。

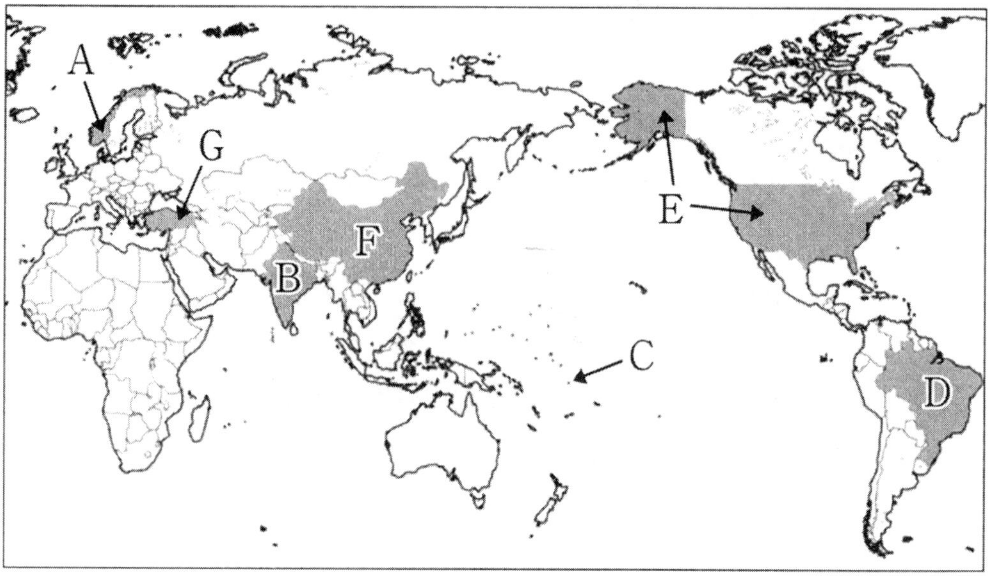

略地図

問１　A国の特徴を述べた文として**誤っているもの**を，次の①～④の中から１つ選び，マークしなさい。

①　この国の海岸線には，奥行きのある湾と岬が連続するリアス海岸がみられる。

②　この国の首都は，南部に位置するオスロである。

③　この国は，ヨーロッパ最大の半島であるスカンディナビア半島に位置する。

④　この国は，EU（ヨーロッパ連合）に加盟していない。

問2　B国では，情報技術（IT）産業が，B国の産業の成長に重要な役割を果たしてきた。次の文章は，B国における情報技術（IT）産業が発展した理由を述べたものである。文章中の空らん**あ**，**い**，**う**にあてはまる語句として正しいものを，次の①～④の中から1つ選び，マークしなさい。

> この国の情報技術（IT）産業の中心地は，（　**あ**　）であり，ITパークという情報技術（IT）産業が集約された地域をはじめ，情報技術（IT）産業の成長に必要な支援が充実している。また，（　**い**　）が準公用語の1つになっていることが，E国の企業が進出しやすい要因になっている。それに加えて，シリコンバレーとの（　**う**　）の違いを利用し，シリコンバレーの企業がこの国に拠点を置けば，24時間対応できる仕組みをつくることが可能である。これらの理由からE国からの企業進出があいつぎ，情報技術（IT）産業が発展した。

	あ	い	う
①	デリー	英語	緯度
②	デリー	ヒンディー語	緯度
③	バンガロール	英語	経度
④	バンガロール	ヒンディー語	経度

問3　B国において，国民の約80%が信仰するヒンドゥー教について述べた文として正しいものを，次の①～④の中から1つ選び，マークしなさい。

①　キリスト教やイスラム教と並び，三大宗教と呼ばれる。

②　牛は神の使いとされ，信仰している人は牛肉を食べない。

③　教典である「コーラン」に従い，川で身を清める沐浴など独特の慣習がある。

④　香辛料などをあつかう西アジアの商人によって，信仰がヨーロッパに広められた。

問４　C国であるツバルについて，次の（１），（２）の問いに答えなさい。

（１）海抜高度の低いツバルは，浸水被害が深刻であり，この原因はある地球環境問題であると，世界に訴えかけてきた。ツバルの浸水被害の原因にはさまざまな見解があるが，ツバルが原因として主張している地球環境問題の名称を，**漢字５文字**で答えなさい。

（２）次の①～④の国旗はツバル，E国，F国，G国の国旗である。ツバルの国旗として正しいものを次の①～④の中から１つ選び，マークしなさい。

①　②　③　④

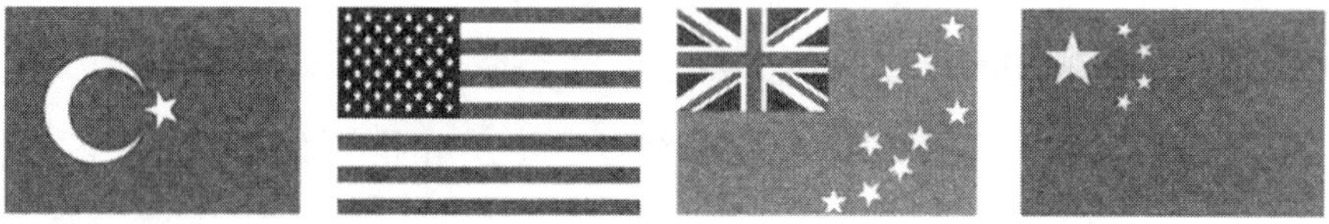

問５　D国では，政府の補助を受けた大企業などが大規模な農業を展開したことで，さまざまなことがおこった。これについて述べた文として**誤っているもの**を，次の①～④の中から１つ選び，マークしなさい。

① 大企業の豊富な資金と技術が取り入れられ，特に大豆の生産量は世界第２位（2011年）まで増加した。

② 大規模な農業を行うために，都市から農村に人口が移動した。

③ 都市では，スラムという生活環境の悪い地域が形成された。

④ 大規模な開発が進んだことで，森林の伐採が進み，森林面積が減少した。

	凸レンズ	
問2	(1) 3 ⓪①②③④⑤⑥⑦⑧⑨ 4 ⓪①②③④⑤⑥⑦⑧⑨	(2) 5 ⓪①②③④⑤⑥⑦⑧⑨ 6 ⓪①②③④⑤⑥⑦⑧⑨
問3	7 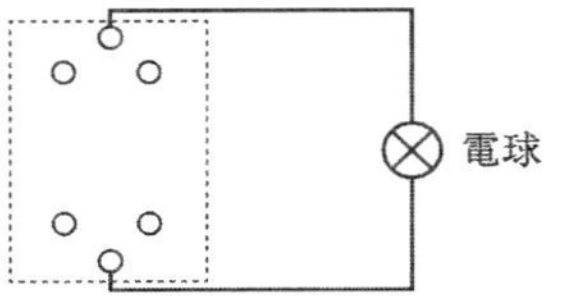	

3点×5

2.小計	

3

問1	(1) 1 ①②③④	(2) 2 ①②③④	(3) 3 ①②③④
問2	(1) 4 ①②③④	(2) 5 A	B
	(3) 6	(4) 7 ①②③④	(5) 8
問3	(1) 9	(2) 10	
	(3) 11 ①②③④⑤	(4) 12 ①②③④⑤⑥⑦	

問1．2点×3
問2．1点×5
問3．1点×4

3.小計	

4.小計	

4

問1	(ア) 1 ⓪①②③④⑤⑥⑦⑧⑨	(イ) 7 ⓪①②③④⑤⑥⑦⑧⑨	(ウ) 10 ⓪①②③④⑤⑥⑦⑧⑨
	2 ⓪①②③④⑤⑥⑦⑧⑨	8 ⓪①②③④⑤⑥⑦⑧⑨	11 ⓪①②③④⑤⑥⑦⑧⑨
	3 ⓪①②③④⑤⑥⑦⑧⑨	9 ⓪①②③④⑤⑥⑦⑧⑨	12 ⓪①②③④⑤⑥⑦⑧⑨
	4 ⓪①②③④⑤⑥⑦⑧⑨		13 ⓪①②③④⑤⑥⑦⑧⑨
	5 ⓪①②③④⑤⑥⑦⑧⑨		14 ⓪①②③④⑤⑥⑦⑧⑨
	6 ⓪①②③④⑤⑥⑦⑧⑨		15 ⓪①②③④⑤⑥⑦⑧⑨
問2	16 ①②③④	問3 (1) 17 ①②③④	(2) 18 ①②③④

問1．3点×3
問2．2点×3

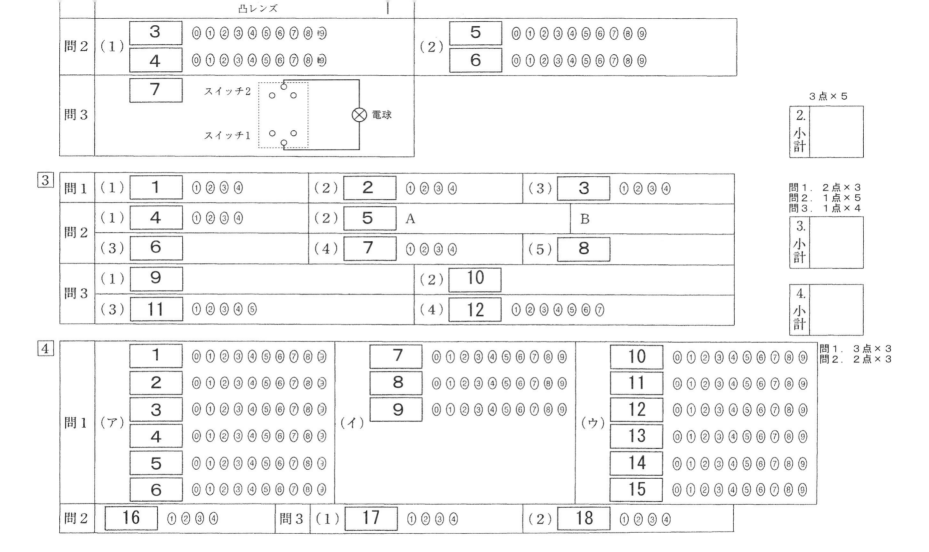

5	①②③④	6	①②③④

計

3

問1	① ② ③ ④	問2	① ② ③ ④	問3	① ② ③ ④

問4	(1)		(2)	① ② ③ ④	問5	① ② ③ ④

問１～３，５．１点×４
問４．２点×２

3小計	

4

問1	A	B	問2	① ② ③ ④

問3	(1)	A	B	(2)	① ②

問4	① ② ③ ④	問5	① ② ③ ④

問１，３(1)．２点×４
問２，３(2)，４，５．１点×４

4小計	

5

問1	① ② ③ ④	問2	① ② ③ ④	問3	① ② ③ ④	問4	

問１～３．１点×３
問４．２点

5小計	

6

問1		問2	① ② ③ ④	問3	① ② ③ ④	問4	① ② ③ ④

6小計	

問１，３，４．２点×３
問２．１点

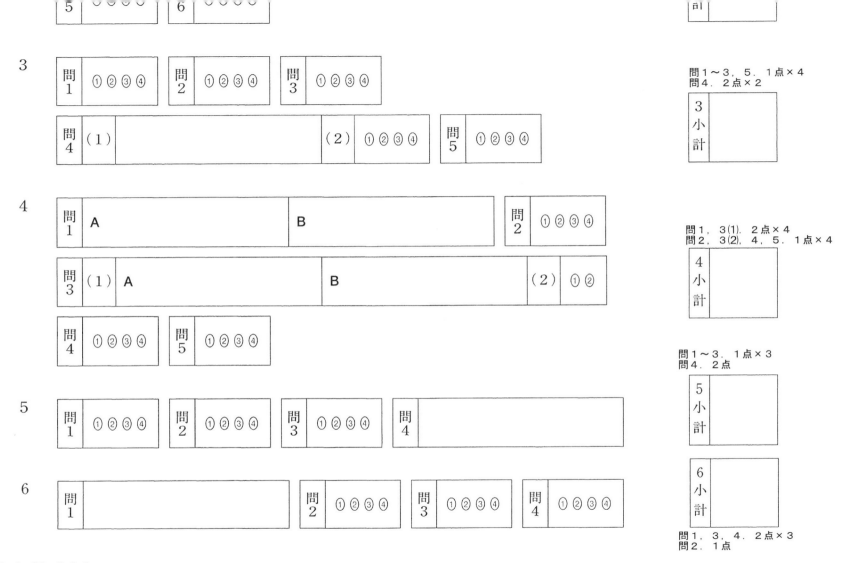

令和３年度　**愛知啓成高等学校一般入学試験解答用紙**

受験番号				
⓪	⓪	⓪	⓪	⓪
①	①	①	①	①
②	②	②	②	②
③	③	③	③	③
④	④	④	④	④
⑤	⑤	⑤	⑤	⑤
⑥	⑥	⑥	⑥	⑥
⑦	⑦	⑦	⑦	⑦
⑧	⑧	⑧	⑧	⑧
⑨	⑨	⑨	⑨	⑨

氏　　　名	出身中学校
	中学校

合計	

※60点満点

社　会

1

問1	①②③④	問2	①②③④	問3	
問4	①②③④	問5	①②③④		

２点×５

1小計	

2

問1	I	II	III	IV

問2	①②③④	問3		問4	①②③④

２点×９

【解答

令和３年度　**愛知啓成高等学校一般入学試験解答用紙**

受験番号				
⓪	⓪	⓪	⓪	⓪
①	①	①	①	①
②	②	②	②	②
③	③	③	③	③
④	④	④	④	④
⑤	⑤	⑤	⑤	⑤
⑥	⑥	⑥	⑥	⑥
⑦	⑦	⑦	⑦	⑦
⑧	⑧	⑧	⑧	⑧
⑨	⑨	⑨	⑨	⑨

氏　　　名	出 身 中 学 校
	中学校

合計	

※60点満点

理　科

1

問１	（１）	1	（２） 2	g
	（３）	3		
	（４）	4 ①②③④⑤⑥⑦⑧⑨		
		5 ①②③④⑤⑥⑦⑧⑨		
問２		6 ①②③④		
問３	（１）	7 ①②③④	（２） 8 ①②③④	
	（３）	9		

問１．(1)１点
(2)〜(4)２点×３
問２．３点
問３．(1)１点　(2)１点
(3)３点

1. 小計	

2

（１）	1	（２） 2 ①②③④

【解答

4　次の太郎くんと花子さんの会話文は，高知県と東京大都市圏との違いに興味を持ち，その調査方法について話し合っているものである。これを読んで，あとの問１～問５までの問いに答えなさい。

太郎くん：まずは人口の違いについて考えてみよう。(ア)高知県と(イ)東京大都市圏の人口では全く違うようだね。

花子さん：単なる人口の比較だけではなく，人口の推移を調査しても面白そうだね。

太郎くん：これだけ人口が異なると，市場で取引されている量も全く異なるだろうね。まずは高知県で盛んな農業について考えてみたいな。(ウ)東京の市場でも高知県の野菜がたくさん取引されているよ。

花子さん：本当ね。高知県の野菜が取引される理由を考えてみましょう。

太郎くん：また，高知県と東京大都市圏の大きな違いとして，(エ)工業があるよ。工業生産額を比べるとかなり大きな差があるね。

花子さん：工業生産額だけでなく，東京大都市圏では(オ)成田国際空港での貿易が盛んなことも特徴みたいね。貿易が行われるのは港が多いと思っていたわ。

問１　下線部（ア）に関連して，次の文章は，高知県の気候についてまとめたものである。文章中の空らんＡ，Ｂにあてはまる語句を答えなさい。

四国山地より南に位置する高知県は，暖流である（　Ａ　）の影響を受けるため，一年を通じて温暖であり，南東からふいてくる（　Ｂ　）により，しめった空気が入りやすく，降水量が多くなる。

問２　下線部（イ）の特徴を述べた文として**誤っているもの**を，次の①～④の中から１つ選び，マークしなさい。

① 東京大都市圏の中には，横浜市や川崎市など複数の政令指定都市がある。

② 東京大都市圏では人口が集中することで過密となり，通勤時間帯のラッシュやごみの増加など，さまざまな都市問題が発生している。

③ 官庁街や高層ビル街が集中する東京都千代田区では昼間人口と夜間人口に差がなく，人口集中が進んでいる。

④ 1990 年以降は，幕張新都心やさいたま新都心などをはじめとする臨海部の埋立地や鉄道施設の跡地などの再開発が進み，多くの人に利用されている。

問3　下線部（ウ）に関連して，次の文章と表は，高知県と東京大都市圏の農業の違いをまとめたものである。次の（1），（2）の問いに答えなさい。

東京の市場には，東京へのアクセスの良さを利用した（　A　）によって作られた周辺の県の野菜が多く流通しているが，高知県はビニールハウスを利用した（　B　）を行うことで，東京の市場でも取引されるように工夫している。

（1）文章中の空らんA，Bにあてはまる語句をそれぞれ**漢字4文字**で答えなさい。

（2）次の表は，東京へ出荷されるなすの量を示したグラフであり，①，②は高知県産と栃木県産のなすの出荷量である。高知県産のなすにあてはまるものを，次の①，②の中から1つ選び，マークしなさい。

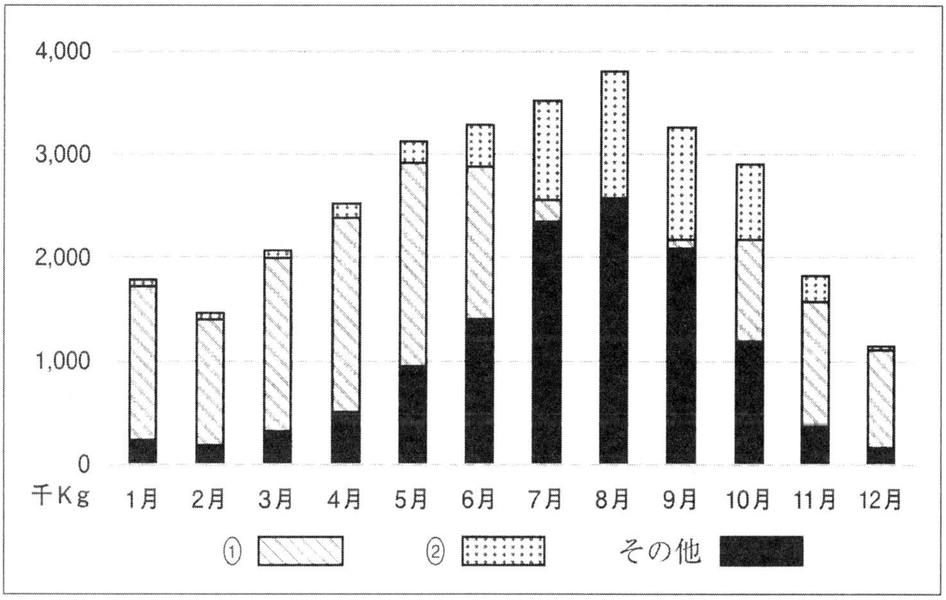

表

東京へ出荷されるなすの量（2014年　東京都中央卸売市場資料）

問4　下線部(エ)に関連して，東京大都市圏の工業について述べた文として**誤っているもの**を，次の①～④の中から1つ選び，マークしなさい。

① 東京湾の臨海部の工業地帯は，京浜工業地帯や京葉工業地域といわれている。

② 関東の内陸部にある北関東工業地域で生産された製品の多くが，東京大都市圏や東京湾岸の貿易港に輸送されている。

③ 東京大都市圏の内陸部では，周辺で採掘される石炭や鉄鉱石などの資源を生かした製鉄所や火力発電所が立ち並ぶ。

④ 東京大都市圏の臨海部では，輸入した石油を活用するための石油化学コンビナートが立ち並ぶ。

問5　下線部（オ）について述べた文として正しいものを，次の①～④の中から1つ選び，マークしなさい。

① 成田国際空港での貿易額は，輸出や輸入を行う日本の港や空港の中でも最大となっている。

② 成田国際空港の所在地は，東京都である。

③ 東京大都市圏と国内各地の空港は，東京国際空港（羽田空港）を中心につながっており，成田国際空港は海外便のみ運航されている。

④ 航空輸送は海上輸送に比べ，輸送の時間を短縮できるため，主に鉱産資源や大型機械など，高額な物資の輸送に用いられる。

5　下の会話文は，AくんとBさんが，授業中に発表するテーマについて相談しているものである。下の会話文を読んで，あとの問1～問4までの問いに答えなさい。

Aくん	発表のテーマには，社会への影響力が強いものを設定したいな。
Bさん	それでは，(ア)選挙や政治にも大きな影響を与えているマスメディアをテーマに選ぶのはどうだろう。もうすぐ選挙に参加できるようになる私たちにも関係するテーマだよ。
Aくん	マスメディアが選挙に与える影響の例だと，テレビで放送される (イ)政党の政見放送があげられるね。政見放送を参考に，選挙で投票先を決める人も多いみたいだよ。
Bさん	それだけではないよ。私たちが現在の政治の動向を知りたい時にも，マスメディアは必要だよ。例えば，(ウ)国会の様子を知りたいときには，テレビやインターネットを通して国会の審議を見ることができるよ。
Aくん	こうしてみると，マスメディアは，情報を広く伝えることで，私たちの (エ)知る権利を支えているようだね。Bさんの言う通り，今度の発表のテーマはマスメディアに決めたよ。

問1　下線部（ア）に関連して，日本の選挙制度について述べた文Ⅰ・Ⅱの正誤の組み合わせとして正しいものを，次の①～④の中から1つ選び，マークしなさい。

Ⅰ：衆議院議員の選挙には，小選挙区制と比例代表制を組み合わせた小選挙区比例代表並立制がとられている。

Ⅱ：平等選挙とは，どの政党や候補者に投票したか他人に知られない選挙のことである。

①　Ⅰ－正　Ⅱ－正　　②　Ⅰ－正　Ⅱ－誤
③　Ⅰ－誤　Ⅱ－正　　④　Ⅰ－誤　Ⅱ－誤

問２　下線部（イ）について述べた文として**誤っているもの**を，次の①～④の中から１つ選び，マークしなさい。

① 政権を担当する政党を野党，政権を担当しない政党を与党と呼ぶ。
② 得票や議席に応じて国から各政党に政党交付金が交付される。
③ 政党は，政権を担当したときに実施する予定の政策を，政権公約として発表する。
④ 連立政権とは，政権が複数の政党によって組織されていることをさす。

問３　下線部（ウ）について述べた文として**誤っているもの**を，次の①～④の中から**すべて**選び，マークしなさい。

① 国会審議の中心となる，常会（通常国会）は毎年１月に召集される。
② 国会は，内閣総理大臣を辞めさせるかどうかを判断する弾劾裁判所を設置できる。
③ 国会の仕事には，法律の制定と予算の審議などが含まれる。
④ 国会は，内閣総理大臣と国務大臣の全員を任命する権利を持つ。

問４　下線部（エ）について，国や地方公共団体が人々の請求に応じて持っている情報を開示する制度の名称を，**漢字６文字**で答えなさい。

6　次の文章を読んで，あとの問１～問４までの問いに答えなさい。

> 国民には，社会生活を支えるために果たすべき義務があります。日本国憲法は，「(ア)子どもに普通教育を受けさせる義務」「(イ)勤労の義務」「(　X　)の義務」の三つを国民の義務としてあげています。憲法に義務の規定が少ないのは，(ウ)憲法が国民の権利を保障するための法だからです。国は憲法に違反しない範囲で，国民に義務を課す法律を制定することができます。

問１　文章中の空らん（　X　）にあてはまる語句を答えなさい。

問２　下線部（ア）に関連して，日本の教育制度について**誤っているもの**を，次の①～④の中から１つ選び，マークしなさい。

① 院内学級とは，病院内で学習するための教室であり，正式な小・中学校として認められている。
② 教育を受けることは子どもの利益になるため，義務教育は無償ではない。
③ 教育の基本的な方針を定める法律として，教育基本法が定められている。
④ 教育を受ける権利によって，すべての子どもは学校で学習することを保障される。

問３　下線部（イ）に関連して述べた文として正しいものを，次の①～④の中から１つ選び，マークしなさい。

① 使用者の権利を守るために労働基本権が保障されている。
② 労働者が団結して行動できるように政党を作る権利を団結権という。
③ 労働条件改善を求めて政府と交渉する権利を団体交渉権という。
④ 要求を実現するためにストライキなどを行う権利を団体行動権という。

問４　下線部（ウ）に関連して，国民の権利について述べた文Ⅰ・Ⅱの正誤の組み合わせとして正しいものを，次の①～④の中から１つ選び，マークしなさい。

Ⅰ：請願権とは，公務員の行為によって受けた損害に対して賠償を求める権利である。

Ⅱ：生存権とは，健康で文化的な最低限度の生活を営む権利である。

①	Ⅰ－正　Ⅱ－正	②	Ⅰ－正　Ⅱ－誤
③	Ⅰ－誤　Ⅱ－正	④	Ⅰ－誤　Ⅱ－誤

2021(R3) 愛知啓成高
教英出版

愛知啓成高等学校

令和二年度　一般入学試験問題　普通科

国語

試験開始の合図があるまで、この問題冊子を開かず、左記の注意事項をよく読むこと。

注意事項

(1) 時間は45分とする。
(2) 机上は受験票・筆記用具のみとし、定規・分度器などの使用は禁止します。
(3) 答えはすべて解答用紙に記入すること。
(4) 解答にはマークする問題が含まれています。ＨＢ以上の鉛筆でしっかりマークすること。
(5) 訂正する場合は消しゴムできれいに消すこと。
(6) 本冊子に脱落や印刷不鮮明の箇所および解答用紙に汚れ等があれば、試験監督者に申し出ること。
(7) 試験開始の合図で解答用紙の所定欄に、受験番号・氏名・中学校名を明確に記入し、解答を始めること。また、受験番号にはマークもすること。
(8) 試験終了の合図で右記(7)の事項を再度確認し、試験監督者の指示に従うこと。

マークシートの書き方

良い例	悪い例
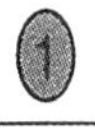	

一　次の文章を読んで、後の問いに答えなさい。設問の都合上、一部原文と変えてあります。

現在、情報消費に関する一つの流れと言えば、圧倒的な情報量の爆発である。インターネットが世の中にばらまかれたことによって、情報を発信するコストが大幅に低下し、誰でも簡単に情報を発信することができるようになった。

個人の情報発信が爆発しただけではなく、旧来のメディアもスペースの制限がなくなったため、以前は編集段階でカットしていたような情報もネットで配信するようになった。その結果、テキスト情報も、音楽配信も、動画配信も爆発的に量が増えていった。

そして消費者は常にスマートフォンという情報の入り口に接続され、絶え間なく情報がプッシュされるようになったのだ。

常にネットワークと接続していることは、単に※コンテンツとつながっているだけではなく、仕事やプライベートでの人間関係とも絶えずつながっている状態になる。

即ち、現代人は過剰な情報と人間関係にさらされ、たとえ人間自身の情報処理能力が上がっているとしても（実際、歴史的に見れば、人間の話す速度、聞いて理解できる速度、読書速度は上がっている）、それを上回るスピードで刺激が増えているのだ。

つまり、あらゆる人が情報処理速度を上回る刺激に悩まされる、そういう状況なのである。

その結果、[1]今、流行しているサービスは情報をたくさん集めるサービスではなく、情報をせき止めるサービスである。

たとえば、現在多くの資金を集め爆発的にユーザーを増やしているネットサービスのカテゴリーは、「ニュースアプリ※」と呼ばれるものだ。様々なニュースサイトから、その人が読みたいであろうニュースを選別し、それだけを読めるようにしたサービスなので、個々のニュースサイトに行って所狭しと並べられた膨大なニュースをいちいちチェックする必要がない。

【　Ⅰ　】

コンピューターやインターネットが膨大な情報を生み出している一方で、コンピューター※アルゴリズムとネットワーク解析によって情報を制限させ、そのサービスが結果的に短期間で数百万人の利用者を集めるのに成功しているのはなんとも皮肉である。【 Ⅱ 】

人間関係も同様だ。交友関係を広げることを提供価値としていた※フェイスブックに代表されるSNSは、日常的なコミュニケーションツールとしての地位を失いつつある。【 Ⅲ 】 A 、若者達が普段使うサービスは、少数の親しい友人達とのクローズなやりとりを楽しむ※LINEに移った。また、※Twitterの隠れた人気機能は「※ミュート」機能である。※フォローを外すのは X が※ツイートは表示させたくない、つまり「視界から消して、黙らせる機能」、それがミュート機能である。【 Ⅳ 】

その結果起きたことが「※蛸壺《たこつぼ》型」の社会認識の広がりである。心地いい情報、意見の合う人間としか付き合わないために、「私の周りはみんな私と同じ意見だ」「私の意見は間違っていない」と思ってしまうのだ。

（中略）

インターネットによる情報爆発は、世界をつなげるという理想と裏腹に、自分の狭い認識をお互いに再確認しあうという真逆の社会を生むことにもなっている。

この文脈までくると、なぜ今、教養が問題になるかが分かるだろう。教養の一つの機能は、※アラン・ブルームの言葉を借りれば「他の考え方が成り立ちうることを知ること」にある。つまり、情報の爆発とその防衛による蛸壺化を経て、失われた普遍性を取り戻そうとする動き、これがすなわち「教養」ブームなのだと私は考えている。

（中略）

現代の資本主義社会では、全てがシステム化され、分業により効率化が極限まで進み、個人が※コモディティ化する。この中で、社会のつながりというものを再構築するのに必要になってくるのは、普遍性を持つ様々な考え方について思索をめぐらすことだ。この社会が共有している知識や思想、文化を持つことで、社会のつながりを再構築するのだ。

また、先述のとおり、常にイノベーション※を作り出すことが資本主義の宿命だとして、その源泉はどこにあるのかと言えば、それも教養にある。多くのイノベーションは、他の異なる考え方を組み合わせることによって生まれる。そうなるとイノベーションを起こすための隠れた武器庫は、自分の知らない思考様式、学問体系、先端的な知識にならざるを得ないのだ。

こういう話をするとすぐに「教養」を身につけるためにはどのような本を読んだら良いか、書物のリストが欲しいといった注文が出てくる。実際、そうしたほうが「秋の読書週間のための教養」としては話が早いと思う。たしかに以前はドイツのレクラム※文庫を範《はん》にした岩波※文庫を読破すれば良かったのかも知れない。

かつての日本においては、発展途上国の日本に進んだ他国の考え方を取り入れることが教養だった。明治以降の近代化においてそれは西洋の文化であったが、大昔は中国大陸での文化であり、漢文に通じることがすなわち教養だった時代もあったのである。

[B]教養を、蛸壺を越境するための「パスポート」たり得る普遍的な思考様式として、言い換えれば様々な言葉遣いを身につけるための手段として考えるのであれば、岩波文庫では狭すぎる。

それでは何が「教養」か。極端に言えば、それは「自分と異なる思想」全てを指す。

自分が普段手にとらないような分野の書籍、雑誌を読むこと、普段自分がであわないような人がいる場所に行くこと（これは簡単に言えば外国だが、物理的に日本の外である必要もない。蛸壺化した社会においては、隣の家ですら「外国」であろう）。そういったことが、すなわち、[4]「教養」を得るということになるだろう。

異なる「種族」の文化を理解するという意味では、「教養」は「文化人類学」※のアプローチに近いかもしれない。実際、マーケティングの最先端の世界では文化人類学のアプローチが消費者理解に活用されている。

ブームが終われば、みんな「教養」なり「リベラルアーツ」のことなど忘れてしまうかも知れないが、これは情報の爆発と資本主義の高度化に対する※処方箋《せん》として、繰り返し繰り返しキーワードになっていくであろうと、私は予想している。

（瀧本哲史『戦略がすべて』新潮新書刊による）

（注）※コンテンツ……放送やインターネットで提供されるテキスト・音声・動画などの情報の内容。

※アプリ……スマートフォン、タブレットコンピュータ、その他携帯端末で動作するように設計されたコンピュータプログラム。

※アルゴリズム……問題を解決する手順や計算方法のこと。

※フェイスブック……アメリカのフェイスブック社の提供するソーシャル・ネットワーキング・サービス（ＳＮＳ）。

※ＬＩＮＥ……無料でメッセージ交換や音声通話ができるアプリ。

※Ｔｗｉｔｔｅｒ……数行の短い文章を書き込む雑記帳スタイルのコミュニティサイト。

※「ミュート」機能……Ｔｗｉｔｔｅｒにおいて、特定ユーザーのツイートを非表示にする機能。

※フォロー……ＳＮＳで、他人の投稿を自分のページで見られるよう登録すること。

※ツイート……Ｔｗｉｔｔｅｒにおいて、ごく短い文を投稿すること。または文そのものを指す。

※蛸壺……海底に沈め、蛸が入るのを待って引き上げる素焼きの壺。

※アラン・ブルーム……アメリカの哲学者。

※コモディティ化……画一化。

※イノベーション……技術革新。

※レクラム文庫……正称は世界文庫といい、ドイツをはじめ世界各国のあらゆる分野のすぐれた著作を収める。

※岩波文庫……株式会社岩波書店が発行する文庫本。国内外の古典的価値を持つ文学作品や学術書などを幅広く収めている。

※文化人類学……人類学のうち、多様な文化・社会の側面を重視して研究・調査を総合的に行う部門。

※処方箋……医師が患者に与えるべき薬物の種類・量・服用法などを記した書類。

問一　――線1「今、流行しているサービスは情報をたくさん集めるサービスではなく、情報をせき止めるサービスである」とあるが、なぜ流行していると筆者は考えているか。その説明として最も適当なものを次の中から一つ選び、マークしなさい。

① 人の情報処理能力は変わらないのに、情報過多の社会に変化したため、人々は情報に惑わされてしまっているから。

② 情報があふれる社会を現代人が生きるためには、情報と向き合い、自らの判断で決断することが求められるから。

③ 情報があふれる現代社会を生き抜くために最も必要な能力は、主体的な決断力と情報処理能力であるから。

④ あふれる情報の中で人々は悩んでしまうが、その問題を解消するためには情報を選別することが必要だから。

問二 ―――線2「なんとも皮肉である」とあるが、そのように言えるのはなぜか。その理由として最も適当なものを次の中から一つ選び、マークしなさい。

① 多くの情報が発信されている世の中にもかかわらず、情報を絞り込むサービスがユーザーを増やしているから。
② 人々は、情報が多く入手できる世の中を求めていたにもかかわらず、結果としてその情報に振り回されてしまっているから。
③ 多くの情報を手に入れる機会があるにもかかわらず、人々は、自分が興味のある情報だけを削除しているから。
④ 人々は、多くの情報と人間関係を獲得することができたにもかかわらず、そのどれもがうわべだけのものだったから。

問三 X には「人間関係が穏やかでなくなる」という意味のことばが入るが、そのことばとして最も適当なものを次の中から一つ選び、マークしなさい。

① 気が立つ　② 角が立つ　③ 顔が立つ　④ 腹が立つ

問四 ―――線3「蛸壺化」とあるが、それはどのようなものか。その説明として最も適当なものを次の中から一つ選び、マークしなさい。

① 自分一人の好きな世界に閉じこもり、他者と一切関わりを持たなくなること。
② 外の状況から隔離され、周囲の変化に対応できなくなること。
③ 同じような考え方の人間関係にとどまり、自分の意見に疑いを持たなくなること。
④ 一つの物事にこだわり、他の行動をとれなくなること。

問五　A ・ B に入ることばとして最も適当なものを次の中からそれぞれ一つずつ選び、マークしなさい。

① つまり　② むしろ　③ もし　④ しかし　⑤ あるいは　⑥ ところで

問六　次の二文を入れるのに最も適当な箇所は本文中の【Ⅰ】～【Ⅳ】のうちのどれか。次の中から一つ選び、マークしなさい。

〔かくして、人々は再び自分の心地よい情報、人間関係を再確認する情報環境に回帰しつつある。自分の読みたい新聞を読み、聞きたい人の意見を聞き、見たいテレビを見る。〕

①【Ⅰ】　②【Ⅱ】　③【Ⅲ】　④【Ⅳ】

問七　――線4「『教養』を得る」とあるが、それはどういうことか。本文中の語句を用いて、二十字以上三十字以内でわかりやすく説明しなさい。（ただし、「教養」、「リベラルアーツ」という言葉を用いてはならない。また、句読点・記号も一字とする。）

《下書き用》

二　大学教員の「私」は、妻の「温子《あつこ》」と小学校六年生の息子の「幸臣《ゆきおみ》」と共に暮らしている。ある日「私」は居間の机の上に「しょう来、小学校の先生になれますように。」と書いた短冊を見つける。それは小学校の行事である「七夕会」で飾るために、「幸臣」が書いたものだった。以下は、それに続く場面である。これを読んで、後の問いに答えなさい。設問の都合上、一部原文と変えてあります。

[1]「おい、幸臣は教師になりたいのか？」

幸臣は風呂に入っていた。

書かれた願い事を見て問いかけると、温子があっさり「そうよ」と頷《うなず》いた。少年野球に入ってるせいか、去年までは確か、プロ野球選手になりたいとか、それこそ夢みたいなことを言っていたはずだったのに、いつの間に変わったのだろうか。

「ずいぶんとまあ、現実的なことを言うようになったな。公務員だったら収入も安定してるし、※初任給もいいから[a]ケッコウな話だけど」

「幸臣、※比留間《ひるま》先生みたいになりたいんですって」

言われて、※親父会の時に一度見たきりの好青年の顔を思い浮かべる。「評判いいのよ」と温子が続けた。

「五月の修学旅行も、四月に入ってすぐから何度も何度も学級会や取り組みの時間を設けて準備してくれて、そのおかげで今までの六年生より自由時間を多く取れたんですって。他にも、先生が自分の好きな本を紹介してみんなで読む時間があったり、ニュースや社会情勢について話し合ったりなんて授業もあるみたい。自分たちで考える力がついてるせいか、今年の六年生はしっかりしてるって他の先生たちも言ってるし、幸臣も学校がすごく楽しいみたい」

「へえ。でもそれは、他の授業がおろそかになってるってことじゃないのか」

「なんでそんなことにしか目が向かないの！　授業をやったその上でってことでしょう」

温子が目をつり上げる。
「やり方が変わってるとこがいいのよ。この間なんて環境問題を考えるのに※ジブリのアニメをみんなで観て、それを題材に授業したんですって」
「アニメ？　学校は勉強するところなのにいいのか」
「だから、普段遊び感覚で観てるアニメを通じて子供にわからせたところがすごいって話をしてるんでしょう！　なんでそんなに頭が硬いのよ」
　修学旅行の結団式から出発式、間の移動や終了式までの流れをテイネイ[b]に予行演習し、実際の旅行では、比留間は帰りのバスの中で「みんなと出会えて本当によかった。このクラスを卒業させられることが嬉《うれ》しい」と涙ぐんでいたそうだ。もらい泣きする女子もたくさんいた、と聞いては、もう「へえ」と相づちを打つより他なかった。ここで「修学旅行があったのはまだ五月なのに？　四月から一ヵ月ちょっと受け持っただけじゃないか」などと口にしてはいけないことは、さすがにもうわかる。
「おかげで今年の六年生、団結力も強いのよ。みんな仲がいいし、いい子たちだし」
「幸臣はそれで小学校の教師に憧[c]れてるのか。単純だな。これから中学や高校だってあるのに、小学校がいいなんて」
「大学の先生になる道だってあるって言いたいの？」
「まさか。大学は勝手が違う」
　息子にも自分と同じ道を進んで欲しいという気持ちなど、私にはない。
「ともあれ、教師じゃ、老後は楽をさせてもらえそうもないな」
　何気なくそう言った時、廊下からふっと気配[d]を感じて顔を上げると、風呂から上がったばかりの幸臣がバスタオルを頭からかけ、身体から湯気を立てた状態で、裸のまま立っていた。目が、私が手に持った自分の短冊を見ている。

その目がeショウゲキに打たれたように大きく見開かれ、口元を真一文字に結んでいるのを見て、はっとなった。横にいた温子が話題を逸《そ》らすように「こら、早く服を着なさい」とあわてて立ち上がる。

幸臣は答えなかった。

2黙ったままタオルで一度髪の毛をぐしゃっと拭《ぬぐ》い、そのまま私に近づくと、願い事が書かれた短冊をひったくるように摑《つか》んだ。

「幸臣！」と温子が呼んだが、黙ったまま、二階の自分の部屋に上がっていってしまう。「幸臣」ともう一度呼んで廊下に出ていった温子が、戻ってきて次に「お父さん」と私に呼びかけた声が、冷ややかだった。

「謝りなさいよ。水を差すようなことばっかり言って」

私もまた、温子に答えなかった。

3幸臣は素直な子供だ。

小学生らしく無邪気で、親戚の子供や商店街の旅行で会う他の子供たちに比べてもどちらかといえばおとなしい。中学校に上がれば、この素直さが失われ、年相応な生意気な口を利くようになるのだろうと、中学生のまま大人になったような自分のところの学生たちを見ていて思うことがある。将来の夢などなく、それどころか就職できるかどうかもわからないのに、さりとてそれを困ったと思う様子もなくヘラヘラ笑う学生たち。指導しながら、彼らはいつまで親の［A］をかじり続けるつもりなのかと他人事ながら心配になることもある。

それに比べたら、小学校の教師など本当にまともな夢だ。今の発言で幸臣が夢を諦めなければよいが。ぐれて、親に面倒かけるような子供にならなければよいが。この家のローンだってまだ残っているし、それを払い終えたら手元に残る老後の蓄えなんてうちは知れたものだ。

大物にならなくともいいから、どうか自分の※食い扶持《ぶち》くらい自分で稼げる大人になってくれ、と祈る。

（辻村深月『家族シアター』所収「タイムカプセルの八年」による）

（注）※初任給……初めて職についたときに支給される給料。
※比留間先生……「幸臣」のクラス担任の教師。
※親父会……「幸臣」のクラスの父親たちで作る会。
※ジブリ……アニメ制作会社「スタジオジブリ」の略。
※食い扶持……食べ物を買う費用。

問一　＝＝線a～eの漢字は読みをひらがなで、カタカナは漢字で書きなさい。

問二　［A］に入ることばをひらがな二字で書きなさい。

問三　――線1「おい、幸臣は教師になりたいのか?」とあるが、この時の「私」の気持ちの説明として最も適当なものを次の中から一つ選び、マークしなさい。

①　今まで子供だと思っていた息子がいつのまにか大人になっていくことに、さびしさを感じている。
②　今まで夢を語ることなどなかった息子に将来の夢ができたことを知り、頼もしく思っている。
③　去年まではプロ野球選手になると言っていた息子が夢をあきらめたと知り、怒りを感じている。
④　去年までは子供らしい夢を持っていた息子に現実的な目標ができたことを知り、意外に思っている。

問四　本文中の「私」と妻の「温子」とのやりとりについて説明したものとして最も適当なものを次の中から一つ選び、マークしなさい。

① 「私」と「温子」は一見、厳しい言葉を交わし合うが、その言葉の端々にお互いのことを尊重している様子がうかがえる。

② 「私」は何気なく疑問を口にするが、「温子」はそれが話題に水を差す発言ばかりであることにいらだちを隠せないでいる。

③ 「温子」が好青年である比留間先生のことをたびたび話題にするので、「私」は嫉妬《しっと》心にかられて反論してばかりいる。

④ 「私」は息子のためによかれと思って発言しているだけだが、「温子」は自分が侮辱《ぶじょく》されたように感じて腹を立てている。

問五　――線2「黙ったままタオルで一度髪の毛をぐしゃっと拭い、そのまま私に近づくと、願い事が書かれた短冊をひったくるように摑んだ」とあるが、この時の「幸臣」の気持ちの説明として最も適当なものを次の中から一つ選び、マークしなさい。

① 秘密にしていた小学校の教師になる夢を父に知られ、恥ずかしくていたたまれなくなっている。

② 大学の教員である父に、将来父のように立派にはなれないことを指摘されて、悔しく思っている。

③ 小学校の教師になるという自分の夢をばかにされたように感じ、父への反発心を抱いている。

④ 小学校の教師になるという自分の夢に父が反対していると知り、自分の将来に絶望している。

問六　―――線3「幸臣は素直な子供だ」とあるが、主人公の「私」は息子の「幸臣」に対してどのような思いを抱いているか。最も適当なものを次の中から一つ選び、マークしなさい。

① 無邪気でおとなしく、しっかりとした将来の夢も持っているが、今ある素直さも成長するにつれて失われるのではないかと心配している。

② 単純な性格であるため、将来はせいぜい自分の食い扶持を稼ぐのがやっとで、とても大物になることはできないと悲観的になっている。

③ 今は素直でおとなしいが、小学校の教師になることに反対をしてしまったために、親に反抗するようになるのではないかとあやぶんでいる。

④ 無邪気でおとなしいが、将来の目標もその時々でころころと変わるような頼りない性格の子供であるため、将来を不安に思っている。

問七　本文中に次の一文を入れるのに、最も適当な箇所はどこか。補う箇所の直前の五字を抜き出して書きなさい。（ただし、句読点・記号も一字とする。）

〔意固地になったからではなくて、どう反応すればよいかわからなかった。〕

問八　本文の表現に関する説明として最も適当なものを次の中から一つ選び、マークしなさい。

① はじめは父親である「私」の視点で語られるが、その後、妻や息子の視点に変わり、最後にまた「私」の視点に戻っている。

② 改行してある「　」は実際の会話を、改行せずに地の文の間にはさまれた「　」は心中語を表し、区別している。

③「私」と妻とのやりとりに会話文を多用することによって臨場感が出て、読者が感情移入しやすくなっている。

④「幸臣」の発言が極端に少ないことは、「私」が息子を何を考えているかわからない子だと感じて遠ざけていることを示している。

三　次の文章を読んで、後の問いに答えなさい。設問の都合上、一部原文と変えてあります。

今は昔、身いと※わろくて過ごす女ありけり。※時々来る男来たりけるに、雨に降りこめられて[a]ゐたるに、「[1]いかにして物を食はせん。」と思ひ嘆けど、すべき※方もなし。日も暮れ方になりぬ。※いとほしくいみじくて、「わが※頼み奉《たてまつ》りたる観音、助けたまへ。」と思ふほどに、わが※親のありし世に使はれし女従者《ずさ》、いと※きよげなる食物を[2]持て来たり。うれしくて、よろこびに※取らすべき物のなかりければ、小さやかなる紅《あか》き小袴《こばかま》を持ちたりけるを、[3]取らせてけり。われも食ひ、人にもよくよく食はせて、寝にけり。暁《あかつき》に男は出でて往《い》ぬ。[4]つとめて、※持仏堂にて、観音持ち奉りたりけるを、見奉らんとて、※丁立て、※据《す》ゑ参らせたりけるを、※帷子《かたびら》引きあけて見参らす。この女に取らせし小袴、仏の御肩にうち掛けておはしますに、いとあさまし。昨日取らせし袴なり。[b]あはれに[5]あさましく、おぼえなくて持て来たりし物は、[6]この仏の御しわざなりけり。

(『古本説話集』による)

(注)※わろくて過ごす女……貧しくて年月を過ごす女。
※時々来る男……時々、女のもとに通ってくる恋人。
※方もなし……方法もない。
※いとほしくいみじくて……思うようにならないわが身のことがみじめでつらくて。
※頼み奉りたる観音……信仰し申し上げている観音様。
※親のありし世に使はれし女従者……親が生きていた時に使われていた女性の使用人。
※きよげなる……見事な。
※取らすべき物……与えるのに適当な物。
※持仏堂……常にそばに置き信仰し礼拝する仏像を安置する堂。

※丁……室内の仕切りのために立てた、移動式の布製のついたて。
※据ゑ参らせたりけるを……据え置き申し上げていたその観音像を。
※帷子引きあけて見参らす……「丁」に垂れ下げた布を引き開けて見申し上げる。

問一 ＝＝線a「ゐたる」、b「あはれに」を現代仮名遣いに直し、それぞれひらがなで書きなさい。

問二 ――線1「いかにして物を食はせん」は「女」の言葉だが、現代語訳として最も適当なものを次の中から一つ選び、マークしなさい。

① どうして物を食べないのか。
② どうしても物を食べたくない。
③ どのような物を食べたのか。
④ どうやって物を食べさせようか。

問三 ――線2「持て来たり」、3「取らせてけり」の主語として最も適当なものを次の中からそれぞれ一つずつ選び、マークしなさい。

① 女　② 男　③ 親　④ 女従者

問四 ――線4「つとめて」とはいつ頃のことか。最も適当なものを次の中から一つ選び、マークしなさい。

① 夕方　② 夜中　③ 早朝　④ 昼間

問五　――線5「あさましく」とあるが、「あさまし」とは「驚きあきれる」という意味である。そのように感じた理由として最も適当なものを次の中から一つ選び、マークしなさい。

①　女従者に与えたはずの小袴が観音像の肩に掛けてあったから。
②　観音像に掛けてあった小袴が女の親のものと同じであったから。
③　女が観音像の肩に掛けておいた小袴がなくなっていたから。
④　男が小袴を肩に掛けた観音像を持ってきたから。

問六　――線6「この仏の御しわざ」とあるが、その内容にあたる語句を本文中から十五字で探し、初めの三字を抜き出して書きなさい。（ただし、句読点・記号は含まない。）

問七　本文の内容に合致するものを次の中から一つ選び、マークしなさい。

①　男は、女従者に命じて食べ物を持って来させた。
②　女は、食べ物がなくて困ったので、信仰する観音に祈った。
③　男は、小袴を持仏堂に置いたまま帰った。
④　女は、親が善行を積んだおかげで観音に助けられた。

問八　本文は『古本説話集』という説話であるが、同じジャンル（文学上の分類）の作品を次の中から一つ選び、マークしなさい。

①　今昔物語集　②　平家物語　③　竹取物語　④　方丈記

四　次の語句の対義語をそれぞれ漢字で書きなさい。

1　主観

2　肯定

3　消費

4　絶対

5　義務

愛 知 啓 成 高 等 学 校

令和２年度　一般入学試験問題

普通科

数　学

試験開始の合図があるまで，この問題冊子を開かず，
下記の注意事項をよく読むこと。

注 意 事 項

(1)　時間は45分とする。

(2)　机上は受験票・筆記用具のみとし，定規・分度器などの使用は禁止します。

(3)　答えはすべて解答用紙に記入すること。

(4)　解答にはマークする問題が含まれています。ＨＢの鉛筆でしっかりマークすること。

(5)　訂正する場合は消しゴムできれいに消すこと。

(6)　本冊子に脱落や印刷不鮮明の箇所および解答用紙に汚れ等があれば，試験監督者に申し出ること。

(7)　試験開始の合図で解答用紙の所定欄に，受験番号・氏名・中学校名を明確に記入し，解答を始めること。また，受験番号にはマークもすること。

(8)　試験終了の合図で上記(7)の事項を再度確認し，試験監督者の指示に従うこと。

マークシートの書き方

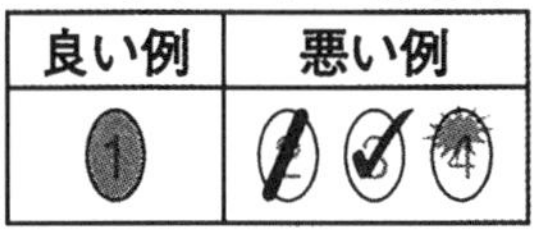

この注意事項は，問題冊子の裏表紙にも続きます。問題冊子を裏返して必ず読みなさい。

$\boxed{1}$ 次の問いに答え，空欄 $\boxed{\text{ア}}$ ～ $\boxed{\text{ム}}$ にあてはまる数や符号を解答用紙にマークしなさい。

(1) $\left(-\dfrac{2}{3}\right)^2 \times 6 - 2 \div \left(-\dfrac{4}{3}\right)$ を計算すると，$\dfrac{\boxed{\text{ア}}\boxed{\text{イ}}}{\boxed{\text{ウ}}}$ となる。

(2) $\dfrac{6}{\sqrt{2}} - (2 - \sqrt{2})^2$ を計算すると，$\boxed{\text{エ}}\boxed{\text{オ}} + \boxed{\text{カ}}\sqrt{\boxed{\text{キ}}}$ となる。

(3) $\dfrac{x-3}{3} - \dfrac{3(x-1)}{2}$ を整理すると，$\dfrac{\boxed{\text{ク}}\boxed{\text{ケ}}}{\boxed{\text{コ}}}x + \dfrac{\boxed{\text{サ}}}{\boxed{\text{シ}}}$ となる。

(4) 方程式 $0.25x + 0.75 = 1.5(x - 0.5)$ を解くと，$x = \dfrac{\boxed{\text{ス}}}{\boxed{\text{セ}}}$ となる。

(5) 連立方程式 $\begin{cases} x - 3y = -6 \\ 3x + \dfrac{1}{2}y = 20 \end{cases}$ を解くと，$x = \boxed{\text{ソ}}$，$y = \boxed{\text{タ}}$ となる。

(6) 方程式 $\dfrac{1}{3}x^2 - \dfrac{1}{2}x - 1 = 0$ を解くと，$x = \dfrac{\boxed{\text{チ}} \pm \sqrt{\boxed{\text{ツ}}\boxed{\text{テ}}}}{\boxed{\text{ト}}}$ となる。

(7) 2次方程式 $x^2 + ax - 6 = 0$ が -2 を解にもつとき，残りの解は $x = \boxed{\text{ナ}}$ となる。

(8) $2(2x-1)(x+3) - (x+1)(x-2)$ を整理すると，
$\boxed{\text{ニ}}x^2 + \boxed{\text{ヌ}}\boxed{\text{ネ}}x - \boxed{\text{ノ}}$ となる。

(9) $16x^2 - 64$ を因数分解すると，$\boxed{\text{ハ}}\boxed{\text{ヒ}}(x + \boxed{\text{フ}})(x - \boxed{\text{ヘ}})$ となる。

(10) 1次関数 $y = ax + b$ について，x の変域が $-1 \leqq x < 3$ のとき，y の変域は $2 < y \leqq 10$ である。この1次関数の傾きを次の中から選ぶと $\boxed{\text{ホ}}$ となる。

① -2　② $-\dfrac{1}{2}$　③ $\dfrac{1}{2}$　④ 2　⑤ 4　⑥ 8

(11) 2個のさいころを投げる。2つのさいころの目について，和も積も偶数になる確率は $\dfrac{\boxed{\text{マ}}}{\boxed{\text{ミ}}}$ となる。

(12) 10点満点のテストを9人が受けた。その点数はそれぞれ

9, 5, 6, 7, 6, 8, 8, 9, a

であった。中央値が8点のとき，a のとりうる値は [ム] 通りある。
ただし，点数は整数とする。

[2] ある会社で，4種類の製品A，B，C，Dを合計220個製作した。この4種類の製品の数は，多い方からA，B，C，Dの順である。
製品Bの数は製品Dの3倍，製品Cの数は全体の数の $\frac{1}{4}$ であった。
また，製品Aと製品Dの数の差は製品Bと製品Cの数の差の5倍であった。
製品Aの数を x，製品Bの数を y として，次の問いに答えなさい。

(1) x, y の連立方程式をたてなさい。

(2) 製品A，製品Bの数を求めなさい。

3 図のようなマス目で，A，Bの２人が次のルールでコマを進めるゲームを行う。

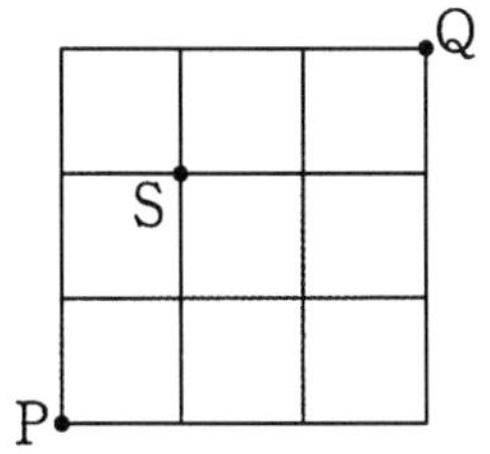

ルール①AはPを，BはQを出発し，２人は交互に１枚の硬貨を３回ずつ投げる。

ルール②Aは表が出たら右へ，裏が出たら上へ１目盛進む。

Bは表が出たら左へ，裏が出たら下へ１目盛進む。

(1) ２人のコマが図の点Sで出会うとき，コマの進め方は何通りあるか。

(2) ２人のコマがマス目のどこかで出会うとき，コマの進め方は何通りあるか。

4 次の図において，線分の長さ x を求めなさい。

(1)

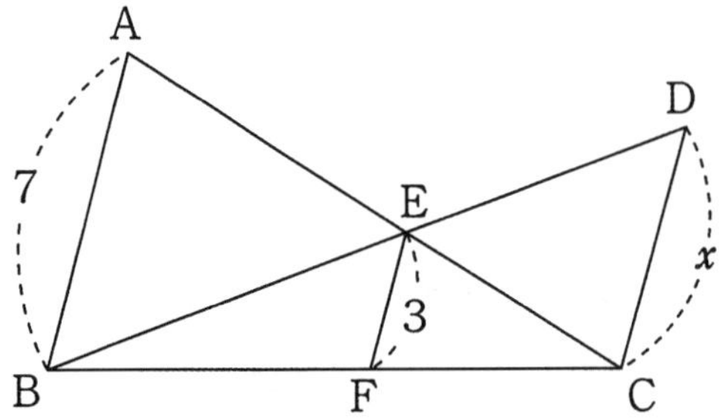

ただし, AB∥EF∥CD

(2)

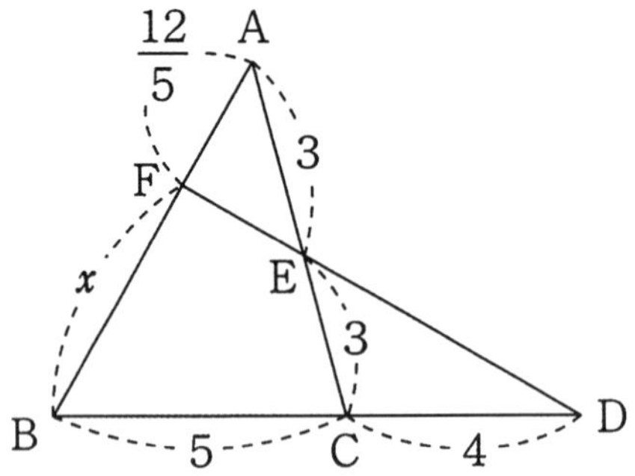

5 関数 $y = x^2$ と $y = \frac{1}{3}x^2$ のグラフがあり，直線 $y = x + 6$ との交点を左から順にA，B，C，Dとする。このとき，次の問いに答えなさい。

(1) AB：BCを求めなさい。

(2) 直線 $y = x + 6$ と x 軸，y 軸との交点をそれぞれE，Fとするとき，△OEFと面積が等しいものを次の中からすべて選び番号で答えなさい。

① △OAC　② △OAD　③ △OBC　④ △OBD　⑤ △OFD

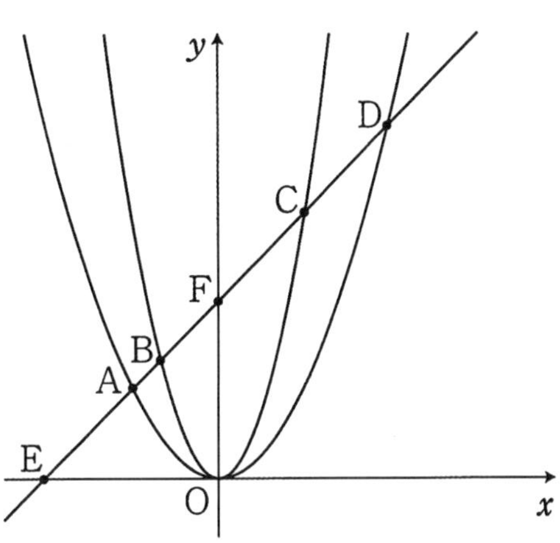

解　答　上　の　注　意

(1) ア，イ，ウ，・・・・の一つ一つには，それぞれ０～９までの数字，または－，± のいずれか一つが対応します。それらをア，イ，ウ，・・・・で示された解答欄にマークしなさい。

例，解答欄 $\boxed{ア}\boxed{イ}$ に対し－２と答えたいとき，

(1)	ア	**●－**	±	0	1	2	3	4	5	6	7	8	9
	イ	－	±	0	1	**●2**	3	4	5	6	7	8	9

(2) 分数形で解答が求められているときは，それ以上，約分ができない分数で答えます。符号は分子につけ，分母につけてはいけません。

例，解答欄 $\dfrac{\boxed{ウ}\boxed{エ}}{\boxed{オ}}$ に対し $-\dfrac{1}{8}$ と答えたいとき，$\dfrac{-1}{8}$ と答える。

(2)	ウ	**●－**	±	0	1	2	3	4	5	6	7	8	9
	エ	－	±	0	**●1**	2	3	4	5	6	7	8	9
	オ	－	±	0	1	2	3	4	5	6	7	**●8**	9

(3) 根号を含む形で解答する場合は，根号の中に現れる自然数が最小となる形で答えます。

例，$\boxed{カ}\sqrt{\boxed{キ}}$，$\dfrac{\sqrt{\boxed{ク}\boxed{ケ}}}{\boxed{コ}}$ に $6\sqrt{2}$，$\dfrac{\sqrt{13}}{3}$ と答えるところを，

$3\sqrt{8}$，$\dfrac{\sqrt{52}}{6}$ のように答えてはいけません。

愛 知 啓 成 高 等 学 校

令和２年度　一般入学試験問題

普通科

英　語

試験開始の合図があるまで，この問題冊子を開かず，

下記の注意事項をよく読むこと。

注　意　事　項

(1) 時間は45分とする。

(2) [1]と[2]は選択問題です。[1]のリスニング問題はサミッティアコースとグローバルコース受験者が解答すること。アカデミアコース受験者は[2]を解答すること。

(3) 机上は受験票・筆記用具のみとし，定規・分度器などの使用は禁止します。

(4) 答えはすべて解答用紙に記入すること。

(5) 解答にはマークする問題が含まれています。HB以上の鉛筆でしっかりマークすること。

(6) 訂正する場合は消しゴムできれいに消すこと。

(7) 本冊子に脱落や印刷不鮮明の箇所および解答用紙に汚れ等があれば，試験監督者に申し出ること。

(8) 試験開始の合図で解答用紙の所定欄に，受験番号・氏名・中学校名を明確に記入し，解答を始めること。また，受験番号にはマークもすること。

(9) 試験終了の合図で上記(8)の事項を再度確認し，試験監督者の指示に従うこと。

マークシートの書き方

良い例	悪い例
	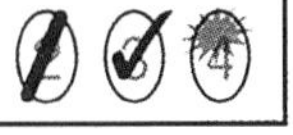

※音声と放送原稿非公表

1 Part1 対話と質問を聞き，その答えとして最も適切なものを①～④の中から1つずつ選び，マークしなさい。対話と質問は1度だけ流れます。

No.1 ① Go to the beach. ② Play soccer.
③ Go fishing. ④ Stay at home.

No.2 ① Fifty dollars. ② Thirty dollars.
③ Twenty dollars. ④ Ten dollars.

No.3 ① In the box. ② On the table.
③ Under the chair. ④ By the door.

No.4 ① Warm. ② Cloudy. ③ Rainy. ④ Sunny.

No.5 ① She has to do some homework.
② She has to go shopping.
③ She is talking to her parents.
④ She is making dinner.

Part2 対話と質問を聞き，その答えとして最も適切なものを①～④の中から1つずつ選び，マークしなさい。質問は No.1 ～ No.3 の 3 つです。対話と質問は2度流れます。

No.1 ① One. ② Two. ③ Three. ④ Four.

No.2 ① He doesn't feel well. ② He can't get any rest.
③ He has a headache. ④ He doesn't have any friends.

No.3 ① Some flowers. ② Presents.
③ His friends. ④ Some drinks.

Part3 英文と質問を聞き，その答えとして最も適切なものを①～④の中から1つずつ選び，マークしなさい。質問は No.1 ～ No.2 の2つです。英文と質問は2度流れます。

No.1 ① 13 minutes. ② 15 minutes. ③ 30 minutes. ④ 45 minutes.

No.2 ① She rides her bike all the way.
② She walks to school.
③ She rides a bike to the bus stop and then takes a bus.
④ She takes a bus and then walks to school.

2 （1）次の①～④の語のうち，他の３つと下線部の発音が異なるものを１つずつ選び，マークしなさい。

（ア）　①　useful　②　understand　③　umbrella　④　up

（イ）　①　fall　②　glad　③　always　④　bought

（ウ）　①　created　②　finished　③　missed　④　walked

（2）次の①～④の語のうち，他の３つとアクセントの位置が異なるものを１つずつ選び，マークしなさい。

（ア）　①　kitch - en　②　li - on
　　　③　pic - nic　④　per - cent

（イ）　①　ko - a - la　②　per - for - mance
　　　③　hos - pi - tal　④　com - put - er

（3）次の英文を読んで，あとの問いに答えなさい。

Kenta：Hi, Jim. What are you doing?

Jim　：I'm writing a letter to my brother, John. I got a letter from him yesterday.

Kenta：What did he write about?

Jim　：He'll *enter college next month. And he's going to study Japanese there.

Kenta：Japanese? Does he want to come to Japan?

Jim　：(a)(　　　) I've been in Japan for three years, but John has never been to Japan. And in his letter he said, "I am very interested in Japan because you really enjoy your life there!" So I think he'll come to Japan when he is in college.

Kenta：That's nice. I'm looking forward to meeting him. Well, will John's school start in September? Our school usually starts in April and ends in March.

Jim　：In my country, America, (b)it starts in September and ends in June. So our *customs are different from Japanese customs. For example, we have (c)(　　　) months for summer vacation.

Kenta：That's great! I want more holidays.

（注）enter　入学する　　　custom　慣習

（ア）下線部（a）に入るものとして適当なものを，次の①～④の中から１つ選び，マークしなさい。

① I don't know.　　② Yes, he does.

③ He likes Japan.　　④ No, he doesn't.

（イ）下線部（b）の指しているものを，次の①～④の中から１つ選び，マークしなさい。

① school in America　　② Kenta's school

③ summer vacation　　④ Jim's life in Japan

(ウ) 下線部 (c) に当てはまる適切な語を，次の①～④の中から１つ選び，マークしなさい。

① one　② two　③ six　④ nine

(エ) この対話が行われたのは何月か，次の①～④の中から１つ選び，マークしなさい。

① June　② July　③ August　④ September

(オ) 本文の内容に合うものを，次の①～④の中から１つ選び，マークしなさい。

① John is going to study Japanese because he wants to talk with Kenta.
② Kenta thinks John will live in Japan in the future.
③ Jim will come to Japan when he is in college.
④ Kenta wants to meet Jim's brother.

3 次のメッセージを読んで，あとの問いに答えなさい。

< Messages　　Saki

Sat, Feb 1

Hi Saki. How are you? I'm in Nagoya with my family. Let's meet and have lunch if you are free this week.

read
5 : 26 p.m.

Hi Tim! I'm great! It's wonderful to hear you are visiting Nagoya again. I'm sorry. I'm in Tokyo all this week to take care of my grandmother. She fell and broke her leg.

read
5 : 40 p.m.

Oh! I'm so sorry to hear that. I hope she gets well soon. Well, may I ask you a question? I need a present for my teacher. She leaves our school next month. She loves Japan. What should I get her?

read
5 : 42 p.m.

*Shrimp crackers are a popular gift in Aichi. Seto and Tokoname *pottery is also nice. There are small items such as coffee cups, small dishes, and *accessory cases. I think these are good as a present. Your teacher will like it.

read
6 : 01 p.m.

Thank you so much for your advice! I'll check it! Please take care.

read
6 : 02 p.m.

（注） shrimp cracker　えびせんべい　　pottery　陶器
accessory　アクセサリー

（1） At 5 : 26 p.m., who sent the message?

① Tim. ② Saki.
③ Tim's teacher. ④ Saki's grandmother.

（2） Which is true about Saki?

① She works as a teacher.
② She is traveling with her family.
③ She is looking after her parent's mother.
④ She broke her leg and she can't walk now.

（3） Why does Tim ask Saki to help him?

① Because he is going to send a present to Saki.
② Because he wants to buy a present for his teacher.
③ Because he needs to find a nice restaurant.
④ Because he has to make time to meet Saki.

（4） What will Tim do next?

① Go to Tokyo.
② Go back to his country.
③ See his new teacher.
④ Go to a gift shop.

4 次の掲示を読んで，あとの問いに答えなさい。

Schedule for Music Concerts

February 21st – February 29th

5 : 00 p.m. – 7 : 30 p.m.

Date		Performance	Performer	Place
Feb. 21st	Fri.	Piano	Yoshiko Sato	Theater C
Feb. 22nd	Sat.	Violin	Billy Rogers	Theater D
Feb. 26th	Wed.	Chorus	City Chorus Club	Theater C
Feb. 27th	Thu.	Violin	Liz Potter	Theater B
Feb. 28th	Fri.	Piano	Tim Baker	Theater A
Feb. 29th	Sat.	Hawaiian Music	Emma. P & Friends	Theater D

Seats	Price	
	over 19 years old	12 to 18 years old
S	5,000 yen	4,000 yen
A	4,000 yen	3,000 yen
B	3,000 yen	2,000 yen
C	2,000 yen	1,000 yen

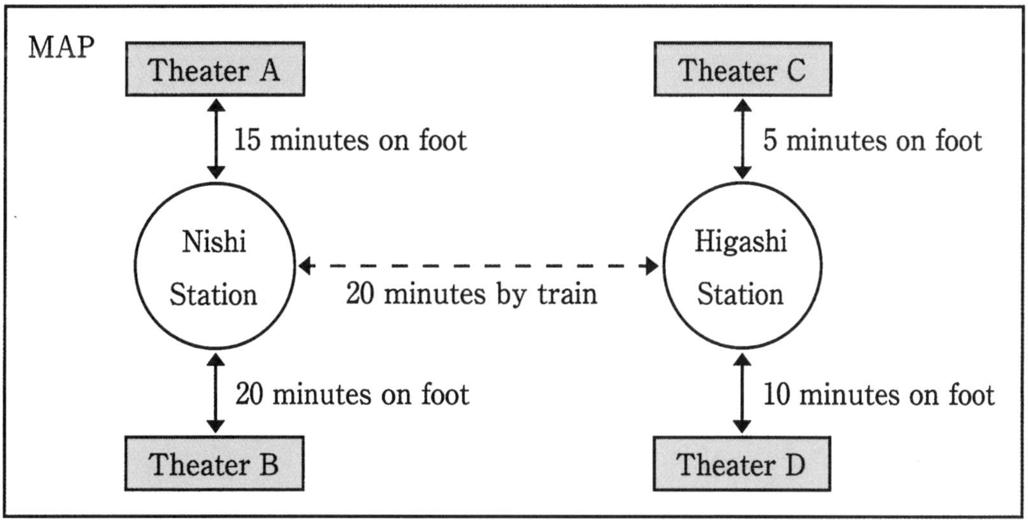

(1) Momoko practices soccer on Wednesday and Saturday from 4 : 00 p.m. to 6 : 00 p.m. Her friend Sarah has a Japanese class in the evening every Friday, but she doesn't have a class on February 21st. Which performance can they watch if they go to a concert together?

① They can watch a Chorus concert at Theater C or a Piano concert at Theater A.

② They can go to a Piano concert at Theater C or a Violin concert at Theater B.

③ They can go to only a Violin concert at Theater B.

④ They can't watch any performance during those six days.

(2) Ryota is in the third year of junior high school. Tony is Ryota's classmate, and is staying in Ryota's house. Ryota plans to go to a concert with his parents and Tony. If they buy the most expensive seats for the concert, how much will they in total need?

① 6,000 yen.　② 14,000 yen.　③ 18,000 yen.　④ 20,000 yen.

(3) Daniel bought a ticket for a concert which is held on 29th in February. He wants to arrive at the theater at 4 : 50 p.m. on the day. What time should he leave Nishi Station?

① Twenty before five.　② Twenty after four.

③ Four o'clock.　④ Four thirty.

5 次の英文を読んで，あとの問いに答えなさい。

My name is Mark Smith. I have traveled to many interesting places in the world, but this was the most exciting *experience for me — I stayed in a hotel which was built of salt!

The unique hotel stands in a huge salt *desert in *Bolivia. It is about 3,700 meters above the sea and is maybe the largest *salt bed in the world with an area of about 12,000 square kilometers. A long time ago, there was no salt desert, but later the *ocean floor rose up and mountains were made. So, a lot of sea water was left in the mountains. It made a lake. Then the lake became *dry. A salt desert was left.

The salt hotel is very strange. Beds, tables, chairs, everything is made from salt blocks. There is no electricity — the hotel uses the natural heat of the sun. During the day, the sun makes the blocks of salt warm, and it still keeps the rooms warm, then people don't feel cold at night. And there is one more thing that we have to remember — there is no bath or shower in the hotel because it is in the *center of the huge desert of salt!

（注） experience　経験　　desert　砂漠　　Bolivia　ボリビア（国名）
salt bed　塩岩床　　ocean floor　海底　　dry　乾いている
center　真ん中

（1） Choose from ① to ④ to show how A salt desert was made.

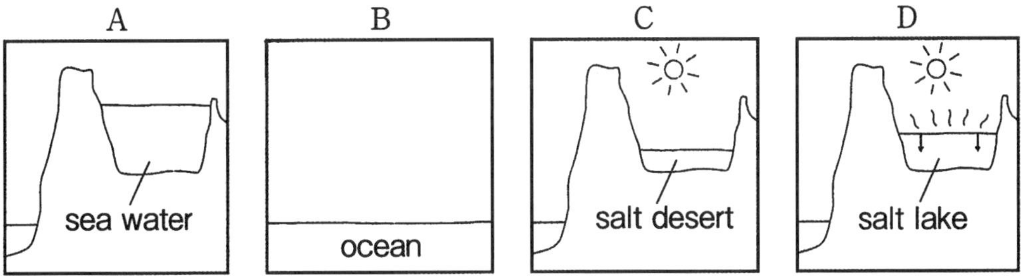

① D → B → C → A　　② B → A → D → C
③ B → C → A → D　　④ D → A → B → C

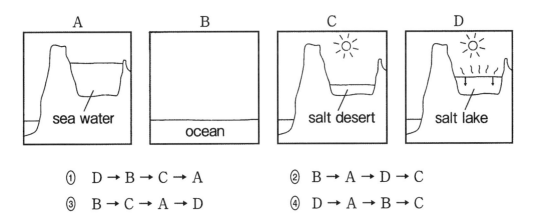

(2) Which is true of the hotel in this passage?

① The hotel stands on the top of the highest mountain in Bolivia.
② The hotel is different from other hotels because it has a unique appearance and food.
③ The hotel uses the energy of the sun instead of electricity.
④ The hotel decided to solve the problems of water and electricity.

(3) What is the best title for this passage?

① Interesting Places in the World
② A Hotel Made of Salt
③ The Largest Salt Desert in the World
④ There is No Electricity

(4) Answer the following questions in English.

1 Has the writer had many exciting experiences around the world?
( ), ( ) ( ).

2 How large is the salt desert?
It is about ( ) ( ) ( ).

6 ある会場での催し物の一幕です。次の英文を読んで，(　　　　) 内に与えられた語で始まる語を１語ずつ入れなさい。

Staff　　：Ladies and gentlemen, welcome to the Animal *Forum. Today we want to start with a speech by Ms. Jane Wood. As you know, Ms. Wood has helped thousands of cats and dogs left in animal *shelters. Everyone, please welcome Ms. Wood.

Ms. Wood：Thank you very much. I'm Jane, Jane Wood. I'm very happy to be here today. I love animals. I had a horse and a dog when I was a child. When I was thirty years old, my friend and I visited an animal shelter in my hometown. The animals there looked very sad, so I was sad, too. Since then, for over ten years, I have taken care of animals and looked for people who want to keep them. Last year, with my friends, I also started a new program, "Save the Animals." In this program, people can keep a pet for a month. They *experience life with an animal before they actually keep one at home. Some people find that it is hard to keep one. We believe this is one of the ways to *reduce animals in shelters. Next year, I'm going to make a movie for children. In the movie, I want to show children the great *abilities that animals have. I want to work harder to help animals. Do you like animals and want to help them? If you are interested in our program, can you please join us? We are waiting for your kind support. Thank you for your attention.

Staff　　：Thank you very much, Ms. Jane Wood.

(注) forum　フォーラム・公開討論会　　shelter　シェルター・避難所
experience　経験する　　reduce　減らす　　ability 能力

(１) What is Ms. Wood doing in the Animal forum?
She is making a (s　　　).

(２) What has Ms. Wood done for dogs and cats left in animal shelters?
She has (r　　　) them.

(3) Where did Ms. Wood and her friend go about ten years ago?

They went to a special (f　　　) for animals.

(4) What has Ms. Wood done to help animals for over ten years?

She has (s　　　) for people who want to keep them.

(5) Who is the new program for?

People who are (t　　　) about keeping a pet.

(6) What people can do in the program?

They can (l　　　) with a pet for a month.

(7) Through the program, how do some people feel about having a pet?

They think that it's (d　　　) to have a pet.

(8) What is Ms. Wood going to do next year?

She is going to (m　　　) a movie.

7 次の日本文に合うように，(　　　) 内に適切な語を１語ずつ入れなさい。

(1) 私たちはその時ヤスとケンを間違えました。

We (　　　) Yasu (　　　) Ken then.

(2) 人々は手をたたきました。

People (　　　) their (　　　).

(3) ３分の１の生徒が今勉強しています。

(　　　) (　　　) of the students are studying now.

(4) あなたはクラスメイトと仲良くする必要がある。

You need to get (　　　) (　　　) your classmates.

(5) 私たちの町は名古屋城で有名です。

Our city is (　　　) (　　　) Nagoya Castle.

8 次の日本文に合うように，(　　　) 内の語を並べかえて英文を完成させるとき，(　　　) 内の3番目と6番目にくる語をそれぞれ選び，マークしなさい。ただし，文頭の語も小文字で示されています。

(1) トムは初めて味噌汁を食べた。
(① for / ② miso / ③ first / ④ the / ⑤ soup / ⑥ time / ⑦ had / ⑧ Tom) .

(2) 私が望む世界は簡単に来ないかもしれない。
(① may / ② world / ③ I / ④ easily / ⑤ the / ⑥ come / ⑦ not / ⑧ want) .

(3) ロボットは製品を組み立てることができるでしょう。
(① together / ② products / ③ be / ④ will / ⑤ to / ⑥ able / ⑦ put / ⑧ robots) .

(4) 私の母は家全体を掃除しようとした。
(① the / ② whole / ③ house / ④ my / ⑤ clean / ⑥ tried / ⑦ mother / ⑧ to) .

(5) ジョンはいつもクラブ活動に参加する。
(① part / ② in / ③ takes / ④ club / ⑤ activity / ⑥ usually / ⑦ John / ⑧ the) .

愛知啓成高等学校

令和２年度　一般入学試験問題

理　科

試験開始の合図があるまで，この問題冊子を開かず，
下記の注意事項をよく読むこと。

注　意　事　項

(1) 時間は30分とする。

(2) 机上は受験票・筆記用具のみとし，定規・分度器などの使用は禁止します。

(3) 答えはすべて解答用紙に記入すること。

(4) 解答にはマークする問題が含まれています。ＨＢの鉛筆でしっかりマークすること。

(5) 訂正する場合は消しゴムできれいに消すこと。

(6) 本冊子に脱落や印刷不鮮明の箇所および解答用紙に汚れ等があれば，試験監督者に申し出ること。

(7) 試験開始の合図で解答用紙の所定欄に，受験番号・氏名・中学校名を明確に記入し，解答を始めること。また，受験番号にはマークもすること。

(8) 試験終了の合図で上記(7)の事項を再度確認し，試験監督者の指示に従うこと。

マークシートの書き方

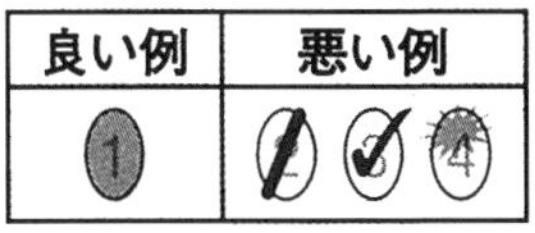

1 問1～問3に答えなさい。

問1．次の文章を読み，下の各問いに答えなさい。

19 世紀初めごろ，イギリスの（　ア　）は、物質はそれ以上分けられない小さな粒子からできていると考えた。このような粒子を原子という。原子は（　イ　）種類以上発見されており，その種類ごとに名前と番号が付けられている。原子を番号の順に並べて整理した表を（　ウ　）という。（　ウ　）では（　エ　）の列に性質のよく似た原子が並ぶようになっている。

（1）（　ア　），（　イ　），（　エ　）に適する語句の組合せとして，最も適当なものを下の①～⑧のうちから1つ選び，マークしなさい。 1

	（　ア　）	（　イ　）	（　エ　）
①	アボガドロ	110	縦
②	アボガドロ	110	横
③	アボガドロ	1100	縦
④	アボガドロ	1100	横
⑤	ドルトン	110	縦
⑥	ドルトン	110	横
⑦	ドルトン	1100	縦
⑧	ドルトン	1100	横

（2）（　ウ　）に適する語句を答えなさい。 2

（3）原子について述べた次の文章①～④のうちから，**誤っているものを2つ選び**，マークしなさい。 3

① 原子には，種類ごとに決まった質量，大きさがある。

② 化学変化において，原子はなくなることがある。

③ いくつかの種類の原子が結びついてできた粒子をイオンという。

④ 物質を構成する原子の種類や結びつき方が変わることを化学変化という。

（4） 1種類の原子のみからなる物質はどれか。次の物質①～⑦のうちから，**すべて選び**マークしなさい。 4

① 水　② 銀　③ 酸素　④ 二酸化炭素　⑤ 鉄
⑥ アンモニア　⑦ 塩化ナトリウム

問2． 生物にとって重要な物質としてリン酸がある。硫酸と硝酸の電離するときの模式図と電離式を参考に，リン酸が電離するときの電離式を書きなさい。ただし，リン酸も硫酸と硝酸と同じように電離するものとする。 5

硫酸

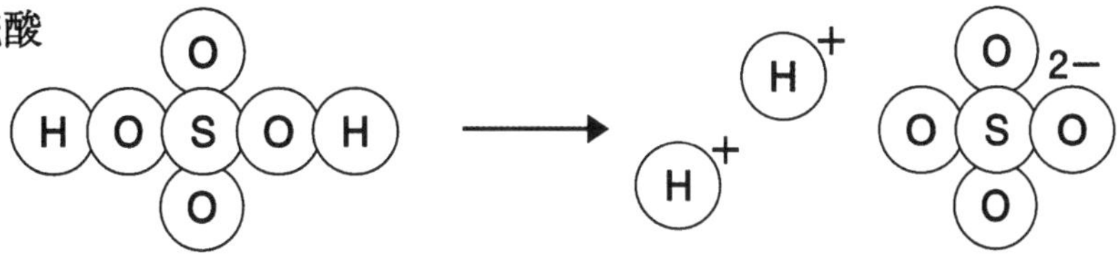

電離式　$H_2SO_4 \longrightarrow 2H^+ + SO_4^{2-}$

硝酸

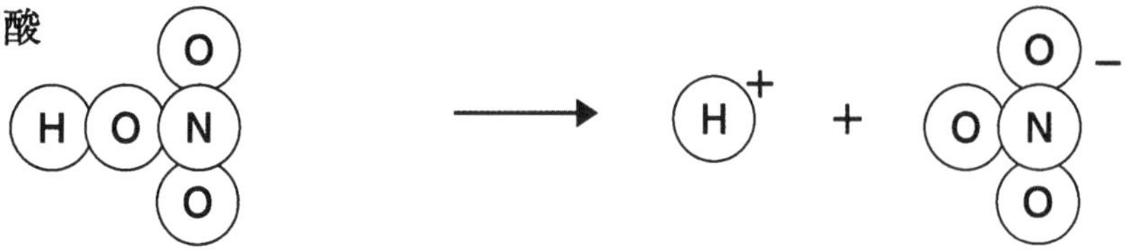

電離式　$HNO_3 \longrightarrow H^+ + NO_3^-$

リン酸

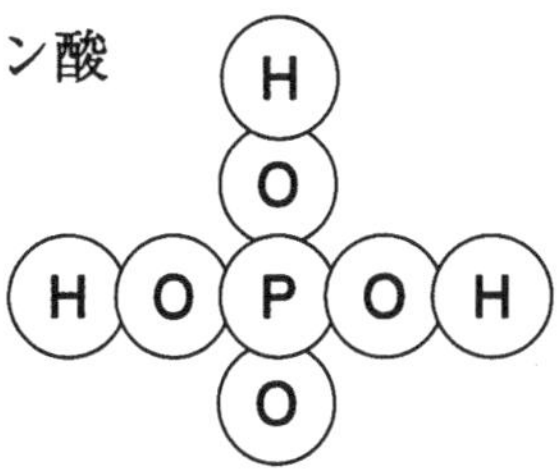

問3．塩化ナトリウムの結晶に水を加えて 10 %の塩化ナトリウム水溶液を 200 cm^3 つくりたい。塩化ナトリウムの結晶と水を何 g ずつ混合すればよいか，それぞれ整数値で答えなさい。この水溶液をつくるときの条件では，10 %の塩化ナトリウム水溶液の密度は 1.05 g/cm^3 とする。

塩化ナトリウムの結晶 [6] [7]〔g〕

水 [8] [9] [10]〔g〕

注意：答えが 311 なら，[8] は③，[9]，[10] には①にマークしなさい。

□2 問1，問2に答えなさい。

注意：解答欄 [1] [2] . [3] の答えが50.0なら，[1] は⑤，

[2]，[3] にはそれぞれ⓪にマークしなさい。

問1． 次の各問いに答えなさい。

図のように，なめらかな水平面上に台車をおき，記録タイマーでその速さを測定する。台車をポンと押してまっすぐ進めたときのテープの記録は，下図のように，Aから始まり，Bを過ぎ，点Cまでの一部分を読み取ることができた。AB間では，打点の間隔はしだいに広がっていて，BC間では，それは一定の間隔であった。実験をした西日本では，交流の周波数によって，点は1秒間に60打点が打たれるものとする。以下の問いに答えなさい。

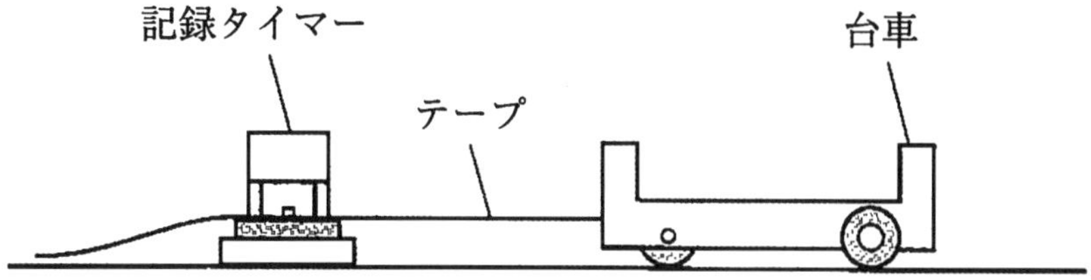

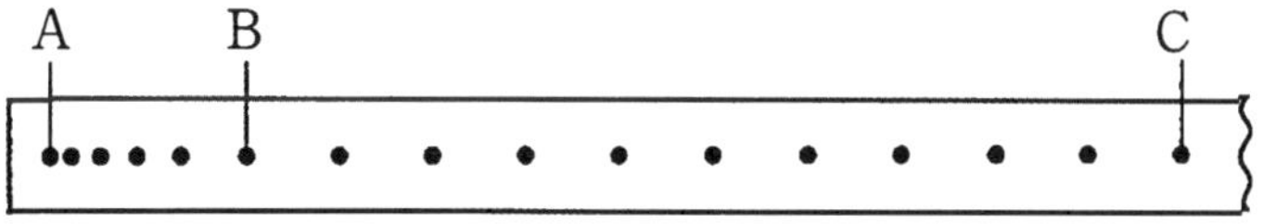

（1）BC間の長さを測ると，25 cmであった。この間の台車の速さは何m/sか。

[1] . [2] 〔m/s〕

（2）AB 間と BC 間の台車の速さと時間の関係は，どのようなグラフになるか。最も適当なものを下の①～⑥のうちから1つ選び，マークしなさい。

3

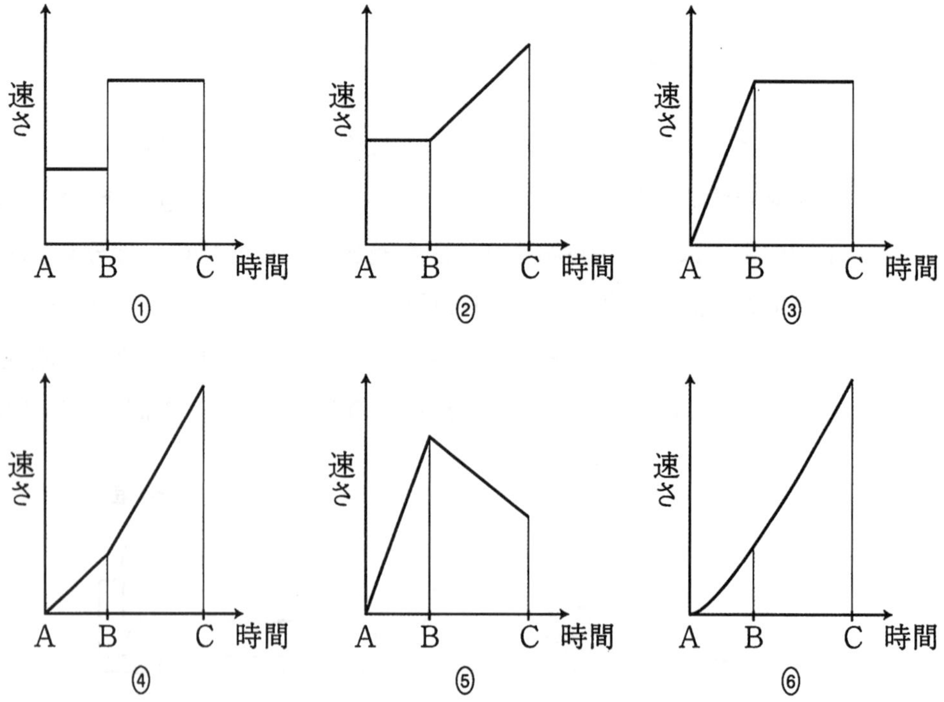

問２． 電力の大きさと発熱量の関係を調べるために，次の実験を行った。1 g の水を 1 ℃上昇させるのに必要な熱量を 4.2 J として下の各問いに答えなさい。

＜実験＞

水 100 g を入れたコップの中に電熱線を入れて 4.2 V の電圧をかけたところ，1.00 A の電流が流れた。この状態で加熱を続けたところ，5 分後には水の温度が 2.8 ℃上昇していた。

（1）この電熱線の抵抗の大きさは何Ωか。

[4] . [5] 〔Ω〕

（2）1 分間にこの電熱線から発せられる熱量は何 J か。

[6] [7] [8] 〔J〕

（3）5 分間に水の温度上昇に使用された熱量は何 J か。

[9] [10] [11] [12] 〔J〕

（4）この実験では、電熱線から発せられた熱量の一部が水の温度上昇に使用されず，一定の割合で逃げてしまっている。熱が全く逃げず，すべて温度上昇に使われた場合，5 分間でコップの中の水は何度上昇するか。

[13] . [14] 〔℃〕

3 問1，問2に答えなさい。

問1．以下の各問いに答えなさい。

（1）図に示した顕微鏡のア～オの名称として，正しい組み合わせを下の①～⑨より1つ選び，マークしなさい。 1

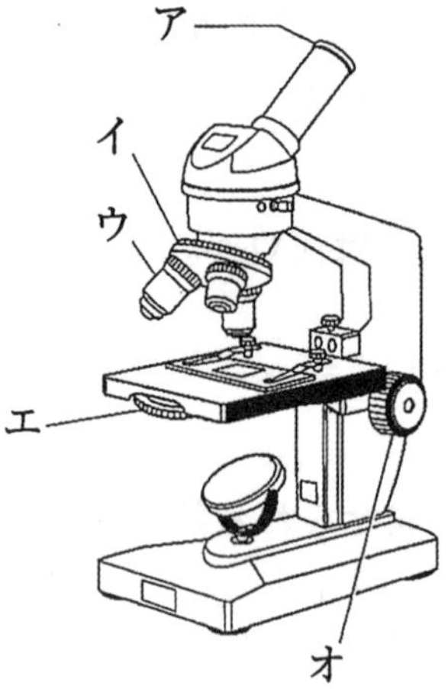

	ア	イ	ウ	エ	オ
①	接眼レンズ	しぼり	対物レンズ	調節ねじ	レボルバー
②	対物レンズ	調節ねじ	接眼レンズ	レボルバー	しぼり
③	接眼レンズ	レボルバー	対物レンズ	しぼり	調節ねじ
④	対物レンズ	しぼり	接眼レンズ	調節ねじ	レボルバー
⑤	接眼レンズ	調節ねじ	対物レンズ	レボルバー	しぼり
⑥	対物レンズ	レボルバー	接眼レンズ	しぼり	調節ねじ
⑦	接眼レンズ	しぼり	対物レンズ	レボルバー	調節ねじ
⑧	対物レンズ	調節ねじ	接眼レンズ	しぼり	レボルバー
⑨	接眼レンズ	レボルバー	対物レンズ	調節ねじ	しぼり

（2）接眼レンズ 10 倍，対物レンズ 40 倍の組み合わせで観察した。このときの顕微鏡の倍率は何倍か。 2

（3）次に記した顕微鏡の使い方について述べた文章を順に並べた場合，2番目と4番目にくる操作をそれぞれ1つ選びマークしなさい。

2番目・・・ **3** 　　4番目・・・ **4**

① 真横から見ながら，調節ねじを回し，プレパラートと対物レンズをできるだけ近づける。

② 見たいものがレンズの真下にくるようにプレパラートをステージにのせて，クリップでとめる。

③ 接眼レンズをのぞきながら，反射鏡を調節して全体が均一に明るく見えるようにする。

④ しぼりを回して，観察したいものがはっきり見えるように調節し，視野の中心にくるようにする。

⑤ 接眼レンズをのぞいて，調節ねじを回し，プレパラートと対物レンズを遠ざけながらピントを合わせる。

（4）顕微鏡に関する以下の文章のうち**誤っているもの**を次の①～⑤のうちから1つ選び，マークしなさい。 **5**

① 顕微鏡を運ぶときは，利き手でアームをもち，もう一方の手を鏡台にそえる。

② 見たいものが視野の右すみにあり，左に動かしたいときは，プレパラートを右に動かす。

③ 顕微鏡で観察する場合には，まず低倍率で観察してから高倍率で観察する。

④ 顕微鏡を用いて観察をする場合，水平で直射日光の当たる明るいところで行う。

⑤ 双眼実体顕微鏡は，ものを立体的に観察するのに適している。

問２．　以下の〔条件〕を参考に，〔問〕に答えなさい。

〔条件〕

・すべての血液が同じ時間で体内をめぐる。

・血液の量は体重の 12 分の 1 である。

・血液 1000 cm^3 の質量は 1.05 kg である。

・心臓が 1 回の収縮で全身（肺以外）に送り出す血液の量は 75 cm^3 である。

・1 分間の脈拍数（脈を打つ数）は 80 回である。

〔問〕

ヒトの血液が心臓から出てからだをめぐり，心臓に戻ってくるまで（体循環）の時間は，ヒトの全血液が心臓から送り出される時間に等しいと考えられる。体重 63 kg のヒトなら，その時間は何秒になるか。答えは小数第１位を四捨五入し，整数値で答えなさい。答えだけでなく，計算式や説明も述べなさい。 6

④ 問1～問3に答えなさい。

問1．日本付近の冬の季節風はどこにある高気圧によって生じるか。次の図の①～④のうちから1つ選び，マークしなさい。また，その高気圧の名称を答えなさい。

番号 [1]

名称 [2]

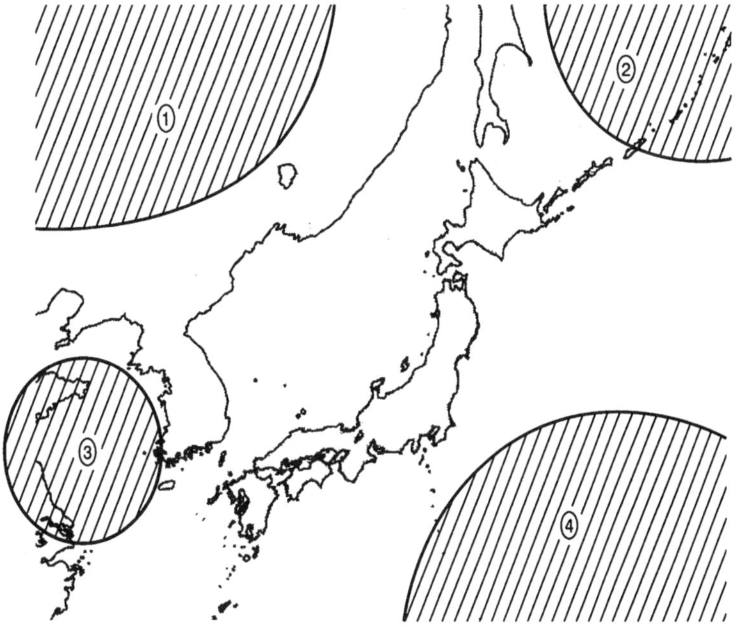

問２．震度，マグニチュードについて述べた文章として正しいものを次の①～④のうちからそれぞれ選び，マークしなさい。

震度 [3]

マグニチュード [4]

① 震源における揺れの大きさを表したものである。

② 地表面上のゆれの大きさを表したものである。

③ 震源の深さを示したものである。

④ 地震の規模の大小を表したものである。

問３． 下の図はある地震について各地の揺れはじめの時刻を示したものである。

（１）下の図において，揺れはじめの時刻が３時５分40秒であったと考えられる地点を結ぶ曲線を解答用紙の図に記入しなさい。ただし，図中の時刻の《　’　”》はすべて分,秒を示しており5’52”は３時５分52秒を示している。

5

（２）下の図において，震央と考えられるのはどこか。解答用紙の図に × 印で記入しなさい。 6

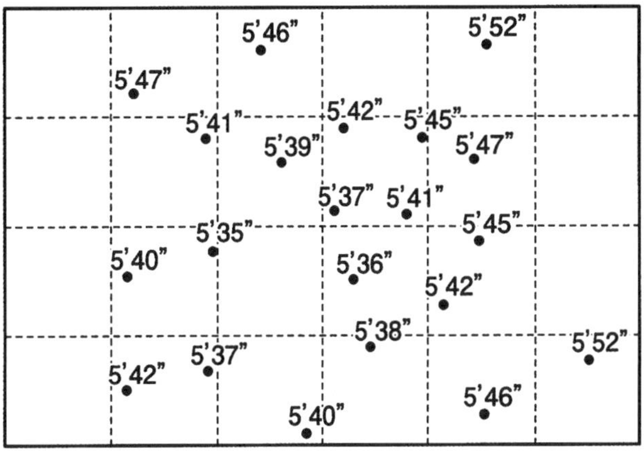

愛 知 啓 成 高 等 学 校

令和２年度　一般入学試験問題

社　会

試験開始の合図があるまで，この問題冊子を開かず，
下記の注意事項をよく読むこと。

注　意　事　項

(1) 時間は30分とする。

(2) 机上は受験票・筆記用具のみとし，定規・分度器などの使用は禁止します。

(3) 答えはすべて解答用紙に記入すること。

(4) 解答にはマークする問題が含まれています。ＨＢ以上の鉛筆でしっかりマークすること。

(5) 訂正する場合は消しゴムできれいに消すこと。

(6) 本冊子に脱落や印刷不鮮明の箇所および解答用紙に汚れ等があれば，試験監督者に申し出ること。

(7) 試験開始の合図で解答用紙の所定欄に，受験番号・氏名・中学校名を明確に記入し，解答を始めること。また，受験番号にはマークもすること。

(8) 試験終了の合図で上記 (7) の事項を再度確認し，試験監督者の指示に従うこと。

マークシートの書き方

良い例	悪い例
	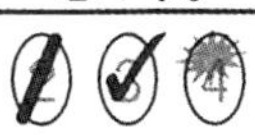

1　次の略年表を見て，あとの問１～問６までの問いに答えなさい。

世　紀	できごと
3世紀	（　１　）の女王卑弥呼が小さな国々を従える
8世紀	(ア)大宝律令が作られる
9世紀	(イ)藤原氏の摂関政治が始まる
(ウ)１２世紀	鎌倉幕府が成立する
１９世紀	外国とさまざまな (エ)条約が結ばれる
２０世紀	(オ)世界恐慌が起こる

略年表

問１　略年表中の空らん（　１　）にあてはまる国名を答えなさい。

問２　略年表中の下線部（ア）について述べた文として正しいものを，次の①～④の中から１つ選び，マークしなさい。

① 大宝律令によって，太政官・神祇官・五衛府などが置かれることが決まった。

② 大宝律令は，中国の宋の法律にならって作られた。

③ 大宝律令は，近畿地方だけを支配する仕組みが細かく定められている。

④ 律は政治を行ううえでのさまざまな決まりで，令は刑罰の決まりである。

問３　略年表中の下線部（イ）について，下の資料は藤原氏の栄華について語られたものである。下の資料の「**太閤**」とは誰のことか，人物名を答えなさい。

> 寛仁２年10月16日
> 今日は威子を皇后に立てる日である。…**太閤**が私を呼んでこう言った。「和歌をよもうと思う。ほこらしげな歌ではあるが，あらかじめ準備していたものではない。」
> 　　この世をば　わが世とぞ思う
> 　　　望月の欠けたることも　無しと思えば　　（小右記）

問４　略年表中の下線部（ウ）について，12 世紀頃から広まった鎌倉仏教について述べた文Ａ・Ｂの正誤の組み合わせとして正しいものを，次の①～④の中から１つ選び，マークしなさい。

Ａ－栄西は，建仁寺を建てて臨済宗を伝え，踊念仏や念仏の札によって布教を行い，民衆に広く受け入れられた。

Ｂ－日蓮は，久遠寺を建てて日蓮宗を伝え，「南無妙法蓮華経」と題目を唱えれば人も国も救われると説いた。

①　Ａ－正　Ｂ－正　　②　Ａ－正　Ｂ－誤
③　Ａ－誤　Ｂ－正　　④　Ａ－誤　Ｂ－誤

問５　略年表中の下線部（エ）について，19 世紀に日本と諸外国が結んだ条約として**誤っているもの**を，次の①～④の中から１つ選び，マークしなさい。

① 函館・神奈川・長崎・新潟・兵庫を開港し，開港地に設けた居留地で自由な貿易を行うことを決めた日米修好通商条約を結んだ。

② 下田と函館を開港し，アメリカ船に食料や水，石炭などを供給することを認めた日米和親条約を結んだ。

③ ロシアに樺太の領有を認め，日本に千島列島すべての領有を認めた樺太・千島交換条約を結んだ。

④ 朝鮮と互いに領事裁判権を認めることなどを定めた，対等な条約である日朝修好条規を結んだ。

問６　略年表中の下線部（オ）に関連して述べた文として正しいものを，次の①～④の中から１つ選び，マークしなさい。

① 1929 年 10 月に，イギリスのロンドンの株式市場で株価が大暴落して恐慌になった。

② アメリカは自国の産業を優先して保護貿易の姿勢を強めたため，輸出入は大幅に減った。

③ イギリスは植民地を囲いこんで経済を成り立たせる，ニューディールという政策を行った。

④ アメリカは五か年計画という政策を始め，公共事業をおこして失業者を助けた。

2　次のA～Eの資料を見て，あとの問１～問５までの問いに答えなさい。

A

B

C

D

E

問１　資料Aは，高度経済成長期に東京で行われたオリンピックの開会式の様子である。このころに開催されたオリンピック・パラリンピックの年号として正しいものを，次の①～④の中から１つ選び，マークしなさい。

① １９４８年　　② １９５２年
③ １９６４年　　④ １９７６年

問２　資料Bは，1914 年に起こった第一次世界大戦前のバルカン半島の情勢を表したものである。このときヨーロッパ各国は三国同盟・三国協商を結び，互いに対立していた。この三国同盟を結んだ国の組み合わせとして正しいものを，次の①～⑤の中から１つ選び，マークしなさい。

	三国同盟
①	ロシア・フランス・アメリカ
②	ロシア・イギリス・オーストリア
③	ドイツ・イタリア・フランス
④	ドイツ・イタリア・オーストリア
⑤	イギリス・アメリカ・フランス

問３　資料Cは，列強による中国分割の状況をあらわしたものである。これに反発して，清国内では外国の勢力を排除しようとする運動が盛んになった。この運動の１つで，1900 年に「扶清滅洋」を唱え，北京の外国公使館を包囲した事件を答えなさい。

問４　資料Ｄは，1840 年に起こったアヘン戦争の様子である。この戦争の背景となったイギリスの三角貿易を表した図の空らん［ア］～［ウ］にあてはまる語句の組み合わせとして正しいものを，次の①～⑥の中から１つ選び，マークしなさい。

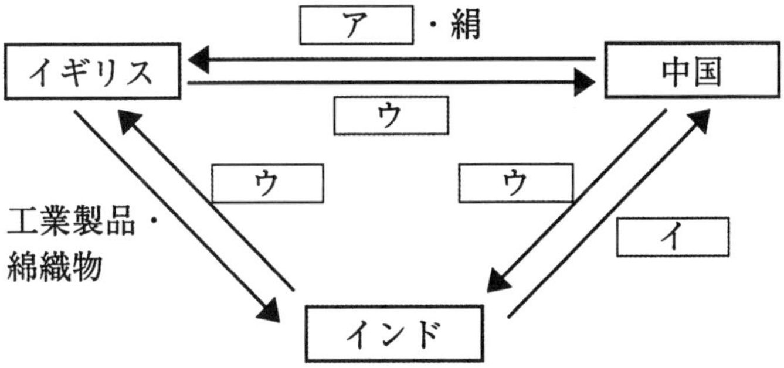

	ア	イ	ウ
①	茶	銀	アヘン
②	茶	アヘン	銀
③	銀	アヘン	茶
④	銀	茶	アヘン
⑤	アヘン	茶	銀
⑥	アヘン	銀	茶

問５　資料Ｅは，足利尊氏の像である。この足利尊氏が開いた室町幕府について述べた文として正しいものを，次の①～④の中から１つ選び，マークしなさい。

① 室町幕府は承久の乱をきっかけに，京都に六波羅探題を置いて朝廷を監視した。

② 室町幕府は倭寇を禁じる一方，正式な貿易船であることを示す勘合を持たせる日明貿易を開始した。

③ 室町幕府は武家諸法度という法律を定め，参勤交代を制度として定めた。

④ 室町幕府は太閤検地をおこない，予想される収穫量を，すべて米の体積である石高で表した。

3　次の略地図中の　　　で示した地域について，あとの問1～問5までの問いに答えなさい。

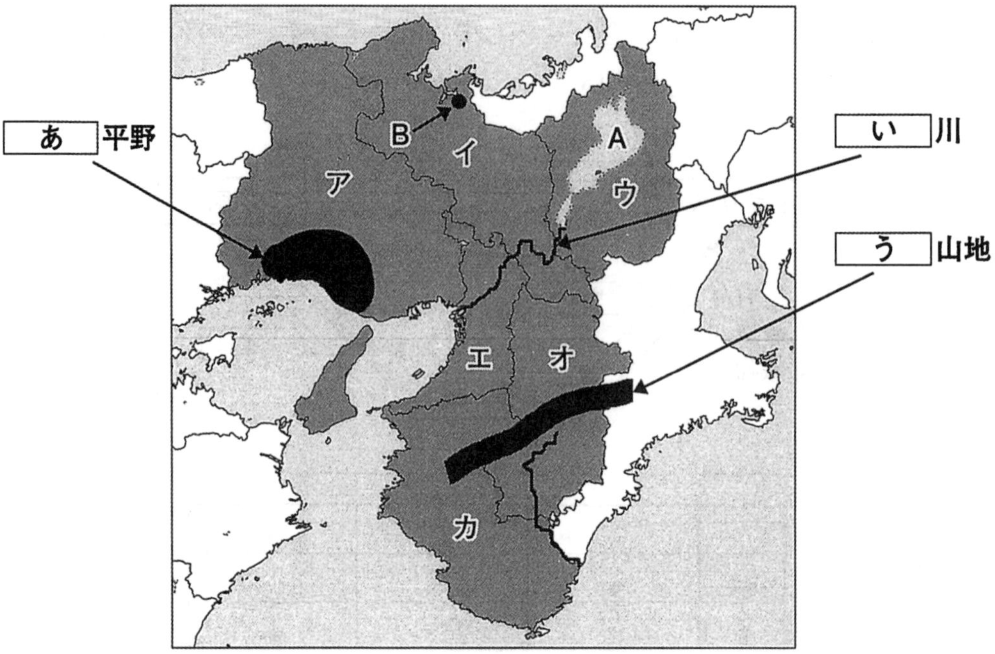

略地図

問1　略地図中の あ ～ う にあてはまる語句の組み合わせとして正しいものを，次の①～⑥の中から1つ選び，マークしなさい。

	あ	い	う
①	播磨	宮	紀伊
②	大阪	淀	紀伊
③	播磨	宮	鈴鹿
④	大阪	淀	鈴鹿
⑤	播磨	淀	紀伊
⑥	大阪	宮	鈴鹿

問2　略地図中のAの湖の名称を答えなさい。

問3　この地域の中で人口と年間商品販売額がもっとも多い都道府県として正しいものを，略地図中のア～カの中から1つ選び，マークしなさい。

①ア　②イ　③ウ　④エ　⑤オ　⑥カ

問4　略地図中のウの県について述べた文として正しいものを，次の①～④の中から1つ選び，マークしなさい。

① 近畿地方で人口の増加率（1980～2010年）がもっとも多い。

② 近畿地方で人口密度がもっとも高い。

③ 近畿地方で梅の生産高がもっとも多い。

④ 近畿地方で国宝・重要文化財に指定されている建造物がもっとも多い。

問5　略地図中のBの都市の年間の気温と降水量を示したグラフとして正しいものを，次の①～④の中から1つ選び，マークしなさい。

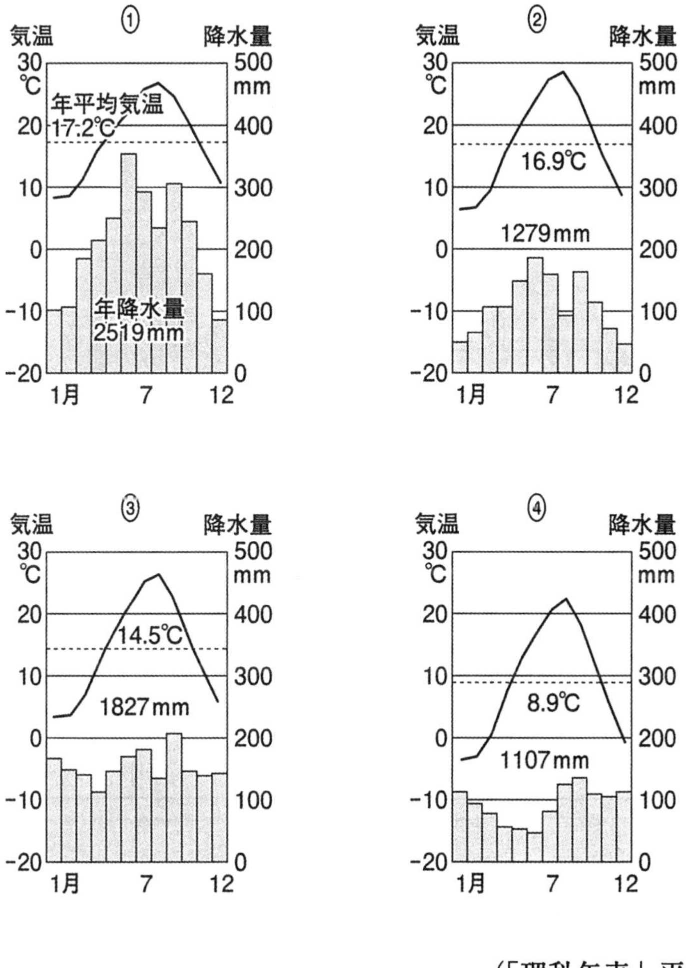

（「理科年表」平成26年ほか）

4　次の略地図を見て，あとの問１～問５までの問いに答えなさい。

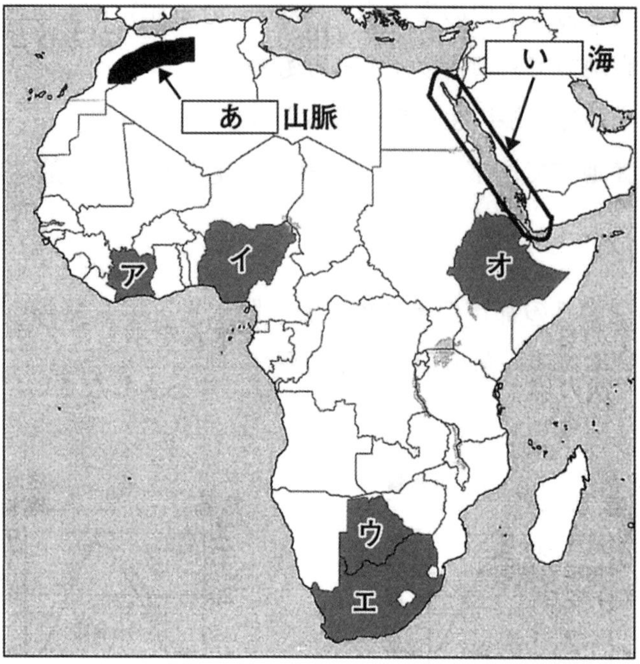

略地図

問１　略地図中の［あ］・［い］にあてはまる語句の組み合わせとして正しいものを，次の①～⑥の中から１つ選び，マークしなさい。

	あ	い
①	アトラス	紅
②	アトラス	黒
③	アンデス	地中
④	アンデス	紅
⑤	アルプス	黒
⑥	アルプス	地中

令和二年度 愛知啓成高等学校一般入学試験解答用紙 普通科

受験番号			
⓪	⓪	⓪	⓪
①	①	①	①
②	②	②	②
③	③	③	③
④	④	④	④
⑤	⑤	⑤	⑤
⑥	⑥	⑥	⑥
⑦	⑦	⑦	⑦
⑧	⑧	⑧	⑧
⑨	⑨	⑨	⑨

氏　名

中学校名

国語

一

問一
① ② ③ ④

問二
① ② ③ ④

問三
① ② ③ ④

問四
① ② ③ ④

問五
A
① ② ③ ④ ⑤ ⑥
B
① ② ③ ④ ⑤ ⑥

問六
① ② ③ ④

問七
20
30

問一．３点
問二．３点
問三．３点
問四．３点
問五．２点×２
問六．４点
問七．５点×２

一小計

合　計

※100点満点

(4)	ス	⊖ ± ⓪ ① ② ③ ④ ⑤ ⑥ ⑦ ⑧ ⑨
	セ	⊖ ± ⓪ ① ② ③ ④ ⑤ ⑥ ⑦ ⑧ ⑨
(5)	ソ	⊖ ± ⓪ ① ② ③ ④ ⑤ ⑥ ⑦ ⑧ ⑨
	タ	⊖ ± ⓪ ① ② ③ ④ ⑤ ⑥ ⑦ ⑧ ⑨

	ヘ	⊖ ± ⓪ ① ② ③ ④ ⑤ ⑥ ⑦ ⑧ ⑨
(10)	ホ	① ② ③ ④ ⑤ ⑥
(11)	マ	⊖ ± ⓪ ① ② ③ ④ ⑤ ⑥ ⑦ ⑧ ⑨
	ミ	⊖ ± ⓪ ① ② ③ ④ ⑤ ⑥ ⑦ ⑧ ⑨
(12)	ム	⊖ ± ⓪ ① ② ③ ④ ⑤ ⑥ ⑦ ⑧ ⑨

5点×12

1 小計	

2

(1)	{	(2)	A 個, B 個

5点×2

2 小計	

3

(1)	通り	(2)	通り

5点×2

3 小計	

4

(1)		(2)	

5点×2

4 小計	

5

(1)		(2)	

5点×2

5 小計	

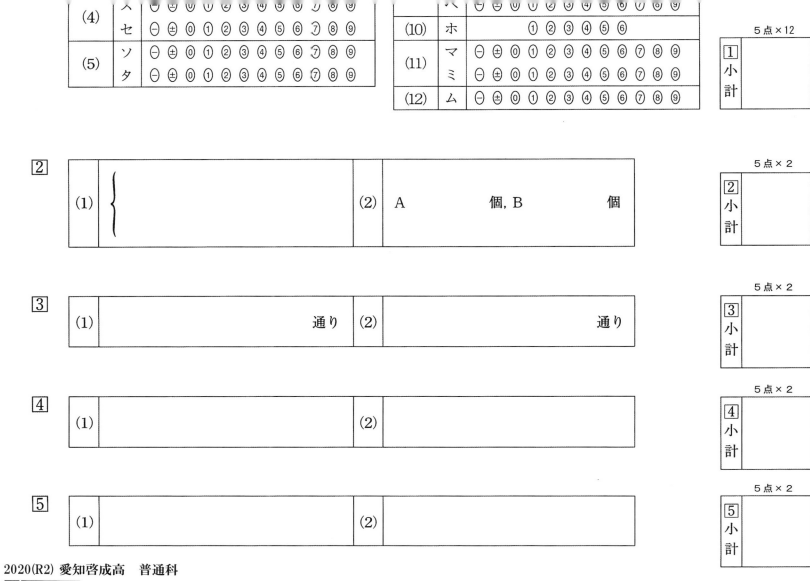

4

(1) ①②③④	(2) ①②③④	(3) ①②③④

3点×3　4 小計

5

(1) ①②③④	(2) ①②③④	(3) ①②③④

(4)	1 (　　　), (　　　) (　　　).
	2 It is about (　　　) (　　　) (　　　).

3点×5　5 小計

6

(1) s	(2) r	(3) f	(4) s
(5) t	(6) l	(7) d	(8) m

3点×8　6 小計

7

(1)		(2)	
(3)		(4)	
(5)			

2点×5　7 小計

8

(1) 3番目 ①②③④⑤⑥⑦⑧ 6番目 ①②③④⑤⑥⑦⑧	(2) 3番目 ①②③④⑤⑥⑦⑧ 6番目 ①②③④⑤⑥⑦⑧	(3) 3番目 ①②③④⑤⑥⑦⑧ 6番目 ①②③④⑤⑥⑦⑧
(4) 3番目 ①②③④⑤⑥⑦⑧ 6番目 ①②③④⑤⑥⑦⑧	(5) 3番目 ①②③④⑤⑥⑦⑧ 6番目 ①②③④⑤⑥⑦⑧	

2点×5　8 小計

7	⓪①②③④⑤⑥⑦⑧⑨	12	⓪①②③④⑤⑥⑦⑧⑨
8	⓪①②③④⑤⑥⑦⑧⑨		

2.小計	

3

問1	1	①②③④⑤⑥⑦⑧⑨	3	①②③④⑤	5	①②③④⑤
	2	倍	4	①②③④⑤		
問2	6	考え方（計算式，説明など）　　　　秒				

問１.
１．２点
２．２点
３．３点
４．３点
５．３点
問２.
６．４点

3.小計	

4

問1	1	①②③④	2	
問2	3	①②③④	4	①②③④

問3

5

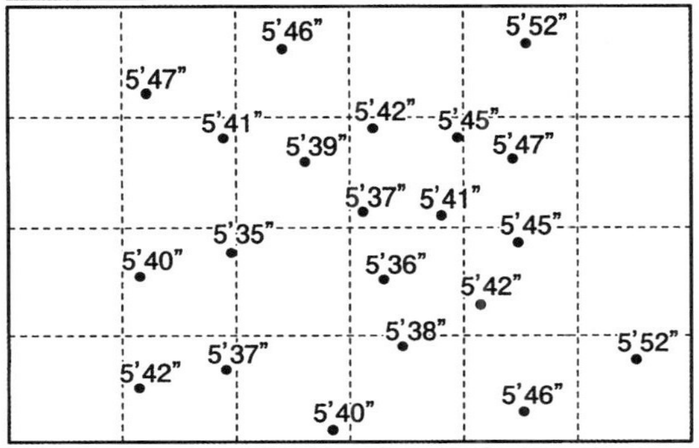

6

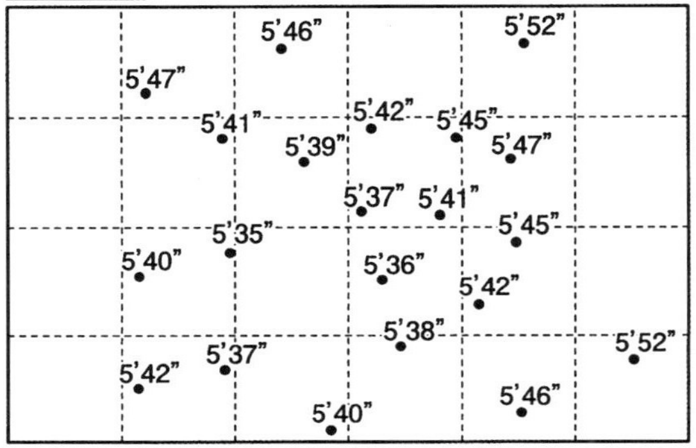

問１.
１．２点
２．２点
問２.
３．２点
４．２点
５．３点
６．３点

4.小計	

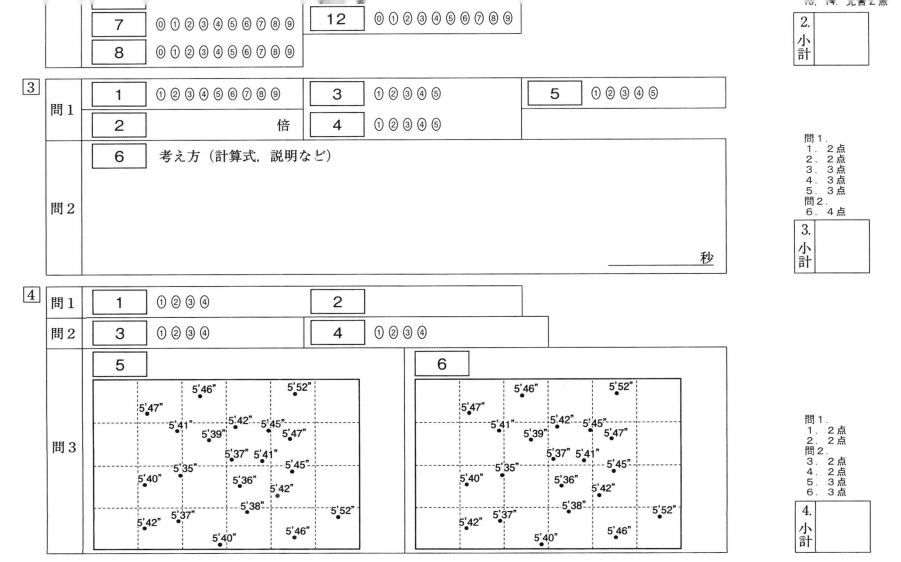

3

問1 ①②③④⑤⑥　問2

問3 ①②③④⑤⑥　問4 ①②③④　問5 ①②③④

2点×5
3小計

4

問1 ①②③④⑤⑥　問2 ①②③④

問3 経済　問4 ①②③④　問5 ①②③

2点×5
4小計

5

問1 ①②③④⑤⑥　問2 ①②③④⑤⑥

問3　問4 ①②③④　問5 ①②③④

2点×5
5小計

6

問1　問2 ①②③④

問3　問4 ①②③④⑤

2点×4
6小計

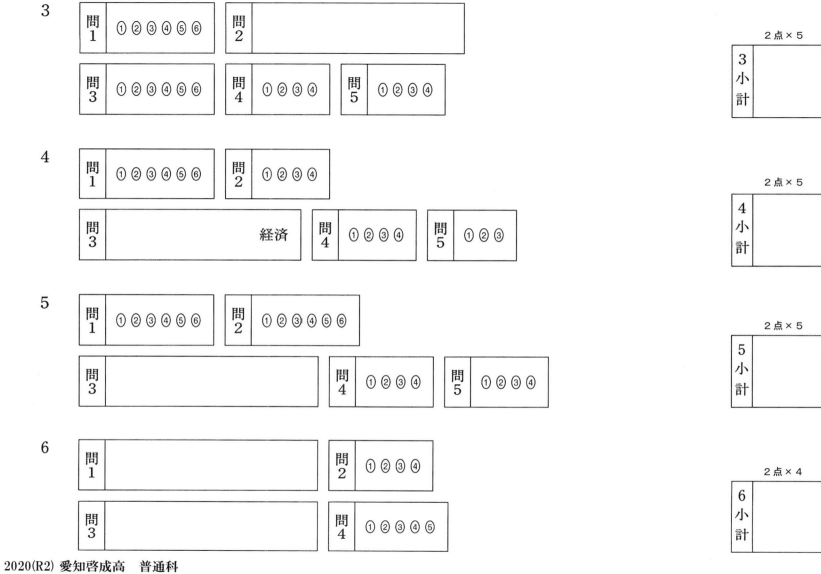

令和２年度　**愛知啓成高等学校一般入学試験解答用紙**

受験番号			
⓪①②③④⑤⑥⑦⑧⑨	⓪①②③④⑤⑥⑦⑧⑨	⓪①②③④⑤⑥⑦⑧⑨	⓪①②③④⑤⑥⑦⑧⑨

氏　名	出身中学校
	中学校

合計	

※60点満点

社　会

1

問1		問2	①②③④	問3	
問4	①②③④	問5	①②③④	問6	①②③④

２点×６

1小計	

2

問1	①②③④	問2	①②③④⑤	問3	
問	①②③④⑤⑥	問	①②③④		

２点×５

2小計	

【解答

令和２年度　愛知啓成高等学校一般入学試験解答用紙

受験番号			
⓪	⓪	⓪	⓪
①	①	①	①
②	②	②	②
③	③	③	③
④	④	④	④
⑤	⑤	⑤	⑤
⑥	⑥	⑥	⑥
⑦	⑦	⑦	⑦
⑧	⑧	⑧	⑧
⑨	⑨	⑨	⑨

氏　　名	出身中学校
	中学校

合計	

※60点満点

理　科

1

問１	1	①②③④⑤⑥⑦⑧	2		3	①②③④
	4	①②③④⑤⑥⑦				
問２	5		→			
問３	6	⓪①②③④⑤⑥⑦⑧⑨	8	⓪①②③④⑤⑥⑦⑧⑨		
	7	⓪①②③④⑤⑥⑦⑧⑨	9	⓪①②③④⑤⑥⑦⑧⑨		
			10	⓪①②③④⑤⑥⑦⑧⑨		

問１．
１．２点
２．２点
３．完答３点
４．完答３点
問２．
５．２点
問３．
６，７．完答３点
８～10．完答１点

1.小計	

2

問１	1	⓪①②③④⑤⑥⑦⑧⑨	3	①②③④⑤⑥		
	2	⓪①②③④⑤⑥⑦⑧⑨				
	4	⓪①②③④⑤⑥⑦⑧⑨	9	⓪①②③④⑤⑥⑦⑧⑨	13	⓪①②③④⑤⑥⑦⑧⑨

問１．
１，２．完答３点
３．３点

【解答

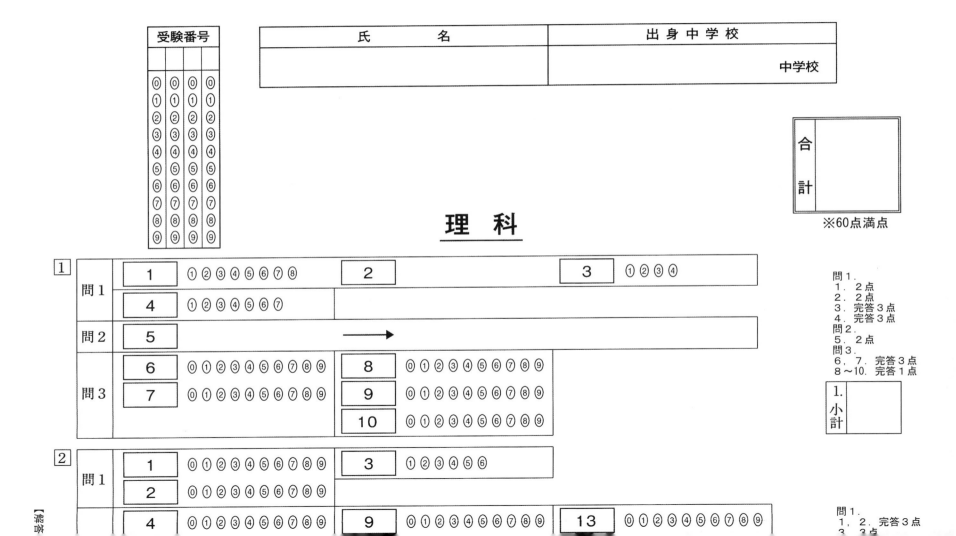

令和２年度　愛知啓成高等学校一般入学試験解答用紙

普通科

受験番号			
⓪	⓪	⓪	⓪
①	①	①	①
②	②	②	②
③	③	③	③
④	④	④	④
⑤	⑤	⑤	⑤
⑥	⑥	⑥	⑥
⑦	⑦	⑦	⑦
⑧	⑧	⑧	⑧
⑨	⑨	⑨	⑨

氏　　　名	出身中学校
	中学校

合計	

※100点満点

英　語

［選択問題］　サミッティアコースとグローバルコースの受験者

1

Part1	No. 1　①②③④	No. 2　①②③④	No. 3　①②③④	No. 4　①②③④	No. 5　①②③④	
Part2	No. 1　①②③④	No. 2　①②③④	No. 3　①②③④	Part 3	No. 1　①②③④	No. 2　①②③④

２点×10
(※1と2は選択問題)

1 小計	

［選択問題］　アカデミアコースの受験者

2

(1)	(ア)　①②③④	(イ)　①②③④	(ウ)　①②③④	(2)	(ア)　①②③④	(イ)　①②③④
(3)	(ア)　①②③④	(イ)　①②③④	(ウ)　①②③④	(エ)　①②③④	(オ)　①②③④	

2 小計	

［必答問題］

3

【解答

令和２年度　愛知啓成高等学校一般入学試験解答用紙

普通科

受験番号			
0	0	0	0
1	1	1	1
2	2	2	2
3	3	3	3
4	4	4	4
5	5	5	5
6	6	6	6
7	7	7	7
8	8	8	8
9	9	9	9

氏　　名	出 身 中 学 校
	中学校

合計	

※100点満点

数　学

1

(1)	ア	− ± 0 1 2 3 4 5 6 7 8 9
	イ	− ± 0 1 2 3 4 5 6 7 8 9
	ウ	− ± 0 1 2 3 4 5 6 7 8 9
(2)	エ	− ± 0 1 2 3 4 5 6 7 8 9
	オ	− ± 0 1 2 3 4 5 6 7 8 9
	カ	− ± 0 1 2 3 4 5 6 7 8 9
	キ	− ± 0 1 2 3 4 5 6 7 8 9
(3)	ク	− ± 0 1 2 3 4 5 6 7 8 9
	ケ	− ± 0 1 2 3 4 5 6 7 8 9
	コ	− ± 0 1 2 3 4 5 6 7 8 9

(6)	チ	− ± 0 1 2 3 4 5 6 7 8 9
	ツ	− ± 0 1 2 3 4 5 6 7 8 9
	テ	− ± 0 1 2 3 4 5 6 7 8 9
	ト	− ± 0 1 2 3 4 5 6 7 8 9
(7)	ナ	− ± 0 1 2 3 4 5 6 7 8 9
(8)	ニ	− ± 0 1 2 3 4 5 6 7 8 9
	ヌ	− ± 0 1 2 3 4 5 6 7 8 9
	ネ	− ± 0 1 2 3 4 5 6 7 8 9
	ノ	− ± 0 1 2 3 4 5 6 7 8 9
	ハ	− ± 0 1 2 3 4 5 6 7 8 9

【解答

問一
d
e

問一.
問二.
問三.
問四.
問五.
問六.
問七.
問八.

問二

問三
① ② ③ ④

問四
① ② ③ ④

問五
① ② ③ ④

問六
① ② ③ ④

問七

問八
① ② ③ ④

二 小 計

三

問一
a
b

問二
① ② ③ ④

問三
2
① ② ③ ④
3
① ② ③ ④

問四
① ② ③ ④

問五
① ② ③ ④

問六

問七
① ② ③ ④

問八
① ② ③ ④

３点×10

三 小 計

四

1
2
3
4
5

２点×５

四 小 計

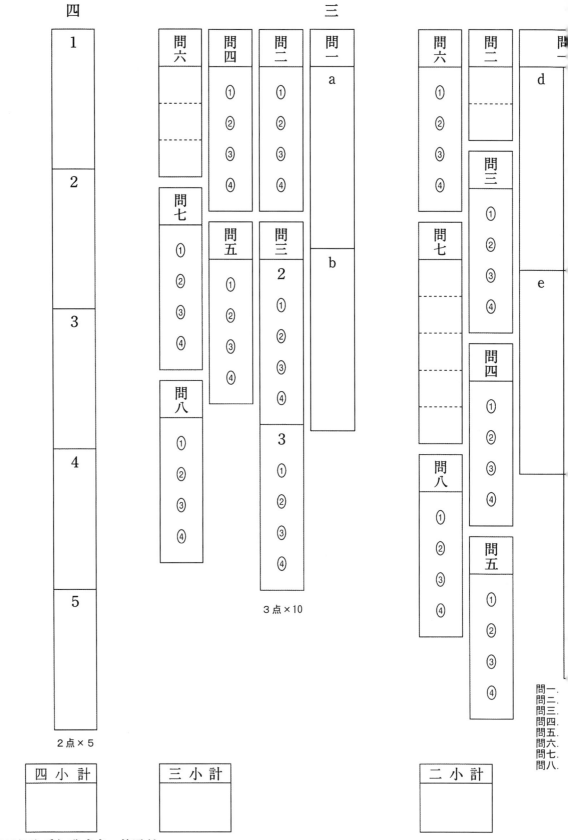

問２　次の各グラフは略地図中のア～エの国のおもな輸出品を示したものである。略地図中のイの国のグラフとして正しいものを，次の①～④の中から１つ選び，マークしなさい。

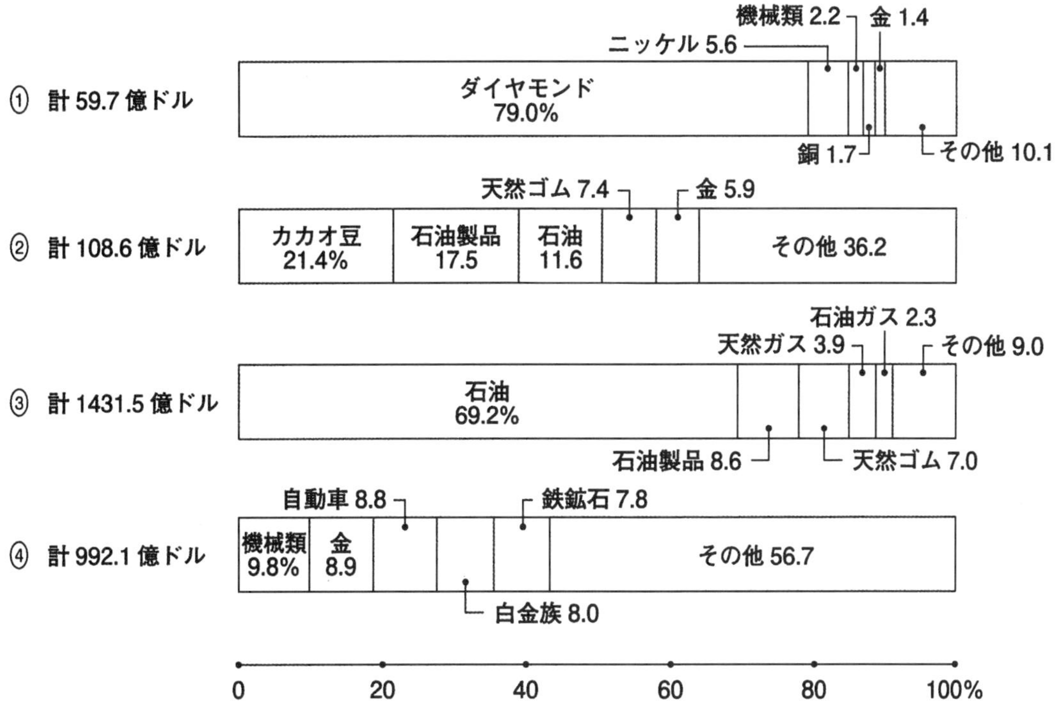

（2012年　国連資料）

問３　アフリカの多くの国では，農業や鉱業の生産品や輸出品が特定の産物にかたよっている。このような限られた作物や資源の生産と輸出によって成り立つ経済のことを何というか，答えなさい。

問４　略地図中のエの国について述べた文Ⅰ・Ⅱの正誤の組み合わせとして正しいものを，次の①～④の中から１つ選び，マークしなさい。

Ⅰ－アパルトヘイトがとられていたが，現在は撤廃されている。
Ⅱ－ナイル川が流れており，高温多湿な気候である。

①　Ⅰ－正　Ⅱ－正　　②　Ⅰ－正　Ⅱ－誤
③　Ⅰ－誤　Ⅱ－正　　④　Ⅰ－誤　Ⅱ－誤

問５　次のグラフは，略地図中の**オ**の国と日本，そしてアメリカにおける合計特殊出生率と死亡率の移り変わりを示したものである。略地図中の**オ**の国のグラフとして正しいものを，次の①～③の中から１つ選び，マークしなさい。

①

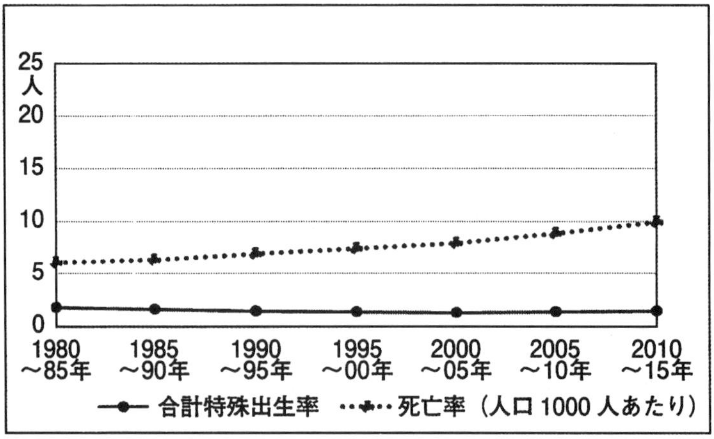

②

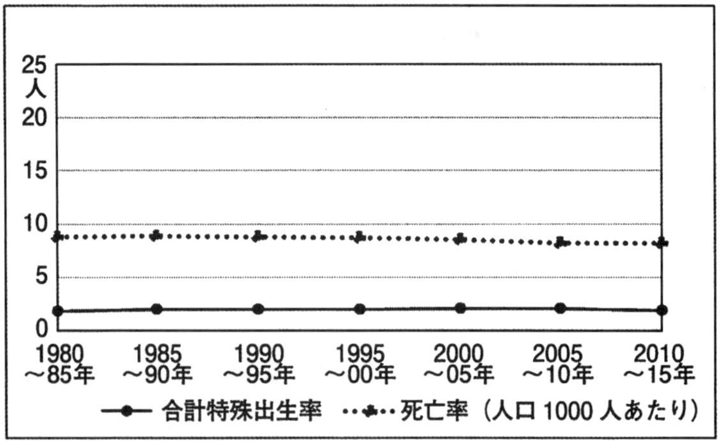

③

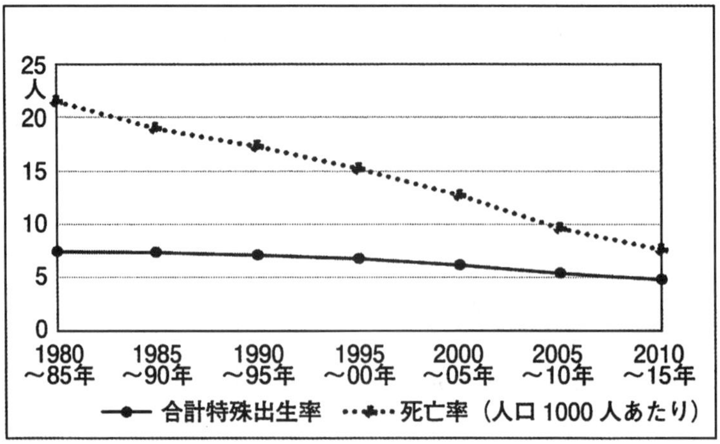

（総務省「世界の統計 2018」，World Bank-Data Indicators から作成）

５　次のＡくんとＢさんの会話を読んで，あとの問１～問５までの問いに答えなさい。

Ａくん　今度の社会の授業で政治・経済や世界規模の問題について発表するから，調べておくようにって先生が言っていたよね。

Ｂさん　あぁ，そうだったわね…Ａくんは何について発表するのかをもう決めたの？

Ａくん　2019 年のことであれば，夏にあった（ア）参議院議員選挙について印象に残っているんだけど…。

Ｂさん　確かにそうよね。ある政党では，その時の参議院議員選挙から導入された（イ）比例代表制の特定枠を活用し，重度の（ウ）障がいをもっている候補者が参議院議員に当選して，国会が一部バリアフリー化されたらしいよね。

Ａくん　そういうＢさんは発表する内容をもう決めたのかい？

Ｂさん　私は，世界規模の問題として発展途上国の問題や内紛・戦争に関連することについて発表したいと思っているんだけれども，まだしぼり切れてないのよね…。

Ａくん　途上国では貧困などが問題となっているから，社会の授業で習ったように自分たちができることを考えてみるのもいいんじゃないかな？

Ｂさん　援助するだけでなく，途上国の人々が生産した農産品や製品を，その労働に見合う公正な価格で取引して，先進国の人々がそれを購入することで生産者の生活を支えることも注目されているよね。

Ａくん　他にも，貧しい人々に新しい事業を始めるために少額のお金を貸し出す少額融資とも呼ばれる（　１　）の取り組みは，特に女性に現金収入を得る機会をあたえるなど，大きな成果を上げているらしいよ。

Bさん　紛争や戦争に関わることとして難民問題も興味があるんだけれども…。

Aくん　難民問題といえば，難民の受け入れを各国に求めることや，難民の生活を改善すること，紛争後の生活を支援する国際機関として国連難民高等弁務官事務所（　２　）が有名だね。

Bさん　国連難民高等弁務官事務所で有名な日本人は緒方貞子さんよね！
私も世界で活躍できる女性になれるように勉強をもっと頑張らなくちゃ！！

問１　文章中の下線部（ア）に関連して，表１は衆議院と参議院についてまとめたものである。表１中の空らん（　A　）～（　C　）にあてはまる数字の組み合わせとして正しいものを，次の①～⑥の中から１つ選び，マークしなさい。

表１

	衆　　議　　院	参　　議　　院
議員定数	（　A　）人	２４５人
	※参議院議員選挙（2019年7月執行）後における定数を基準とする。	
任期	４年	（　B　）年
選挙権	１８歳以上	１８歳以上
被選挙権	２５歳以上	（　C　）歳以上

	（　A　）	（　B　）	（　C　）
①	４６５	３	３０
②	４６５	４	２０
③	４６５	６	３０
④	４７５	３	２０
⑤	４７５	４	３０
⑥	４７５	６	２０

問2　文章中の下線部（イ）について，下の比例代表の選挙区（定数3）を想定してドント方式を用いた選挙が実施された場合，もっとも低い順位で当選する人物を次の①～⑥の中から1つ選び，マークしなさい。

政党名	名簿登載順位		得票数
	1位	2位	
オレンジ党	① Aさん	⑤ Eさん	200
デコポン党	② Bさん	⑥ Fさん	130
マンダリン党	③ Cさん		70
ポンカン党	④ Dさん		50

問3　文章中の下線部（ウ）に関連して，バリアフリーやユニバーサルデザインの考えを含め，障がいの有無に関わらずすべての人が区別されることなく，社会の中で普通の生活を送るという考えを何というか，答えなさい。

問4　文章中の空らん（　1　）にあてはまる語句を何というか，次の①～④の中から1つ選び，マークしなさい。

① リコール　　② フェアトレード
③ マイクロクレジット　　④ サミット

問5　文章中の空らん（　2　）にあてはまる略称として正しいものを，次の①～④の中から1つ選び，マークしなさい。

① UNHCR　　② UNICEF
③ WTO　　④ WHO

6　次の文章を読んで，あとの問１～問４までの問いに答えなさい。

> 日本は第二次世界大戦の後，高度経済成長をとげるにつれて各地で多くの被害者を生む公害が相次いで発生しました。その中でも深刻な公害の被害として (ア)四大公害病を挙げることができます。
>
> 公害の被害拡大とともに公害に対する批判的な世論が高まったことから，公害追放を訴える住民運動が各地で展開されるようになっていきました。公害被害者らも裁判を起こして，司法の場において企業の責任を追及しました。また，国や地方公共団体も 1967 年に公害対策基本法を制定したことから，様々な法整備を行い，公害対策を強化させることになりました。
>
> 公害と関連して社会問題となったのが環境問題でした。(イ)地球温暖化や砂漠化など今日の社会においてもなお問題となっています。国はこうした環境問題に対処するため，1993 年に公害対策基本法を発展させた（　１　）を制定しました。
>
> 民間レベルにおいても，ごみ増加を抑制するために循環型社会形成推進基本法のもとで，(ウ)３Ｒが推進されています。

問１　文章中の空らん（　１　）にあてはまる法律の名称を答えなさい。

問２　文章中の下線部（ア）について，公害の発生原因が水質汚濁であるものを，次の①～④からすべて選び，マークしなさい。

①　新潟水俣病　　　②　四日市ぜんそく
③　イタイイタイ病　　④　水俣病

問３　文章中の下線部（イ）に関連して，地球環境問題の解決のために 1992 年にブラジルのリオデジャネイロで開催された会議を答えなさい。

問4　文章中の下線部（ウ）について，下の文は，３Ｒのうちのどれにあたるか，次の①～⑤の中から１つ選び，マークしなさい。

牛乳パックを回収してトイレットペーパーに変えて使用する。

①　リデュース　　②　リユース　　③　リサイクル

④　リペアー　　⑤　リフューズ

2020(R2) 愛知啓成高　普通科
K 教英出版